Beck Wirtschaftsberater

Steuerwissen für Existenzgründer

Beck-Wirtschaftsberater

Steuerwissen
für Existenzgründer

Praktische Tipps zu Steuern,
Recht und Sozialversicherung

Von
Gerhard Girlich,
Markus Maier
und Hermann Steindl

4., vollständig überarbeitete Auflage

Deutscher Taschenbuch Verlag

Im Internet:

dtv.de

beck.de

Originalausgabe
Deutscher Taschenbuch Verlag GmbH & Co. KG,
Friedrichstraße 1a, 80801 München
© 2007. Redaktionelle Verantwortung: Verlag C.H. Beck oHG
Druck und Bindung: Druckerei C.H. Beck, Nördlingen
(Adresse der Druckerei: Wilhelmstraße 9, 80801 München)
Satz: ottomedien, Darmstadt
Umschlaggestaltung: Agentur 42 (Fuhr & Partner), Mainz
unter Verwendung eines Fotos der Bavaria Bildagentur
ISBN 978-3-423-50831-5 (dtv)
ISBN 978-3-406-56091-0 (C.H. Beck)

Geleitwort

Unsere Wirtschaftsordnung der Sozialen Marktwirtschaft verbindet in optimaler Weise ökonomische Leistungskraft und soziale Verantwortung. Sie bildet seit Jahrzehnten die Basis für wirtschaftlichen Wohlstand und soziale Sicherheit in Deutschland. Dabei setzt sie auf die Eigenverantwortung des Einzelnen und die Entfaltung unternehmerischer Initiative – Tugenden, die heute wieder mehr denn je gefragt sind!

Aktuell erleben wir einen massiven Wandel des Wirtschaftsprozesses. Der Wettbewerb verschärft sich aufgrund fortschreitender Globalisierung und rasanter technologischer Veränderungen. Daraus resultieren neue Chancen. Sie gilt es aufzuspüren und konsequent zu nutzen. Dazu braucht es in verstärktem Maße Menschen, die Risiken eingehen und Chancen wahrnehmen wollen – mit einem Wort: Unternehmer.

Der Schritt in die Selbständigkeit stellt eine interessante berufliche Perspektive dar. Neben der Aussicht auf höheres Einkommen bietet die Tätigkeit als Unternehmer auch Unabhängigkeit und die Möglichkeit, eigene Ideen umzusetzen. Die Identifikation des Selbständigen mit seinem Unternehmen ist stark, seine Arbeitszufriedenheit entsprechend hoch.

Existenzgründungen sind aber auch aus gesamtwirtschaftlicher Perspektive von zentraler Bedeutung. Langfristig bestimmt ein ausgewogen gemischter Unternehmensbestand die Fähigkeit einer Volkswirtschaft, sich in einem globalisierten Wettbewerbsumfeld zu behaupten und Wachstum zu generieren. Neue Unternehmen mit neuen Produkten auf neuen Märkten fungieren als Katalysatoren des Wandels. Sie erhöhen das Potenzial für nachhaltiges Wachstum, das auf Innovationen und hervorragenden wissenschaftlichen und technologischen Kenntnissen beruht. Sie sind Triebfeder bei der Schaffung neuer Arbeitsplätze. Wissenschaftliche Studien belegen, dass in Ländern mit einem stärkeren Anstieg der Gründungstätigkeit die Arbeitslosigkeit tendenziell deutlicher zurückgeht.

Deshalb müssen wir Menschen, die bereit sind, sich unternehmerisch zu engagieren und eigenverantwortlich tätig zu werden, beim Schritt in die Selbständigkeit unterstützen. Das gilt gerade während der oft nicht leichten Gründungsphase. Die Bayerische Staatsregierung setzt schon seit langer Zeit einen Schwerpunkt auf die Forcierung von Existenzgründungen. Zu nennen sind etwa das landesweite Netz von Gründer-Agenturen als zentrale Anlaufstellen, besondere Finanzierungskonditionen im Rahmen des bayerischen Mittelstandskreditprogramms sowie ein umfangreicher Mix an Beratungs- und Unterstützungsleistungen über Gründerzentren oder Coachingprogramme.

Damit sich Existenzgründer von Anfang an der Verwirklichung ihrer Geschäftsidee widmen können, sind auch Nachschlagewerke mit Tipps aus der Praxis zur eher „bürokratischen" Seite der selbständigen Tätigkeit ein wertvoller Beitrag. Der nunmehr bereits in der vierten Auflage erscheinende „Beck-Wirtschaftsberater im dtv – Steuerwissen für Existenzgründer" will allen Existenzgründern mit praxisorientierten Hinweisen zu Steuern, Recht und Sozialversicherung hilfreich zu Seite stehen.

Allen interessierten Lesern wünsche ich viele nützliche Anregungen für einen erfolgreichen Sprung in die Selbständigkeit.

München, im Januar 2007

Erwin Huber
Bayerischer Staatsminister
für Wirtschaft, Infrastruktur,
Verkehr und Technologie

Inhaltsübersicht

Inhaltsverzeichnis

Abkürzungsverzeichnis

ABM	Allgemeine Maßnahme zur Arbeitsbeschaffung
Abs.	Absatz
AfA	Absetzung für Abnutzung
AG	Aktiengesellschaft
AGG	Allgemeines Gleichstellungsgesetz
AO	Abgabenordnung
AOK	Allgemeine Ortskrankenkasse
AT	Arbeitstage
AV	Arbeitslosenversicherung
BA	Bundesanstalt für Arbeit
BerHG	Beratungshilfegesetz
BfE	Büro für Existenzgründungen
BFH	Bundesfinanzhof
BG	Berufsgenossenschaft
BGB	Bürgerliches Gesetzbuch
BMF	Bundesministerium der Finanzen
BSHG	Bundessozialhilfegesetz
BUZ	Berufsunfähigkeits-Zusatzversicherung
BWA	Betriebswirtschaftliche Auswertung
bzw.	beziehungsweise
DENIC	Deutsches Network Information Center
DPMA	Deutsches Patent- und Markenamt
DtA	Deutsche Ausgleichsbank
e. V.	eingetragener Verein
EDV	Elektronische Datenverarbeitung
EFG	Entscheidungen der Finanzgerichte (Zeitschrift)
EG	Einstiegsgeld
EKH	Eigenkapitalhilfe
ERP	European Recovery Program
EStDV	Einkommensteuer-Durchführungsverordnung

EStG	Einkommensteuergesetz
EStR	Einkommensteuerrichtlinien
EU	Europäische Union
€	Euro
EWR	Europäischer Wirtschaftsraum (Abkommen)
FernAG	Fernabsatzgesetz
FG	Finanzgericht
FinMin	Finanzministerium
FR	Finanzrundschau (Zeitschrift)
G+V	Gewinn- und Verlustrechnung
GbR/GdbR	Gesellschaft des bürgerlichen Rechts
GEMA	Gesellschaft für musikalische Aufführungs- und mechanische Vervielfältigungsrechte
GewO	Gewerbeordnung
GewStG	Gewerbesteuergesetz
GF	Geschäftsführer
GmbH	Gesellschaft mit beschränkter Haftung
GoB	Grundsätze ordnungsgemäßer Buchführung
GWG	Geringwertige Wirtschaftsgüter
GZ	Gründungszuschuss
HGB	Handelsgesetzbuch
HWK	Handwerkskammer
IHK	Industrie- und Handelskammer
InsO	Insolvenzordnung
KG	Kommanditgesellschaft
KSK	Künstlersozialkasse
KSVG	Künstlersozialversicherungsgesetz
KV	Krankenversicherung
KWG	Gesetz über das Kreditwesen
L+F	Land- und Forstwirt oder land- und forstwirtschaftlicher Betrieb

LStDV	Lohnsteuer-Durchführungsverordnung
Ltd	Limited
OHG	Offene Handelsgesellschaft
ProdHaftG	Produkthaftungsgesetz
PV	Pflegeversicherung
R	Richtlinie
RV	Rentenversicherung
SAM	Strukturanpassungsmaßnahme
SchwbG	Schwerbehindertengesetz
SGB III	Sozialgesetzbuch Drittes Buch
SGB IV	Sozialgesetzbuch Viertes Buch
sog.	so genannte(r)
UmwHG	Umwelthaftungsgesetz
UrhG	Urhebergesetz
UStG	Umsatzsteuergesetz
UStDV	Umsatzsteuer-Durchführungsverordnung
UV	Unfallversicherung
UWG	Gesetz gegen unlauteren Wettbewerb
VerbrKrG	Verbraucherkreditgesetz
VG	Verwertungsgesellschaft
ZPO	Zivilprozessordnung

1. Vorüberlegungen

Nach dem ernsthaften Entschluss, eine neue berufliche Existenz als selbständiger Unternehmer aufzubauen, sind erste Vorüberlegungen bezüglich der eigentlichen Gründung und der damit verbundenen ersten Schritte notwendig.

In dieser Phase sind eine Fülle von Informationen nötig, um aus den unzähligen Möglichkeiten und Chancen die gewünschte individuelle Form der Gründung und des Unternehmens herauszufinden.

Berücksichtigt werden sollten hierbei insbesondere die „Marktlücken der Zukunft". Selbst wenn ein Betrieb im Wege einer Nachfolgeregelung übernommen und fortgeführt wird, sind zum Teil Modernisierungen, Umstrukturierungen und Innovationen gerechtfertigt bzw. notwendig und auch von den Juniorchefs ausdrücklich gewünscht. Gute Ideen, Flexibilität und Eigeninitiative sind hier gefragt. Ferner müssen Hintergrundinformationen als Entscheidungsgrundlage beschafft werden.

1.1 Zukunftstrends

Der Strukturwandel der Wirtschaft wird vor dem Hintergrund des zahlenmäßigen Rückgangs des primären (Land- und Forstwirtschaft) und des sekundären Sektors (Produktionsbranchen) deutlich. So werden offiziellen Schätzungen zufolge im Jahre 2010 nur noch ca. 2 % aller Arbeitskräfte in Land- und Forstwirtschaftlichen Bereichen tätig sein (Vergleich: 1970 waren es noch 9 %). Auch das produzierende Gewerbe ist von dieser Entwicklung betroffen. Hier wird sich die Zahl der Arbeitsplätze von 49 % (1970) auf geschätzte 32 % (2010) verringern. Demgegenüber entwickelt sich der tertiäre Sektor (private und öffentliche Dienstleistungen) weiterhin steil nach oben (von 43 % 1970 auf voraussichtlich ca. 66 % im Jahre 2010).

Dieser Weg zur Dienstleistungs- und Informationsgesellschaft wird in den kommenden Jahren von folgenden 7 „Megatrends" der Wirtschafts- und Arbeitswelt bestimmt:

(1) Internationalisierung der Wirtschaft durch Aufhebung von Grenzen (z. B. freier Waren- und Personenverkehr in den Staaten der Europäischen Union, weltweiter Handel mittels Internet).

(2) „Technologische Revolution": Qualifizierte Arbeitsplätze entstehen in erster Linie im Umfeld von Hightech-Unternehmen im Technologie-Bereich, vor allem in den Informations- und Kommunikationstechnologien (IuK) und in der Biotechnologie.

(3) Individualisierung der Arbeitswelt durch den Rückgang von industriellen Tätigkeiten zugunsten von Dienstleistungen.

(4) Ökologisierung der Wirtschaft durch die weltweit wachsende Erkenntnis der Bedeutung des Umweltschutzes.

(5) Starke „Veralterung" der Industriegesellschaft durch niedrige Geburtenziffern und hohe Lebenserwartungen in den Industrienationen.

(6) Verstärkte Zunahme von „internationalen Wanderungen" hervorgerufen durch eine Weltbevölkerungsexplosion und den wachsenden Entwicklungsunterschieden zwischen den modernen Industrienationen und den Ländern der so genannten 2. Welt (Schwellenländer) und 3. Welt (Entwicklungsländer).

(7) Veränderung der sozialen Strukturen (sozialer Wandel) durch hohe und weiterhin ansteigende Frauenerwerbstätigkeit.

Diese globalen Trends werden sich in den Persönlichkeitsstrukturen und dem Gründungsverhalten zukünftiger Jungunternehmer/innen widerspiegeln und zu einer neuen, veränderten Kultur der Selbständigkeit führen.

Neben den formalen und inhaltlichen Qualifikationsbereichen (rechtliche, kaufmännische, branchenspezifische Kenntnisse etc.), die im Rahmen von Schulungs- und Beratungsleistungen im Vordergrund stehen, gewinnen neue Kompetenzfelder für Existenzgründer/innen in dem Maße an Bedeutung, wie sich ihre Ausgangssituation durch den Wandel in der Berufs- und Arbeitswelt verändert. Der von der Politik geforderte Anstieg der Selbständigenquote in Deutschland von derzeit knapp 10 % (= Anteil der Selbständigen an der Gesamtzahl der Erwerbstätigen) wird daher von folgenden Merkmalen geprägt sein:

- Existenzgründungen aus der Arbeitslosigkeit (derzeit erfolgt jede 2. Existenzgründung in Deutschland durch Arbeitslose bzw. durch Personen die von Arbeitslosigkeit bedroht sind).
- Zunahme von Existenzgründungen aus unsicheren Beschäftigungsverhältnissen (z. B. „Outsourcing", Management-Buy-Out)
- Weniger „klassische" Existenzgründungen mit hohem Investitionsaufwand, dafür mehr „self-employment" („Selbstangestellte") mit wenig Eigenkapital und geringem Investitionsbedarf („Home-Offices", Telearbeit, Pflegedienste, Veranstaltungsorganisationen etc.)
- Zunahme von Existenzgründungen im Nebenerwerb (häufig durch Frauen)
- Zunahme selbständiger Tätigkeiten in neuen bzw. neuartigen Dienstleistungsbereichen (Beratungs-, Betreuungs-, Bildungstätigkeiten, Multimediadienstleistungen, Medien- und Werbeberufe, Ingenieurtätigkeiten, Projektmanagement, Vermittlungstätigkeiten, soziale Dienste/Gesundheitsberufe etc.)
- Neue Formen und Möglichkeiten der Informationsbeschaffung und -bearbeitung (Informationsmanagement) durch elektronische Netzwerke (Internet, Online-Dienste)
- Neue Märkte und Marktauftritte durch die Weiterentwicklung von Informations- und Kommunikationstechnologien (Internet, electronic-commerce)

1.2 Neue Selbständigkeit

Viele der „typischen" modernen Existenzgründer/innen haben die Trennung von Arbeits-, Wohn- und Freizeitwelt weitgehend aufgehoben. Sie versuchen, ihre Dienstleistungen als „Einzelkämpfer" anzubieten, beginnen ihre selbständige Tätigkeit häufig von einem Büro in den eigenen Wohnräumen und bedienen sich eines „Netzwerkes" um projektbezogene, in der Regel zeitlich begrenzte Kooperationen zu schließen. Hier werden Teamentscheidungen getroffen und Aufträge über virtuelle Unternehmen abgewickelt. Es erfolgt eine Abkehr vom Denken in festen Arbeitsplätzen, wie es die klassischen Produktionsunternehmen gekannt haben, hin zu einer neuen Denkweise in „Arbeit und Einkommen". Dies bedeutet auch die Auflösung der klassischen Dualitäten in der Arbeitswelt, wie z. B. Auftraggeber : Auftragnehmer.

So wird ein Auftragnehmer zugleich zum Auftraggeber wenn er, etwa aufgrund ausgelasteter eigener Kapazitäten, Teilbereiche seines Auftrages an Externe (Kooperationspartner, Subunternehmer etc.) weiter vergibt. Es liegt im Wesen der Dienstleistung, dass diese im Normalfall innerhalb bestimmter Zeitintervalle zu erbringen ist und deshalb Zeiten mit hoher Auftragsauslastung häufig mit Perioden völliger „Auftragslosigkeit" wechseln können. Es erfordert ein hohes Maß an Planungssicherheit, Zeitmanagement, Selbstmotivation und Vertrauen in die eigene Leistungsfähigkeit, um über diese „Durststrecken" zu gelangen und sich auf Dauer am Markt zu etablieren.

Dieser Entwicklung und dem „neuen Unternehmerbild" wurde bereits durch eine Ausweitung der öffentlichen Förderprogramme Rechnung getragen. Gab es vor einigen Jahren ausschließlich öffentliche Förderdarlehen für die Investitionsbeschaffung, so werden zwischenzeitlich von den Förderbanken auch Betriebsmitteldarlehen mit bis zu 80 %iger (ab 2008 sogar mit 100 %iger) Haftungsfreistellung angeboten. Da der Zugang zu Fremdkapital vor allem für Klein- und Kleinstgründer/innen zunehmend schwerer wird, entwickeln sich parallel alternative Finanzierungsmodelle (Mikrofinanzierungen), die sich um die Kapitalbeschaffung von Gründer/innen ohne banktübliche Sicherheiten bemühen (siehe hierzu: www.bfe-muenchen.de, Rubrik: Mikrofinanzierung).

2. Wie fängt man richtig an?

Aller Anfang ist schwer – besonders dann, wenn man sich noch nicht darüber im Klaren ist, in welcher Form der Anfang überhaupt von statten gehen soll. Gerade bei einer Neugründung stehen dem Jungunternehmer noch alle Möglichkeiten offen. Spätere Änderungen sind, wenn überhaupt, nur mit erheblichem finanziellen und zeitlichen Aufwand möglich.

Die Wahl sollte daher gut bedacht sein, da diese Entscheidung einerseits von erheblicher Tragweite ist, andererseits langfristig bindet.

2.1 Neugründung

Die Neugründung einer Einzelfirma wird in der Regel die häufigste Wahl bei Existenzgründern sein. Neben einer unkomplizierten und vor allem schnellen Handhabung, bietet diese Form vor allem Planungssicherheit.

Das Risiko einer Haftung, z. B. für Altschulden, ist hier nicht gegeben. Ferner kann die Gründung zeitlich genau so gelegt werden, wie es der Businessplan vorsieht. Die Abstimmung mit anderen Personen entfällt, Entscheidungen können von vornherein allein getroffen werden.

Trotzdem sollte man die bei einem neu zu gründenden Unternehmen anfallenden Anmeldungen (Finanzamt, Stadtverwaltung, IHK, Berufsverbände) und Genehmigungen (z. B. für Immobilienmakler, Gastwirte) nicht vergessen.

Tipp: Vergessen Sie nicht, alle Anlaufkosten steuermindernd geltend zu machen. Selbst Aufwendungen vor Betriebseröffnung kann man als sog. „vorweggenommene" Betriebsausgaben absetzen. Hierzu gehören z. B. Seminargebühren oder Kosten für Unternehmensberater (vgl. Kapitel „Steuertipps").

Neben dem Einzelunternehmen besteht die Möglichkeit, sich mit mehreren anderen in Form einer Personengesellschaft zusammenzuschließen oder aber eine Kapitalgesellschaft, z. B. die Gesellschaft mit beschränkter Haftung – GmbH, zu gründen. Welche Rechtsform in diesem Zusammenhang die richtige ist, kann dem Kapitel „Die Wahl der Rechtsform" entnommen werden.

2.2 Übernahme/Kauf eines Unternehmens

Wer ein bestehendes Unternehmen kauft oder übernimmt (z. B. von den Eltern), hat meist mehr Formalitäten zu erledigen als bei einer reinen Neugründung. Im Übrigen lauern bei dieser Konstellation mehrere Fallstricke, die es zu umgehen gilt.

Die Übernahme löst nicht nur bei dem jeweiligen Existenzgründer, sondern auch bei dem Verkäufer bzw. Übergeber steuerliche Konsequenzen aus (z. B. Betriebsveräußerung). Wenn eine verwandtschaftliche Beziehung zwischen dem Übertragenden und Empfänger besteht, gilt es, neben steuerlichen Besonderheiten, auch noch die Interessen beider Beteiligten aufeinander abzustimmen. Kompromisse sind in diesen Fällen unausweichlich.

Mögliche Varianten:
- unentgeltliche Übertragung eines Unternehmens bzw. eines Betriebes durch Schenkung oder Erbfall
- teilentgeltliche Übertragung eines Betriebes (Kaufpreis entspricht nicht dem tatsächlichen Wert, der Differenzwert wird quasi geschenkt)
- vollentgeltliche Übertragung (Kaufpreis entspricht dem tatsächlichen Wert, Durchführung wie unter fremden Dritten)

Die einzelnen unterschiedlichen steuerlichen Konsequenzen für den Käufer/Übernehmer und dem Verkäufer/Übergeber sind in einer Übersicht im Anhang kurz zusammengefasst.

Bei der Übergabe eines Unternehmens im Rahmen des Generationenwechsels sollte auch die Erbschaft- und Schenkungsteuer nicht vernachlässigt werden. Hierbei ist die aktuelle BFH-Rechtsprechung zu berücksichtigen, wonach an die Gewährung des Freibetrags für Betriebsvermögen nunmehr ungewöhnlich strenge Voraussetzungen geknüpft werden (BFH-Urteil vom 25.1. 2001 mit Kommentierungen in FR 9/2001, S. 484 ff).

Darüber hinaus steht die Verfassungsmäßigkeit der Erbschaftsteuer auf dem Prüfstand. Mit Urteil vom 22.5. 2002 hat der BFH die teilweise Verfassungswidrigkeit der gesetzlichen Regelungen festgestellt (BStBl. 2002, II S. 598). Das Verfahren ist mittlerweile vom BVerfG bereits entschieden (Az. 1 BvL 10/02). Grund ist die permanente Unterbewertung des Grundbesitzes und die Überprivilegierung des Betriebsvermögens. Die Finanzverwaltung hat inzwischen reagiert und setzt ab sofort alle Festsetzungen der Erbschaft- und Schenkungsteuer vorläufig fest (gleichlautende Erlasse der obersten Finanzbehörden der Länder vom 22.11. 2005 – S0338).

Leider trägt diese Entwicklung zur weiteren Unsicherheit bei und erschwert die Beratung durch Steuerberater und Rechtsanwälte, da der Ausgang und seine Folgen derzeit noch nicht absehbar sind (wegen der Grundzüge der Erbschaft- und Schenkungsteuer vgl. gleichnamiges Kapitel).

Wird ein Unternehmen von einem Fremden gekauft, ist besondere Vorsicht geboten. Hier sollte unbedingt ein Sachverständiger eingeschaltet werden, der den Wert des Unternehmens und etwaige Risiken durch den Kauf prüft. Unterschiede können sich hierbei je nach Rechtsform ergeben.

Folgende Punkte sollten vorher überprüft werden:
- Verbindlichkeiten
- Darlehensverpflichtungen
- Gewährleistungsverpflichtungen
- Haftung für Verbindlichkeiten aus Lieferungen und Leistungen
- Haftung für Steuerschulden

Bei letzterem stellt sich vor allem die Frage, ob die steuerlichen Angelegenheiten für die Vergangenheit zuverlässig erledigt wurden oder ob noch einige „alte Hunde begraben" liegen.

Eine Bescheinigung des Finanzamts kann darüber Auskunft geben, wo das Unternehmen steuerlich geführt wird und ob Steuerschulden vorliegen oder nicht. Allerdings kann diese Bescheinigung nur der Unternehmer selbst anfordern. (Kauf-)Interessenten erhalten wegen des Steuergeheimnisses keine Auskünfte. Ungeachtet dessen kann vereinbart werden, dass der Verkäufer freiwillig eine solche Bescheinigung vorzulegen hat.

Weitere Hinweise zur Vertragsgestaltung können dem Kapitel 10 „Wichtige Verträge für Unternehmer" entnommen werden.

2.3 Betriebsverpachtung

Eine weitere Alternative, um eine Firma zu übernehmen, ergibt sich im Rahmen der Betriebsverpachtung. In der Praxis kommt diese Form häufig bei Handwerksbetrieben und Gaststätten vor.

Der bisherige Unternehmer verpachtet (vgl. auch Kapitel „Wichtige Verträge für Unternehmer") seine Firma samt Einrichtung und Rechten an einen Nachfolger, der den laufenden Geschäftsbetrieb übernimmt und hierfür Pacht zahlt.

Diese Möglichkeit bietet sich insbesondere für Existenzgründer an, die nicht über das nötige (Eigen-)Kapital verfügen, um das gesamte Unternehmen sofort zu kaufen. Die Kosten beschränken sich hier nur auf die Aufwendungen für den laufenden Geschäftsbetrieb und die Pacht. Somit lassen sich hohe Fremdkapitalkosten, die sich durch die sofortige Bezahlung des Gesamtkaufpreises für den Betrieb ergeben würden, vermeiden. Außerdem kann die Pachtzeit flexibel geregelt werden.

Oftmals wird im Anschluss an die Betriebsverpachtung die Firma dann tatsächlich gekauft. Das hat den Vorteil, dass der Pächter den Betrieb samt seinen Eigenheiten bereits kennt und die Ertragsaussichten und die Risiken besser einschätzen kann.

Tipp: Ein Teil der Pacht kann auf den Kaufpreis angerechnet werden. Allerdings muss dies bereits vorher im Pachtvertrag geregelt worden sein. Wer später feilschen möchte, hat meist schlechte Karten. Über einen künftigen Kauf sollte – auch wenn er noch nicht definitiv geplant ist – bereits im Vorfeld verhandelt worden sein.

Steuerliche Besonderheiten beim Verpächter

Der Verpächter hat ein Wahlrecht, ob er die Betriebsaufgabe erklärt oder den Betrieb fortführt – R 16 Abs. 5 EStR.

Bei der Betriebsaufgabe sind alle stillen Reserven zu versteuern. Es gelten die gleichen Grundsätze wie bei der Veräußerung eines Betriebs (vgl. Anhang). Dabei gehen die verpachteten Wirtschaftsgüter in das Privatvermögen über. Nach der Aufgabe erzielt der Verpächter Einkünfte aus Vermietung und Verpachtung.

Wird nicht die Betriebsaufgabe erklärt, also der Betrieb auch beim Verpächter fortgeführt, kommt es nicht zu einer Versteuerung der stillen Reserven. Handelt es sich bei dem Betrieb um einen Gewerbebetrieb, erzielt auch der Verpächter künftig Einkünfte aus Gewerbebetrieb.

Bei der Gewerbesteuer gibt es kein Verpächterwahlrecht. Die reine Verpachtung eines Betriebes stellt keine gewerbliche Tätigkeit mehr dar. Die Eigenschaft des Gewerbetreibenden geht somit vom Verpächter auf den Pächter über und die Gewerbesteuerpflicht für den Verpächter entfällt.

Pächter

Die laufenden Pachtzahlungen stellen Betriebsausgaben dar. Daneben kann er in der Bilanz eine Pachterneuerungs-Rückstellung bilden, die etwaige Kosten für die Erneuerung abgenutzter Pachtgegenstände abdeckt.

Der Pächter ist gewerbesteuerpflichtig. Bei der Berechnung der Bemessungsgrundlage für die Gewerbesteuer ist zu beachten, dass die Hälfte der Pacht zusätzlich bei Ermittlung des Gewerbeertrages dem Gewinn hinzugerechnet werden muss (gilt jedoch nicht für die Pacht, die anteilig für Grundbesitz bezahlt wird).

2.4 Franchising – gute Ideen übernehmen

Der Franchisenehmer ist selbständiger Gewerbetreibender, der, im Unterschied zum freien Handelsvertreter, im eigenen Namen und auf eigene Rechnung Geschäfte macht.

Derzeit existieren ca. 850 verschiedene Franchisesysteme. Diese werden bundesweit von ungefähr 45.000 Franchisenehmer/innen, angewendet. Seit 1993 hat sich somit die Zahl der Franchisenehmer verdreifacht. Meist handelt es sich hierbei um Einzelunternehmen. Dennoch spielt das Franchising bei Existenzgründungen nur eine relativ untergeordnete Rolle.

Die bekanntesten und größten Systeme gehören zur Reisevermittlungs-, „Fastfood-" und Fotohandels-Branche. Aber auch in anderen Branchen gibt es bekannte Franchiseunternehmen:

- Sonnenstudios
- Autovermietungen
- Heimwerkermärkte
- Nachhilfe- und Weiterbildungsinstitute
- Musikschulen
- Optiker uvm.

Doch nicht alles ist Gold, was glänzt. Gerade in diesem Geschäftszweig gibt es einige schwarze Schafe, die nur auf das Geld gutgläubiger Existenzgründer/innen aus sind. Angebote sollten daher eingehend geprüft werden.

Besonderer Wert sollte auf ausführliche schriftliche Informationsunterlagen gelegt werden. Nur wer eine Idee wirklich verstanden hat, kann auch letztendlich überzeugt von ihr sein. Ferner empfiehlt es sich dringend, die Verträge vor Unterzeichnung von einem Rechtsanwalt prüfen zu lassen.

Das sollte besonders unter die Lupe genommen werden:

- **Know-how:** Es muss sich um branchenspezifisches Fachwissen handeln. Bei allgemeinen Informationen besteht keine Notwendigkeit, diese zu kaufen.
- **Schutzrechte:** Markennamen oder regionale Gebiete, die nur für Sie reserviert sind, sollten schriftlich garantiert werden.
- **Gebühren:** Gebühren für den Einstieg oder laufende Beiträge sollten genau aufgeschlüsselt sein, damit Sie nachvollziehen können, für welche Leistungen Sie zu bezahlen haben.
- **Kalkulationsgrundlage:** Der Franchisenehmer muss vollständig über die Rentabilität des Systems aufgeklärt werden (bisherige Erfahrungswerte, Hochrechnungen).

- **Laufzeit, Preisbindung und Wareneinkauf:** Prüfen Sie, inwieweit Sie tatsächlich vom Franchisegeber abhängig sind.

Gute Ideen zu übernehmen, ist zwar einfacher, kann aber mitunter recht teuer werden. Üblich sind Einstiegsgebühren von ca. 500 € bis 15.000 €. Hinzu kommen noch laufende Gebühren, die je nach Branche und Vertrag unterschiedlich hoch ausfallen. Zusätzlich wird in den meisten Fällen genügend Startkapital gefordert, um einen erfolgreichen Aufbau sicherzustellen (ca. 2.500 € bis 25.000 €).

Weitere wertvolle Informationen erhalten Interessenten auf speziellen Franchise-Tagungen und Kongressen, die durch das Franchise-Institut (www.franchise-institut.de) bzw. den Deutschen Franchise Verband (www.dfv-franchise.de) veranstaltet werden.

3. Tätigkeiten aus steuerlicher Sicht

Die Frage nach dem „Was bin ich" erscheint auf den ersten Blick eher unwichtig. Da die steuerliche Beurteilung aber je nach Eingruppierung zu unterschiedlichen rechtlichen und finanziellen Konsequenzen führt, ist diese Frage in der Praxis zumindest für jeden Existenzgründer einmal abschließend zu klären. Dies sollte am besten zu Beginn der Tätigkeit geschehen.

Unterschieden werden drei verschiedene Tätigkeitsfelder, aus denen Einkünfte erzielt werden können. Das Einkommensteuergesetz sieht folgende Sparten vor:

- Freiberufler,
- Gewerbebetriebe sowie
- Land- und Forstwirte

Die unterschiedlichen Einkünfte aus diesen unternehmerischen Betätigungen werden zwar alle der Einkommensteuer unterworfen, jedoch fällt bei Gewerbebetrieben zusätzlich noch Gewerbeertragsteuer an.

Dies spielt insbesondere bei der Unterscheidung zwischen einer gewerblichen und freiberuflichen Betätigung eine nicht unerhebliche Rolle. Die optimale Ausnutzung der Gestaltungsmöglichkeiten sollte gerade bei der Gründung des Unternehmens bedacht werden. Da auch die viel diskutierte Gewerbesteuerpflicht der Freiberufler vom Tisch ist, bleibt diese Einkunftsart gerade für Grenz- oder Mischfälle mit gewerblichen Einkünften nach wie vor interessant.

Ferner ergeben sich je nach Eingruppierung unterschiedliche Verpflichtungen bei der Art und dem Umfang der Anmeldung, da die neu aufgenommene Tätigkeit z. B. dem Finanzamt, der Stadtverwaltung oder anderen Berufs- und Interessenverbänden angezeigt werden muss.

3.1 Freiberufler

Die gesetzliche Grundlage hierzu ist in § 18 EStG zu finden. Folgende Berufsgruppen sind namentlich im Gesetz aufgezählt (sog. **Katalogberufe**): Ärzte, Zahnärzte, Tierärzte, Rechtsanwälte, Notare, Patentanwälte, Vermessungsingenieure, Ingenieure, Architekten, Handelschemiker, Wirtschaftsprüfer, Steuerberater, beratende Volks- oder Betriebswirte, vereidigte Buchprüfer, Heilpraktiker, Dentisten, Krankengymnasten, Journalisten, Bildberichterstatter, Dolmetscher, Übersetzer und Lotsen.

Ähnliche Berufe gelten gleichfalls als freiberuflich. Allerdings muss dann eine wesentliche Übereinstimmung bei der Ausbildung und der beruflichen praktischen Tätigkeit vorliegen. Selbst wenn ein entsprechender Schulabschluss oder Studium nicht vorliegt, kann bei einem Autodidakten dennoch eine den Katalogberufen ähnliche Tätigkeit gegeben sein, wenn er über ein breites und tiefgehendes Fachwissen verfügt, und diese Kenntnisse mit denen von Akademikern vergleichbar sind. Hierzu sind bereits unzählige Urteile des Bundesfinanzhofs und der Finanzgerichte ergangen.

Beispiele: beratender Betriebswirt, Hebamme, Kfz-Sachverständiger und Tagesmütter.

Außerdem sind nicht namentlich genannte Berufe freiberuflich, wenn sie **wissenschaftlich, künstlerisch, schriftstellerisch, unterrichtend** oder **erzieherisch** selbständig ausgeübt werden.

Die **wissenschaftliche Tätigkeit:** In diesem Fall muss immer eine entsprechende Qualifikation vorliegen, wobei die jeweilige Fachrichtung unbeachtlich ist. Es kommt lediglich darauf an, dass nach allgemeinen anerkannten wissenschaftlichen Methoden gearbeitet wird. Ebenfalls unbeachtlich ist, ob es sich um theoretische oder angewandte Wissenschaft handelt.

Die **künstlerische Betätigung:** Es ist in erster Linie wichtig, dass der Künstler eigenschöpferisch kreativ ist. Die Rechtsprechung nimmt als allgemeines Abgrenzungskriterium zwischen Kunst und Kitsch eine „angemessene Gestaltungshöhe" an. Im Einzelfall lässt sich dies jedoch nur durch entsprechende Gutachter klären (z. B. bei Berufsvertretungen und -verbände). Darüber hinaus werden auch Sachverständige (z. B. aus der Akademie der bildenden Künste) durch die Oberfinanzdirektion bzw. das Landesamt für Steuern bestellt, die ca. einmal jährlich tagen und über den künstlerischen Gehalt der Arbeit befinden. Gerade bei der Abgrenzung zwischen Kunst und Handwerk ergeben sich in der Praxis häufig Streitigkeiten.

Bei Malern oder Musikern wird im Allgemeinen angenommen, dass es sich um Künstler handelt. Bei Fotografen ist die Abgrenzung schon schwieriger. Eine genaue Differenzierung ist nur im Einzelfall möglich. Maßgeblich ist die tatsächlich ausgeübte Tätigkeit. Der Bundesfinanzhof entschied kürzlich, dass ein Fotograf als gewerblich einzustufen ist, wenn seine Bilder durch den Auftraggeber hauptsächlich im Bereich der kommerziellen Werbung genutzt werden.

> **Tipp:** Als ein eindeutiges Indiz für das Vorliegen einer künstlerischen Tätigkeit wertet das Finanzamt die Mitgliedschaft bei der Künstlersozialkasse (vgl. Kapitel Künstlersozialkasse).

Die **schriftstellerische Tätigkeit:** Es wird darauf abgestellt, dass der Schriftsteller seine „eigenen Gedanken mit den Mitteln der Sprache schriftlich" für die Öffentlichkeit darlegt. Was letztendlich geschrieben und veröffentlicht wird, ist nicht relevant. Gleiches gilt für den Umfang oder die Länge der Arbeit.

Die **unterrichtende Tätigkeit:** Hierbei stehen die Vermittlung von Wissen, Fähigkeiten oder Fertigkeiten im Vordergrund. Dies kann auf theoretischem oder praktischem Wege erfolgen. Jede Art von unterrichtender Tätigkeit wird daher als freiberuflich betrachtet. Allerdings liegt bei einem angestellten Lehrer keine freiberufliche Tätigkeit vor, da er seinem Arbeitgeber gegenüber weisungsgebunden ist und in seiner selbständigen eigenverantwortlichen Unterrichtserteilung beschränkt ist.

Erfolgt jedoch zusätzlicher Unterricht, z. B. an einer Volkshochschule, so handelt es sich insoweit um eine freiberufliche (Neben-) Tätigkeit.

Die **erzieherische Tätigkeit:** Auch hier spielt die Wissensvermittlung eine gewichtige Rolle, jedoch stehen eindeutig pädagogische

Ziele im Vordergrund. Im Allgemeinen handelt es sich dabei um die Weiterbildung der Persönlichkeit, der Festigung des Charakters und der Vermittlung von bestimmten Wertvorstellungen. Die Abgrenzung zu anderen Tätigkeiten hat aber im Einzelfall zu erfolgen.

Gemäß § 18 Abs. 1 Nr. 3 EStG gelten die folgenden Tätigkeiten nur als selbständig und nicht als freiberuflich: Testamentsvollstrecker, Insolvenzverwalter, Vermögensverwalter, Aufsichtsräte, aber auch Tagesmütter. Diese Unterscheidung spielt jedoch in der Besteuerungspraxis keine Rolle: Sie sind Einkünfte nach § 18 EStG und unterliegen damit grundsätzlich weder der Gewerbesteuer noch gilt für sie eine Buchführungspflicht.

3.2 Gewerbebetriebe

Geregelt ist diese Einkunftsart im § 15 EStG, wobei allerdings eine klare Definition des Begriffs „Gewerbebetrieb" im Gesetzestext fehlt. Es wird lediglich umschrieben, welche Tätigkeiten nicht als Gewerbebetrieb anzusehen sind. Die restlichen Betätigungsfelder gelten dann automatisch als Gewerbe.

Hierunter fallen demnach Personen,

- die Einnahmen aus „gewerblichen Unternehmen" erzielen **oder**
- deren Betätigung weder als freiberufliche noch als sonstige selbständige Tätigkeit angesehen wird **und**
- deren Unternehmen auch nicht als Land- und Forstwirtschaftsbetrieb gilt.

Zu den „gewerblichen Unternehmen" zählen insbesondere die Offene Handelsgesellschaft (OHG) und die Kommanditgesellschaft (KG).

Prüfschema

Für die Beantwortung der Frage, ob eine gewerbliche Betätigung vorliegt oder nicht, ist vorher zu prüfen, ob eine freiberufliche oder land- und forstwirtschaftliche Tätigkeit vorliegt.

Gehört der ausgeübte Beruf weder zu den Freiberuflern noch zu den Land- und Forstwirten, dann liegt zwangsläufig ein Gewerbebetrieb vor.

Beispiele: Anlageberater, Bauleiter, Betrieb einer Fremdenpension, Hellseher, Makler und Taxifahrer.

Selbstverständlich darf die Tätigkeit bei dieser Beurteilung auch nicht zu den anderen (restlichen) steuerlichen Einkunftsarten zählen, wie z. B. etwa zur Vermietung und Verpachtung oder zu den Einkünften aus Kapitalvermögen.

Bei handwerklichen Berufen liegt so gut wie immer ein Gewerbebetrieb vor. Für die Gründung eines derartigen Betriebes ist auch nach der Novelle der Handwerksordnung (HWO) Anfang 2004 der Meisterbrief in vielen Gewerben grundsätzlich Voraussetzung. Ob es sich um ein zulassungspflichtiges Handwerk handelt, erfahren Sie bei der Handwerkskammer. Lediglich bei bestimmten ausschließlich künstlerischen Arbeiten kann eine freiberufliche Tätigkeit angenommen werden. Vergleiche ferner Kapitel „Gemischte Tätigkeiten".

Achtung: Die (teilweise) Anerkennung einer freiberuflichen Tätigkeit durch das Finanzamt, z. B. im Rahmen einer gemischten Tätigkeit, bedeutet nicht automatisch auch eine Befreiung von der Mitgliedschaft bei der Handwerkskammer und die Erlaubnis zur Führung eines Betriebs ohne Meistertitel.

3.3 Land- und Forstwirte

Zum Abschluss sollen noch die Kriterien für einen Land- und Forstwirtschaftsbetrieb aufgezeigt werden. Dieser liegt vor, wenn die planmäßig durch Bodenbewirtschaftung oder Tierhaltung und Zucht gewonnenen Erzeugnisse vertrieben werden. Hierunter fallen z. B. der Anbau von Wein, Obst- und Gemüse, die Tierzucht, sowie Baumschulen.

Allerdings wird auch hier davon ausgegangen, dass die für Unternehmer üblichen Kriterien, wie z. B. die Gewinnerzielungsabsicht und die Beteiligung am allgemeinen wirtschaftlichen Verkehr, erfüllt sein müssen. Alle Klein- und Hobbygärtner bleiben demnach zu Recht außen vor.

3.4 Unterschiede

Durch die zum Teil komplizierten und gesetzlich nicht klar definierten Abgrenzungskriterien, erscheint insbesondere die Unterscheidung zwischen Gewerbebetrieben und Freiberuflern schwierig. Angesichts der zusätzlichen Belastung bei gewerblichen Berufen mit der Gewerbesteuer waren und sind Streitigkeiten mit den Finanzämtern und -gerichten vorprogrammiert. Mittlerweile sind die Unklarheiten jedoch größtenteils durch die Rechtsprechung ausgeräumt worden.

Der klassische Unterschied zwischen Gewerbetreibenden und Freiberuflern kann wie folgt stark vereinfacht dargestellt werden: **Freiberufler** brauchen in der Regel kein Kapital. Sie benötigen lediglich ihre eigene Arbeitskraft, da sie nur ihr erworbenes Wissen hierfür einsetzen – Beispiel: Ärzte oder Rechtsanwälte. So spielt bei Freiberuflern oft ein gewisses Maß an Qualifikation eine wichtige Rolle. Gerade bei den Katalogberufen ähnlichen Tätigkeiten kann dieses Wissen auch autodidaktisch erworben sein, muss sich dann aber mit entsprechendem Universitätsstandard messen lassen.

Darüber hinaus steht die persönliche Arbeitsleistung des Berufsträgers im Vordergrund: Ein gewerblicher Getränkemarkt kann auch (zumindest nach kurzem Anlernen) von einer Aushilfe betrieben werden, eine Operation muss jedoch zwingend durch einen Chirurgen durchgeführt werde, er kann dies nicht an eine Krankenschwester delegieren. Andererseits kann ein Laborarzt, der aufgrund der Vielzahl seiner bearbeiteten Proben und der Automatisierung der Untersuchungen kaum mehr selbst tätig wird, sehr wohl auch gewerbliche Einkünfte haben.

Schlussendlich ein weiteres Merkmal in Grenzbereichen wie z. B. der EDV-Beratung lässt sich aus dem Ergebnis der Tätigkeit ableiten: ein Freiberufler schafft u. U. im Ergebnis „Neues": ein EDV-Berater, der vorgefertigte Software installiert und einrichtet, wird gewerblich zu qualifizieren sein. Entwickelt der EDV-Berater in der Hauptsache eigene Software, insbesondere individuell für einzelne Kunden, so wird man von Freiberuflichkeit ausgehen können.

Zusammenfassend lässt sich sagen, dass eine Vielzahl von Kriterien im Einzelfall zu prüfen sind, die neben dem typischen Berufsbild individuelle und tatsächliche Umstände berücksichtigen.

Gewerbliche Unternehmen haben meist „gebundenes Kapital", um überhaupt tätig werden zu können. Mit Kapital sind z. B. Maschinen für die Produktion, Grund und Boden für die Produktionsanlagen und Lagerstätten, Rohstoffe und Waren gemeint – Beispiel: Handwerksbetriebe.

Darüber hinaus kann zusammenfassend gesagt werden, dass bei Nichterfüllung der o. g. Kriterien für Freiberufler grundsätzlich eine Gewerblichkeit vorliegt (sog. Auffangtatbestand).

Vom Gewerbebetrieb zu unterscheiden, ist die private Vermögensverwaltung. Hier ist lediglich ein „Haben und Halten" im Vordergrund. Die vielfältige Rechtsprechung sieht im zweifelhaften Einzelfall die Verkehrsanschauung als ausschlaggebend an: So ist ein Privatier, der eine Vielzahl von eigenen Immobilien vermietet und sich um deren Erhalt kümmert, im Bereich der Vermögensverwaltung anzusiedeln. Eine professionelle Hausverwaltung mit einer Vielzahl an Kunden und einem bunten Angebot an Zusatzdienstleistungen ist wohl gewerblich.

Gerade zu Beginn der Tätigkeit sollte man die Qualifizierung der Einkünfte in freiberufliche oder gewerbliche ausführlich prüfen, da eventuelle Gewerbesteuernachforderungen der Gemeinde für vergangene Jahre massive Liquiditätsprobleme bedeuten können. Außerdem ist es nachträglich sehr schwer, eine Umqualifizierung von gewerblich in freiberuflich durchzusetzen.

Tipp: In den Finanzämtern liegen meist kostenlose Info-Broschüren zu bestimmten Spezialthemen (z. B. der Besteuerung von Land- und Forstwirten oder Künstlern) aus. Die jeweiligen Besonderheiten werden dort separat erörtert und herausgearbeitet. Dies kann gerade in der Anlaufphase eine weitere wertvolle Hilfe sein. Allerdings sollte darauf geachtet werden, dass es sich um aktuelle Versionen handelt.

3.5 Gemischte Tätigkeiten

In der Praxis werden häufig Tätigkeiten ausgeübt, die sowohl eine freiberuflichen Teil als auch eine gewerbliche Leistung beinhalten können. Eine klare Trennung ist insbesondere bei Dienstleistungsbetrieben schwierig, die ganze Servicepakete anbieten.

Zur Vermeidung von Streitigkeiten sollten Firmen von sich aus eine Unterscheidung treffen. Das bedeutet, dass die Leistungen getrennt ausgewiesen und abgerechnet werden und in verschiedenen Gewinnermittlungen berücksichtigt werden.

Beispiel: Eine Werbe- und Public Relations Firma bietet neben dem allgemeinen Marketing etc. auch an, die Gestaltung für Briefpapier, Visitenkarten und Webauftritt zu übernehmen.

Lösung: Die künstlerische Gestaltung, nämlich die Entwicklung eines Firmenlogos und das Design der Visitenkarten, Briefe und der Homepage, sollte getrennt abgerechnet werden.

Ein und dieselbe Firma kann problemlos zwei Bilanzen oder Einnahme-/Überschussrechnungen abgeben.

Streit vermeiden

Werden von Anfang an zwei getrennte Gewinnermittlungen eingereicht, in denen eine klare und eindeutige Trennung zwischen gewerblichen und freiberuflichen Einkünften vorliegt, wird der sonst vorprogrammierte Streit mit dem Finanzamt vermieden.

Stellt das Finanzamt, z. B. im Rahmen einer Betriebsprüfung im Nachhinein fest, dass teilweise gewerbliche Einkünfte vorliegen, kann mit nachträglichen Festsetzungen der Gewerbesteuer samt Zinsen gerechnet werden. Besonders unangenehm ist in diesen Fällen die Tatsache, dass die Nachforderungen mehrerer Jahre auf einen Schlag fällig werden. Es tritt ein geballter Liquiditätsverlust ein.

Bei der Argumentation der Finanzbehörden sind im Übrigen mehrere Alternativen denkbar:

- Handelt es sich um eine Personengesellschaft, können die gewerblichen Einkünfte eines Einzigen dazu führen, dass alle Einnahmen als gewerblich einzustufen sind (sog. Abfärbetheorie).

• Steht der gewerbliche Teil im Vordergrund, wird das Unternehmen einheitlich als Gewerbebetrieb eingestuft. Unbeachtlich ist, ob der gewerbliche Anteil nach Umsatz oder Gewinn stärker ausgeprägt ist. Es kommt nur darauf an, dass beide Teile derart miteinander sachlich und wirtschaftlich verflochten sind, dass eine Trennung nach der allgemeinen Verkehrsauffassung nicht möglich ist (sog. Geprägetheorie).

Beispiel: Die Kundenberatung im Rahmen eines Einzelhandelsgeschäfts ist untrennbar mit dem Verkauf der Ware verbunden. Eine Trennung ist hier nicht möglich.

• Ist eine leichte und einwandfreie Trennung möglich, kann der Anteil der gewerblichen Tätigkeit auch nachträglich sachgerecht berechnet bzw. geschätzt werden.

Die objektive Beweispflicht für das Vorliegen eines steuerbegünstigten Sachverhaltes (hier keine bzw. keine anteilige Gewerbesteuerpflicht) liegt bei dem Steuerpflichtigen. Daher werden etwaige Unwägbarkeiten oder Restzweifel immer zu Lasten des Unternehmers gehen.

Tipp: Bei gemischten Tätigkeiten sollten immer zwei getrennte Gewinnermittlungen eingereicht werden.

Die unterschiedlichen Tätigkeiten sollten hierfür getrennt abgerechnet werden. Eine genaue Bezeichnung der einzelnen Dienstleistungen vereinfacht die Prüfung für Außenstehende und hilft, Missverständnisse zu vermeiden.

Vorteile bei Trennung

• Zunächst kann ein Teil der Einkünfte, nämlich der aus den freiberuflichen Anteilen vor der Gewerbesteuer bewahrt werden.
• Bei den um den freiberuflichen Teil geminderten gewerblichen Einkünften können höhere Staffelsätze für die Messbetragsbestimmung vermieden werden, vgl. Kapitel Gewerbesteuer.
• Die Erstellung von zwei Gewinnermittlungen kann aber auch dann vorteilhaft sein, wenn die Grenzen zur Buchführungspflicht fast erreicht sind. Wer seine Tätigkeit geschickt trennt und in zwei Gewinnermittlungen aufteilt, kann weiterhin die vereinfachte

Form der Gewinnermittlung im Rahmen der Einnahme-/Über-schussrechnung anwenden und muss nicht zwingend Bilanzen aufstellen. Vgl. Kapitel 5, Die Gewinnermittlung.

4. Die Gründung – was kommt auf mich zu?

4.1 Allgemeine Pflichten

Bei der Ausübung einer selbständigen Tätigkeit wirken sich eine Reihe verschiedenster Gesetze und Verordnungen aus, mit denen man auf den ersten Blick gar nicht gerechnet hätte. Umso wichtiger ist es, bei der tatsächlichen Gründung und den ersten hierdurch entstehenden Schritten diesen Verpflichtungen gerecht zu werden.

Die wichtigsten Regelungen sollen daher im Folgenden angesprochen werden.

Gewerbetreibende

Für diesen Personenkreis sind die Regelungen der Gewerbeordnung einschlägig. Unter anderem wird hier Folgendes geregelt:

Die **Eröffnung** des Betriebs ist der Stadt- bzw. Gemeindeverwaltung (Gewerbeamt) mitzuteilen, ebenso die **Verlegung** oder die **Aufgabe des Betriebs**. Die Gebühren hierfür richten sich nach den Sätzen der jeweiligen Stadt/Gemeinde.

Die Anmeldung wird durch Stadt bzw. Gemeinde automatisch an das Finanzamt weitergeleitet. Dort wird die Zusendung eines Fragebogens veranlasst (unterschiedliche Fragebögen je nach Rechtsform des Unternehmens = Betriebseröffnungsbogen). Anschließend wird eine neue Steuernummer zugeteilt.

Der Fragebogen bildet die Grundlage für die künftige Zusammenarbeit mit dem Finanzamt. Anhand der dort gemachten Angaben werden Vorauszahlungen festgesetzt und unternehmensbezogene Daten, wie z. B. die Bankverbindung oder Angaben über die Abgabe von Voranmeldungen zur Umsatz- und Lohnsteuer für Arbeitnehmer, gespeichert.

Musterfragebögen für Gewerbetreibende und Kapitalgesellschaften sind im Anhang abgedruckt.

Freiberufler

Da für **freie Berufe** keine Gewerbeanmeldung erforderlich ist, erfolgt die Anmeldung der Tätigkeit **direkt beim Finanzamt**. Ein formloses Schreiben oder die telefonische Anforderung des Gründungsfragebogens genügt. Anschließend wird das Finanzamt einen Fragebogen (vgl. Muster im Anhang) zusenden und eine neue Steuernummer zuteilen.

Der Fragebogen sollte sorgfältig ausgefüllt werden. Die Angaben sind für die künftige Zusammenarbeit wichtig. Die Daten bezüglich der zu erwartenden Umsätze und Gewinne sollten realistisch sein, da diese die Grundlage für die Festsetzung von Vorauszahlungen sind. Falls Arbeitnehmer beschäftigt werden, sind auch Angaben zu den Lohnsteueranmeldungen zu machen.

Amtsgericht (Registergericht)

Für die Gründung einer **Kapitalgesellschaft** ist die Anmeldung und Eintragung beim Registergericht in das Handelsregister zwingend notwendig.

Wer als **Einzelunternehmer** Kaufmann nach § 1 HGB ist, muss eine Eintragung im Handelsregister herbeiführen. Fehlt die Kaufmannseigenschaft (siehe Kapitel Bilanzierung, Buchführungspflicht nach dem Handelsrecht) kann man sich allerdings freiwillig in das Handelsregister eintragen. Er hat in beiden Fällen dann den Status als eingetragenen Kaufmann (= e.Kfm., e. K.). Allerdings bringt dies zwingend eine handelsrechtliche (und in der Folge auch eine steuerliche) Buchführungspflicht mit sich, also die Verpflichtung zur Ermittlung des Gewinns anhand von Bilanzen. Darüber hinaus gelten dann auch die übrigen, meist wesentlich strengeren Regelungen des Handelsgesetzbuchs, so z. B. die unverzügliche Mängelanzeige beim Handelskauf. Prinzipiell werden Kaufleute zivilrechtlich strenger behandelt als z. B. der Verbraucher.

Berufskammern

Der Zusammenschluss gleichartiger Berufe zu Kammern, wie z. B. bei der
- Industrie- und Handelskammer (IHK),
- Handwerkskammer (HWK),

- Rechtsanwaltskammer oder
- Ärztekammer,

führt ebenfalls zu diversen Verpflichtungen (meist in Form von Mitgliedsbeiträgen). Ein Vorteil dieser Organisation liegt im Austausch von Informationen, die gerade für Existenzgründer nützlich sein können. Meist werden auch kostenlose Beratungsgespräche und Informationsmaterial für Berufsanfänger angeboten.

Krankenkasse – Berufsgenossenschaft

Beschäftige **Arbeitnehmer** müssen bei der zuständigen Allgemeinen Ortskrankenkasse (AOK) gemeldet werden. Wird vom Beschäftigten eine Bescheinigung von einer Ersatzkasse vorgelegt, hat die Anmeldung bei dieser zu erfolgen. Die Meldung muss spätestens sechs Wochen nach Aufnahme der Arbeit erfolgt sein. Zur Anmeldung wird eine Betriebsnummer der Agentur für Arbeit benötigt.

Nähere Ausführungen zum Thema Anmeldungen bei Sozialversicherungsträgern finden Sie im Kapitel 14.

Weitere gesetzliche Bestimmungen

Neben der Gewerbeordnung sind, entsprechend der ausgeübten Tätigkeit, zum Teil weitere gesetzliche Bestimmungen zu beachten.

- Handwerksordnung (regelt Voraussetzungen zur Eröffnung und Führung eines Handwerksbetriebs)
- Gaststättengesetz (besondere Genehmigung für die Eröffnung erforderlich)
- Ladenschlussgesetz (Warenverkäufe an Sonn- und Feiertagen sind grundsätzlich nicht mehr untersagt)
- Jugendschutzgesetz (Alkoholabgabe an Jugendliche im Gaststättengewerbe, sittlich gefährdende Schriften bei einem Kiosk)
- Jugendarbeitsschutzgesetz (Arbeitszeiten und Pausen, Mindestalter)
- Lebensmittelgesetz (Hygienevorschriften für die Lagerung und Verarbeitung)
- Baunutzungsordnung (keine lärmbelästigenden Tanzlokale oder umweltbelastende Betriebe in Wohngebieten)

4.2 Genehmigungen

Zusätzlich zur Anmeldung sind für bestimmte Tätigkeiten weiterführende **Genehmigungen** erforderlich.
Hiervon betroffen sind unter anderem:
- Bewachungsunternehmen
- Eröffnung von Tanzlokalen und Discos
- Handel mit Tieren oder Waffen
- Makler, Bauträger oder Baubetreuer in Grundstückssachen
- Vermittlung von Arbeitskräften
- Pfandleihen
- Spielhallen
- Versteigerungen

Soll das Unternehmen als **Reisegewerbe** ausgeübt werden, bedarf es einer gesonderten Genehmigung, da bestimmte Waren und Erzeugnisse nicht vertrieben werden dürfen. Es ist daher eine Reisegewerbekarte zu beantragen.

Einen **Handwerksbetrieb** darf nur derjenige führen, der in die Handwerksrolle eingetragen ist. Ab 1. Januar 2004 wurden die Zugangsvoraussetzungen hierfür abgestuft erleichtert.

Im Rahmen des Genehmigungsverfahrens wird das Gewerbeamt neben dem Vorliegen der entsprechenden Qualifikationen auch die persönliche und wirtschaftliche Zuverlässigkeit des Antragstellers prüfen.

Bei einer **nebenberuflichen Beschäftigung** sollte die Genehmigung des Arbeitgebers vorliegen.

Freiberufler

Eine zusätzliche Voraussetzung für die Aufnahme einer unternehmerischen Tätigkeit ist bei bestimmten Berufsgruppen, meist Freiberufler, die **staatliche Zulassung**. Diese ist beispielsweise für viele Heilberufe (Arzt, Masseur, medizinisch-diagnostischer Assistent), aber auch für beratende Berufe (Steuerberater, Rechtsanwalt, Notar) erforderlich.

4.3 Aufzeichnungs- und Aufbewahrungspflichten

Die steuerlichen Pflichten nehmen einen nachhaltig großen Stellenwert im Leben eines Unternehmers ein. Daher sind gleich zu Beginn der unternehmerischen Aktivitäten umfangreiche Aufzeichnungs- und Aufbewahrungspflichten zu beachten.

Die Aufbewahrungspflicht

Was muss grundsätzlich aufbewahrt werden?

Steuerrechtlich bedeutsame Unterlagen müssen für die Finanzbehörden nachprüfbar sein. Dies setzt voraus, dass sie für eine gewisse Zeit aufbewahrt werden.

Wichtige geschäftliche Unterlagen stets griffbereit zu haben, kann sowohl für das Finanzamt als auch für den Unternehmer selbst von Interesse sein.

Gemäß § 147 Abgabenordnung – AO sind folgende Unterlagen für steuerliche Zwecke aufzubewahren:
- Bücher und Aufzeichnungen, Inventare, Jahresabschlüsse und sonstigen Organisationsunterlagen
- Handels- oder Geschäftsbriefe
- Buchungsbelege und sonstige Unterlagen, soweit sie für die Besteuerung von Bedeutung sind.

Mit Ausnahme der Jahresabschlüsse dürfen alle anderen aufzubewahrenden Unterlagen und Belege auch auf Bildträgern (z. B. Fotokopie oder Mikrokopie) oder auf anderen Datenträgern (z. B. Festplatte, CD oder Diskette) aufbewahrt werden. Das Risiko der Lesbarmachung und deren Kosten trägt der Steuerpflichtige. Weiter kann die Finanzverwaltung die Benutzung der für die Erstellung dieser Datenträger eingesetzten EDV verlangen.

Wann dürfen Unterlagen weggeworfen werden?

Als gesetzliche Aufbewahrungsfrist sind für Bücher und Aufzeichnungen, Inventare, Jahresabschlüsse, sowie die erforderlichen Arbeitsanweisungen und Organisationsunterlagen **zehn Jahre**, für alle anderen bedeutsamen Unterlagen (Briefe und Belege) **sechs**

Jahre vorgeschrieben. Kürzere Aufbewahrungsfristen nach außersteuerlichen Vorschriften sind unbeachtlich.

Zu beachten ist jedoch, dass die Aufbewahrungsfristen ebenso lang nicht enden, wie die Verjährung der Steuerzeiträume durch bestimmte Ereignisse gehemmt ist, so z. B. während einer laufenden Außenprüfung oder eines Einspruchverfahrens.

Die strengen Vorschriften über die Aufbewahrung von steuerlich relevanten Unterlagen sind aber nur für Bilanzierende bindend. **Freiberufler**, die den Gewinn nach der Einnahme-/Überschussrechnung ermitteln, unterliegen keiner direkten Aufbewahrungspflicht im Sinne des § 147 AO. Die dort genannten Grundsätze sind jedoch analog auch für Freiberufler anzuwenden (Gleichbehandlungsprinzip bei den steuerlichen Mitwirkungspflichten).

Weitere Aufzeichnungspflichten für Freiberufler ergeben sich teilweise aus anderen Gesetzen, z. B. aus dem Umsatzsteuergesetz. Es ist aber dennoch dringend zu empfehlen **alle** geschäftlichen Unterlagen aufzubewahren. Die Aufzeichnungen und Belege haben immerhin eine **Nachweisfunktion**, z. B. wenn Betriebsausgaben geltend gemacht werden sollen. Bei fehlenden Aufzeichnungen kann das Finanzamt die Besteuerungsgrundlagen schätzen, d. h. Einnahmen zuschätzen und Ausgaben kürzen. Ferner kann das Finanzamt die Auszahlung von Vorsteuern verweigern.

Unterlagen aus dem privaten Bereich, mit denen z. B. Werbungskosten, Sonderausgaben oder außergewöhnliche Belastungen belegt werden, unterliegen **nicht** der Aufbewahrungspflicht. Sie sollten zumindest bis zum Ablauf der Einspruchsfrist von einem Monat nach Erhalt des Bescheides aufbewahrt werden.

Folgende Aufbewahrungsfristen gelten im Einzelnen:

Zehn Jahre:
- Änderungsnachweis der EDV-Buchführung, Anlagekarteien,
- Ausgangsrechnungen, Ausfuhrunterlagen, Belege soweit für die Buchführung verwendet, Bilanzen, Depotauszüge,
- Eingangsrechnungen, Eröffnungsbilanz, Gewinnermittlungen,
- Grundstücksverzeichnisse, Inventar, Jahresabschlüsse, Journale,
- Kassenbücher, Kontoauszüge, Lieferscheine, Lohnbelege, Quittungen,

- Reisekostenabrechnungen, Sachkonten und Vermögensverzeichnisse,
- Wareneingangs- und Ausgangsbücher, Zwischenbilanz (bei Gesellschafterwechsel oder Umstellung des Wirtschaftsjahres)
- Begleitunterlagen einer Zollanmeldung, sofern sie bei der Zollanmeldung nicht bei der zuständigen Behörde verblieben sind

Sechs Jahre:
- Abrechnungsunterlagen soweit keine Buchhaltungsunterlagen,
- Angebote, Bankbelege, Betriebsprüfungsberichte,
- Bewirtungsunterlagen, Buchungsanweisungen, Darlehensunterlagen,
- Gehaltslisten, Geschäftsbriefe,
- Investitionszulage (Unterlagen), Kalkulationsunterlagen, Lohnlisten
- und Belege hierzu, Mahnbescheide, Preislisten, Prozessakten,
- Schadensunterlagen, Schriftwechsel, Steuerunterlagen, Verträge

Die Aufzeichnungspflichten

Was muss gesondert aufgezeichnet werden?

Zusätzlich zu den Aufbewahrungspflichten ergeben sich aus anderen Gesetzen, insbesondere dem Umsatzsteuergesetz und Einkommensteuergesetz, weitere Verpflichtungen.

Einzelne Einnahmen oder Ausgaben müssen gesondert aufgezeichnet werden, soweit dies gesetzlich bestimmt ist. Dies bedeutet, dass teilweise neue Ordner angelegt oder bestimmte Bescheinigungen getrennt von den übrigen Belegen aufbewahrt werden müssen. Die einzelnen Verpflichtungen ergeben sich wie folgt:

Nach dem Einkommensteuergesetz:

Gemäß § 4 Abs. 7 Einkommensteuergesetz – EStG müssen folgende Betriebsausgaben einzeln und getrennt von den anderen Betriebsausgaben aufgezeichnet werden. Fehlt diese besondere Aufzeichnung, erkennt das Finanzamt den Betriebsausgabenabzug nicht an:
- Geschenke, Bewirtung und Beherbergung
- Aufwendungen in Zusammenhang mit der Jagd oder Fischerei, für

Segel- oder Motorjachten und die damit zusammenhängenden
Bewirtungen
- Aufwendungen für ein häusliches Arbeitszimmer (soweit betrieblich veranlasst)
- Unangemessene Aufwendungen

> **Achtung:** Werden Bewirtungsaufwendungen in der Buchhaltung mit anderen Kosten (z. B. für Bürobedarf) auf dem gleichen Konto gebucht, entfällt die steuerliche Berücksichtigung ersatzlos. Das bedeutet, dass sämtliche Bewirtungskosten nicht als Ausgabe angesetzt werden, selbst wenn alle anderen Erfordernisse (Beleg vorhanden, Namen aufgeschrieben, etc.) erfüllt sind. Gleiches gilt für Geschenkaufwendungen.

Zusätzlich muss für geringwertige Wirtschaftsgüter – GWG ein gesondertes Verzeichnis angelegt werden – § 6 Abs. 2 EStG.

Werden Arbeitnehmer beschäftigt, so muss für jeden einzelnen Arbeitnehmer ein eigenes Lohnkonto geführt werden – § 41 EStG, § 4 LStDV. Hierin sind Angaben über die Zusammensetzung des Lohn sowie persönliche Informationen über den Arbeitnehmer (Lohnsteuerklasse, Art der Beschäftigung, Stundennachweise, Lohnsteuerkarte etc.) abzulegen.

Nach dem Umsatzsteuergesetz:

In § 22 UStG werden umfangreiche Aufzeichnungspflichten genannt:

Sowohl die Umsatzerlöse als auch die Betriebsausgaben sind getrennt nach den jeweiligen Steuersätzen oder Steuerpflicht/-freiheit zu erfassen. Dies gilt auch für gezahlte und erhaltende Anzahlungen.

> **Beispiel:** In einer kleinen Imbissbude werden Umsätze zu 19 % und 7 % ausgeführt. Bei den Betriebsausgaben sind Aufwendungen mit 19 % und Waren mit 7 % enthalten.
> **Lösung:** Es müssen 4 verschiedene Konten geführt werden – zwei Einnahmenkonten und zwei Ausgabenkonten. Die Verpflichtung zur sauberen Trennung hat aber auch für den Unternehmer Vorteile. Die Erstellung der entsprechenden Steuererklärungen (laufende Voranmeldungen oder Jahreserklärung) wird erleichtert. Ferner ist ein betriebswirtschaftlicher Überblick jederzeit möglich.

Der Eigenverbrauch bzw. die unentgeltliche Wertabgabe ist ebenfalls gesondert festzuhalten, also wann, wo und wie viel Sie an Gegenständen oder sonstigen Leistungen (z. B. Kfz-Nutzung) aus dem Betrieb für private oder unternehmensfremde Zwecke entnommen haben.

Werden Waren für das Unternehmen in die Bundesrepublik eingeführt, so sind die Gegenstände und die dafür zu u. U. entrichtende Einfuhrumsatzsteuer ebenfalls gesondert aufzuzeichnen.

Nach § 14 b UStG sind künftig Doppel der Ausgangsrechnungen und alle Eingangsrechnungen 10 Jahre aufbewahren. Die Frist beginnt mit Ende des Ausstellungsjahres der Rechnung.

Durch das Steueränderungsgesetz 2003 vom 15. 12. 2003 haben sich wichtige Änderungen – insbesondere für Existenzgründer – ergeben:

Nennenswert sind insbesondere folgende:

- in Ausgangsrechnungen über 150 € brutto ist wahlweise die eigene Steuernummer oder die eigene Umsatzsteuer-Identifikationsnummer anzugeben; ratsam ist die Angabe der USt-IdNr., da die Steuernummer Dritte in Versuchung führen könnte, Informationen von Ihrem Finanzamt abzufragen; ab dem 1. Januar 2004 ist bei Fehlen der Angabe für den Rechnungsempfänger kein Vorsteuerabzug möglich; dies gilt auch für Dauerschuldverhältnisse wie Miet- und Leasingverträge: hier ist eine zusätzliche Mitteilung der Steuer-/USt-IdNr. unter Bezug auf den Vertrag notwendig
- nunmehr sind laufende Rechnungsnummern anzugeben, sofern der Rechnungsbetrag brutto über 150 € beträgt; das Fehlen dieser Angabe führt seit dem 1. Juli 2004 zum Vorsteuerausschluss für den Rechnungsempfänger. Dabei muss die laufende Rechnungsnummer nicht eine fortlaufende Zahl sein, sondern kann eine nach Kunden sortierte alphanumerische Kombination sein, z. B. Müller 01/2007. Sie darf aber nur einmalig vergeben werden.
- Rechnungen an andere Unternehmer oder über Umsätze in Zusammenhang mit Grundstücken (z. B. Bauleistungen usw.) sind immer innerhalb von sechs Monaten zu erteilen, nicht nur auf Verlangen, auch bei steuerfreien Umsätzen. Verstöße gegen diese Regelung können mit Bußgeldern geahndet werden.

Folgende durch das Steueränderungsgesetz 2001 und das Steuer-
verkürzungsbekämpfungsgesetz eingeführte Änderungen sind nach
wie vor in Kraft:

- Unternehmensgründer haben seit dem 1. 1. 2002 monatliche Umsatzsteuer-Voranmeldungen abzugeben – unabhängig von der
  Höhe der Steuerschuld. Diese Regelung gilt nicht für Kleinunternehmer. Diese müssen keine Voranmeldungen abgeben (vgl. Kapitel Umsatzsteuer).
- die Zustimmung zu einer Voranmeldung, bei der sich eine Vorsteuererstattung ergibt, kann von einer Sicherheitsleistung abhängig gemacht werden
- die Haftung und die Strafen für nicht abgeführte Steuern wurden
  verschärft
- das Finanzamt kann ohne vorherige Anmeldung die Grundstücke
  und betrieblichen Räume während der üblichen Geschäftszeiten
  betreten, um relevante Sachverhalte festzustellen (sog. unange-
  kündigte Betriebsnachschau). Hierbei können Aufzeichnungen,
  Bücher, Geschäftspapiere und Urkunden verlangt werden. Bei
  entsprechendem Anlass kann ohne vorherige Prüfungsanordnung
  in eine Außenprüfung übergegangen werden.

4.4 Abgabe von Steuererklärungen

Meldungen während des laufenden Jahres

Voranmeldungen sind bereits während des laufenden Jahres bei
dem Finanzamt einzureichen.

Umsatzsteuer-Voranmeldung

Zahllast im Vorjahr		Voranmeldungszeitraum
Kleiner	512 €	jährlich
bis zu	6.136 €	quartalsweise
Größer	6.136 €	monatlich

Die Voranmeldungen sind grundsätzlich elektronisch bis spätestens 10 Tage nach Ablauf des Voranmeldungszeitraum einzureichen. Eine Abweichung von der zwingenden elektronischen Ab-

gabe ist nur in Härtefällen und nur auf Antrag möglich. Falls sich eine Nachzahlung ergibt, muss diese bis zu dieser Frist bezahlt werden. Eine zu späte Überweisung zieht Säumniszuschläge nach sich.

Beachte: Unternehmensgründer (außer Kleinunternehmer) haben unabhängig von der Höhe der Steuerschuld monatliche Voranmeldungen abzugeben.

Tipp für die Praxis:
- Beantragen Sie Dauerfristverlängerung. Hierdurch verlängern sich die oben genannte Fristen um einen vollen Monat. Sie müssen im Gegenzug eine quasi „13." Sondervorauszahlung leisten.
- Säumniszuschläge können nur entstehen, wenn die Voranmeldung zwar abgegeben, aber nicht fristgerecht bezahlt wird. In einigen Fällen kann es daher günstiger sein, die Abgabe und Zahlung etwas hinauszuzögern. Allerdings besteht dann das Risiko eines Verspätungszuschlags für eine nicht fristgerechte Abgabe.

Lohnsteueranmeldung

Die von den Arbeitnehmern einzubehaltende Lohnsteuer, Kirchensteuer und der Solidaritätszuschlag sind im Rahmen von Anmeldungen ebenfalls elektronisch anzumelden und abzuführen.

Wann welche Anmeldungen abzugeben sind, lässt sich der folgenden Übersicht entnehmen:

Summe der Lohnsteuer im Vorjahr	Anmeldungs-zeitraum	Anmeldung und Zahlung bis zum
bis zu 800 €	jährlich	10.1. des Folgejahres
von 800 € bis zu 3.000 €	quartalsweise	10.1./10.4./10.7./10.10. des laufenden Jahres
mehr als 3.000 €	monatlich	10. des Folgemonats

Waren im Vorjahr noch keine Arbeitnehmer beschäftigt, gelten die oben genannten Grenzen entsprechend für das laufende Jahr. Die voraussichtlich zu zahlende Lohnsteuerschuld des ersten vollen Monats ist dann auf das ganze Jahr hochzurechnen.

Die Verpflichtung zur Abgabe von Lohnsteueranmeldungen entfällt erst, wenn keine Arbeitnehmer mehr beschäftigt und dies auch dem Finanzamt (Arbeitgeberstelle) mitgeteilt wurde.

Jahreserklärungen

Nach Ablauf eines Jahres sind Jahressteuererklärungen (ausgenommen Lohnsteuer; hier gibt es keine Jahressteuererklärung) abzugeben. Es handelt sich hierbei um eine zusammenfassende steuerartenbezogene Anmeldung aller während des Jahres angefallenen Geschäftsvorfälle.

Der Wert der Gewinnermittlung (Gewinn bzw. Verlust) wird bei der Einkommensteuer in der Anlage GSE berücksichtigt. Wenn Sie wegen einer gemischten Tätigkeit eine Aufteilung vorgenommen und mehrere Gewinnermittlungen erstellt haben, tragen Sie einfach in der Anlage GSE die Gewinne bzw. Verluste mit dem Namen der jeweiligen Tätigkeit ein.

Ab 2005 ist bei einer Einnahme-/Überschussrechung der amtliche Vordruck EÜR zu benutzen, wenn die Betriebseinnahmen über 17.500 € liegen

Personengesellschaften haben eine einheitlich und gesonderte Feststellung abzugeben. Auch hier muss eine Gewinnermittlung beigefügt werden.

Kapitalgesellschaften haben eine eigene Steuererklärung abzugeben (sog. Körperschaftsteuererklärung), da sie als juristische Person selbst steuerpflichtig sind. Verantwortlich hierfür ist der Geschäftsführer. Der Steuererklärung ist eine Bilanz beizufügen.

Bei der Umsatzsteuererklärung ist gegebenenfalls noch die Anlage UR beizufügen (z. B. für steuerfreie Umsätze). Auch wenn Sie mehrere Gewinnermittlungen abgegeben haben (z. B. für den gewerblichen Teil und für den freiberuflichen Teil Ihrer Tätigkeit), müssen Sie nur eine einzige Umsatzsteuererklärung abgeben. Die Umsätze und Vorsteuern aus beiden Gewinnermittlungen werden hierbei berücksichtigt und jeweils summiert.

Die Angaben der jeweiligen Umsatzsteuer-Voranmeldungen sind hierin also enthalten. Vorauszahlungen werden bei der Berechnung der Abschlusszahlungen bzw. des verbleibenden Guthabens angerechnet.

Übersicht über die abzugebenden Steuererklärungen und Voranmeldungen nach Rechtsformen:

Steuererklärung für	Einzel-unternehmen	Personen-gesellschaft	Kapital-gesellschaft
Einkommensteuer	X		
einheitl. u. gesonderte Feststellung		X	
Körperschaftsteuer			X
Gewerbesteuer (bei Einzelunternehmen und Personengesellschaften wenn nicht freiberuflich)	X	X	X
Umsatzsteuer (ggf. Voranmeldungen)	X	X	X
Lohnsteuer (ggf. Voranmeldungen)	X	X	X
Kapitalertragsteuer (bei Ausschüttungen)			X

4.5 Steuerabzugsverpflichtung bei der Beauftragung von Bauleistungen

Wird über Bauleistungen abgerechnet, müssen Auftraggeber, sofern es sich dabei um Unternehmer oder juristische Personen des öffentlichen Rechts handelt, 15 % der geleisteten Zahlungen einbehalten und an das Finanzamt des Leistenden abführen (für die Konsequenzen bei der Umsatzsteuer siehe Kapitel 6.3.). Kommt ein Auftraggeber dieser gesetzlichen Abzugsverpflichtung nach § 48 EStG nicht nach, haftet er für die nicht oder zu niedrig einbehaltenen Beträge.

Besonderheit oder der gewichtige Unterschied zur Vorgängerregelung nach § 50a Abs. 7 EStG 1999: Der Einbehalt ist nicht nur bei Zahlungen an ausländische Partner vorzunehmen, sondern auch bei Begleichung von Rechnungen deutscher Subunternehmer. Auf den Einbehalt darf ausnahmsweise verzichtet werden, wenn dem Auftraggeber eine Freistellungsbescheinigung vorgelegt wird oder in puncto Umsatz bestimmte Bagatellgrenzen nicht überschritten werden.

Beispiel: Die Fix und Hurtig AG hat den Bau einer Reihenhaussiedlung an eine kroatische und an eine Firma aus Stuttgart vergeben. Von der kroatischen Firma erhält sie am 1. 2. 2007 eine Abschlagsrechnung über 100.000 €. Der Stuttgarter Subunternehmer rechnet am 7. 3. 2007 über 250.000 € ab. Eine Freistellungsbescheinigung kann keine dieser beiden Firmen vorlegen. Da im Jahr 2004 also über eine Bauleistung abgerechnet wird und keine Freistellung vorliegt, muss die Fix und Hurtig AG von der Gegenleistung an das kroatische Unternehmen 15.000 € einbehalten, der Stuttgarter Firma dürfen nur 212.500 € ausbezahlt werden.

Bei welchen Leistungen greift der Steuerabzug?

Nach der gesetzlichen Definition des § 48 Abs. 1 Satz 3 EStG ist ein Auftraggeber stets dann zum Einbehalt und Abführung der Bruttorechnungssumme verpflichtet, wenn Leistungen erbracht werden, die der Herstellung, Instandsetzung, Instandhaltung, Änderung oder Beseitigung von Bauwerken dienen. In der Begründung zum Gesetzesentwurf werden diese Leistungen weiter konkretisiert. Danach sind die neuen Spielregeln zum Steuerabzug für Zahlungen ab dem 1. 1. 2002 stets bei Leistungen nach § 211 Abs. 1 SGB III sowie §§ 1 und 2 Baubetrieveverordnung (BauBVO) in Verbindung mit § 216 Abs. 2 SGB III anzuwenden (siehe auch BMF-Schreiben vom 27. 12. 2002). Vom Steuerabzug sind also auch Parkettleger, Glaser oder Heizungsinstallateure betroffen.

Wann ist der Steuerabzug erstmals anzuwenden?

Der Steuerabzug ist erstmals vorzunehmen, wenn eine Zahlung geleistet wird. Das Datum der Rechnungsstellung ist für den Steuerabzug demnach nicht maßgebend. Zur Bestimmung des Abflusszeitpunktes einer Zahlung sind die Reglements zu § 11 EStG heranzuziehen. Danach ergeben sich je nach Art der Bezahlung folgende Abflusszeitpunkte:

Zahlungsmodalität	Abflusszeitpunkt
Bezahlung von Bargeld	Mit Hingabe des Geldes
Bezahlung mit Scheck	Mit Hingabe des Schecks
Überweisung	Zugang des Überweisungsauftrags bei der Bank

Problematisch kann dieser Umstand, den Einbehalt nämlich nach den tatsächlich abgeflossenen Zahlungen vorzunehmen, insbesondere bei Rechnungsstellung zum Jahresende werden.

Beispiel: Sie beauftragen einen Subunternehmer mit dem Bau eines Mehrfamilienhauses. Die erste Abschlagszahlung stellt dieser am 21. 12. 2006. Sie begleichen die Rechnung am 15. 1. 2007. In diesem Fall ist der Steuerabzug erst in 2007 anzuwenden, weil die Zahlung erst in 2007 geleistet wurde. Auf die Rechnungsstellung kommt es nicht an.

Gibt es auch Ausnahmen zur Abzugsverpflichtung?

Unternehmer oder juristische Personen, die von beauftragten Subunternehmern Abrechnungen über Bauleistungen erhalten, sind vom Steuerabzug befreit, wenn ihnen der Leistende eine so genannte Freistellungsbescheinigung des für ihn zuständigen deutschen Finanzamts vorlegen kann. Mit dieser Bescheinigung kann ein Auftraggeber guten Gewissens den gesamten Rechnungsbetrag an den Subunternehmer ausbezahlen (siehe jedoch Frage zum Umsatzsteuer-Abzugsverfahren). Nicht zum Steuerabzug verpflichtet sind Auftraggeber, wenn die Bruttozahlungen im Kalenderjahr (nicht Wirtschaftsjahr!) an den jeweiligen Subunternehmer nicht mehr als 5.000 € betragen. Für Vermieter, die ausschließlich steuerfreie Vermietungsleistungen erbringen, setzte der Gesetzgeber die Höchstgrenze auf 15.000 € im Jahr. Dabei handelt es sich um so genannte Freigrenzen. Werden diese nur um einen Euro überschritten, ist der Steuerabzug von den gesamten Zahlungen zu berechnen.

Beispiel: Ihre Firma beauftragt ein Unternehmen mit dem Einbau neuer Fenster. Die Kosten dafür betragen 3.700 € zzgl. 703 € Umsatzsteuer. Da über Bauleistungen abgerechnet wird, wäre grundsätzlich der 15 %ige Steuerabzug vorzunehmen. In diesem Fall ist jedoch die Bagatellgrenze von 5.000 € nicht überschritten. Die Verpflichtung zum Steuerabzug besteht also nicht.

Variante: Die Rechnung lautet über 4.400 € zzgl. 836 € Umsatzsteuer. Da die Bruttoauftragssumme von 5.000 € nun überschritten ist, muss auch ein Steuereinbehalt in Höhe von 15 % erfolgen.

Nicht zu verwechseln ist die Freistellungsbescheinigung mit der Bescheinigung über die Ansässigkeit in Deutschland oder anderen Papieren, in denen das Finanzamt bescheinigt, dass keine Steuerrückstände bestehen oder dass der Subunternehmer steuerlich in Deutschland erfasst ist.

Achten Sie auf die Dauer der Gültigkeit der vorgelegten Freistellungsbescheinigung:

Beispiel: Sie lassen sich am 15. 3. 2007 eine Freistellungsbescheinigung von einer Baufirma vorlegen. Am 19. 8. 2007 begleichen Sie die erste Rechnung der Firma über 118.000 €. Einen Steuerabzug nehmen Sie nicht vor.

Folge: Bei einer Jahre später stattfindenden Prüfung stellt sich heraus, dass die Baufirma zum Zeitpunkt der Zahlung gar keine gültige Freistellungsbescheinigung mehr besaß. Lassen Sie sich also eine aktuelle Version der Bescheinigung des Finanzamts vorlegen.

Eine Freistellungsbescheinigung muss im Zeitpunkt der Zahlung gültig sein. Per Mausklick können sich Auftraggeber über die Gültigkeit der Freistellung vergewissern (www.bzst.bund.de).

Was passiert, wenn der Einbehalt in korrekter Höhe vorgenommen wird?

Hier zeigte sich der Bundesfinanzminister in ungewohnter Spendierlaune. Hält man sich als Auftraggeber nämlich an den gesetzlich vorgeschriebenen Sicherheitseinbehalt, muss man zwar den Unmut des Leistenden hinnehmen, man sichert sich jedoch zwei enorme Vorteile: Man kann sich von zwei Haftungsrisiken „freikaufen". Stellt das Finanzamt nämlich fest, das ein Unternehmer Zahlungen an eine Scheinfirma geleistet hat, wird der Betriebsausgabenabzug nur gebilligt, wenn man die echten Hintermänner benennen kann. Anderenfalls setzt das Finanzamt den viel zitierten Rotstift an und versagt den Betriebsausgabenabzug. Durch den 15 %igen Einbehalt ist dieses Risiko für Auftraggeber passe. Auch in puncto Lohnsteuerhaftung bei illegaler Arbeitnehmerüberlassung ist der angewandte Steuerabzug ein „Freibrief", nicht für die Lohnsteuer der Arbeitnehmer des Verleihers in Haftung genommen zu werden.

Wie bekomme ich vom Finanzamt eine Freistellungsbescheinigung?

Die von Leistenden vorgelegte Freistellungsbescheinigung nach § 48 b EStG ist ein „Freibrief" für Sie, nichts einbehalten zu müssen. Umgekehrt nehmen Ihre Auftraggeber für die von Ihnen abgerechneten Bauleistungen keinen Steuerabzug vor, wenn Sie diesen eine Freistellung des Finanzamts präsentieren können. Das Finanzamt wird die Freistellung vom Steuerabzug jedoch nur gewähren, wenn der Leistende einen inländischen Empfangsbevollmächtigten bestellt und der zu sichernde Steueranspruch nicht gefährdet ist. Keine Chance auf Freistellung hat, wer seinen Auskunfts- und Mitwirkungspflichten nicht nachkommt oder sein Gewerbe nicht angezeigt hat.

So bekommen Baufirmen eine Freistellungsbescheinigung

- Der Unternehmer muss sich an das für ihn zuständige Finanzamt wenden und einen formlosen Antrag auf Freistellung vom Steuerabzug stellen.
- Ein Unternehmer muss glaubhaft belegen, dass keine zu sichernden Steueransprüche bestehen. Das kann u. a. dadurch erfolgen, dass er dem Finanzamt eine Jahreskalkulation vorlegt, die roten Zahlen ausweist oder er weist den Bearbeiter des Finanzamts auf seine hohen vortragsfähigen Verluste der Vorjahre hin.
- Ausländische Unternehmer müssen zudem noch eine Bestätigung der ausländischen Finanzbehörde über ihre Unternehmereigenschaft und einen Gesellschaftsvertrag vorlegen, aus dem sich die Rechtsform des Unternehmens ergibt.

5. Die Gewinnermittlung

Jeder Unternehmer ist verpflichtet, für einen regelmäßig wiederkehrenden Zeitraum eine Gewinnermittlung aufzustellen. Diese meist jährliche Ermittlung des Gewinns bzw. Verlustes muss nach einheitlichen Grundsätzen erfolgen, um eine gleichmäßige Besteuerung zu gewährleisten.

Als Gewinnermittlungszeitraum gilt grundsätzlich das Kalenderjahr. Bei der Neueröffnung eines Betriebs während des laufenden Jahres entsteht für das erste Jahr ein entsprechend kürzerer Gewinnermittlungszeitraum (sog. Rumpfwirtschaftsjahr).

Bei Bilanzierenden besteht die Möglichkeit, eine abweichendes Wirtschaftsjahr zu begründen. Erfolgt dies bereits bei Gründung, ist diese Handhabung unproblematisch. Wer allerdings nach einiger Zeit vom Kalenderjahr auf ein abweichendes Wirtschaftsjahr umstellen möchte, braucht zuvor die Zustimmung des Finanzamts.

Je nach Art und Umfang des Unternehmens und der ausgeübten Tätigkeit, sind verschiedene Gewinnermittlungsmethoden vorgesehen bzw. stehen verschiedene Möglichkeiten und Wahlrechte zur Verfügung.

Mit dem Festhalten der Geschäftsvorfälle, Einnahmen und Ausgaben etc. wird gleichzeitig eine weitere gesetzliche Auflage erfüllt, nämlich die Aufzeichnungspflicht. Dies gilt insbesondere für die umfangreichen Pflichten nach dem Umsatzsteuergesetz (z. B. für den Vorsteuerabzug) oder nach dem Einkommensteuergesetz (z. B. bei beschränkt abziehbaren Betriebsausgaben).

5.1 Die Bilanzierung

Die klassische Form der Gewinnermittlung ist die Bilanzierung. Gesetzliche Grundlagen über die Verpflichtung zur Buchführung sowie formale Anforderungen an diese sind im Handelsgesetzbuch (HGB) und in der Abgabenordnung (AO) zu finden. Die Pflicht zur Bilanzierung kann sich demnach sowohl nach handelsrechtlichen als auch nach steuerrechtlichen Grundsätzen ergeben.

Die Buchführungspflicht nach dem Handelsrecht

Betroffen von den Regelungen im Handelsgesetzbuch sind lediglich Kaufleute. Dies sind grundsätzlich Gewerbetreibende. Davon ausgenommen sind lediglich Gewerbebetriebe, die nach Art und Umfang keinen in kaufmännischer Weise eingerichteten Geschäftsbetrieb benötigen.

Diese Ausnahmeregelung schafft eine Entlastung insbesondere für Kleingewerbetreibende oder Dienstleister, die

- keine aufwendige kaufmännische Einrichtung benötigen (z. B. größere Verkaufs- oder Lagerräume, umfangreiches Warensortiment, komplizierte Abrechnungen und Kalkulationen)
- leicht zu überblickende Umsätze tätigen
- überschaubare Forderungen und Verbindlichkeiten haben
- kaum Personal beschäftigen
- keine engeren geschäftlichen Beziehungen zu anderen Unternehmen haben (Beteiligungen, umfangreichere Verrechnungen auf Gesellschafts- und Vermögensebene).

Merke: Freiberufler, wie z. B. Ärzte, Architekten, Ingenieure und Journalisten, sind Nichtkaufleute, d. h. für diese Berufsgruppen ist das HGB nicht anwendbar. Wer als Freiberufler einzustufen ist, regelt für steuerliche Zwecke § 18 Einkommensteuergesetz (EStG).

Folgende Kaufleute werden nach neuem Recht unterschieden:
- Ist-Kaufmann   § 1 HGB
- Kann-Kaufmann   §§ 2 und 105 Abs. 2 sowie § 3 HGB
- Form-Kaufmann   § 6 HGB

Bei **Ist-Kaufleuten** handelt es sich grundsätzlich um jeden Gewerbetreibenden, dessen Gewerbe nach Art und Umfang einen in kaufmännischer Weise eingerichteten Geschäftsbetrieb erfordert. Die Regelungen des HGB sind uneingeschränkt anzuwenden, der Eintrag in das Handelsregister hat lediglich deklaratorische (anzeigende) Wirkung.

Zu den **Kannkaufleuten** werden in erster Linie Kleingewerbetreibende gezählt, bei deren Tätigkeit kein kaufmännischer Geschäftsbetrieb erforderlich ist. Anhaltspunkte hierfür sind z. B. ein überschaubares Warensortiment, kein bzw. nur wenig Personal, einfache Kalkulationen und Abrechnungen, geringe Umsätze sowie Forderungen und Verbindlichkeiten.

Betriebe der Land- und Forstwirtschaft (§ 3 HGB) sowie vermögensverwaltende bzw. gewerblich tätige Personengesellschaften werden ebenfalls zu dieser Gruppe von Kaufleuten gezählt. Bei den Land- und Forstwirten ist das Wahlrecht jedoch nur Betrieben vorbehalten, die einen kaufmännisch eingerichteten Geschäftsbetrieb nach § 1 HGB haben.

Für diesen Personenkreis wirkt die Eintragung in das Handelsregister konstitutiv, d. h. die Kaufmannseigenschaft entsteht erst mit Eintragung.

> **Beachte:** Es besteht keine Verpflichtung, sondern die Möglichkeit zur Eintragung in das Handelsregister (§§ 2, 3 und 105 Abs. 2 HGB). Wer hiervon keinen Gebrauch machen möchte, unterliegt dann auch nicht den strengeren handelsrechtlichen Vorschriften. Bereits eingetragene Kannkaufleute, können die Löschung beantragen. Ausnahme für die Löschung bilden die Land- und Forstwirte: Sie fallen erst aus dem Register, wenn sie keinen kaufmännisch eingerichteten Geschäftsbetrieb mehr haben.

Eingetragene Handelsgesellschaften gelten immer als **Formkaufleute**, ohne Rücksicht darauf, welcher Unternehmensgegenstand vorliegt und welcher kaufmännische Geschäftsbetrieb ausgeübt wird. Hierunter fallen Kapitalgesellschaften wie die Gesellschaft mit beschränkter Haftung (GmbH), die Aktiengesellschaft (AG) oder die Kommanditgesellschaft auf Aktien (KGaA). Die Eintragung in das Handelsregister hat konstitutive Wirkung.

> **Fazit:** Die **Eigenschaft als Kaufmann** bringt die handelsrechtliche Verpflichtung mit sich, Bücher zu führen, also zu bilanzieren (§ 238 HGB).

Die Buchführungspflicht nach dem Steuerrecht

Es wird hier grundsätzlich an die Regelung des Handelsrechts angeknüpft. Das bedeutet, dass eine handelsrechtliche Pflicht zur Buchführung auch zu einer steuerlichen Verpflichtung führt. Man spricht hier von der sog. zusätzlichen Buchführungspflicht.

Unabhängig davon, muss nach Aufforderung durch das Finanzamt bilanziert werden, wenn der Betrieb folgende Größenmerkmale überschreitet (§ 141 AO):

- Der jährliche Umsatz beträgt mehr als 500.000 €. Bei der Bemessung der Umsatzgrenze müssen auch steuerfreie und nicht steuerbare Auslandsumsätze berücksichtigt werden. Einzig Umsätze aus Geldforderungen, Wertpapierhandel und grunderwerbsteuerpflichtige Vorgänge (Verkauf von Immobilien) dürfen außen vor bleiben.
- Der Gewinn übersteigt 30.000 €.
- Der Wirtschaftswert bei Betrieben der Land- und Forstwirtschaft ist höher als 25.000 €.

Die Überschreitung der Grenzen für sich allein führt noch nicht zu einer Buchführungspflicht. Erst nach einer schriftlichen Aufforderung durch das Finanzamt kann von Ihnen für das Folgejahr die Bilanzierung verlangt werden. Diese Prüfung der Buchführungspflicht wird in der Regel im Rahmen der Veranlagung des betreffenden Jahres stattfinden. Somit fallen Jahr der Grenzüberschreitung und Jahr der Aufforderung zur Buchführung naturgemäß auseinander.

> **Auch hier gilt:** Freiberufler sind von dieser Regelung ausgenommen. Die Höchstgrenzen gelten lediglich für Gewerbetreibende sowie für Land- und Forstwirte.

Die oben genannten Höchstgrenzen gelten für jeden einzelnen Betrieb. Werden zwei verschiedene Gewerbebetriebe gleichzeitig unterhalten, sind die Grenzen für jeden Betrieb gesondert zu prüfen. Voraussetzung ist allerdings, dass zwei getrennte Gewinnermittlungen vorliegen.

Beispiel 1: Sie sind als Handwerker nicht im Handelsregister eingetragen, gewerblich tätig und eröffnen nebenbei einen Copyshop. Der Gewinn aus dem Handwerk beträgt 24.000 € und aus dem Copyshop 14.500 €. Alle anderen Grenzen des § 141 AO werden unterschritten. Sie ermitteln den Gewinn (getrennt pro Betrieb) nach der Einnahme-Überschussrechnung. Ist die gewählte Gewinnermittlungsart (weiterhin) zulässig?

Lösung 1: Die Wahl ist – auch künftig – zulässig, da die Gewinngrenzen für jeden Betrieb gesondert zu prüfen sind. In beiden Fällen wurde der maximal zulässige Gewinn von 30.000 € nicht überschritten. Allerdings können Sie auch freiwillig Bilanzen aufstellen, wenn Sie dies möchten. Es ist auch zulässig, nur für den handwerklichen Teil freiwillig eine Bilanz aufzustellen und für den Copyshop weiterhin die Einnahme-Überschussrechnung anzuwenden.

Beispiel 2: Sachverhalt wie in Beispiel 1, jedoch beträgt der Gewinn aus dem Handwerk 43.000 €.

Lösung 2: Es droht eine Aufforderung des Finanzamts, Bücher zu führen. Nach dieser Aufforderung ist für den handwerklichen Teil künftig eine Bilanz zu erstellen. Für den Copyshop kann nach wie vor noch eine Einnahme-Überschussrechnung aufgestellt werden.

Fazit: Wer weder die handelsrechtlichen noch die steuerlichen Kriterien für die Bilanzierung erfüllt, kann sich auch für andere Gewinnermittlungsmethoden entscheiden. Dennoch besteht die Möglichkeit, ungeachtet dessen, freiwillig zu bilanzieren.

Bilanzierung in der Praxis

Ohne entsprechendes Grundwissen fällt es den meisten Unternehmern selbst nach Jahren noch schwer, die laufende Buchhaltung und die Schlussbilanz zu erstellen. Es kann daher nur dringend angeraten werden, sich zumindest einmal intensiv mit den Grundzügen der Buchführung zu beschäftigen. Durch moderne und kostengünstige Software kann mittlerweile jeder ohne größere Probleme die Buchhaltung selbst erledigen. Allerdings sollte auf Qualität geachtet werden. Wer hier knausert, spart an der falschen Stelle. Brauchbare Programme sind bereits ab ca. 150 € erhältlich.

Die Kosten hierfür können, genau wie andere Steuerberatungskosten, als Betriebsausgaben berücksichtigt werden. Zusätzlich kann bei der Berechtigung zum Vorsteuerabzug die bezahlte Umsatzsteuer angerechnet werden.

> **Merke:** Wer die laufende Buchhaltung vollständig und zeitnah erledigt, hat einen wesentlich besseren Überblick über seine Finanzen und kann effizienter kalkulieren und kontrollieren. Weiter zahlt sich die sorgfältige Erledigung dieser lästigen Arbeit aus, da zur Bilanzaufstellung keine eventuell mühsame Fehlersuche erforderlich ist.

Wer die Angelegenheit lieber einem Steuerberater übergeben möchte, hat mehrere Alternativen zur Auswahl. Entweder man überlässt alles der Steuerkanzlei oder es werden nur bestimmte Aufträge, z. B. Schlussbilanzerstellung anhand der eigenen Buchhaltung, erteilt.

Für die Buchhaltung einschließlich der entsprechenden Voranmeldungen können pro Monat mindestens 200 € veranschlagt werden. Für die Bilanzerstellung kommen jährlich noch ca. 1.000 € bis 4.000 € hinzu. Die Jahressteuererklärungen werden zusätzlich mit jeweils ca. 400 € abgerechnet (Durchschnittswerte).

Diese Dienstleistungen sind zwar nicht gerade billig, aber es sollte bedacht werden, dass dann alle Arbeiten durch einen Fachmann erledigt werden und das Risiko von Fehlern, die am Jahresende zeit- und kostenintensiv „ausgebügelt" werden müssen, deutlich sinkt. Außerdem erkauft man sich hierdurch wertvolle Zeit, in der man sich um den Aufbau und die Erweiterung des Unternehmens kümmern kann. Dazu kommt, dass unnötige Fehler in der Buchführung gerade im Rahmen einer Außenprüfung zu vermeidbaren Mehrsteuern führen.

Grundzüge der Bilanzierung

Bei der Bilanzierung erfolgt die Ermittlung des Gewinns durch Betriebsvermögensvergleich (§ 4 Absatz 1 EStG). Dies entspricht einer Art Kapitalzuwachsrechnung, bei der das Betriebsvermögen am Anfang und am Ende des Wirtschaftsjahres verglichen werden. Dieses Ergebnis ist noch um Privatentnahmen und Privateinlagen zu korrigieren.

Zum **Betriebsvermögen** gehören alle Wirtschaftsgüter und Vermögensgegenstände, die für den betrieblichen Ablauf bzw. die unternehmerische Tätigkeit als Gesamtheit benötigt werden. Hierzu zählen z. B. Sachanlagen, Maschinen, Fuhrpark, Geld auf dem betrieblichen Konto, Waren und Vorräte sowie Forderungen. Die damit zusammenhängenden Schulden und Verbindlichkeiten gehören ebenfalls zum Betriebsvermögen.

Das betriebliche Vermögen an sich kann in notwendiges und gewillkürtes Betriebsvermögen unterschieden werden. Bei einer unternehmerischen Nutzung von mehr als 50 %, liegt notwendiges Betriebsvermögen vor. Bei einer Nutzung zwischen 10 % und 50 %, besteht ein Wahlrecht der Zuordnung zum betrieblichen oder privaten Vermögen. Liegt die betriebliche Nutzung unter 10 %, ist eine Zuordnung zur betrieblichen Sphäre nicht mehr möglich.

Von diesem besonderen betrieblichen Vermögen, ist das allgemeine private Vermögen abzugrenzen. Sobald Wertzuflüsse von einer Vermögensart in die andere erfolgen, liegt entweder eine **Einlage** oder eine **Entnahme** vor.

Beispiele: (1) Ein bisher privat genutzter Schreibtisch und Computer werden nunmehr ausschließlich für unternehmerische Zwecke genutzt. Es liegt somit eine Einlage (in das Betriebsvermögen) vor.

(2) Der bisher ausschließlich im Betrieb genutzte Pkw wird fortan als Privatwagen für die Tochter verwendet. Der Vorgang ist als Entnahme (aus dem Betriebsvermögen) zu werten.

Finanzielle Vorteile ergeben sich, weil das Betriebsvermögen steuerlich begünstigt ist, d. h. die Anschaffung und die laufenden Kosten hierfür stellen Betriebsausgaben dar. Etwaige Nachteile ergeben sich insoweit, als die im Laufe der Zeit entstandenen stillen Reserven versteuert werden müssen. Vorsicht ist daher bei einem Grundstück geboten, welches betrieblich genutzt werden soll, aber für das mittelfristig eine private Verwendung (z. B. Bau eines EFH) vorgesehen ist. In diesem Fall sollte eine Einlage vermieden werden, da eine spätere Entnahme und somit Versteuerung abzusehen ist.

Beispiele: (1) Ein Grundstück wird im Rahmen der Existenzgründung eingelegt. Nach drei Jahren wird der Betrieb wegen Krankheit veräußert. Der Wertzuwachs bei dem Grundstück (Unterschiedsbetrag zwischen dem

Buchwert und dem Verkaufswert = sog. stille Reserve) ist als Betriebseinnahme zu versteuern.
(2) Eine Maschine ist nach dem fünften Jahr bereits auf 0 € abgeschrieben. Bei dem Verkauf kann dennoch ein Preis von 1.200 € erzielt
werden. Der Erlös ist in vollem Umfang steuerpflichtig.

Gewinnermittlungsschema:

Betriebsvermögen am Schluss des Wirtschaftsjahres
– Betriebsvermögen am Anfang des Wirtschaftsjahres

= Veränderung des Betriebsvermögens
+ Privatentnahmen
– Privateinlagen

= Gewinn des jeweiligen Wirtschaftsjahres

Zur korrekten Ermittlung des Betriebsvermögens sind umfangreiche Aufzeichnungen erforderlich. Jeder Geschäftsvorfall, der sich
rechtlich und wirtschaftlich auf das betriebliche Vermögen aus-
wirkt, muss berücksichtigt werden. Dies geschieht in Form von Bu-
chungssätzen. Hierbei werden die betroffenen Konten mit dem Wert
des Geschäftsvorfalls angesprochen. Zusätzlich werden Buchungs-
texte eingegeben, um bei einer späteren Kontrolle der Zahlen wieder auf den dazugehörigen Beleg und damit Sachverhalt schließen
zu können.

Beispiel: Ein Kunde kauft einen Fernseher für 1.190 € und bezahlt bar.
Der Buchungssatz lautet dann
Kasse 1.190   an   Umsatzerlöse   1.000 €
                             Umsatzsteuer   190 €

Ferner gehört die laufende Führung und (Weiter-) Entwicklung
der Bestandskonten, z. B. der Forderungen und Verbindlichkeiten,
des Anlage- und Umlaufvermögens, ebenfalls dazu. Betriebseinnahmen und Betriebsausgaben müssen auf den sog. Erfolgskonten ge-
bucht werden (siehe Beispiel oben). Daneben sind die Entnahmen
und Einlagen festzuhalten. Zusätzlich hat regelmäßig eine Inventur
zu erfolgen.
Eine Inventur ist
• bei Gründung bzw. Übernahme eines Unternehmens

- bei Auflösung oder Veräußerung des Betriebs und
- am Ende eines jeden Wirtschaftsjahres

vorzunehmen und umfasst die Feststellung des gesamten Besitzes und der Schulden des Betriebes.

Für Existenzgründer, die ihre Buchhaltung selbst in die Hand nehmen möchten, empfiehlt sich die Teilnahme an einem Intensiv-Seminar. Ferner sollte man sich in die verwendete Software gewissenhaft einarbeiten.

> **Tipp:** Für die erstmalige Einrichtung der Konten und Umsatzsteuerschlüssel bei der Software sollte unbedingt fachmännischer Rat eingeholt werden. Schleicht sich hier ein Fehler ein, kann das Ergebnis nie richtig sein, selbst wenn die laufenden Buchungen korrekt sind. Insbesondere bei der Umsatzsteuer und der automatischen Übernahme in die Voranmeldungen werden die meisten Fehler gemacht.

Ein Muster einer Bilanz und Gewinn- und Verlustrechnung ist im Anhang abgedruckt.

5.2 Die Einnahme-/Überschussrechnung

Hierbei handelt es sich um eine vereinfachte Gewinnermittlung, bei der Forderungen und Verbindlichkeiten keine Rolle spielen. Es wird grundsätzlich nur auf den Geldfluss abgestellt. Sie wird in der Praxis auch oft nur Überschussrechnung oder Vierdrei-Rechnung (nach der gesetzlichen Fundstelle des § 4 Absatz 3 EStG) genannt.

Zum berechtigten Personenkreis gehören allerdings nur diejenigen, die nicht bereits gesetzlich dazu verpflichtet sind, Bilanzen aufzustellen. Wer also weder Kaufmann ist noch als Gewerbetreibender die steuerlichen Höchstgrenzen überschreitet, hat die Möglichkeit, von dieser Vereinfachung Gebrauch zu machen. Weiter können die Freiberufler auf diese Art der Gewinnermittlung zurückgreifen.

Vorteile ergeben sich insbesondere dadurch, dass keine umfangreichen Buchführungskenntnisse notwendig sind. Bis auf wenige Ausnahmen wird nur auf den Geldverkehr abgestellt. Die Ermittlung des Gewinns oder Verlustes gestaltet sich dementsprechend einfach:

Betriebseinnahmen
– Betriebsausgaben

= Gewinn/Verlust

Ein weiterer Unterschied zur Bilanzierung besteht darin, dass alle Ausgaben und Einnahmen als Bruttobeträge berücksichtigt werden. Ferner bestehen Erleichterungen bei den Aufzeichnungspflichten.

Die Vorschriften über die Abschreibung von Anlagevermögen sind allerdings ohne Ausnahme zu beachten. Vermögensgegenstände, die nicht abgeschrieben werden können, sind in ein besonders zu führendes Verzeichnis aufzunehmen. Hierzu gehört z. B. der Grund und Bodenanteil bei Grundstücken.

Außerdem müssen Entnahmen und Einlagen aufgezeichnet werden, damit geprüft werden kann, ob Schuldzinsen als Betriebsausgabe abziehbar sind oder nicht – § 4 Abs. 4 a EStG („sog. Über- bzw. Unterentnahmen").

Weiter sind die Aufzeichnungspflichten nach anderen Gesetzen, insbesondere dem Umsatzsteuergesetz trotzdem verpflichtend.

Für die Erklärung von Gewinnen, die durch die Einnahme-/Überschussrechnung ermittelt wurden, ist ab 2005 im Rahmen der Einkommensteuererklärung ein gesonderter Vordruck „EÜR" zu verwenden (vgl. Anhang).

> **Tipp:** Es empfiehlt sich, die laufenden Aufzeichnungen nach diesem Vordruck zu gestalten, um lästige Umrechnungen sowie Saldenbildungen beim Ausfüllen des Vordrucks zu vermeiden.

Wichtige Regeln bei der Überschussrechnung

Das **Bruttoprinzip**: Alle Geldflüsse sind brutto, d. h. mit Umsatzsteuer zu berücksichtigen.

Beispiel: Es werden Waren für 1.000 € zzgl. 190 € Umsatzsteuer gekauft und anschließend für 1.500 € zzgl. 285 € verkauft.
Lösung: Es liegen somit in Höhe von 1.190 € Betriebsausgaben und in Höhe von 1.785 € Betriebseinnahmen vor.

Ergänzend sei darauf hingewiesen, dass die Abrechnung der Umsatzsteuer mit dem Finanzamt wiederum zu entsprechenden Zahlungsflüssen führt, die zu erfassen sind: So ist das Abführen der Umsatzsteuer eine Betriebsausgabe sowie die Erstattung der Vorsteuer vom Finanzamt eine Betriebseinnahme, per Saldo ist die Umsatzsteuer damit neutral.

Das **Zu- und Abflussprinzip**: Einnahmen und Ausgaben sind erst dann aufzuzeichnen, wenn ein Geldfluss stattgefunden hat.

Beispiel: Die oben genannten Waren wurden am 20. 12. 2007 gekauft und erst in darauf folgenden Jahr am 11. 1. 2008 verkauft. Es wird aus Vereinfachungsgründen unterstellt, dass sich für die Jahre 2007 und 2008 kein weiterer Zahlungsverkehr ereignet hat.

Lösung: Für das Jahr 2007 ergibt sich ein Verlust von 1.190 € und für das Jahr 2008 ein Gewinn von 1.785 €, da immer nur der Zahlungszeitpunkt maßgeblich ist.

Bei der Umsatzsteuer empfiehlt es sich, die Zahlungen gesondert zu prüfen, da die Anmeldung und die Zahlung nicht immer im gleichen Jahr zu berücksichtigen sind.

Beispiel 1: Die Dezember Anmeldung für 2007 führt zu einer Zahllast von 300 € und wird erst im Januar 2008 bezahlt.

Lösung 1: Als Betriebsausgabe darf die Zahlung erst in 2008 berücksichtigt werden.

Beispiel 2: Laut Umsatzsteuerjahreserklärung 2007 ergibt sich eine Erstattung, die im Jahr 2008 vom Finanzamt überwiesen wird.

Lösung 2: Eine Betriebseinnahme liegt erst bei Zahlung im Jahr 2008 vor.

> **Tipp:** Um eine gleiche Behandlung bei den Einnahmen/Ausgaben und der Umsatzsteuer zu erreichen, sollte für die Umsatzsteuer ein Antrag auf Ist-Versteuerung gestellt werden.

Bei der Zuordnung zum Betriebsvermögen ergeben sich grundsätzlich keine Besonderheiten. Nunmehr kann nach Änderung der Rechtsprechung (BFH vom 2. 10. 2003, Az. IV R 13/03) nämlich auch bei der Einnahme-/Überschussrechnung sog. gewillkürtes Betriebsvermögen gebildet werden (betriebliche Nutzung zwischen 10 und 50 %). Eine zeitnahe Aufzeichnung über die Zuordnung zum

Betrieb ist notwendig (Schreiben des BMF v. 17.11. 2004, BStBl. 2004 I S. 1064).

Auswirkungen auf die Höhe des Gewinns

Wer sich jetzt berechtigterweise fragt, ob diese im Gegensatz zur Bilanzierung unterschiedliche Handhabung nicht auch zu unterschiedlich hohen Gewinnen führt, hat grundsätzlich Recht. Allerdings bleibt zu beachten, dass sich einzelne unterschiedliche Jahresgewinne auf die gesamte Dauer eines Unternehmens betrachtet wieder ausgleichen.

Wenn ein Betrieb, der bisher seine Gewinne nach der Überschussrechnung ermittelt hat, seine Tätigkeit einstellt, muss zwingend ein Übergang zur Bilanzierung zu erfolgen. Im Rahmen dieses Übergangs erfolgen Zu- und Abrechnungen, wodurch auf die gesamte Dauer des Betriebs betrachtet der gleiche Gesamtgewinn erzielt wird.

Hierdurch erfolgt die Umsetzung des im Grundgesetz verankerten Gleichbehandlungsprinzips in der Praxis der Gewinnermittlung bei Unternehmen (sog. Totalgewinnidentität).

Echte und dennoch legale Vorteile, aber auch Nachteile, können sich lediglich durch die unterschiedliche Steuerprogression einzelner Jahre ergeben.

> **Tipp:** Aus diesem Grund sollten stark schwankende Jahresgewinne vermieden werden. In diese Kalkulation sollten aber auch noch andere Einkunftsarten mit einbezogen werden, z. B. das Gehalt der Ehefrau oder Mieteinnahmen. Da die Steuerprogression sich auf das zu versteuernde Einkommen bezieht, sollte letztendlich hierauf besonderes Augenmerk gelegt werden.

5.3 Die eigene Gewinnermittlung verstehen

Für viele ist das Erstellen der Gewinnermittlung nur eine weitere lästige steuerliche Pflicht. Jedoch stellen diese Aufzeichnungen, unabhängig von der jeweiligen Gewinnermittlungsart, auch für den Unternehmer selbst eine wichtige Informationsquelle dar.

Durch Wissen Vorteile verschaffen

Diese Unterlagen liefern konkrete Anhaltspunkte über die derzeitige finanzielle und wirtschaftliche Lage des Unternehmens und bilden Entscheidungshilfen für die weitere Unternehmensplanung. Ferner lässt sich wirksam kontrollieren, ob die bisher gesetzten Ziele erfolgreich erreicht wurden oder nicht.

Gerade Existenzgründer in der Aufbauphase sollten dieses wertvolle Zahlenmaterial nicht unterschätzen. Greifen doch auch fremde Dritte, insbesondere Kreditinstitute und Unternehmensberater, auf diese Unterlagen zurück, wenn es um Kreditgewährung oder die Beratung bei neuen strategischen Investitionen und Kalkulationen geht.

Aus diesen Gründen sollte es jedem Unternehmer und Existenzgründer ein echtes Anliegen sein, seine jeweilige Gewinnermittlung zumindest in Grundzügen auch zu verstehen.

Die Umsetzung in der Praxis

Eine kritische Betrachtungsweise der eigenen Gewinnermittlung ermöglicht detaillierte Rückschlüsse über die Ertrags-, Finanz- und Vermögenslage eines Unternehmens. Dies erfolgt mitunter auch gemeinsam mit externen Beratern, wie z. B. Steuerberatern, Unternehmensberatern oder durch das Fachpersonal bei den Banken und Sparkassen. Gerade Banken nutzen die in den Gewinnermittlungen enthaltenen Informationen auch für die Einstufungsmethode der Kreditwürdigkeit bei Firmen (sog. Rating). Dies gewinnt angesichts restriktiverem Verhalten der Banken bei der Kreditgewährung in den vergangenen Jahren zunehmend an Bedeutung (Basel II).

Je nach Gewinnermittlungsmethode ergeben sich unterschiedliche Ansatzpunkte. Für eine klassische betriebswirtschaftliche Analyse ist eine Bilanz besser geeignet. Bei einer Einnahme-/Überschussrechnung sind viele wichtige und wertbeeinflussende Faktoren (z. B. Warenbestände, Forderungen und Verbindlichkeiten) nicht gleich ersichtlich und müssen daher mühsam und zeitraubend zusätzlich ermittelt werden.

Wer die Bilanzen durch einen Steuerberater erstellen lässt, hat die Möglichkeit, „per Kopfdruck" eine betriebswirtschaftliche Auswertung zu erhalten. Oft ist diese bereits im Anhang zum Jahresabschluss enthalten. Darüber hinaus lassen sich Details oft in einem persönlichen Gespräch mit dem Berater schnell und einfach klären.

Erfolg ist kontrollierbar

Wer seine unternehmerischen Ziele verwirklichen möchte, benötigt regelmäßig konkrete und detaillierte Informationen über bestimmte „Erfolgsfaktoren".

Das Ziel der Analyse ist die Informationsgewinnung über folgende Faktoren:

- Aufbau eines Unternehmens
- Chancen und Risiken, Zukunftsaussichten
- Eigenkapitalstruktur
- Finanzierungseffekte
- Gewinnentwicklung
- Kapitalfluss und Investitionen
- Kostenstruktur
- Kreditwürdigkeit
- Liquidität
- Personal
- Rentabilität
- Umsatzentwicklung
- Verschuldungsgrad

Detailliertes Wissen über die finanzielle und wirtschaftliche Entwicklung des Betriebs verschafft dem Unternehmer erhebliche Vorteile. Zum einen gegenüber der Konkurrenz, da auf Veränderungen am Markt schnell und flexibel reagiert werden kann, zum anderen können Dispositionen besser geplant werden, was nicht nur die Liquidität positiv beeinflusst, sondern auch zusätzliche Kosten vermeiden hilft.

Zu diesen Kosten gehören z. B. Überziehungszinsen, Mahngebühren, aber auch Zinsen, Verspätungs- und Säumniszuschläge gegenüber dem Finanzamt. Gerade bei letzteren sollte bedacht werden, dass diese Aufwendungen nicht oder nur teilweise wieder als Betriebsausgaben abgesetzt werden können.

Ferner sollte der immaterielle Verlust, also ein gewisser Imageschaden nicht unterschätzt werden (z. B. wegen permanent verspäteter Zahlungen bei Lieferanten), der sich gerade bei im Aufbau befindlichen Unternehmen negativ auswirken kann.

6. Steuerarten

Wer den Sprung in die berufliche Selbständigkeit wagt, muss in den ersten Jahren nicht nur den täglichen Betriebsalltag bewältigen, also Aufträge akquirieren, diese effizient und fehlerlos ausführen, finanzielle Engpässe meistern, Investitionen finanzieren und die Konkurrenz im Auge behalten. Er muss sich vielmehr auch intensiv mit dem „leidigen" Thema Finanzamt und Steuern auseinandersetzen. Dass dieses Thema nicht gerade auf große Gegenliebe stößt, hat seine Ursache nicht nur darin, dass das Finanzamt dem Unternehmer „an den Geldbeutel geht" und ihm sein sauer verdientes Geld wieder abnimmt, sondern auch in der scheinbar unaufhörlichen Flut neuer Steueränderungsgesetze (u. a. Steueränderungsgesetz 2003, Steuervergünstigungsabbaugesetz, Haushaltsbegleitgesetz 2004, Kleinunternehmerförderungsgesetz, Gesetz zur Förderung der Steuerehrlichkeit), Gerichtsurteile und Verwaltungsanweisungen. Kaum ein Unternehmer ist deshalb steuerlich auf dem Laufenden – (ungewollte) Fehler sind die traurige Bilanz.

> **Tipp:** Damit Sie einer Betriebsprüfung, die ja meist Jahre später stattfindet, gelassen entgegensehen können, sollten Sie gerade in der Anfangsphase Ihrer beruflichen Selbständigkeit auf Fachleute, sprich Steuerberater, zurückgreifen. Sicher kosten diese Geld – Sie investieren hier jedoch in die Zukunft. Wer zwar seinen Jahresabschluss von einem Steuerberater erstellen lässt, während des Jahres aber eigenverantwortlich seine Steuerangelegenheiten regelt, sollte sich bei akuten Fragen nicht scheuen, auch einmal beim Finanzamt nachzufragen. Gut zu wissen: Stellen Sie Ihre Fragen stets schriftlich und verlangen Sie auch eine schriftliche Stellungnahme. Sollte es später dann einmal Unstimmigkeiten geben, können Sie wenigstens auf die Aussage Ihres Veranlagungsbeamten verweisen.

Jeder Unternehmer sollte sich mit den Grundzügen des deutschen Steuerrechts auseinandersetzen – egal ob beraten oder nicht. Der Vorteil: Man ist in der Lage, unternehmerische Entscheidungen nicht nur betriebswirtschaftlich, sondern auch steuerlich zu beleuchten. Wer hier eine gewisse Eigendynamik entwickelt und dieses Thema nicht mehr als „Buch mit sieben Siegeln" hinnimmt, gehört mit Sicherheit zu den künftigen Gewinnern seiner Branche.

„Woher soll ich wissen, was für mich steuerlich wichtig ist? In welchen Gesetzen schlage ich nach? Wie kann ich meine Steuern kalkulieren, um nicht in finanzielle Engpässe zu geraten?" Diese und viele andere Fragen rund ums Thema Steuerrecht werden von Existenzgründern und Jungunternehmern am häufigsten gestellt. Eine pauschale Antwort kann man hier leider nicht geben. Die wichtigsten steuerlichen Grundlagen finden sich jedoch in folgenden Gesetzen wieder, die sich jeder steuerlich engagierte oder zumindest motivierte Unternehmer ins Regal stellen sollte:

- **Abgabenordnung (AO).** Ein Mantelgesetz im Steuerrecht, das die verschiedensten Begriffe sämtlicher Steuergesetze definiert, Fragen zur Zuständigkeit beantwortet, die Steuerfestsetzung und -erhebung regelt und auch Paragraphen zur Durchführung von Betriebsprüfungen sowie Einspruchsverfahren enthält. Kurz: Hier werden v. a. Verfahrensfragen für die meisten Steuerarten abgehandelt.
- **Einkommensteuergesetz (EStG).** Hier werden alle Einkunftsarten von natürlichen Person beschrieben, die zu einer Besteuerung führen. Auch finden sich hier einzelne Regelungen zu Personengesellschaften. Abziehbare Aufwendungen werden ebenfalls behandelt.
- **Umsatzsteuergesetz (UStG).** Beinahe jeder Unternehmer weist in seinen Rechnungen deutsche Umsatzsteuer aus. Dieses Gesetz sagt, wer wann wie viel Umsatzsteuer an das Finanzamt zu bezahlen hat, wann Vorsteuern geltend gemacht werden können und wie man sich bei Geschäftsbeziehungen zu ausländischen Anbietern umsatzsteuerlich zu verhalten hat.

Wer sich für die Gründung einer Kapitalgesellschaft entschlossen hat, sollte sich außerdem ein Körperschaftsteuergesetz (KStG) besorgen. Gewerbetreibende sollte ebenso einen Blick in das aktuelle Gewerbesteuergesetz (GewStG) werfen.

6.1 Einkommensteuer

Wer wird zur Einkommensteuer herangezogen?

Personen, die in Deutschland ihren Wohnsitz haben oder sich länger als sechs Monate in Deutschland aufhalten (sog. gewöhnlicher Aufenthalt), sind mit ihrem gesamten Welteinkommen **unbeschränkt** steuerpflichtig. Dabei spielen weder die Art der Geschäftstätigkeit, die Staatsangehörigkeit, das Alter noch das Geschlecht eine Rolle. Einzig und alleine die Tatsache, dass Einnahmen erzielt werden, genügt dem Finanzamt um seine Ansprüche durchzusetzen (§ 1 Abs. 1 Nr. 1 EStG).

Die Einkommensteuer ist eine Personensteuer, d. h. nur die Einkünfte natürlicher Personen sind hier betroffen.

Beispiel: Sie erfüllen sich einen Traum, endlich ihr eigener Chef zu sein, und eröffnen einen Waschsalon. Sie erzielen als Einzelunternehmer im Jahr 2007 einen Gewinn in Höhe von 40.000 €.

Folge: Sie sind mit diesen Einkünften als natürliche Person unbeschränkt einkommensteuerpflichtig.

Variante: Sie betreiben den Waschsalon in der Rechtsform einer GmbH. Der Gewinn beträgt abermals 40.000 €. Hiervon schüttet die GmbH 30.000 € an Sie aus.

Folge: Der Gewinn in Höhe von 40.000 € unterliegt nicht der Einkommensteuer. Er führt vielmehr zur Körperschaftsteuerpflicht. Schließlich hat die GmbH, also eine **juristische** Person, den Gewinn erzielt und keine natürliche Person. Sollten Sie jedoch von der GmbH Arbeitslohn als Geschäftsführer oder eine Ausschüttung auf Ihre Anteile bekommen, so ist dies einkommensteuerlich relevant: Den Arbeitslohn sowie die Ausschüttung bekommen Sie als natürliche Person.

Für Personengesellschaften gelten grundsätzlich die einkommensteuerlichen Regelungen, z. T. jedoch in Abwandlungen oder Sonderregelungen. Einkünfte der Personengesellschaft werden einkommensteuerlich dem Gesellschafter zugerechnet und sind auch von diesem zu versteuern (nicht bei der Gewerbesteuer).

Natürlich werden auch ausländische Unternehmer unter bestimmten Umständen zur Einkommensteuer herangezogen. Hier ist die Sache jedoch schon etwas komplizierter. Zur Prüfung der Steuerpflicht werden nämlich nicht nur die Kriterien des Einkommensteuergesetzes herangezogen, sondern auch geltende Verträge zwischen zwei Staaten, die eine doppelte Besteuerung derselben Einnahmen verhindern sollen (sog. Doppelbesteuerungsabkommen).

Was wird besteuert?

Das Finanzamt verlangt nur dann Einkommensteuer, wenn man bestimmte Einkünfte erzielt. Das Einkommensteuergesetz kennt sieben verschiedene Einkunftsarten. Hierzu zählen folgende Einkünfte:

(1) Einkünfte aus Land- und Forstwirtschaft
(2) Einkünfte aus Gewerbebetrieb
(3) Einkünfte aus selbständiger Arbeit
(4) Einkünfte aus nichtselbständiger Arbeit
(5) Einkünfte aus Kapitalvermögen
(6) Einkünfte aus Vermietung und Verpachtung
(7) Sonstige Einkünfte

Schon der Begriff „Einkünfte" bereitet dem Unternehmer als steuerlich interessierten Laien in der Praxis erhebliche Probleme. Dabei ist hier nichts anderes gemeint als die Differenz zwischen den einkommensteuerpflichtigen Einnahmen und den abzugsfähigen Ausgaben.

Einnahmen
./. Ausgaben
= Einkünfte

Bei den ersten drei Einkunftsarten, den sog. **Gewinneinkünften** bei Unternehmern, spricht man im Fachjargon von Betriebseinnahmen und Betriebsausgaben. Bei den Einkunftsarten 4 bis 7, den sog. **Überschusseinkünften**, nennt der Gesetzgeber die Begriffe Einnahmen und Werbungskosten.

Schema zur Berechnung der Einkommensteuer

Folgendes Schema soll einen Grobüberblick liefern, um zu wissen, welche Faktoren sich bei der Einkommensteuer auswirken. Für exakte Berechnungen sollte man auf eines der angebotenen Steuerprogramme zurückgreifen. Der Vollständigkeit halber wurden auch „exotische" Größen aufgenommen.

Die Steuer wird jedoch nicht auf die Einkünfte alleine erhoben. Es dürfen vielmehr noch einige Abzüge vorgenommen werden.

Die Basisgröße, das zu versteuernde Einkommen, ist wie folgt zu ermitteln:

(1)	Einkünfte aus Land- und Forstwirtschaft (§ 13 EStG)		.... €
(2)	Einkünfte aus Gewerbebetrieb (§ 15 EStG)		.... €
(3)	Einkünfte aus selbständiger Arbeit (§ 18 EStG)		.... €
(4)	Einkünfte aus nichtselbständiger Arbeit (§ 19 EStG)		.... €
(5)	Einkünfte aus Kapitalvermögen (§ 20 EStG)		.... €
(6)	Einkünfte aus Vermietung und Verpachtung (§ 21 EStG)		.... €
(7)	Sonstige Einkünfte im Sinne des § 22 EStG		.... €
=	Summe der Einkünfte aus den Einkunftsarten		.... €
+	Hinzurechnungsbetrag (§ 52 Abs. 3 Satz 3 EStG sowie § 8 Abs. 5 Satz 2 AIG)		.... €
=	Summe der Einkünfte		.... €
./.	Altersentlastung (§ 24 a EStG)	abzgl.	.... €
./.	Entlastungsbetrag für Alleinerziehende (§ 24 b EStG)	abzgl.	.... €
./.	Abzug für Land- und Forstwirte (§ 13 Abs. 3 EStG)	abzgl.	.... €
=	Gesamtbetrag der Einkünfte (§ 2 Abs. 3 EStG)		.... €
./.	Verlustabzug (§ 10 d EStG)	abzgl.	.... €
./.	Sonderausgaben (§§ 10, 10 a, 10 b, 10 c EStG)	abzgl.	.... €
./.	außergewöhnliche Belastungen (§§ 33 bis 33 b EStG)	abzgl.	.... €
=	Einkommen (§ 2 Abs. 4 EStG)		.... €
./.	Kinderfreibetrag (§§ 31, 32 Abs. 6 EStG) wenn günstiger als Kindergeld	abzgl.	.... €
./.	Härteausgleich nach § 46 Abs. 3, 5 EStG, § 70 EStDV	abzgl.	.... €
=	zu versteuerndes Einkommen (§ 2 Abs. 5 EStG)		.... €

Die Einkommensteuer selbst ergibt sich ja nach Höhe des zu versteuernden Einkommens aus der Grund- oder Splittingtabelle.

Die Einkommensteuer wiederum ist Basis sowohl für den 5,5 %igen Solidaritätszuschlag wie auch für die Kirchensteuer (Prozentsatz je nach Bundesland unterschiedlich).

Die Einkünfte 1–7 dieses Schemas sind die Einnahmen der jeweiligen Einkunftsart abzüglich der abzugsfähigen Werbungskosten bzw. Betriebsausgaben. Für Existenzgründer sind vor allem die ersten drei Einkunftsarten relevant. Land- und Forstwirte, Gewerbetreibende, Freiberufler und alle anderen selbständig Tätigen im Sinn von § 18 EStG haben in der Einkommensteuererklärung ihren Gewinn bzw. Verlust zu erklären (vgl. Kapitel Gewinnermittlung).

Von der Summe der gesamten Einkünfte eines Jahres dürfen Steuerzahler, die zu Beginn des Jahres bereits das 64. Lebensjahr vollendet haben, einen so genannten Altersentlastungsbetrag abziehen. Dieser Steuerbonus beträgt 40 % aller Einkünfte – außer solcher, die dem Lohnsteuerabzug unterliegen (§ 24 a EStG); jedoch begrenzt auf einen Höchstbetrag, der abhängig ist vom Kalenderjahr, in dem die Altersgrenze erstmals erreicht wird. Der Höchstbetrag beträgt für das Kalenderjahr 2005 1.900 €. Ebenso ist bei Alleinerziehenden ein Betrag von 1.308 € abzuziehen, wenn zu ihrem Haushalt ein Kind gehört, für das ein Anspruch auf Kindergeld oder auf den Kinderfreibetrag besteht. Diese Freibeträge haben jedoch nichts mit den Gewinneinkünften zu tun. Mit anderen Worten: Die Gewerbesteuerbelastung sinkt nicht, wohl aber die Einkommensteuerbelastung.

Vom Gesamtbetrag der Einkünfte können dann ausnahmsweise noch Privatausgaben bis zu bestimmten Höchstgrenzen abgezogen werden (Unterhaltsleistungen an den Exgatten, Versicherungsbeiträge, Spenden, Ausbildungskosten, Krankheitskosten etc.). Auch diese steuerlich abzugsfähigen Sonderausgaben und außergewöhnlichen Belastungen haben keinen Einfluss auf den Gewinn bzw. Verlust des Unternehmens.

Der Härteausgleich sieht vor, dass die Summe der Einkünfte ohne Lohnsteuerabzug bis 410 € abgezogen werden können. Damit bleiben diese Einkünfte bei der abschließenden Veranlagung bis 410 € steuerfrei. Für die Summe über 410 € ist vorgesehen, dass unter Abzug eines anteiligen Altersentlastungsbetrages und Freibetrages für Landwirte (§ 13 Abs. 3 EStG) ein Betrag von maximal 820 € steuerfrei bleibt.

Zu beachten ist jedoch, dass etwaige Verlustabzüge aus anderen Jahren (vgl. unten „Verluste gehen nicht verloren) vorrangig vor den Sonderausgaben und außergewöhnlichen Belastungen abgezogen werden. Damit können diese bei Erreichen des Grundfreibetrages durch Verlustabzug u. U. keine steuerliche Auswirkung haben.

Welche Zeiträume werden besteuert?

Die Einkommensteuer ist eine Jahressteuer. Aus diesem Grund haben alle Steuerzahler jährlich eine Einkommensteuererklärung abzugeben (§ 2 Abs. 7 EStG).

> **Aufgepasst!** Die jährlichen Steuererklärungen werden vom Finanzamt unabhängig von den in den Vorjahren abgegebenen Erklärungen kontrolliert. Streicht das Finanzamt Ihnen bestimmte Kosten, die es bereits mehrere Jahre anstandslos anerkannt hat, haben Sie keinen Rechtsanspruch auf die bisherige Behandlung. Neues Jahr – neues Glück! Das Finanzamt spricht hier von der Abschnittsbesteuerung.

In Tageszeitungen, Fachzeitschriften, im Rundfunk und im Fernsehen weist das Bundesministerium der Finanzen jedes Jahr darauf hin, dass die Erklärungen des Vorjahrs bis spätestens 31. Mai des Folgejahres abzugeben sind. Steuerzahler, die von einem Steuerberater vertreten werden, genießen ein Privileg, sie haben eine stillschweigende Verlängerung der Abgabefrist bis Ende Dezember. Wer steuerlich nicht vertreten wird, wird nach Verstreichen der Frist zum 31. Mai etwa Mitte Juli/August erstmals gemahnt. Wer gute Gründe hat, kann sogar einen Fristverlängerungsantrag bis 28. Februar des Folgejahres durch seinen Steuerberater stellen.

In der Einkommensteuererklärung haben Unternehmer in der Regel den Gewinn bzw. Verlust anzugeben, den sie zwischen dem 1. 1. und 31. 12. erzielt haben. Das Wirtschaftsjahr entspricht demnach grundsätzlich dem Kalenderjahr (§ 4 a EStG). Bilanzierende Unternehmer ohne Handelsregistereintrag dürfen nur mit Genehmigung des Finanzamts ein vom Kalenderjahr abweichendes Wirtschaftsjahr wählen. Auch Land- und Forstwirte haben ein abweichendes Wirtschaftsjahr vom 1. Juli bis 30. Juni. Wer seinen Gewinn/Verlust nach der Einnahme-/Überschussrechnung gemäß § 4 Abs. 3 EStG ermittelt, kann nicht wählen. Bei ihm sind Wirtschaftsjahr und Kalenderjahr identisch.

> **Beispiel:** Sie betreiben eine Möbelschreinerei und bilanzieren. Mit Genehmigung des Finanzamts entscheiden Sie sich für ein abweichendes Wirtschaftsjahr vom 1. April 2007 bis 31. März 2008. In welcher Steuer-

erklärung ist der Gewinn/Verlust dieses Wirtschaftsjahres zu berücksichtigen?

Lösung: Der Gewinn dieses Wirtschaftsjahres ist in der Einkommensteuererklärung 2008 zu berücksichtigen, weil in diesem Kalenderjahr das Wirtschaftsjahr endet.

Höhe der Einkommensteuervorauszahlungen

Anders als bei Arbeitnehmern, bei denen der Arbeitgeber bereits vom Arbeitslohn die Lohnsteuer, die Kirchensteuer und den Solidaritätszuschlag einbehält und an das Finanzamt abführt, werden von einem Unternehmer vierteljährlich Vorauszahlungen erhoben. Den Grundstein für die Höhe der vierteljährlichen Vorauszahlungen legen Existenzgründer selbst, indem sie in den Fragebögen des Finanzamts die beiläufige Frage nach dem zu erwartenden Umsatz und dem Gewinn im ersten und zweiten Wirtschaftsjahr beantworten. Weiter werden die Vorauszahlungen im Rahmen der dann folgenden Einkommensteuerveranlagungen anhand der Daten aus den Jahressteuererklärungen festgesetzt. Die vom Finanzamt festgesetzten Vorauszahlungen werden an bestimmten Stichtagen fällig (§ 37 Abs. 1 EStG):

(1) Vorauszahlung	10. März
(2) Vorauszahlung	10. Juni
(3) Vorauszahlung	10. September
(4) Vorauszahlung	- 10. Dezember

Aufgepasst! Das Finanzamt wird die Anpassung der Vorauszahlungen bereits im laufenden Jahr vorschlagen, wenn sich aus den laufenden Umsatzsteuer-Voranmeldungen (vgl. Kapitel Umsatzsteuer) entsprechend sprungartige Umsatzsteigerungen ergeben. Davon unabhängig sollten Sie Ihren Gewinn stets realistisch kalkulieren und dem Finanzamt unverzüglich mitteilen, wenn Ihr Gewinn sprungartig ansteigt und somit auch höhere Vorauszahlungen zu leisten wären. Wer durch falsche Angaben bewirkt, dass Vorauszahlungen zu niedrig oder verspätet festgesetzt werden, läuft Gefahr vom Finanzamt der Steuerhinterziehung bezichtigt zu werden. Diese harte Vorgehensweise gegen unehrliche Unternehmer wurde bereits mehrmals vom Bundesfinanzhof in München bestätigt (u. a. Urteil vom 15. 4. 1997, Az.: VII R 74/96; § 370 AO).

Bemerkt ein Unternehmer während des Jahres, dass seine Kalkulationen deutlich von der tatsächlichen Gewinnsituation abweichen, kann er selbstverständlich einen Herabsetzungsantrag stellen. Hierzu genügt dem Finanzamt meist ein formloses Schreiben mit der Begründung des Verlustes. Als Begründung können Umsatzeinbrüche, Fehlinvestitionen oder Verluste angegeben werden. Hilfreich hierbei sind zusätzliche Berechnungen Ihrer Seite, die dem Veranlagungsbeamten eine konkrete Zielgröße, meist den erwarteten Gewinn, angeben. Damit behalten Sie hinsichtlich der Höhe der Vorauszahlungen das Heft in der Hand.

> **Tipp:** Haben Sie Bauleistungen erbracht und Ihr Auftraggeber behält wegen des Gesetzes zur Eindämmung illegaler Beschäftigung im Baugewerbe 15 % der Rechnungssumme zurück und überweist diese nach § 48 EStG ans Finanzamt, sollten Sie sich den Einbehalt unbedingt von ihm bestätigen lassen. Das Finanzamt muss den Einbehalt nämlich mit den laufenden Lohnsteuerschulden und Einkommensteuervorauszahlungen verrechnen. Wurde also von Ihrem Auftraggeber ein Einbehalt vorgenommen, ist es ratsam, die Einkommensteuervorauszahlungen nach Antrag und unter Vorlage der Abrechnung nicht in voller Höhe zu überweisen.

Vergleiche Kapitel 4, Die Gründung – was kommt auf mich zu?

Höhe der Einkommensteuer

Die Höhe der Einkommensteuer bemisst sich nach dem zu versteuernden Einkommen. Je nach Höhe dieses zu versteuernden Einkommens wird der gültige Steuersatz ermittelt. Bei Ledigen ist dieser der sog. Grundtabelle zu entnehmen. Bei Verheirateten, die sich für eine Zusammenveranlagung entschieden haben, nicht dauernd getrennt leben und beide entweder ihren Wohnsitz in Deutschland haben oder sich mehr als sechs Monate in Deutschland aufhalten (sog. gewöhnlicher Aufenthalt), ist der Steuersatz der Splittingtabelle zu entnehmen.

Der Gesetzgeber hat Wort gehalten und den Eingangssteuersatz gesenkt und ein gewisses Existenzminimum von der Besteuerung freigestellt. Seit 2004 gilt: Bei wem das zu versteuernde Einkommen 7.664 € (Ledige) oder 15.328 € (Verheiratete) nicht übersteigt, muss keinen Euro Steuern bezahlen:

Die Steuersätze sind weiter gesunken. Die wichtigsten Eckpunkte eines progressiven (stufenlos ansteigenden) Steuersatzes sind der Eingangs- sowie der Spitzensteuersatz. Der Eingangssteuersatz bezeichnet die prozentuale Belastung des „ersten Euros" Einkommen über dem Grundfreibetrag. Der Spitzensteuersatz entspricht der Belastung des Einkommens ab der Endstufe des höchsten Steuersatzes.

Aufgepasst: Bei progressiver Steuerbelastung sind die im weiteren genannten Steuersätze nur Eckpunkte, nie die tatsächliche Belastung des Einkommens!

So wurde der Eingangssteuersatz von 16 % (in 2004) auf 15 % (ab 2005) gesenkt. Der Spitzensteuersatz ist ebenfalls von 45 % (in 2004) auf 42 % (ab 2005) gesunken. Für den Veranlagungszeitraum 2007 wurde der Spitzensteuersatz für sehr gut Verdienende auf 45 % angehoben („Reichensteuer").

Zur Berechnung des zu versteuernden Einkommens siehe auch das Berechnungsschema in diesem Kapitel.

Verluste gehen nicht verloren

Unternehmer erzielen in der Anlaufphase ihres neuen Unternehmens nicht selten (steuerliche) Verluste. Diese Verluste gehen nicht verloren. Diese Verluste können nachträglich bei der Einkommensteuer im Vorjahr berücksichtigt werden oder auf die folgenden Jahre vorgetragen werden. Zeichnen Sie deshalb jeden einzelnen Euro, den Sie aus betrieblichen Gründen ausgeben, auf und berücksichtigen Sie ihn in Ihrer Gewinnermittlung.

Zu den Größenordnungen: Der Höchstbetrag für den Rücktrag ins Vorjahr beträgt 511.500 € (1.023.000 € bei Ehegatten). Der Verlustvortrag wird auf 1 Mio. € (2 Mio. € bei Ehegatten) zuzüglich 60 % des überschießenden Betrages pro Jahr begrenzt.

Aufgepasst! Im Rahmen des Steuerentlastungsgesetz 1999/2000/2002 hat der Gesetzgeber den Verlustausgleich mit anderen positiven Einkünften bis einschließlich 2003 drastisch eingeschränkt. Grundsätzlich dürfen nur noch negative und positive Einkünfte derselben Einkunftsart miteinander verrechnet werden (Gewerbebetrieb 1: Gewinn 50.000 €, Gewerbebetrieb 2: Verlust 40.000 € = zu versteuern sind nur noch 10.000 €). Sollen jedoch verschiedene Einkünfte miteinander verrechnet werden, ist der Verlustausgleich grundsätzlich auf 51.500 €/103.000 € (ledig/verheiratet) beschränkt. Diese Einschränkung wurde ab 01.01. 2004 wieder aufgehoben. Haben Sie also hohe Anlaufverluste, schalten Sie unbedingt einen Steuerberater ein – frühzeitig versteht sich.

Gut zu wissen: Auch Aufwendungen vor der eigentlichen Betriebseröffnung, die nachweislich für die künftige selbständige Tätigkeit angefallen sind, dürfen den Gewinn eines „Unternehmers in spe" mindern. Hierzu trägt man den durch diese „vorweggenommenen Betriebsausgaben" entstandenen Verlust in die Anlage GSE und gibt diese mit seiner Einkommensteuererklärung beim Finanzamt ab. Natürlich muss man in diesem Fall mit besonders kritischen Fragen der misstrauischen Finanzbeamten rechnen. Wer jedoch genügend aussagekräftige Unterlagen vorweisen kann, wird keine Probleme haben, das Finanzamt von seiner Absicht zu überzeugen, in geraumer Zeit den Weg in die berufliche Selbständigkeit zu wagen. Vor der Betriebseröffnung angefallene Betriebsausgaben dürfen sogar die Steuerlast mindern, wenn die Gründung wider Erwarten niemals zustande kommt. Kommt ein Verlustausgleich im Verlustentstehungsjahr mangels anderer positiver Einkünfte nicht in Betracht, können Verluste bis zu 511.500 € auf das vergangene Jahr zurückgetragen werden. Existenzgründer, die einen enormen Investitionsaufwand haben, können ihre Verlust jedoch vortragen, d. h. mit positiven Einkünften kommender Jahre in o. g. Größenordnungen verrechnen (Wahlrecht).

6.2 Körperschaftsteuer

Wer wird zur Körperschaftsteuer herangezogen?

Die Körperschaftsteuer ist dem Grunde nach nichts anderes als die Einkommensteuer der **juristischen** Person. Ähnlich wie im Einkommensteuerrecht werden Körperschaften (z. B. GmbH und AG) mit ihrem gesamten Welteinkommen zur Besteuerung herangezogen, wenn diese entweder ihren Sitz oder ihre Geschäftsleitung in Deutschland haben (sog. unbeschränkte Körperschaftsteuerpflicht gemäß § 1 Abs. 1 Nr. 1 KStG).

Was wird besteuert?

Besteuerungsgrundlage ist auch hier das zu versteuernde Einkommen der jeweiligen Körperschaft, das nach den Grundsätzen des Einkommensteuer- und Körperschaftsteuergesetzes ermittelt wird.

Der Gewinn einer Körperschaft ist stets mittels einer Bilanz zu berechnen (§ 238 ff. HGB). Von diesem Gewinn ausgehend muss man dann bestimmte Hinzu- und Abrechnungen vornehmen.

Tipp: Gerade Existenzgründer, die sich für die Rechtsform der Kapitalgesellschaft entscheiden, sollten unbedingt einen Steuerberater einschalten. Vom Gesellschaftsvertrag und dem Anstellungsvertrag des Gesellschafter-Geschäftsführers bis hin zu den komplizierten Berechnungen bei Ausschüttungen an die jeweiligen Gesellschafter, lauern Fallstricke, die bitteres Lehrgeld für zweifellos unerfahrenen Existenzgründer bedeuten könnten.

Schema zur Berechnung der Körperschaftsteuer

Vorläufiger Gewinn (Jahresüberschuss lt. Bilanz)

+ Hinzurechnungen

verdeckte Gewinnausschüttung	.... €
nicht abziehbare Ausgaben	.... €
Körperschaftsteuer	.... €
Spenden	.... €

./. Kürzungen

Einlagen der Gesellschafter	.... €
Investitionszulagen	.... €
steuerfreie Erträge	.... €
./. abziehbare Spenden	.... €
./. Verlustabzug	.... €
zu versteuerndes Einkommen	.... €

Welche Zeiträume werden besteuert?

Hier gelten dieselben Grundsätze wie bei der Einkommensteuer. Die Körperschaftsteuer ist eine Jahressteuer. In der Steuererklärung eines Jahres ist stets der Gewinn bzw. Verlust des Wirtschaftsjahrs zu berücksichtigen, das in diesem Kalenderjahr endet.

Höhe der Körperschaftsteuervorauszahlungen

Auch hier können wiederum die Grundsätze zur Festsetzung von Vorauszahlungen bei der Einkommensteuer herangezogen werden. Vergleiche Abschnitt 6.1 – Höhe der Einkommensteuervorauszahlungen.

Höhe der Steuer

Im Gegensatz zur Einkommensteuer, bei der das zu versteuernde Einkommen einer natürlichen Person je nach Höhe und Tabelle (Grund- bzw. Splittingtabelle) einem bestimmten Steuersatz unterliegt, kennt man im Körperschaftsteuerrecht nur einen fixen Steuersatz. Der Steuersatz bei Versteuerung eines positiven Einkommens beträgt für Wirtschaftsjahre, die ab dem 1. 1. 2001 begannen, egal ob der Gewinn ausgeschüttet oder im Unternehmen gehalten wurde, fixe 25 % zzgl. 5,5 % Solidaritätszuschlag. Die kurzzeitige Erhöhung des Steuersatzes in 2003 aufgrund des Flutopfer-Solidaritätsgesetz auf 26,5 % ist für Veranlagungszeiträume ab einschließlich 2004 wieder rückgängig gemacht worden.

Aufgepasst! Der Trend, Kapitalgesellschaften zu gründen, hält gerade bei Existenzgründern und Start-up-Unternehmen unvermindert an. Trotz aller scheinbaren haftungsrechtlichen und steuerlichen Vorteile hängt jedoch ein Damoklesschwert über vielen Betrieben. Klopft der Betriebsprüfer nämlich Jahre später an, kommt es bei der Prüfung von Kapitalgesellschaften in drei von fünf Fällen zu erheblichen Steuernachzahlungen. Der häufigste Grund: Der Prüfer des Finanzamts entdeckt eine „verdeckte Gewinnausschüttung". Gemeint sind hier zum Beispiel überhöhte bzw. nicht von vornherein vereinbarte Zahlungen an die Gesellschafter oder an ihnen nahe stehende Personen und Firmen (Vermögensminderung) oder unentgeltlich oder verbilligte Überlassung von Waren, Anlagegegenständen oder Dienstleistungen an die Gesellschafter oder an ihnen nahestehende Personen oder Firmen (verhinderte Vermögensmehrung). Stellt der Prüfer solche Umstände fest, darf dies keinen Einfluss auf das Einkommen der Gesellschaft haben. Unangemessene Betriebsausgaben oder nicht abgerechnete Leistungen sind dem Gewinn der Kapitalgesellschaft deshalb außerbilanzmäßig wieder hinzuzurechnen.

6.3 Umsatzsteuer

Das Umsatzsteuerrecht ist gerade für Existenzgründer ein Buch mit sieben Siegeln. Da diese Steuerart neben der Einkommensteuer jedoch eine der wichtigsten Einnahmequellen des Staates darstellt, richten die Beamten des Finanzamts ein ganz besonderes Augenmerk auf die korrekte Anwendung und Umsetzung der geltenden Vorschriften.

Tipp: Bei der Umsatzsteuer geht es um bares Geld – nicht nur für das Finanzamt, sondern auch für den Unternehmer. Fehler oder Unbeholfenheit können verheerende Auswirkungen auf den laufenden Geschäftsbetrieb haben. Nehmen Sie sich deshalb gerade für diese Steuerart ein wenig mehr Zeit und verinnerlichen Sie die wichtigsten Punkte für Ihre Branche. Nutzen Sie hierzu Angebote öffentlicher Einrichtungen, die Seminare für Existenzgründer und Unternehmer bieten und speziell das Thema „Umsatzsteuer" behandeln.

Allgemeines

Egal ob als Unternehmer oder Privatmann, man wird heutzutage beinahe bei jedem Geschäftsvorfall mit der Umsatzsteuer, umgangssprachlich besser bekannt als Mehrwertsteuer, konfrontiert. Für den Unternehmer stellt die Umsatzsteuer in der Regel jedoch keinen Ausgabeposten dar. Im Gegenteil. Durch die Möglichkeit, die in Rechnung gestellte Umsatzsteuer wieder als sog. Vorsteuer beantragen zu können, stellt die Umsatzsteuer lediglich einen durchlaufenden Posten dar. Einzig und allein der private Endverbraucher ist mit der vollen Umsatzsteuer belastet.

Unternehmer bekommt eine Rechnung

Kaufen Sie sich zur Betriebseröffnung eine Büroeinrichtung für 10.000 € zzgl. 1.900 € Umsatzsteuer, können Sie diese Umsatzsteuer im Voranmeldungsverfahren bzw. mit Abgabe einer Umsatzsteuerjahreserklärung wieder vom Finanzamt zurückverlangen. Im Endeffekt sind Sie also nicht mit der Umsatzsteuer belastet.

Unternehmer erteilt eine Rechnung

Verkaufen Sie Ihre ersten Waren, müssen Sie in Ihren Rechnungen in der Regel Umsatzsteuer ausweisen. Begleicht Ihr Kunde die Rechnung, haben Sie die Umsatzsteuer ans Finanzamt abzuführen. Für Sie ist die Umsatzsteuer also per saldo keine Einnahme.

Privatmann bekommt Rechnung

Kauft sich ein Privatmann eine Büroeinrichtung für 10.000 € zzgl. 1.900 € Umsatzsteuer, muss er den vollen Betrag aufbringen. Weil er kein Unternehmer ist, kann er die bezahlte Umsatzsteuer nicht mehr zurückfordern – er ist also tatsächlich belastet.

Wer ist Unternehmer?

Unternehmer ist, wer eine gewerbliche oder berufliche Tätigkeit selbständig und nachhaltig zur Erzielung von Einnahmen ausübt (§ 2 Abs. 1 Satz 1 UStG).

Beispiel: Ein Rentner verkauft aus Altersgründen seinen Wagen und verlangt dafür 5.000 €. Der Rentner ist kein Unternehmer. Er möchte zwar Einnahmen erzielen, er übt die Tätigkeit des „Autoverkaufs" jedoch nicht gewerbsmäßig aus. Er muss (darf) also keine Umsatzsteuer ausweisen.

Variante: Ein Kfz-Mechaniker repariert nach Feierabend Unfallfahrzeuge und verkauft diese an verschiedene Kunden, die sich auf seine Zeitungsannoncen melden. Er verkauft pro Monat etwa drei Fahrzeuge. Der Mechaniker ist nebenberuflicher Unternehmer. Er möchte nicht nur einmalig Einnahmen erzielen. Vielmehr ist seine Betätigung gewerblich geprägt, da er immer wieder Autos verkauft, also nachhaltig tätig ist. Unser Mechaniker muss also in seinen Rechnungen Umsatzsteuer ausweisen. Dieses Problem ergibt sich aktuell beispielsweise bei Personen, die regelmäßig im Internet über entsprechende bekannte Plattformen (z. B. e-bay) Gegenstände verkaufen. Hier ist die Unternehmereigenschaft u. U. unbewusst bereits erreicht.

Was gehört zu einem Unternehmen?

Die Umsatzsteuer ist eine unternehmensbezogene Steuer. Sobald Umsätze in verschiedenen Gesellschaften (Einzelunternehmen, eine zusätzliche OHG sowie GmbH) anfallen, ist jeweils eine gesonderte Voranmeldung/Erklärung fällig. Ist jedoch nur eine natürliche/juristische Person als Unternehmer tätig, so ist Folgendes zu beachten:

Die Person kann zwar mehreren selbständigen Betätigungen nachgehen, die rein gar nichts miteinander zu tun haben, umsatzsteuerlich betrachtet liegt jedoch nur ein einziges Unternehmen vor.

Aufgepasst! Wer also beim Finanzamt nur eine einzige Steuernummer für die Umsatzsteuer erhält, kann sich nicht aussuchen, für welche selbständige Betätigung er diese verwenden wird. Sämtliche Umsätze, egal aus welcher Tätigkeit sie stammen, sind in einer Umsatzsteuererklärung (Voranmeldung) zusammenzufassen und beim Finanzamt zu erklären.

Beispiel: Ein freiberuflicher Schriftsteller erzielt Einnahmen aus folgenden Betätigungen:
- Beiträge in Fachzeitschriften   75.000 €
- Seminare   15.000 €
- Internetverlag   55.000 €

So unterschiedlich die einzelnen Betätigungen auch sein mögen, sie bilden umsatzsteuerlich das „Unternehmen" unseres Steuerzahlers.

Es spielt auch keine Rolle, dass er die Gewinne getrennt voneinander und nach verschiedenen Gewinnermittlungsmethoden ermittelt. Am Jahresende müssen die Umsätze aus sämtlichen selbständigen Betätigungen zusammengefasst und in einer (einzigen) Umsatzsteuerjahreserklärung beim Finanzamt erklärt werden.

Ehegatten, die beide Unternehmer sind

Ehegatten, die nicht dauernd getrennt leben, können zwar für die Einkommensteuer eine Zusammenveranlagung beantragen, d. h. sie geben eine gemeinsame Einkommensteuererklärung ab und erhalten im Gegenzug auch nur einen (zusammengefassten) Einkommensteuerbescheid, bei der Umsatzsteuer benötigt jedoch jeder Ehegatte seine eigene Steuererklärung. Sind also beide Ehegatten unternehmerisch tätig, muss man beim Finanzamt für jeden der beiden eine eigene Steuernummer für die Umsatzsteuer der beiden Unternehmen beantragen. Jeder Ehegatte erhält deshalb auch seinen eigenen Umsatzsteuerbescheid.

Führen alle Umsätze eines Unternehmers zur Umsatzsteuerpflicht?

Diese Kapitel sollen dem (notgedrungen) steuerlich interessierten Unternehmer einen Überblick verschaffen, wann ein Geschäftsvorfall umsatzsteuerpflichtig ist und wann nicht.

> **Tipp:** Wer grenzüberschreitend tätig wird, sollte unbedingt einen steuerlichen Fachmann aufsuchen. Informationsbroschüren (sog. Merkblätter) liegen auch beim Finanzamt auf, informieren den Unternehmer und ermöglichen es ihm, sich gezielt auf das Gespräch mit seinem Steuerberater vorzubereiten.

Die Umsätze eines Unternehmers werden in folgende Kategorien unterteilt:
- Nicht steuerbare Umsätze

- Steuerbare Umsätze
- Steuerfreie Umsätze
- Steuerpflichtige Umsätze
- Sonderformen

Steuerbare Umsätze

Sämtliche Umsätze, die ein Unternehmer im Rahmen seines Unternehmens im Inland entgeltlich ausführt, sind steuerbar (§ 1 Abs. 1 Nr. 1 UStG). Steuerbar bedeutet nichts anderes als dass die Umsätze grundsätzlich Umsatzsteuer nach sich ziehen.

Umsätze sind also in der Regel nur dann steuerbar, wenn ein Unternehmer im Rahmen seines Unternehmens tätig wird und für seine Leistungen Geld verlangt oder sich in Naturalien bezahlen lässt.

Beispiel: Ein Handwerker montiert bei einer alten Dame einen Hängeschrank und erteilt hierfür eine Rechnung über 200 € zzgl. 38 € Umsatzsteuer. In diesem Fall erbringt ein Unternehmer seine Leistung gegen Entgelt. Er weist in seiner Rechnung also zu Recht Umsatzsteuer aus. Der Umsatz ist steuerbar.

Alternative: Ein Immobilienmakler greift seinem Schwiegervater bei der Wohnungssuche unter die Arme. Nachdem er ein geeignetes Objekt gefunden hat, verlangt er natürlich keine Provision von ihm. Er hat ihm schließlich aus familiären Gründen geholfen. Nun wird zwar ein Unternehmer tätig, er erbringt seine Leistungen jedoch nicht im Rahmen seines Unternehmens und er verlangt auch keine Gegenleistung für seine Bemühungen. Es liegt also kein steuerbarer Umsatz vor. Das Finanzamt interessiert dieser Vorgang umsatzsteuerlich nicht.

Steuerfreie Umsätze

Nun kann es vorkommen, dass ein Umsatz zwar steuerbar ist, jedoch trotzdem keine Umsatzsteuerpflicht auslöst. Nämlich dann, wenn er zu den steuerfreien Umsätzen des Umsatzsteuerrechts gehört. Steuerfrei nach § 4 UStG sind z. B.:

- Ausfuhrlieferungen (also Lieferungen vom Inland in Drittlandsgebiete außerhalb der EU)
- Innergemeinschaftliche Lieferungen (Lieferungen vom Inland in Länder der EU)
- Umsätze von Versicherungsvertretern
- Vermietung von Grundstücken (Ausnahmen möglich)

- Heilberufliche Leistungen (z. B. Arzt, Heilpraktiker, Kranken-
gymnast)

> **Aufgepasst!** Die Steuerfreiheit hat natürlich auch Auswirkungen auf den
> Vorsteuerabzug. Die meisten steuerfreien Umsätze schließen auch den
> Vorsteuerabzug aus. In diesem Fall ist ein Unternehmer tatsächlich durch
> die Vorsteuer belastet. Um diesen Umstand korrekt in seine Kalkulationen
> aufnehmen zu können, muss man sich also bereits im Vorfeld Gedanken
> machen, ob ein künftiger Umsatz nun steuerpflichtig oder steuerfrei sein
> wird (siehe hierzu auch Ausführungen zum Punkt „Vorsteuerabzug").

Beispiel: Ein Arzt operiert einen Patienten. Hierfür erteilt er eine Rechnung über 5.000 €. Da ein Arzt heilberufliche Leistungen erbringt, sind
sämtliche Leistungen steuerfrei. Er hat zu Recht keine Umsatzsteuer ausgewiesen. Allerdings ist auch kein Vorsteuerabzug möglich.

Umsatzarten

Im Umsatzsteuergesetz gibt es verschiedene Umsatzarten, die zu
steuerbaren und steuerpflichtigen Umsätzen führen können:
- Lieferungen und sonstige Leistungen
- Fiktive Umsätze für die Entnahme von Waren oder anderen betrieblichen Gegenständen zu unternehmensfremden Zwecken
oder die unentgeltliche Nutzung von betrieblichen Gegenständen
zu privaten Zwecken.
- Unentgeltliche Leistungen von Gesellschaftern an ihre Gesellschaft
- Einfuhr von Gegenständen aus Drittlandsgebieten (nicht EU-Län-
der)
- Innergemeinschaftliche Erwerbe (Warenerwerb von Unternehmern aus dem Gebiet eines EU-Landes)

Lieferungen und sonstige Leistungen

Hierbei handelt es sich um die klassischen Umsatzsteuerarten eines Unternehmers. Man spricht von Lieferungen, wenn Waren oder
andere Gegenstände verkauft werden. Sonstige Leistungen liegen
vor, wenn ein Vertrag Dienstleistungen, Werkleistungen oder Vermietungsleistungen vorsieht.

Beispiele: Lieferungen: Verkauf von Fernsehern, Werkzeug, Kleidung, etc.
Sonstige Leistungen: Haare schneiden, Schlüsseldienst, Beratungen

„Eigenverbrauch" – unentgeltliche Waren- und Leistungsabgabe

Entnimmt ein Unternehmer seinem Unternehmen Waren oder sonstige Leistungen für den privaten Bereich, so ist dieser „Eigenverbrauch" ebenso der Umsatzsteuer zu unterwerfen als hätte er die Leistungen an einen Dritten gegen Entgelt ausgeführt. Man möchte hierdurch erreichen, dass der Unternehmer durch die betrieblichen Leistungen in seinem Privatbereich als Endverbraucher Umsatzsteuer bezahlen muss. Wäre das nicht der Fall, würden Unternehmer sämtliche privaten Anschaffungen über den Betrieb abwickeln, Vorsteuern geltend machen und anschließend steuerfrei entnehmen. Soweit darf es natürlich nicht kommen.

Beispiele: Sie verwenden den betrieblichen Pkw auch zu Privatfahrten. Dem Warenbestand werden Lebensmittel entnommen. Sie schenken Ihrer Tochter Ihren betrieblichen PC.

Aufgepasst! Entnommen kann übrigens nur das werden, was vorher auch Unternehmensvermögen war. Dem Prüfer des Finanzamts genügt hier meist ein Blick in Ihre Aufzeichnungen. Die Zuordnung zum Unternehmensvermögen ergibt sich nämlich dadurch, dass Sie beim Kauf der Gegenstände Vorsteuern geltend machen.

Einfuhr aus Drittländern

Werden Waren aus sog. Drittländern eingeführt, das sind alle Staaten außerhalb der Europäischen Union, ist an der Grenze sog. Einfuhrumsatzsteuer zu bezahlen. Man möchte hierdurch verhindern, dass Gegenstände unversteuert in den Endverbrauch gelangen.

Beispiel: Ein japanisches Unternehmen liefert Hightech-Computer nach Deutschland.

Innergemeinschaftlicher Erwerb

Im Rahmen der Harmonisierung der Umsatzbesteuerung innerhalb der Europäischen Union gilt bei Warenlieferungen zwischen Staaten der EU das sog. Bestimmungslandprinzip. Das bedeutet, dass die gelieferten Gegenstände stets in dem Land zu versteuern sind, in dem sie verbleiben.

Beispiel: Ein deutscher Unternehmer erwirbt Waren einer italienischen Großhandelskette. Der Erwerb unterliegt bei ihm in Deutschland der Umsatzsteuer. Natürlich kann er in gleicher Höhe wieder Vorsteuern geltend machen, wenn und soweit die allgemeinen Voraussetzungen hierfür vorliegen.

Die Bemessungsgrundlage für die Umsatzsteuer

Erbringt ein Unternehmer steuerpflichtige Umsätze, hat er die korrekte Basis zu ermitteln, von der er ausgehen muss, um die Umsatzsteuer in der vorgeschriebenen Höhe ausrechnen zu können.

Je nach Umsatzart gelten hier folgende Vorschriften:

Lieferungen und sonstige Leistungen

Als Bemessungsgrundlage für die Berechnung der Umsatzsteuer wird bei diesen Umsatzarten das sog. Entgelt (Nettopreis) herangezogen. Entgelt ist alles (außer der Umsatzsteuer), was ein Leistungsempfänger (Käufer, Auftraggeber) aufwendet, um die Leistung zu erhalten.

Beispiel: Sie verkaufen ein Fernsehgerät. Die Abrechnung sieht folgendermaßen aus:

Fernsehgerät	1.750 €
Anfahrt und Aufbau	75 €
Netto	1.825 €
Umsatzsteuer 19 %	347 €
Brutto	2.172 €

Das Entgelt in Höhe von 1.825 € ist die Bemessungsgrundlage für die Berechnung der Umsatzsteuer.

Unentgeltliche Warenabgabe

Je nach Art des Eigenverbrauchs sieht das Umsatzsteuergesetz folgende Bemessungsgrundlagen vor:

Entnahme von Gegenständen: Hier werden entweder der Einkaufspreis oder die bei der Herstellung des Gegenstands angefallenen Selbstkosten als Bemessungsgrundlage zur Berechnung der Umsatzsteuer herangezogen.

> **Aufgepasst!** Anzusetzen sind stets die Einkaufspreise und die Selbstkosten im Zeitpunkt des Eigenverbrauchs. Was die Gegenstände beim Kauf tatsächlich gekostet haben, interessiert nicht (Prinzip der sog. Wiederbeschaffungskosten). Der Wert der eigenen Arbeitsleistung wird nicht in die Bemessungsgrundlage einbezogen.

Berechnungsschema:
  Einkaufspreis/Herstellungskosten
+ Nebenkosten
= Bruttowert
− Umsatzsteuer (soweit enthalten)
_____
= Bemessungsgrundlage netto

Für bestimmte Berufsgruppen kann die Entnahme auch pauschal ermittelt werden. Betroffen sind hier in der Regel Gastwirte und Unternehmer, die Lebensmittel vertreiben. Die aktuellen Werte können beim Finanzamt nachgefragt werden.

Unentgeltliche Leistungen

Bei einem Leistungseigenverbrauch sind die für die entnommene Leistungen entstandenen Kosten anzusetzen. Die Umsatzsteuer rechnet nicht zu den Kosten.

Mindestbemessungsgrundlage

Werden bestimmte Lieferungen oder sonstige Leistungen verbilligt an nahe stehende Personen ausgeführt, so ist stets die Umsatzsteuer abzuführen, die ein fremder Dritter hätte bezahlen müssen.

> **Beispiel:** Sie verkaufen Fernsehgeräte für 2.000 € zzgl. 380 € Umsatzsteuer. Ihrem Vater verkaufen Sie ein Gerät für 1.000 € zzgl. 190 €. Im Rahmen der Mindestbemessungsgrundlage müssen Sie 380 € an das Finanzamt abführen, da die Umsatzsteuer in dieser Höhe auch bei fremden Dritten angefallen wäre.

Die Steuersätze

Der normale Steuersatz beträgt seit 1. 1. 2007 19 %, der ermäßigte Steuersatz 7 %.

Für folgende Umsätze kommt u. a. der ermäßigte Steuersatz in Frage:

- Druckerzeugnisse (mit Ausnahme von jugendgefährdenden Schriften etc.)
- Lieferungen von Grundnahrungsmitteln
- Verkauf von Zeitungen und Zeitschriften
- Prothesen
- Kunstgegenstände

Zahlreiche Dienstleister, wie Friseure und Handwerker, plädieren seit Jahren für ermäßigte Steuersätze in ihren Branchen. Die EU plant diesem Trend zu folgen. Beachten Sie also die aktuelle Berichterstattung.

Was muss eine Rechnung enthalten?

Die einzelnen Voraussetzungen für die steuerliche Anerkennung einer Rechnung können §§ 14 und 14 a UStG entnommen werden. Die korrekte Rechnung hat gerade für denjenigen große Bedeutung, der eine Rechnung begleicht. Ist eine Rechnung nämlich fehlerhaft, droht in den meisten Fällen die Versagung des Vorsteuerabzugs. Davon unabhängig erspart man sich als Rechnungsaussteller Reklamationen von Firmenkunden und macht gerade bei wichtigen Firmenkunden keinen unprofessionellen Eindruck.

Folgende Angaben muss eine Rechnung zwingend enthalten:
- Name und Anschrift des leistenden Unternehmers
- Name und Anschrift des Leistungsempfängers (Auftraggeber)
- Menge und Bezeichnung der gelieferten Gegenstände bzw. Art und Umfang der sonstigen Leistung
- Das Entgelt und die darauf entfallende Umsatzsteuer (Betrag) getrennt nach Steuersätzen bzw. den jeweiligen Steuerbefreiungen
- Das Rechnungsdatum sowie der Steuersatz bzw. der Hinweis auf Steuerbefreiungen
- Steuernummer oder Umsatzsteuer-Identifikationsnummer des leistenden Unternehmers (zwingend seit 1. 1. 2004)
- laufende Rechnungsnummer (zwingend seit 1. 7. 2004). Hierbei reicht eine einmalig vergebene alphanumerische Kombination, so z. B. kundenbezogen Müller 01/2007
- Zeitpunkt der Leistungserbringung (Rechnungsdatum reicht hierbei auch nicht bei Barbelegen, die keine Kleinbetragsrechnungen

sind! (zwingend seit 31. 7. 2004). Nach aktueller Verwaltungsmeinung reicht der Vermerk: „Leistungsdatum entspricht den Rechnungsdatum."

• Zeitpunkt der Vereinnahmen von evtl. Anzahlungen
• Entgeltsminderungen wie Rabatte müssen auf den Nettobetrag berechnet werden.

Wenn sich eine Auswirkung auf das Brutto ergibt, so muss die Umsatzsteuerminderung gesondert dargestellt werden. Diese Regelung gilt nicht für die Gewährung von Skonti (zwingend seit 31. 7. 2004).

Aufgepasst: Rechnungen per E-Mail müssen umsatzsteuerlich zwingend mit einer qualifizierten elektronischen Signatur übermittelt werden, um Fälschungen ausschließen zu können. Ebenso müssen Rechnungen per Fax zwingend zwischen Standartfaxgeräten ausgetauscht werden, d. h. sobald ein Computer das Fax sendet oder empfängt, gelten die o. g. Regelungen für Rechnungen per Mail (A 184a UStR)!

Vorsteuerabzug

Unternehmer, die eine Rechnung erhalten, die sämtliche Formalien erfüllt, können die gesondert in Rechnung gestellte Umsatzsteuer als sog. Vorsteuer geltend machen. Der Unternehmer ist also nicht mit Umsatzsteuer belastet.

Die Erstattung der Vorsteuer kann erstmals beantragt werden, wenn folgende Kriterien erfüllt sind:

• Die abgerechnete Leistung (auch Teilleistung) wurde bereits erbracht und
• Es liegt eine ordnungsgemäße Rechnung mit gesondertem Umsatzsteuerausweis vor.

Ausnahme: Bei Anzahlungen und Abschlagszahlungen darf man die Vorsteuern auch dann geltend machen, wenn die Leistung noch nicht erbracht wurde. Maßgeblich ist in diesen Fällen, dass die Zahlung erfolgte und die Rechnung vorliegt.

Auch die Einfuhrumsatzsteuer und die Umsatzsteuer auf innergemeinschaftliche Erwerbe kann als Vorsteuer geltend gemacht werden.

Diese Vorsteuern dürfen nicht abgezogen werden

Nach § 15 Abs. 2 UStG dürfen Vorsteuern nicht abgezogen werden, wenn mit den erworbenen Gegenständen oder sonstigen Leistungen ausschließlich steuerfreie Umsätze getätigt werden.

Ausnahmen: Bei steuerfreien Ausfuhrlieferungen erlaubt der Gesetzgeber ausnahmsweise den Abzug von Vorsteuern. Auch bei steuerfreien Vermietungsumsätzen ist er großzügig. Wer nämlich an Unternehmer vermietet und die Immobilie letztendlich nicht zu Wohnzwecken und nicht für steuerfreie Umsätze ohne Vorsteuerabzugsrecht nutzt, kann zur Steuerpflicht optieren, d. h. er verlangt künftig Umsatzsteuer. Dafür kann er dann von sämtlichen Aufwendungen die Vorsteuer geltend machen.

Vorsteuern bei Reisekosten

Die Vorsteuern aus Reisekosten des Unternehmers und seines Personals (Verpflegungs- und Übernachtungskosten) sowie Fahrtkosten der Fahrzeuge für das Personal sind mit dem Steueränderungsgesetz 2003 ab 2004 wieder zugelassen.

Pauschalierung für bestimmte Berufsgruppen

Für bestimmte Berufsgruppen lässt der Gesetzgeber sogar pauschale Vorsteueranträge zu. Hierbei wird ein vom Bundesfinanzministerium festgelegter Prozentsatz auf die gesamten Jahresumsätze der begünstigten Tätigkeiten angewendet.

Voraussetzungen für die Anwendung der Durchschnittssätze sind:

- Es handelt sich um eine in den Abschnitten A und B genannte Berufsgruppe und
- es wurde im Vorjahr ein Umsatz von nicht mehr als 61.356 € erzielt (bei Neueröffnung des Betriebs ist der voraussichtliche Jahresumsatz maßgeblich) und
- es besteht keine Verpflichtung zur Buchführung.

Welche Berufsgruppen bzw. Branchen hierunterfallen, kann der Liste in Anlage 21.9 entnommen werden.

Übergang der Steuerschuld

Nach dem Haushaltsbegleitgesetz 2004 ist eine Einbehaltungspflicht der Umsatzsteuer durch den Leistungsempfänger nunmehr u. a. auch für Werklieferungen und sonstige Leistungen verpflichtend, die der Herstellung, Instandsetzung, Instandhaltung, Änderung oder Beseitigung von Bauwerken dienen, mit Ausnahme von Planungs und Überwachungsleistungen. Ursprünglich galt das Verfahren insbesondere für Werklieferungen und sonstige Leistungen von ausländischen Unternehmern. Näheres zum Verfahren siehe Kapitel Verpflichtungen bei Geschäftsbeziehungen zu ausländischen Anbietern.

Umsatzsteuer-Voranmeldungen

Je nach Höhe des Umsatzes sind Unternehmer verpflichtet, schon während des laufenden Jahres die Differenz zwischen erhaltener Umsatzsteuer und erstattungsfähiger Vorsteuer beim Finanzamt anzumelden.

Zahllast des vorangegangenen Jahres	Voranmeldungszeitraum
mehr als 6.136 €	monatlich
bis zu 6.136 €	vierteljährlich
weniger als 512 €	Jahreserklärung genügt
Neuunternehmer	in den ersten zwei Jahren monatlich

Die Voranmeldungen sind spätestens 10 Tage nach Ablauf des Voranmeldungszeitraums auf elektronischem Weg beim Finanzamt einzureichen. Bei einer monatlichen Verpflichtung ist das nach Ablauf des Monats Januar der 10. Februar. Auf Antrag kann das Finanzamt zur Vermeidung von Härten auf die elektronische Abgabe verzichten.

Bei einem vierteljährlichen Abgabetermin gilt Folgendes:

1. Quartal 1.1. bis 31.3.	Abgabe/Zahlung bis zum 10.4.
2. Quartal 1.4. bis 30.6.	Abgabe/Zahlung bis zum 10.7.
3. Quartal 1.7. bis 30.9.	Abgabe/Zahlung bis zum 10.10.
4. Quartal 1.10. bis 31.12.	Abgabe/Zahlung bis zum 10.1.

> **Tipp:** Man kann beim Finanzamt auch eine sog. Dauerfristverlängerung beantragen. Die Abgabefrist für die Umsatzsteuervoranmeldung verlängert sich dann um jeweils einen Monat. Allerdings müssen Sie bei monatlicher Abgabe im Gegenzug eine sog. Sondervorauszahlung, quasi eine „13. Voranmeldung" bezahlen.

Umsatzsteuerjahreserklärung

Am Ende des Kalenderjahres muss eine Umsatzsteuerjahreserklärung abgegeben werden. Dabei spielt es keine Rolle, ob ein Unternehmer ein abweichendes Wirtschaftsjahr hat. Zu erklären sind sämtliche zwischen dem 1.1. und 31.12. eines Jahres erzielten Umsätze. Die Umsatzsteuerjahreserklärung ist zusammen mit der Einkommensteuererklärung spätestens bis 31.5. beim Finanzamt einzureichen. Erwarten Sie eine satte Rückerstattung – geben Sie die Umsatzsteuererklärung mit den notwendigen Nachweisen schon früher ab.

Kleinunternehmer

Für Unternehmer mit geringen Umsätzen gibt es aus Vereinfachungsgründen eine Sonderregelung. Nach der Kleinunternehmerregelung (§ 19 UStG) werden Unternehmer mit nur geringen Umsätzen wie Nichtunternehmer behandelt. Das bedeutet, dass man als Kleinunternehmer
- keine Umsatzsteuer in Rechnung stellen darf
- im Gegenzug jedoch auch keine Vorsteuern geltend machen kann
- keine Umsatzsteuer-Voranmeldungen abgeben muss

> **Aufgepasst:** Selbst wenn Kleinunternehmer grundsätzlich keine Umsatzsteuer schulden, müssen sie das Umsatzsteuer-Abzugsverfahren bzw. die Steuerschuldnerschaft des Leistungsempfängers für bestimmte Leistungen beachten (s. Kapitel Verpflichtungen bei Geschäftsbeziehungen zu ausländischen Anbietern). Um diese Umsatzsteuer anzumelden, müssen dann sogar Kleinunternehmer eine Erklärung beim Finanzamt einreichen. Anderenfalls haften sie für die nicht abgeführten Steuern.

Entscheidet man sich für die Kleinunternehmer-Regelung, bringt das nicht nur buchhalterische Entlastung. Kleine Unternehmer können ihre Waren ohne Umsatzsteuer auch billiger den Endverbrauchern anbieten. Dadurch ergibt sich ggf. ein geringer wirtschaftlicher Vorteil.

Wann ist man umsatzsteuerlicher Kleinunternehmer?

Von der Kleinunternehmer-Regelung können nur Unternehmer profitieren, die die beiden folgenden Voraussetzungen erfüllen:
- Der Vorjahresumsatz war nicht höher als 17.500 €
- Der Umsatz des laufenden Jahres ist voraussichtlich nicht höher als 50.000 €

Ausnahme für Existenzgründer: Nimmt ein Unternehmer seine Tätigkeit im Laufe des Kalenderjahres neu auf, ist in diesen Fällen alleine auf den voraussichtlichen Umsatz des laufenden Kalenderjahres abzustellen. Es gilt hierbei jedoch nicht die Grenze von 50.000 €, sondern die Grenze von 17.500 €.

Die Umsatzgrenzen werden vereinfacht nach folgenden Schema ermittelt:

Sämtliche umsatzsteuerpflichtigen Bruttoeinnahmen	..... €
+ steuerfreie Lieferungen ins Ausland	..... €
– Einnahmen aus dem Verkauf von Anlagevermögen	..... €
= Maßgeblicher Umsatz für die Kleinunternehmer-Eigenschaft	..... €

Voraussichtlicher Umsatz wird überschritten

Lag Ihr Vorjahres-Umsatz unter 17.500 € und gingen Sie noch zu Beginn des laufenden Jahres von Umsätzen unter 50.000 € aus, werden Sie vom Finanzamt als Kleinunternehmer im Sinn des § 19 UStG anerkannt. Selbst wenn der laufende Umsatz unerwartet über die 50.000 €-Grenze steigen würde, würden Sie Ihre Kleinunternehmereigenschaft erst zu Beginn des nächsten Kalenderjahres verlieren. Man kann Ihnen hier nicht zumuten, nachträglich geänderte Rechnungen mit Umsatzsteuerausweis an Ihre Kunden und Geschäftspartner erteilen zu müssen.

Freiwilliger Verzicht auf die Kleinunternehmer-Regelung

Von der Kleinunternehmer-Regelung profitieren Unternehmer mit geringen Umsätzen automatisch. Man kann jedoch auch freiwillig auf diesen Sonderstatus verzichten. Im Fachjargon spricht man von der „Option zur Regelbesteuerung" (§ 19 Abs. 2 UStG).

> **Aufgepasst:** Wer seinen Status als Kleinunternehmer aufgeben möchte, muss dem Finanzamt dies schriftlich mitteilen. Durch diese Option zur Regelbesteuerung (Umsatzsteuerausweis wird Pflicht, Vorsteuer kann geltend gemacht werden) kann man fünf Jahre nicht mehr zur Kleinunternehmer-Regelung zurück. Die Bindungsdauer von fünf Jahren gilt jedoch nur, wenn Sie freiwillig zur Regelbesteuerung übergangen sind. Wurde die Regelbesteuerung lediglich wegen Überschreitung der Umsatzgrenzen notwendig, können Sie bei Unterschreitung der maßgeblichen Grenzen jederzeit wieder zur Kleinunternehmereigenschaft wechseln.

Wann ist ein freiwilliger Verzicht auf die Kleinunternehmer-Regelung sinnvoll?

Das kann man so pauschal nicht beantworten. Es hängt wie so oft von der individuellen Situation eines Kleinunternehmers ab, ob ein Wechsel zur Regelbesteuerung sinnvoll erscheint. Die folgenden Argumente könnten zu einem freiwilligen Verzicht bewegen:

Ausschließlich Umsätze mit anderen Unternehmern

In diesem Fall bedeutet der Verzicht auf die Kleinunternehmer-Regelung bares Geld zu Ihren Gunsten. Die Umsatzsteuer, die Sie in Ihren Rechnungen ausweisen, sind bei Ihnen ein durchlaufender Posten, Sie können sich jedoch aus den Gegenrechnungen die volle Vorsteuer erstatten lassen.

Hohe Anlaufkosten und teure betriebliche Investitionen

Wer hohe betriebliche Anlaufkosten erwartet oder teure betriebliche Investitionen tätigen muss, der sollte einen Verzicht auf die Kleinunternehmereigenschaft in Betracht ziehen. Schließlich kann er dadurch die von anderen Unternehmern in Rechnung gestellte Umsatzsteuer als Vorsteuer wieder erstattet bekommen. Im Endeffekt beteiligt er das Finanzamt an seinen Investitionen.

Möglichkeit der Vorsteuer-Pauschalierung

Nur Unternehmer, die der Regelbesteuerung unterliegen, können ihre Vorsteuern pauschal ermitteln.

> **Tipp:** Die Verzichts-Erklärung sollte zu Beginn des Kalenderjahres beim Finanzamt eingereicht werden. Der Grund ist einfach: Verzichten Sie erst während des Jahres (was rechtlich zulässig ist), müssten Sie sämtliche Ausgangsrechnungen bis zum Verzicht berichtigen – also mit Umsatzsteuerausweis erteilen.

6.4 Gewerbesteuer

Neben der Einkommensteuer müssen gewerblich tätige Unternehmer auch Gewerbesteuer an die Gemeinden bezahlen. Freiberufler, sonstig Selbständige sowie Land- und Forstwirte sind hiervon also grundsätzlich ausgenommen.

Die Gewerbesteuer, früher aus dem Gewerbeertrag und dem Gewerbekapital bestehend, steht zunehmend im Kreuzfeuer der Kritik. Da die Europäische Kommission seit langem drängt, diese in Europa einzigartige deutsche Gewerbesteuer endlich zu beseitigen, wackelt diese besondere Art der Steuer. Zumindest wurde bereits zum 1. 1. 1998 die Gewerbekapitalsteuer abgeschafft.

Berechnung des Gewerbeertrags

Der einkommensteuerliche Gewinn dient als Ausgangswert für die Ermittlung des Gewerbeertrags. Das Gewerbesteuergesetz sieht jedoch ähnlich wie bei der Ermittlung des zu versteuernden Einkommens einer Körperschaft noch einige Hinzu- und Abrechnungen vor.

Der so ermittelte Gewerbeertrag ist auf volle 100 € nach unten abzurunden. Anschließend wird ein Freibetrag von 24.500 € abgezogen (maximal bis auf 0 und nicht bei Kapitalgesellschaften). Für den verbleibenden Betrag wird nach einem Staffeltarif die Steuermesszahl ermittelt (bei Kapitalgesellschaften einheitlich 5 %):

Für die ersten	12.000 €	1 %
Für die weiteren	12.000 €	2 %
Für die weiteren	12.000 €	3 %
Für die weiteren	12.000 €	4 %
Für den restlichen Betrag		5 %

Der so vom Finanzamt ermittelte Gewerbesteuermessbetrag wird der zuständigen Gemeinde mitgeteilt, die je nach Lage einen höheren Aufschlagssatz (= Hebesatz) auf den Messbetrag anwendet.

Beispiel: Beträgt der Steuermessbetrag 1.000 € und schlägt die Stadt München 490 % auf, muss der gewerblich tätige Unternehmer 4.900 € an Gewerbesteuer bezahlen.

Vorauszahlungen

Mit dem Gewerbesteuerbescheid setzt die Gemeinde meist auch Vorauszahlungen fest. Diese sind dann jeweils am
- 15. Februar
- 15. Mai
- 15. August
- 15. November fällig.

Aufgepasst! Sind Ihnen die festgesetzten Vorauszahlungen zu hoch oder haben Sie andere Einwendungen bezüglich des Gewerbesteuermessbetrags, müssen Sie Ihre Bedenken gegenüber dem Finanzamt anbringen. Das Finanzamt leitet dann seine Berechnungen an die Gemeinde weiter.

Berechnungsschema für die Gewerbesteuer

Steuerlicher Gewinn/Verlust	..... €
Hinzurechnungen	
+ Dauerschuldzinsen	..... €
+ Renten und dauernde Lasten	..... €
+ Gewinnanteile eines stillen Gesellschafters	... €
+ Miet- und Pachtzinsen (50 %)	..... €
+ Verlustanteile an Personengesellschaften	..... €
= Summe	..... €

Abrechnungen

./. 1,2 % Kürzung für Betriebsgrundstücke vom erhöhten Einheitswert	..... €
./. Miet- und Pachtzinsen	..... €
= verbleibender Gewerbeertrag	..... €
./. Verluste aus Vorjahren	..... €
= **endgültiger Gewerbeertrag**	..... **€**

Verluste bei der Gewerbesteuer

Bei der Gewerbesteuer ist ein zeitlich unbegrenzter Verlustvortrag möglich. Pro zukünftigem Jahr können davon dann nur Gewerbeerträge bis 1 Mio. € neutralisiert werden, übersteigende Beträge sind nur zu 60 % mit den Verlusten zu verrechnen.

Gewerbesteueranrechnung mindert Einkommensteuer

Seit dem 1. Januar 2001 liegt man mit Personenunternehmen voll im Trend. Ein Grund ist die Anrechnung eines Teils der Gewerbesteuer auf die persönliche Einkommensteuer. Nach § 35 EStG beträgt die Anrechnung das 1,8fache des Gewerbesteuermessbetrages. Das Steuersparmodell, fehlende Gewerbesteuererhebung oder besonders niedrige Hebesätze dazu auszunutzen, die o. g. fixe Anrechnung bei der Einkommensteuer zu erreichen und weit weniger oder keine Gewerbesteuer real gezahlt zu haben, wurde eingeschränkt. Ab 1. 1. 2003 wurde die Anrechnung für Gewerbesteuer, die auf einem Hebesatz unter 200 % basiert, in § 35 EStG untersagt. Abgelöst wurde diese Regelung ab 1. 1. 2004 durch eine Änderung des Gewerbesteuergesetzes: nunmehr gilt ein vorgeschriebener Mindesthebesatz von 200 %, an den die Gemeinden gebunden sind (§ 16 Abs. 4 Satz 2 GewStG 2004). Diese Neuregelung ist im Hinblick auf das Selbstverwaltungsrecht der Kommunen aus Art. 28 GG umstritten. Mit einer entsprechenden verfassungsgerichtlichen Überprüfung ist zu rechnen.

Trotzdem sollten Sie, sofern ein Einzelunternehmen oder eine Personengesellschaft betrieben wird, diese Anrechnung nach § 35 EStG bei der Festsetzung der Einkommensteuervorauszahlungen mitbeachten.

6.5 Lohnsteuer

Existenzgründer und Jungunternehmer stoßen meist nach einiger Zeit ihrer beruflichen Selbständigkeit an die Grenzen ihrer physischen Belastbarkeit. Was anfangs noch selbstverständlich war, nämlich Angebote und Rechnungen selbst zu tippen, die Buchhaltung in Schuss zu halten, Termine zu vereinbaren, Einkäufe zu tätigen und so ganz nebenbei auch noch Aufträge an Land zu ziehen und diese zu erfüllen, ist bei einer boomenden Geschäftslage kaum mehr alleine zu schaffen. Die logische Konsequenz: Die Anstellung eines Mitarbeiters ist notwendig.

Verschiedene Beschäftigungsvarianten

Soll eine Arbeitskraft im Unternehmen eingestellt werden, gibt es zwei grundlegende Möglichkeiten:
• Man stellt einen Arbeitnehmer fest (mit Lohnsteuerkarte) in seinem Betrieb an (befristet oder unbefristet).
• Es wird eine Aushilfe im Rahmen eines Mini-Jobs oder einer kurzfristigen Beschäftigung eingestellt.

In beiden Fällen sollte sich der künftige Arbeitgeber mit den arbeits- und steuerrechtlichen Verpflichtungen auseinandersetzen, die aus der Einstellung eines Arbeitnehmers resultieren.

Ausführliche Erläuterungen zu den zivil- und arbeitsrechtlichen Verpflichtungen können dem Kapitel „Personal" entnommen werden.

Steuerliche Pflichten bei einer Festanstellung

Stellt man einen Arbeitnehmer fest in seinem Betrieb an, ist es gang und gäbe, die Lohnzahlungen über eine Lohnsteuerkarte abzuwickeln. Das Finanzamt erwartet von dem Arbeitgeber, dass er folgende Steuern korrekt berechnet, einbehält und an das Finanzamt abführt:
• Lohnsteuer
• Solidaritätszuschlag
• Kirchensteuer

Erfahrungen in der Praxis zeigen, dass diese Verpflichtung den meisten Existenzgründern erhebliches Kopfzerbrechen bereitet. Kaum eine Lohnsteuerprüfung, bei der ein Unternehmer nicht (teils erhebliche) Nachzahlungen zu leisten hat. Grund genug, für einen innovativen und erfolgsorientierten Unternehmer, sich intensiv mit der Thematik Lohnsteuer & Co. auseinanderzusetzen.

Wie viel kostet mich ein Arbeitnehmer?

Bietet man einem Bewerber für die freie Stelle im Unternehmen ein Gehalt von 3.000 €, ist es damit leider noch lange nicht getan. Hinzu kommt nämlich noch der Arbeitgeberanteil an den Sozialversicherungsbeiträgen.

Bruttogehalt	3.000,00 €
zzgl. Sozialversicherungsbeiträge 21 % von 3000 €	630,00 €
gesamter Lohnaufwand (= Betriebsausgabe)	3.630,00 €

> **Aufgepasst!** Kalkulieren Sie die monatlichen Lohnkosten also stets mit dem Arbeitgeberanteil zur Sozialversicherung. So mancher Unternehmer hat dies vergessen und kam dadurch in arge finanzielle Nöte.

Ermittlung, Anmeldung und Abführung der Lohnsteuer?

Die Lohnsteuer begründet keine eigene Steuerart. Es handelt sich vielmehr um eine besondere Erhebungsform der Einkommensteuer. Der Arbeitgeber hat die einbehaltene Lohnsteuer als eine Art Einkommensteuervorauszahlung für seine Arbeitnehmer an das Finanzamt abzuführen.

Lohnkonto

Wer einen Arbeitnehmer in seinem Unternehmen beschäftigt, hat für diesen ein separates Lohnkonto zu führen, in dem genaue Aufzeichnungen über das Arbeitsverhältnis zu vermerken sind (§ 41 Abs. 1 EStG). Eine besondere Form des Lohnkontos ist nicht vorgesehen. Zu Beginn eines Kalenderjahrs ist jedoch für jeden Arbeitnehmer ein neues Lohnkonto anzulegen.

Dieses Lohnkonto muss folgende Einträge enthalten:

- Sämtliche Merkmale, die auf der Vorderseite der Lohnsteuerkarte eingetragen sind (Name und Anschrift des Arbeitnehmers, Geburtsdatum, Steuerklasse, Religionszugehörigkeit, Zahl der Kinderfreibeträge, amtlicher Gemeindeschlüssel).
- Jährliche und monatliche Freibeträge, die vom Finanzamt auf der Lohnsteuerkarte eingetragen wurden.
- Die Beschäftigungsdauer.
- Den Tag der jeweiligen Lohnzahlung und den Lohnzahlungszeitraum (z. B. 20. 1. 2007 für 3. Lohnwoche).
- Den steuerpflichtigen Arbeitslohn, getrennt nach Barlohn und Sachbezügen.
- Die einbehaltenen und abgeführten Steuern.
- Der steuerfreie Arbeitslohn.

Das Lohnkonto ist beim Ausscheiden des Arbeitnehmers, spätestens am Ende des Kalenderjahrs aufzurechnen und bis zum Ablauf des sechsten Kalenderjahres, das auf die zuletzt eingetragene Lohnfortzahlung folgt, aufzubewahren (das Lohnkonto 2007 also bis Ende des Jahres 2013).

Ermittlung des Arbeitslohns

Als Arbeitslohn werden alle Einnahmen in Geld oder Geldeswert behandelt, die dem Arbeitnehmer aus dem Dienstverhältnis zufließen (§ 8 Abs. 1 EStG). Die Bezeichnung des Arbeitslohns ist unwichtig. Egal, ob Tantiemen, Gehalt, Lohn, Gratifikationen, Bezüge, Weihnachtsgeld, Urlaubsgeld oder Sachbezüge (z. B. freie Verpflegung, verbilligte Waren), diese Zahlungen an den Mitarbeiter stellen Arbeitslohn dar.

Der Arbeitslohn ist zur Berechnung der Steuern nun in einen steuerpflichtigen und steuerfreien Arbeitslohn aufzuteilen.

Die Lohnsteuer kann den amtlichen Lohnsteuertabellen entnommen werden. Je nach den Lohnzahlungszeiträumen (z. B. Tag, Woche oder Monat) sind diese zu verwenden.

Solidaritätszuschlag und Kirchensteuer

Wurde die Lohnsteuer, abhängig von den persönlichen Kriterien Ihres Arbeitnehmers berechnet, sind vom Arbeitslohn zusätzlich

5,5 % Solidaritätszuschlag (seit 1. 1. 1998) und Kirchensteuer zwischen 7 % und 9 % (je nach Bundesland) der ermittelten Lohnsteuer einzubehalten und an das Finanzamt abzuführen.

> **Aufgepasst!** Verrechnet sich ein Arbeitgeber bei der Ermittlung der Lohnsteuer zu seinen Gunsten, haftet er für die entstandenen Steuerausfälle.

Lohnsteueranmeldezeitraum

Der Lohnsteuerabzug ist leider mit der Berechnung und der Einbehaltung der Steuerbeträge noch nicht erledigt. Nun sind die einbehaltenen Beträge beim Finanzamt elektronisch anzumelden und abzuführen.

Je nach Höhe der einbehaltenen Lohnsteuerbeträge ergeben sich unterschiedliche Anmeldungszeiträume:

Lohnsteuer des Vorjahrs	Anmeldungs-zeitraum	Anmeldung/ Abführung bis zum
Weniger als 800 €	Kalenderjahr	10.1. des Folgejahrs
Zwischen 800 € und 3.000 €	Quartal	10.1., 10.4., 10.7. und 10.10. des laufenden Jahres
Mehr als 3.000 €	Monat	10.1. des Folgemonats

Waren im Vorjahr noch keine Arbeitnehmer beschäftigt, also auch keine Lohnsteuer abgeführt, dann sind die in der Tabelle aufgeführten Lohnsteuerbeträge auf das laufende Jahr anzuwenden. Hierzu ist dem Finanzamt die voraussichtliche Lohnsteuerschuld mitzuteilen.

Ausbezahlung des Kindergelds

In den Jahren 1996 bis 1998 musste der Arbeitgeber in der Regel die Auszahlung des Kindergelds übernehmen – ausgenommen waren jedoch Betriebe mit weniger als 50 Arbeitnehmern. Durch das Steuerentlastungsgesetz 1999/2000/2002 wurde diese für Arbeitgeber sehr zeit- und vor allem auch kostenintensive Regelung wieder abgeschafft. Seit dem 1.Januar 1999 wird das Kindergeld nun wieder von den Familienkassen ausbezahlt.

Mini-Jobs

Seit dem 1. April 2003 gelten andere Spielregeln als in den letzten Jahren, die von den 325 €-Jobs geprägt waren. Nunmehr muss der Arbeitgeber grundsätzlich zu den Zahlungen für Krankenkasse und Rentenversicherung wieder Lohnsteuer abführen, sei es im Rahmen der Pauschalierung (§ 40a EStG) oder der neu eingeführten sog. Pauschsteuer in Höhe von 2 %.

Wer Arbeitskräfte einstellt, die nicht privat versichert oder beihilfeberechtigt sind, muss folgende Einbehalte vornehmen:

Monatliches Entgelt	400,00 €
Rentenversicherung 15 %	60,00 €
Krankenversicherung 13 %	52,00 €
Pauschsteuer 2 %	8,00 €
gesamter Lohnaufwand (=Betriebsausgabe)	520,00 €

Ist der Mitarbeiter bereits privat versichert oder beihilfeberechtigt, fällt der Anteil zur Krankenversicherung unter den Tisch:

Monatliches Entgelt	400,00 €
Rentenversicherung 15 %	60,00 €
Krankenversicherung	– – €
Pauschsteuer 2 %	8,00 €
gesamter Lohnaufwand (=Betriebsausgabe)	468,00 €

Sie sparen sich also auf das Jahr verteilt immerhin 624,00 € (12 × 52,00 €) an Lohnnebenkosten.

Nähere Ausführungen zu den Neuregelungen bei den Mini-Jobs finden Sie im Kapitel Personal.

Anstellung naher Angehöriger

Wer jetzt rechnet und zum Schluss kommt, dass die Anstellung eines Arbeitnehmers finanziell nicht tragbar ist, sollte in Erwägung ziehen, entweder seinen Ehegatten oder sein Kind im Betrieb zu beschäftigen. Der Vorteile liegen hierbei auf der Hand: Ist das Vertragsverhältnis steuerlich anzuerkennen, können Sie als Unternehmer gewinnmindernde Betriebsausgaben berücksichtigen – Sie sparen also Einkommen- bzw. Körperschaftsteuer und Gewerbesteuer und das Geld „bleibt in der Familie".

Anstellung von Ehegatten

Gerade bei Arbeitsverträgen zwischen Ehegatten oder Eltern mit Kindern wird geprüft, ob es sich lediglich um ein Steuersparmodell handelt.

Dass das Sprichwort „Wer Frau und Familie hat, bei dem ist die Mark nur noch die Hälfte wert!" für einen Unternehmer nicht gilt, bemerkte ein Optiker aus Mannheim erst vor einigen Jahren. Zu dieser Zeit suchte er verzweifelt nach einer Aushilfe, die für möglichst wenig Gehalt sehr flexibel in seinen Verkaufsräumen mitarbeiten und zudem noch den lästigen Schriftverkehr sowie den Bereich Rechnungsabwicklung übernehmen sollte. Sein Steuerberater öffnete ihm die Augen. „Warum in die Ferne schweifen, wenn das Gute doch so nahe liegt!", so die erste Reaktion seines Beraters. Er empfahl die Anstellung der Ehefrau.

Kritische Überprüfungen vorprogrammiert

Die Vorteile, die der Optiker durch die Anstellung der Ehefrau genießt, ruft leider auch die kritischen Prüfer des Finanzamts auf den Plan. Da Ehepartner (in der Regel) nämlich eine besonders enge und persönliche Beziehung zueinander haben, stellt das Finanzamt mit Rückendeckung der Gerichte besonders kritische Anforderungen an die steuerliche Anerkennung eines Arbeitsverhältnisses zwischen den beiden. Auf den Punkt gebracht: Man vermutet, dass der angestellte Ehegatte gar nicht mitarbeitet, jedoch trotzdem Gehalt bezieht.

Hier setzt der Prüfer des Finanzamts an

Um Konfrontationen mit dem Finanzamt zu vermeiden, sollten Sie die folgenden maßgeblichen Kriterien kennen.

Klare und eindeutige Vereinbarung

Grundvoraussetzung für die steuerliche Anerkennung eines Ehegatten-Arbeitsverhältnisses sind klare und eindeutige Vereinbarungen. Sie sind zwar u. U. zivilrechtlich nicht dazu verpflichtet – ein schriftlicher Arbeitsvertrag ist jedoch unbedingt notwendig. Die Schriftform ist deshalb so wichtig, weil der Prüfer des Finanzamts in der Regel Wirtschaftsjahre prüft, die bereits Jahre zurückliegen (Wirtschaftsjahre 2002–2005 werden z. B. im Jahr 2007 geprüft). Stößt der Beamte nur auf mündliche Vereinbarungen, besteht die Gefahr der Streichung der Gehaltszahlungen als Betriebsausgaben, da hinsichtlich steuermindernder Tatsachen Sie die Beweislast haben.

> **Fazit:** Wer einen schriftlichen Arbeitsvertrag abschließt, befindet sich auf der sicheren Seite.

Tatsächliche Durchführung des Vereinbarten

Kennt der Prüfer des Finanzamts nun das vertraglich Vereinbarte, wird er besonders kritisch darauf achten, dass dies auch eingehalten wurde. Besonderes Augenmerk wird er dabei auf die folgenden drei Punkte legen:

(1) Regelmäßige und pünktliche Gehaltszahlung: Stellt sich heraus, dass Sie die Gehaltszahlungen nur sporadisch oder unpünktlich überweisen, setzt der Prüfer in aller Regel den Rotstift an und versagt Ihnen den Betriebsausgabenabzug. Einziger Ausweg: Sie hatten triftige Gründe wie z. B. finanzielle Engpässe im Betrieb.

(2) Lohnzahlung auf eigenes Konto: Kritisch sind Modelle, in denen z. B. der mitarbeitende Ehegatte am Geldautomaten einen größeren Geldbetrag abhebt und diesen anschließend in Gehalt und Haushaltsgeld aufteilt. Eine klare Trennung des Gehalts von den übrigen Geldmitteln der Ehepartner hilft, Schwierigkeiten bei der Anerkennung zu umgehen.

> **Tipp:** Um auf der sicheren Seite zu stehen, sollten Sie das Gehalt auf ein eigenes Konto des angestellten Ehegatten überweisen.

(3) Tatsächliche Mitarbeit des Ehegatten: Das Finanzamt legt nicht nur Wert darauf, dass der Unternehmer seinen Teil erfüllt, auch der mitarbeitende Ehegatte wird kritisch beäugt. Er muss natürlich tatsächlich mitarbeiten.

> **Fazit:** Wenn Sie schon vertragliche Vereinbarungen mit Ihrem Ehegatten treffen, halten Sie sich unbedingt daran. Bei Unstimmigkeiten droht sonst Ärger mit dem Fiskus.

Angemessenheit der Gehaltszahlung

Ein weiterer Prüfungspunkt des Finanzamts ist die Angemessenheit des Gehalts. Hierzu werden die Gehälter der übrigen Mitarbeiter herangezogen. Ist der Ehegatte der einzige Angestellte, werden Vergleichsmaßstäbe von Mitarbeitern in gleicher Position eines Betriebs der gleichen Branche herangezogen. Trotzdem können Abweichungen hiervon auch andere Gründe haben: besondere Berufserfahrung, Fremdsprachenkenntnisse, Vertrauensstellung, besonderer Arbeitseinsatz (z. B. in den späten Abendstunden).

> **Aufgepasst!** Trifft der Ehegatte auch unternehmerische Entscheidungen, so ist u. U. von einer Mitunternehmerschaft, also einer Personengesellschaft auszugehen. Dies führt zur Streichung des Lohnaufwandes, da die bezahlten Gelder dann Gewinnentnahmen sind.

Welche Vorteile bietet die Anstellung des Ehegatten?

- Bei Anstellung mit Lohnsteuerkarte kann der angestellte Arbeitnehmer die ersten 920 € steuerfrei einstreichen (Arbeitnehmerpauschbetrag).
- Es wird ein Beitrag zur Zukunftssicherung geleistet (Sozialleistungen werden gesichert).
- Sämtliche Lohnzahlungen dürfen als Betriebsausgaben die Steuerlast senken (vor allem Gewerbesteuer).
- Das Geld bleibt in der Familie (wandert von einer Hosentasche in die andere).
- Es können sämtliche Gehaltsextras (häufig steuer- und sozialversicherungsfrei) ausgenützt werden. Diese Leistungen müssen jedoch stets einem Fremdvergleich standhalten.

Die genannten Kriterien gelten übrigens auch, wenn Sie Kinder, Eltern, Geschwister oder andere Angehörige in Ihrem Unternehmen anstellen!

6.6 Erbschaft- und Schenkungsteuer

Betriebsinhaber können Ihren Kindern schon zu Lebzeiten alle zehn Jahre Vermögen übertragen, ohne dass hierfür Schenkungsteuer anfällt. Hierzu müssen sie sich an den Erbschaft- und Schenkungsteuer-Freibeträgen orientieren. Alle zehn Jahre können diese aufs Neue ausgeschöpft werden. (siehe Tabelle). Gut zu wissen: Diese Freibeträge können je Elternteil zugewandt werden. Sind also beide Elternteile Betriebsinhaber, kann man die Beträge getrost in doppelter Höhe ausnützen.

Bei Übertragung eines Betriebsvermögens steht dem Beschenkten ab 1.1. 2004 ein Extra-Freibetrag in Höhe von 225.000 € zu (bis 2003: 265.000 €). Dieser Freibetrag ist nicht personenbezogen, sondern gilt für das gesamte unternehmerische Vermögen. Übersteigt das Betriebsvermögen diesen Freibetrag, sind nur noch 65 % zu versteuern. Gut zu wissen: Gehört ein Beschenkter nicht zur Familie, so ordnet ihn die Finanzverwaltung dennoch in die Steuerklasse I (siehe Tabelle) ein. Um von diesem dreifachen Steuerbonbon profitieren zu können, gilt Folgendes: Der Betrieb muss mindestens fünf Jahre fortgeführt werden. Ändert man das Geschäftsfeld oder wird der übernommene Betrieb umgewandelt, drohen die Steuervorteile wegzufallen.

Die Übertragung eines Betriebs ist als unentgeltlich anzusehen, wenn dem Betriebsübergeber lediglich wiederkehrende Versorgungsleistungen zugesagt werden. Die Verpflichtung des Übernehmers, wiederkehrende Leistungen zu erbringen, wird nicht als Gegenleistung angesehen (BFH, Beschluss vom 5. 7. 1990, GrS 4–6/89). Werden hingegen Abstandszahlungen oder Gleichstellungsgelder an andere Angehörige bezahlt, geht die Finanzverwaltung nicht mehr von einer unentgeltlichen Übertragung aus. Bei der unentgeltlichen Übertragung müssen die stillen Reserven im Unternehmen nicht aufgedeckt werden. Der Nachfolger übernimmt einfach die Buchwerte der betrieblichen Gegenstände eins zu eins, steigt also in die Bilanz des Vorgängers ein (§ 6 Abs. 3 EStG). Beim Übergeber des Betriebs sind Leibrenten (gleich bleibende Zahlungen) bei der Einkommensteuer nur mit einem bestimmten Teil, dem so genannten Ertragsanteil zu versteuern. Dauernde Lasten (variable Zahlungen) sind hingegen in voller Höhe zu versteuern. Die Versorgungsleistungen sind beim Übernehmer jedoch nicht als Betriebsausgaben abziehbar, sondern lediglich als Sonderausgaben.

Übersicht über Steuerklassen und Freibeträge

Die Steuer hängt zum einen von der Steuerklasse ab, zum anderen davon, welche sachlichen Vergünstigungen (z. B. Freibeträge) das Gesetz zusätzlich vorsieht. Nur wenn die Zuwendung größer als die jeweils gültigen Freibeträge ist, liegt insoweit ein steuerpflichtiger Erwerb vor. Die Besteuerung richtet sich nach der folgenden Tabelle.

Wer gehört wohin?

Steuerklasse	Personenkreis
I	Ehegatten, Kinder, Stiefkinder und Enkel, Eltern und Großeltern nur im Erbfall
II	Eltern und Großeltern bei Schenkungen, Geschwister, Nichten und Neffen, Stiefeltern, Schwiegerkinder, Schwiegereltern, geschiedene Ehegatten
III	Alle übrigen Personen als Erben oder Beschenkte

Die Steuertabelle

Wert des steuerpflichtigen Erwerbs bis zu:	Steuerklassen		
	I	II	III
52.000 €	7 %	12 %	17 %
256.000 €	11 %	17 %	23 %
512.000 €	15 %	22 %	29 %
5.113.000 €	19 %	27 %	35 %
12.783.000 €	23 %	32 %	41 %
25.565.000 €	27 %	37 %	47 %
über 25.565.000 €	30 %	40 %	50 %

Die Freibeträge

Persönliche Freibeträge:

Ehegatte	307.000 €
Kinder, Stiefkinder und deren verwaisten Enkel	205.000 €
Nicht verwaiste Enkel der Kinder und Stiefkinder; Eltern und Großeltern in Erbfällen	51.200 €
Übrige Personen der Steuerklasse II	10.300 €
Übrige Personen der Steuerklasse III	5.200 €

Versorgungsfreibetrag:
Dieser wird dem überlebenden Ehegatten und den Kindern zusätzlich zu den persönlichen Freibeträgen gewährt.

Ehegatte	256.000 €
Kinder bis zu 5 Jahren	52.000 €
Kinder bis zu 10 Jahren	41.000 €
Kinder bis zu 15 Jahren	30.700 €
Kinder bis zu 20 Jahren	20.500 €
Kinder bis zu 27 Jahren	10.300 €

Besonderheiten bei Betriebsvermögen

Im Falle einer Schenkung oder Erbschaft kann bei Betriebsvermögen ein zusätzlicher Freibetrag in Höhe von 225.000 € in Abzug gebracht werden. Der verbleibende Rest wird ab 1. 1. 2004 nur zu 65 % (bis 2003: 60 %) berücksichtigt (= Bewertungsabschlag).

Beispiel:

Wert des Unternehmens	900.000 €	
Freibetrag Betriebsvermögen	225.000 €	
Zwischensumme	675.000 €	675.000 €
Anzusetzen mit 65 %		438.750 €
Persönlicher Freibetrag (Kind)		205.000 €
steuerpflichtiger Erwerb		233.750 €
Steuer bei Steuerklasse I und Erwerb bis zu 256.000 €:	11 %	25.712 €

Der Freibetrag ist allerdings nicht an bestimmte Personen gebunden, sondern an die Übertragung von Betriebsvermögen an sich. Es handelt sich demnach nicht um einen persönlichen Freibetrag, sondern um eine Begünstigung, die durch den Erbfall bzw. die Schenkung von unternehmerisch genutzten Vermögen veranlasst ist. Wird das Vermögen auf mehrere Personen übertragen, wird der Freibetrag entsprechend der Aufteilung des Erblassers bzw. Schenkers vorgenommen.

Unabhängig vom Verwandtschaftsgrad wird die Übertragung von Betriebsvermögen, sofern nach Abzug des Freibetrags und des Bewertungsabschlags noch ein steuerpflichtiger Teil übrig bleibt, nach der günstigsten Steuerklasse I besteuert. Bei dem Erwerb durch eine Person der Steuerklasse II und III erfolgt die steuerliche Entlastung diesbezüglich durch die sog. Tarifbegrenzung. Diese Tarifbegrenzung wurde ab 1. 1. 2004 z. T. abgeschmolzen.

Steuerstundung möglich

Wird Betriebsvermögen übertragen, kann der Erwerber beim Finanzamt einen Antrag stellen, die Erbschaft- oder Schenkungsteuer bis zu 10 Jahren zu stunden. Voraussetzung für diese Möglichkeit ist jedoch, dass durch die sofortige Begleichung der Steuerschulden die Existenz des Betriebs gefährdet wäre (§ 28 Abs. 1 Satz 1 ErbStG) plus Erklärung, dass gewiss kein anderes Vermögen mit übertragen wurde, aus dem die Steuerschulden hätten bezahlt werden können. In Erbfällen ist die Steuerstundung stets zinsfrei. In Schenkungsfällen bittet der Fiskus bei der Steuerstundung den Beschenkten mit sechs Prozent pro Jahr zur Kasse.

7. Steuertipps

Existenzgründer haben in den ersten Monaten ihrer beruflichen Selbständigkeit meist eine finanzielle Durststrecke zu durchleben. Die notwendigen Investitionen für Maschinen, Fahrzeuge, Geschäftsausstattung und Werbemaßnahmen übersteigen nämlich in der Regel die Umsätze der Anlaufphase. Wenn schon Ausgaben entstehen, sollte man deshalb wissen, wie man wenigstens seine Steuerlast auf ein Minimum reduzieren kann. Die folgenden Steuertipps sollen dabei helfen:

Tipp 1: Anlaufkosten nicht vergessen

Vergessen Sie nicht, dass auch Kosten vor der eigentlichen Betriebsgründung von der Steuer abgesetzt werden können. Wer also bereits vor der Gewerbeanmeldung bzw. der Anzeige einer freiberuflichen Betätigung beim Finanzamt Aufwendungen im Zusammenhang mit seinem künftigen Unternehmen hatte, kann sog. vorweggenommene Betriebsausgaben berücksichtigen, zum Beispiel:
- Kosten für den Besuch von Existenzgründermessen (Eintrittsgeld, Fahrkosten, Infomaterial)
- Unkostenbeiträge für Seminare verschiedener Verbände
- Aufwendungen für Fachliteratur (z. B. für diesen Ratgeber)
- Honorarzahlungen für Unternehmensberatung
- Telefonkosten
- Aufwendungen für Porto
- Fahrtkosten (tatsächliche Kosten bei Benutzung öffentlicher Verkehrsmittel – bei Benutzung des eigenen Autos 0,30 €/km).
- Kosten für Marktanalysen und Flyer.

Diese sog. Betriebsausgaben dürfen selbst dann mit Gewinnen bzw. Überschüssen anderer Einkunftsarten ausgeglichen werden, wenn die Betriebseröffnung wider Erwarten niemals zustande kam. Dem Finanzamt müssen hier jedoch unstrittige Beweise erbracht werden, dass die einzelnen Kosten unmittelbar mit dem gescheiterten Unternehmen in Verbindung stehen.

Aufgepasst! Die vorweggenommenen Betriebsausgaben führen zwar zu einkommensteuerlichen Verlusten, die mit anderen positiven Einkünften steuermindernd verrechnet werden dürfen, gewerbesteuerlich wirken sich diese Betriebsausgaben jedoch nicht aus.

Anmeldung eines Betriebs: Je früher desto besser

Dass man jedoch gut beraten ist, seine selbständige Betätigung so frühzeitig wie möglich anzusetzen, beweist der folgende Urteilsfall: Ein hartes Urteil für den Kläger. Dieser konnte seinen bisherigen Beruf nicht mehr ausüben und begann deshalb mit der Ausbildung zum Privatpiloten sowie zum Freiluftballonpiloten. Nach erfolgreicher Ausbildung erhielt er schließlich seine Lizenz, erwarb einen Heißluftballon, gründete einen Gewerbebetrieb und vermietete seinen Ballon als Werbefläche und zu Ausflügen. Die Kosten für seine Ausbildung machte er in voller Höhe als Betriebsausgaben geltend (sog. Anlaufkosten). Das Finanzamt setzte jedoch den Rotstift an und strich diese Aufwendungen in Höhe von immerhin beinahe 15.000 €. Nach Ansicht des Finanzamts und des Finanzgerichts handelt es sich bei den Kosten um Ausbildungskosten, die lediglich mit einem Höchstbetrag von 4.000 € als Sonderausgaben abgezogen werden dürfen. Außerdem ergibt sich bei Sonderausgaben auch keine Minderung des Gewerbeertrags für die Gewerbesteuer.

Vorsicht! Wer sich selbständig machen will, für den muss nach diesem Urteil die logische Konsequenz heißen: Zuerst das Gewerbe anmelden, mit der selbständigen Tätigkeit beginnen, also nach außen hin bereits als Unternehmer auftreten, und dann nach und nach einzelne Ausbildungsabschnitte absolvieren. In diesem Fall wären die Ausbildungskosten dann betrieblich veranlasst, wobei ein Betriebsausgabenabzug in voller Höhe möglich wäre. Ein enormer Vorteil ist natürlich auch, dass man sich unter den geltenden Voraussetzungen auch die bezahlte Vorsteuer vom Finanzamt wieder zurückholen kann.

Tipp 2: Ansparabschreibung vor Betriebseröffnung

Unternehmer „in spe" können nach dem Schreiben des Bundesministeriums der Finanzen bereits vor der eigentlichen Betriebseröffnung eine Ansparabschreibung nach § 7 g EStG in Anspruch nehmen (BMF-Schreiben vom 8. 6. 1999 IV C 2 – S 2139 b – 20/99). Im Rahmen dieser Vergünstigung dürfen für die künftigen Investitionen in Anlagegegenstände (Auto, Maschinen, Geräte, Einrichtungsgegenstände) 40 % der Anschaffungskosten/Herstellungskosten als Betriebsausgabe geltend gemacht werden. Die hierdurch gesparten Steuern können für die Finanzierung betrieblicher Investitionen verwendet werden.

> **Aufgepasst:** Begünstigt sind vor Betriebseröffnung nur die Anschaffung/Herstellung neuer beweglicher Wirtschaftsgüter des Anlagevermögens, die bereits bestellt worden sind. Legen Sie dem Finanzamt einen bloßen Investitionsplan vor, wie es bei einer Ansparabschreibung für ein bereits bestehendes Unternehmen genügt, setzt es den Rotstift an.

Beispiel: Herr Müller möchte seine eigene Druckerei gründen. Aufgrund privater und finanzieller Überlegungen ist mit der Betriebseröffnung jedoch nicht vor Mitte 2007 zu rechnen. Die Investition für ein Fahrzeug, eine Maschine und Einrichtungsgegenstände betragen 50.000 €. Das zu versteuernde Einkommen 2006 unseres ledigen Steuerzahlers beträgt 45.000 €.

Folge: Möchte Herr Müller bereits 2006 kräftig Steuern sparen, muss er die Gegenstände noch in diesem Jahr verbindlich bestellen. Begünstigt sind jedoch nur das Auto, die Maschine und die Einrichtungsgegenstände (Anlagegegenstände). Bereits vor der eigentlichen Betriebseröffnung kann er 20.000 € (40 % von 50.000 €) als vorweggenommene Betriebsausgaben geltend machen. Der geplante Kauf der Waren und die Übernahme des Kundenstamms können die Steuerlast 2006 noch nicht senken. Insoweit handelt es sich nicht um Anlagegegenstände. Diese könnten nur vorweggenommene Betriebsausgaben generieren, wenn sie tatsächlich gekauft werden.

	Ohne Ansparrücklage	Mit Ansparrücklage
Zu versteuerndes **Einkommen in 2006**	45.000 €	25.000 €
Steuerschuld 2006	11.102 €	4.271 €

Diese satte Steuerersparnis in Höhe von 6.831 € kann unser künftiger Unternehmer in betriebliche Investitionen stecken.

Aufgepasst: Begünstigt sind hier nur **neue** bewegliche Anlagegegenstände. Die Ansparabschreibung darf hingegen für Waren, Rechte oder Immobilien nicht in Anspruch genommen werden.

Tipp 3: Leasing statt Kauf

Zahlreiche Existenzgründer investieren in den ersten Monaten eine Menge Geld in Maschinen, Fahrzeuge und Computeranlagen. Zu viel Geld in der Regel. Erweist sich das Unternehmenskonzept nämlich als Flop, sitzt man schlimmstenfalls mit einem „Berg von Schulden" da und muss diese noch Jahre nach Betriebsaufgabe zurückbezahlen. Die erworbenen Wirtschaftsgüter können nach Gebrauch in den seltensten Fällen die Schulden decken, was man hinlänglich von Versteigerungen nach Pleiten ableiten kann. Der clevere Ausweg heißt für den vorsichtigen Unternehmer: Leasing statt Kauf.

Was bedeutet Leasing?

Der aus dem Englischen stammende Begriff „Leasing" bedeutet nichts anderes als „mieten", daher auch der beliebte Werbespruch zahlreicher Leasinggesellschaften: Mieten statt kaufen. Finanziert ein Unternehmer Wirtschaftsgüter, indem er Leasing-Verträge abschließt, erhält er von dem Leasing-Geber lediglich Nutzungsrechte an beweglichen oder unbeweglichen Gegenständen. Das zivilrechtliche Eigentum geht dabei also niemals auf den Leasing-Nehmer über. Je nach vertraglicher Konstellation, insbesondere in Bezug auf die vereinbarte Bindungsfrist, kann man Leasing in zwei Teilbereiche einteilen:
- Operating-Leasing (klassischer Mietvertrag)
- Finanzierungs-Leasing (Kaufvertrag mit Ratenzahlung)

Vorteile von Leasing-Verträgen
- Die finanzielle Liquidität im Unternehmen bleibt erhalten.
- Banktübliche Sicherheiten sowie die lästige Suche nach Zweit- oder Drittbürgen, die gerade von Existenzgründern verlangt werden, scheiden aus.
- Service der Leasinggesellschaften

- Man kann höchste Ansprüche mit technisch neuwertigen, beim Kauf unerschwinglichen Gegenständen erfüllen. Der richtige Leasing-Vertrag macht's möglich.
- Steuerersparnis schneller erreicht. Da die Grundmietzeit des Leasing-Vertrags meist geringer sein wird als die steuerliche Nutzungsdauer des Leasing-Gegenstands, wirken sich die Leasing-Raten früher steuermindernd aus. Kauft man den Gegenstand hingegen, darf die Abschreibung nur auf die Nutzungsdauer gewinnmindernd verteilt werden – es dauert also länger, bis man den gesamten Steuervorteil aus dem Kauf ausgeschöpft hat.
- Man spart Gewerbesteuer. Würde man kaufen und hierfür einen Kredit aufnehmen, wären die Schuldzinsen aus steuerlicher Sicht sog. Dauerschuldzinsen. Diese müssten dann Ihrem Gewerbeertrag hinzugerechnet werden – die Gewerbesteuer würde also steigen. In Einzelfällen (Wirtschaftsgüter bilden Teilbetrieb, Kosten p. a. über 250.000.– €) werden die gesamten Leasingkosten gewerbesteuerlich hinzugerechnet.

Aufgepasst: Durch den Abschluss eines Leasing-Vertrags wird die Fremdkapitalquote des Leasing-Nehmers nicht erhöht, die Bilanz signalisiert Geldgebern also Liquidität und Bonität. Fachleute sind jedoch schnell im Bilde, ob finanzielle Verpflichtungen aus Leasing-Verträgen bestehen. Der Leasing-Nehmer muss diese Verpflichtung nämlich im Anhang zu seinem Jahresabschluss aufzeichnen (§ 285 Nr. 3 HGB). Zusätzlich erkundigen sich erfahrene Kreditinstitute gezielt nach Verpflichtungen aus Leasing-Verträgen, um die Bonität Ihres Gegenübers besser einschätzen zu können.

Leasing-Verträge aus steuerlicher Sicht

Ob die Leasing-Raten in voller Höhe als Mietaufwendungen abgezogen werden dürfen oder ob eine Art Ratenvertrag vorliegt, bei dem Leasing-Raten in einen abziehbaren Zins- und nichtabziehbaren Tilgungsaufwand aufgeteilt werden müssen, hängt einzig und alleine davon ab, wem der Leasing-Gegenstand wirtschaftlich zuzurechnen ist.

Leasing-Geber	Leasing-Nehmer

Variante: Wird Ihnen vertraglich zugesichert, dass nach steuerlichen Kriterien das wirtschaftliche Eigentum bei Leasing-Geber verbleibt (vergleichbar einem Mietvertrag), hat das folgende Auswirkungen:

	Leasing-Geber	Leasing-Nehmer
Leasing-Gegenstand	Der Gegenstand ist beim Leasing-Geber zu bilanzieren und abzuschreiben.	Keine Bilanzierung und deswegen natürlich auch keine Abschreibung möglich
Leasing-Rate	Betriebseinnahmen	wie Mietzahlungen in voller Höhe Betriebs- ausgaben
Sonderzahlung	Sonderzahlungen sind Betriebseinnahmen	**Bilanzierende:** Verteilung der Sonder- Zahlung auf die Laufzeit des Vertrages (z. B. Sonderzahlung 5.000 € Laufzeit: 5 Jahre: Aufwand p. a. 1.000 € **Einnahme/Überschussrechner:** Abzug in voller Höhe bei Zahlung

Variante 2: Vereinbaren Sie eine vertragliche Konstellation, bei der Sie steuerlich als wirtschaftlicher Eigentümer anzusehen sind (vergleichbar einem Ratenkauf), gilt Folgendes:

	Leasing-Geber	Leasing-Nehmer
Leasing-Gegenstand	kein Ansatz in der Bilanz	Ansatz in der Bilanz und Abschreibung
Leasing-Rate	Betriebseinnahmen	Zinsanteil der Raten: Betriebsausgaben, Tilgungsanteil: nur Vermögensverschiebung, durch Abschreibung berücksichtigt
Sonderzahlung	Betriebseinnahmen	Aufteilung wie Leasing-Rate, jedoch Verteilung des Zinsaufwands über Vertragslaufzeit

Worauf Sie beim Leasing unbedingt achten sollten:

- Der Leasing-Gegenstand sollte so genau wie möglich im Vertrag bestimmt sein (Typenbezeichnung, Sonderausstattung)
- Vereinbaren Sie einen festen Liefertermin und lassen Sie sich ein Rücktrittsrecht bei Nichtlieferung bestätigen (schriftlich!)
- Achten Sie darauf, dass die erste Leasing-Rate frühestens mit der Lieferung des Leasing-Gegenstands fällig wird

- Achten Sie auf eine Preisklausel, die die Anpassung der Leasing-Raten vorsieht, wenn sich die Refinanzierungskosten des Leasing-Gebers ändern. Versuchen Sie diese Klausel zu streichen.
- Bei Ablauf der Grundmietzeit erfolgt bei Leasing-Verträgen ohne Kaufoption eine „Rückgabe zum vertragsmäßigen Zustand". Formulieren Sie diesen Punkt so detailliert wie möglich aus.
- Verzichten Sie auf eine mündliche Kaufoption und unüblich hohe Leasing-Raten, um den Leasing-Gegenstand nach Ablauf der Grundmietzeit zu einem Dumpingpreis im Privatvermögen zu erwerben und mit Gewinn zu verkaufen. Das Finanzamt spielt hier zum einen nicht mit, zum anderen können Sie sich auf die mündlich getroffene Vereinbarung nicht berufen, wenn es sich der Leasing-Geber nun anders überlegt hat und den Leasing-Gegenstand nun doch behalten möchte.

Fragwürdiges Leasing-Modell

Bei Betriebsprüfungen tauchte in den letzten Jahren verstärkt ein Leasing-Modell auf, dass von der Finanzverwaltung als Gestaltungsmissbrauch gemäß § 42 AO und in besonders gravierenden Fällen sogar als Steuerhinterziehung geahndet wurde. Die Rede ist von Leasing-Verträgen, bei denen die beiden Vertragsparteien während der Laufzeit sehr hohe Leasing-Raten und eine Kaufoption zu äußerst günstigen Konditionen vereinbaren, wobei die Kaufoption vom Unternehmer nicht in Anspruch genommen wird oder nur mündlich besteht. In der Praxis werden so beispielsweise Fahrzeuge bereits durch die Leasing-Raten während der Grundmietzeit so gut wie abbezahlt. Ein naher Angehöriger des Unternehmers, meist der Ehegatte oder ein Kind übt anschließend die Kaufoption aus und erwirbt das Fahrzeug nach Beendigung des Leasing-Vertrags für „einen Apfel und ein Ei", also weit unter dem üblichen Restbuchwert.

> **Tipp:** Bei überhöhten Leasing-Raten und keiner schriftlichen Kaufoption bzw. wenn das Leasing-Objekt bei Vertragsende nicht erworben wird, sollte man künftig mit kritischen Überprüfungen rechnen. Interne Papiere haben nämlich sämtliche Betriebsprüfer für dieses Modell sensibilisiert. Auskunftsersuchen des Prüfers an die Leasing-Gesellschaft bringen so

spätestens ans Tageslicht, wenn nahe Angehörige als Käufer des Lea-
sing-Objekts aufgetreten sind. Die Folge bei einem Gestaltungsmissbrauch: Die nicht angemessenen Leasing-Raten sind dem Gewinn
wieder hinzuzurechnen. Es liegen insofern Entnahmen bei Einzel- und
Personengesellschaften bzw. verdeckte Gewinnausschüttungen bei Kapitalgesellschaften vor.

Vergleiche auch in der Anlage Vertragsarten im Überblick

Tipp 4: Häusliche Arbeitszimmer und Raumkosten

Möbel und Einrichtungsgegenstände des Arbeitszimmers, die zum
Arbeiten benötigt werden (z. B. Schreibtisch, Regal etc.), sind immer
als Arbeitsmittel absetzbar. Das klassische Arbeitszimmer abzuset-
zen bedeutet: die Raumkosten hierfür absetzen, also anteilige Miete oder anteilige Abschreibung des Eigenheims, anteilige Energie-
kosten etc.

Wer beim Finanzamt aktuell diese Kosten für ein Arbeitszimmer
absetzen möchte, geht seit 1. 1. 2007 meist leer aus. Nur mehr Arbeitszimmer, die den Mittelpunkt der gesamten beruflichen Tätigkeit bilden, werden vom Finanzamt unbegrenzt berücksichtigt. Dies
sind allerdings nur wenige Fälle, da selten die gesamte berufliche
Tätigkeit eines Menschen inklusive seiner Nebenjobs in seinem Arbeitszimmer stattfindet. Jedoch gibt die Rechtsprechung Hoffnung.

Die vollen Betriebsausgaben sollten demjenigen zustehen, der gerade „kein" Arbeitszimmer unterhält. Wie das funktionieren soll,
fragen Sie zu Recht. Ganz einfach: Die 1996 eingeführten Abzugs-
beschränkungen gelten nur für „häusliche Arbeitszimmer". Das ent-
scheidende Kriterium für das Arbeitszimmer: Es muss so beschaffen
sein, dass ein Selbständiger darin seine Arbeiten verrichten kann. In
den beiden Urteilsfällen hatten die Kläger für einen Archivraum und
einen Lagerraum den vollen Betriebsausgabenabzug zugesprochen
bekommen. Begründung: In diesen Räumen befanden sich keine
Sitzmöglichkeiten. Durch die Lagerung betrieblicher Unterlagen
und Warenproben sei eine private Mitbenutzung außerdem so gut
wie ausgeschlossen. Der BFH hat nun in Urteilen vom 19. 9. 2002
und 19. 3. 2003 dieser Finanzrechtsprechung zugestimmt. Ein klassischer Lagerraum für sich ist kein Arbeitszimmer. Jedoch sieht der

BFH Missbrauchsmöglichkeiten, die er ausschließen möchte: Stellt der Archivraum eine funktionale Einheit mit einem bestehenden Arbeitszimmer dar, so fällt auch dieser unter die Abzugsbeschränkung.

Tipp 5: Fahrzeugkosten – Privatanteil niedrig halten

Ertragsteuerliche Behandlung

Wer für seine betrieblichen Fahrzeuge ein Fahrtenbuch geführt hat, sollte am Ende des Jahres Bilanz ziehen. Welche Methode führt ertragsteuerlich zu den geringsten Zurechnungen wegen der Privatnutzung – die Fahrtenbuchmethode oder die 1 %-Regelung? Das Wahlrecht kann so lange ausgeübt werden, bis die Steuerbescheide endgültig sind. Nach welcher Methode Sie also bisher abgerechnet haben, interessiert nicht.

> **Aufgepasst:** Bei Unternehmern kann die 1 %-Methode nur mehr für Fahrzeuge angewendet werden, die mindestens zu 50 % betrieblich genutzt werden. Für alle anderen Fahrzeuge wird ein Fahrtenbuch zugrunde gelegt oder alternativ der Privatanteil vom Finanzamt geschätzt.
>
> **Tipp:** Eine klassische Fehlerquelle in steuerlichen Belegen ist das Fahrtenbuch. Hier finden sich oft Mängel, die das Finanzamt dazu berechtigen, das Fahrtenbuch zu verwerfen. Führen Sie das Fahrtenbuch zeitnah und detailliert! An sich unzulässige Schätzungen, die ein zeitaufwendiges „Nachschreiben" des Fahrtenbuches mit sich bringen, führen bei näherer Prüfung zu Plausibilitätsfehlern. Studieren Sie hierzu das in Anlage 21.8. abgedruckte BMF-Schreiben, das die Mindestangaben und Erleichterungen für bestimmte Berufsgruppen enthält.

Umsatzsteuerliche Behandlung

Die Regelung ab 1. 4. 1999, wonach nur 50 % Vorsteuern aus Anschaffung und laufenden Kosten des PKW gezogen werden durften im Gegenzug aber keine Privatnutzung zu versteuern war, ist ab 1. 1. 2004 abgeschafft worden.

Nunmehr können die vollen ausgewiesenen Vorsteuern geltend gemacht werden, im Gegenzug muss die private Nutzung aber versteuert werden. Dieser Privatanteil kann nach drei Varianten bestimmt werden: Fahrtenbuch, 1 %-Methode (s. o.) mit einem

20 %igen Abschlag dieses Betrages wegen nicht vorsteuerbelasteten Kosten (z. B. Versicherung) sowie die Schätzung: Hier geht die Finanzverwaltung in der Regel von einem 50 %igen Privatanteil aus.

Tipp 6: Anstellung des eigenen Ehegatten oder der eigenen Kinder

Die Anstellung des Ehegatten oder der eigenen Kinder im Betrieb bietet steuerliche Vorteile. Ist das Arbeitsverhältnis „wasserdicht", können sämtliche Gehaltszahlungen als gewinnmindernde Betriebsausgaben geltend gemacht werden. Der Unternehmer spart Einkommen- bzw. Körperschaftsteuer und evtl. Gewerbesteuer. Der bezogene Arbeitslohn der Angehörigen kann dabei steuerfrei bezogen werden (clevere Gehaltsextras). Außerdem bleibt das Geld „in der Familie". Es fehlt am Monatsende also nicht in der Haushaltskasse.

Wegen der einzuhaltenden Formalien siehe ausführliche Erläuterungen im Abschnitt Lohnsteuer.

Tipp 7: Andere Verträge mit Angehörigen abschließen

Das Prinzip des „Geld-in-der-Familie-bleiben" ist auch für andere Verträge gegeben: Sie können auch Finanzierungen, Mietverträge und Ähnliches mit Ihren Angehörigen abschließen. Natürlich gilt: Derlei Verträge werden vom Finanzamt akribisch und kritisch geprüft. Hier Papier mit Sachverhalten zu füllen, die nicht oder nicht ganz der Wahrheit entsprechen, bringt nur unangenehme Nachfragen und im Ergebnis meist vermeidbare Schwierigkeiten, die später mit Zuschlägen bezahlt werden müssen. Auch „weltfremde" Gestaltungen wie das „gegenseitige Vermieten" der gemeinsamen Wohnung bei Ehegatten sind spätestens bei den Gerichten gescheitert.

Tipp 8: Bewirtungskosten deckeln

Wer Festivitäten nutzt, um zahlreiche Geschäftsfreunde bei einem Festessen um sich zu versammeln, sollte zum einen wissen, dass seit 1. 1. 2004 nur 70 % (vormals 80 %) der angemessenen Bewirtungsaufwendungen als Betriebsausgaben abziehbar sind und dass für die gesamten angemessenen Aufwendungen auch voll Vorsteuer geltend gemacht werden darf (BGH vom 10. 2. 2005).

> **Aufgepasst:** Wer clever ist, vereinbart mit dem Gastwirt eine extra Rechnung für die Saalmiete und schlägt bei Essen einen Rabatt heraus. Auf die Saalmiete sind die Einschränkungen nicht anwendbar. Übrigens: Achten Sie auf die Formalien bei den Bewirtungsbelegen und buchen Sie diese auf einem gesonderten Konto.

Tipp 9: Tantiemen bei GmbH

Sind Sie 100 %iger Gesellschafter-Geschäftsführer einer GmbH, können die Tantiemen nur dann problemlos an Sie ausbezahlt werden, wenn diese vorher eindeutig und klar vereinbart waren. Zahlen Sie Tantiemen ohne vorherige Vereinbarung aus, unterstellt das Finanzamt eine verdeckte Gewinnausschüttung. Das bedeutet nichts anderes, als dass die Tantiemezahlungen dem Gewinn der GmbH außerbilanzmäßig wieder hinzugerechnet werden (Gewerbesteuererhöhung). Bei Ihnen werden Einkünfte aus Kapitalvermögen unterstellt. Ebenso verfährt das Finanzamt, wenn Sie gewisse Regelungen nicht einhalten: So sind reine Umsatztantiemen in der Regel ausgeschlosssen, die Tantieme sollte nicht mehr als 25 % der Gesamtausstattung des Geschäftsführers ausmachen. Wie generell bei Gründung einer GmbH, sollte hierzu der Rat von Steuerberatern eingeholt werden.

Tipp 10: Werbekosten

Tombolas und Verlosungen (steuer)optimal gestalten

Zahlreiche Unternehmer veranstalten Werbeveranstaltungen, bei denen auch Sachpreise verlost werden. Eines sollte man hier bedenken: Werden Gegenstände verlost, für die der Unternehmer beim Kauf Vorsteuer geltend gemacht hat, ist die Hingabe dieser Gegenstände an den Gewinner ein umsatzsteuerpflichtiger Vorgang (sog. Lieferung nach § 3 Abs. 1 b Nr. 3 UStG), obwohl man ja eigentlich gar kein Geld bekommt. Ausnahme: Der Nettobetrag eines Gegenstandes liegt nicht über 35 €.

Tipp: Verlosen Sie Gutscheine, Theaterkarten oder Geldpreise. Das sind keine Lieferungen, sondern verbriefte Rechte. Umsatzsteuer fällt insoweit nicht an.

Werbestrategie Sponsoring

Wer in der heutigen Zeit wettbewerbsfähig bleiben möchte, kann nicht nur im stillen Kämmerchen sitzen und auf neue Kunden warten. Kundennähe durch den intensiven Einsatz von Außendienstmitarbeitern und nicht zuletzt geschickte Marketing-Aktionen gehören deshalb zum täglichen Brot eines Unternehmers. Die Ausgaben für Inserate, Plakatwerbung oder sog. „Flyer" (Wurfsendungen, Werbezettel) erkennt die Finanzverwaltung deshalb ohne weitere Überprüfungen als gewinnmindernde Betriebsausgaben an. Problematisch wird das Ganze jedoch, wenn Sie als Unternehmer jemanden „sponsern" und sich hierdurch eine effektive Werbung versprechen. Gerade im Bereich Sport und Kultur unterstellt der Fiskus nicht selten, dass hier private Gründe für die finanzielle Unterstützung Dritter ausschlaggebend waren. Das Finanzgericht Hessen gab jedoch einem Unternehmer Recht und erkannte die Ausgaben für Sponsoring eines Motorradsportlers als Betriebsausgaben an (Urteil vom 23. 11. 1998, Az: 4 K 1309/97, EFG 1999, S. 469). Es führte in seiner Entscheidung aus, unter welchen Voraussetzungen „Sponsoring" steuerlich abzugsfähig ist. Steuerlich abzugsfähig sind Zahlungen an einen Dritten, wenn

- der Sponsor sich wirtschaftliche Vorteile für sein Unternehmen verspricht, d. h. Ziel einer solchen Aktion muss sein, neue Kunden akquirieren zu können. Schlecht sieht es aus, wenn man Mitglied in einem Sportverein ist und die Sportler finanziell unterstützt, um dabei Anerkennung zu erhalten oder um sich für Ämter innerhalb des Vereins zu empfehlen – hier setzt das Finanzamt den Rotstift an,
- die Zahlungen keine Geschenke darstellen. Der Gesponsorte muss schon eine Leistung erbringen (im Urteilsfall: Aufkleber mit Firmenlogo des Sponsors auf Maschine und Anzug des Sportlers). Ob die Aufwendungen notwendig, üblich oder zweckmäßig sind, spielt keine Rolle für den Betriebsausgabenabzug. Ein Unterneh-

mer kann stets frei entscheiden, wie er in sein Unternehmen investieren möchte (sog. wirtschaftliche Dispositionsfreiheit).

> **Tipp:** „Sponsoring" ist eine besonders interessante Alternative zur herkömmlichen Werbung. Sollten Sie sich für dieses Marketinginstrument entscheiden, sollten Sie jedoch beachten: Besteht ein krasses Missverhältnis zwischen der Höhe der Zahlung und der erbrachten Leistung des Gesponsorten, setzt das Finanzamt auf jeden Fall den Rotstift an.

Tipp 11: Kaufmännische Vorsicht walten lassen: „sich legal arm rechnen"

Das Handelsgesetzbuch hat den Kreditgeber als „Adressaten" der Gewinnermittlung im Auge. Daher ist der Grundsatz – anders als im angloamerikanischen Raum zum Beispiel – die kaufmännische Vorsicht. Der Kaufmann soll also sehr konservativ „Buch führen" und Vermögensminderungen und Risiken mit einrechnen. Dies zum Nutzen des Kreditgebers, der eine sehr vorsichtig ermittelte wirtschaftliche Lage des Betriebs vorfindet, die für ihn verlässlich ist. Beispiele hierfür sollen im Folgenden abgehandelt werden, da diese Prinzipien mit Einschränkungen für die Besteuerung übernommen werden.

Risiken der Zukunft berücksichtigen

Ziehen Sie Bilanz und notieren Sie sämtliche Zahlungsansprüche, die man gegen Sie aussprechen kann, sei es wegen Regresskosten, Jahresabschlusskosten für den Steuerberater oder Gewährleistungen. Diese voraussichtlichen Inanspruchnahmen, die der Höhe nach noch ungewiss sind, kann ein bilanzierender Unternehmer gewinnmindernd verbuchen, indem er eine Rückstellung bildet.

> **Aufgepasst:** Die Prüfer des Finanzamts werden diesen Posten in den nächsten Jahren zum Spielball ihrer Ermittlungen machen. Nach aktueller Gesetzeslage darf die Firma für Garantieleistungen u.ä. nicht mehr die Vollkosten zurückstellen, sondern nur noch die wahrscheinlichen Gemeinkosten. Ist mit einer Inanspruchnahme aus Verpflichtungen frühestens in zwölf Monaten zu rechnen, ist die Rückstellung mit 5,5 % abzuzinsen.

Forderungen ausbuchen

Nehmen Sie sich einmal Ihre ausstehenden Kundenforderungen zur Brust und prüfen Sie, ob noch mit einem Zahlungseingang zu rechnen ist. Sie können die Forderungen entweder ganz ausbuchen (bei Uneinbringlichkeit) oder pauschal berichtigen (bei fragwürdiger Zahlungsfähigkeit). Wird die Forderung ganz ausgebucht, ist auch die Umsatzsteuer zu berichtigen. Sie mindern also zum einen Ihre Einnahmen, zum anderen bekommen Sie die bereits an das Finanzamt abgeführte Umsatzsteuer wieder zurück.

Bedenken Sie aber, dass Sie diesen Vorgang als steuermindernde Tatsache beweisen müssen. Heben Sie also Schriftverkehr, Mahnungen und v. a. Korrespondenz der Schuldners auf.

Teilwertabschreibungen berücksichtigen

Hier musste die neue Regierung von ihrem Radikalkurs absehen. Wer bei der Erstellung seines Jahresabschlusses also feststellt, dass der tatsächliche Wert von Waren oder Anlagegegenständen dauerhaft niedriger ist als der ausgewiesene Buchwert, kann weiterhin auf den niedrigeren (Teil-)Wert abschreiben. Neu ist jedoch, dass etwaige Wertsteigerungen nun auch berücksichtigt werden müssen (bis zum ursprünglichen Kaufpreis) und den Gewinn wieder erhöhen können. Wer in der Vergangenheit eine Teilwertabschreibung durchgeführt hat und nicht auf den inzwischen gestiegenen Wert erhöht hat, muss die sog. Wertaufholung innerhalb von fünf Jahren vornehmen. Wenn Sie eine Teilwertabschreibung durchführen, ermitteln Sie diese angemessen und halten Sie die Gründe für die Abschreibung schriftlich bei Ihren Buchhaltungsunterlagen auf.

Sie können eine Teilwertabschreibung unter folgenden Voraussetzungen vornehmen: Sie haben einen PKW für 20.000 € gekauft. Nach dem Unfall ist der Wagen trotz Reparatur nur noch 5.000 € wert. Am Jahresende könne Sie also eine Teilwertabschreibung auf 5.000 € vornehmen. Auch wer ein Grundstück im Betriebsvermögen hält, kann eine Teilwertabschreibung vornehmen. Dann nämlich, wenn es nachweislich an Wert verliert (Mülldeponie wird auf Nachbargrundstücke errichtet). Fällt der Grund für die Wertminderung dann später jedoch wieder weg, sind Sie verpflichtet, die bisher geltend gemachte Teilwertabschreibung wieder rückgängig zu machen.

Aufgepasst: Bei Nachweis der Teilwertabschreibung – wie auch der jährlich unterlassenen Wertaufholung – sind Sie in der Bringschuld gegenüber dem Finanzamt. Achten Sie also penibel auf Unterlagen, die Grund, aber auch Höhe der Abschreibung dokumentieren.

Tipp 12: Steueroptimale Arbeitnehmeranreize nutzen

Lohnsteuer- und sozialversicherungsfrei bleiben z. B. folgende Bestandteile:

Die Kosten für zwei Betriebsfeiern, sofern nicht insgesamt mehr als 110 € pro angestellter Person ausgegeben wird. Diese Beträge gelten jährlich. Vorsicht bei Mitnahme von Verwandten: Hier werden die Kosten der anwesenden Verwandten dem jeweiligen Arbeitnehmer zugerechnet.

Aufgepasst: Die 110 € sind kein Freibetrag, sondern eine Freigrenze! Ein Überschreiten des Betrages lässt alle Kosten lohnsteuer- und sozialversicherungspflichtig werden.

Bei der Feier übergebene Geschenke werden den betroffenen Arbeitnehmern zugerechnet. Sie können nicht auf alle Anwesenden angerechnet werden.

Sachbezüge von maximal 44 € im Monat bleiben ebenso vom Fiskus unangetastet. Allerdings darf die Summe dieser Sachbezüge nicht in Scheckform (Tankgutschein über 40 €) erbracht werden, sondern müssen sich auf Mengen beziehen (Tankgutschein für 20 Liter Superbenzin). Unter diese begünstigten Sachbezüge fallen auch Jobtickets.

Aufgepasst: Die 44 € sind streng auf den Monat zu rechnen und sind eine Freigrenze. Überschreiten Sie die 44 €, so ist der Gesamtbetrag lohnsteuerpflichtig. Eine größere „Wohltat" im Jahr kann nicht mit den Monatsbeträgen „hochgerechnet" werden (Beispiel: 44 € × 12 Monate = 532 €).

Tipp 13: Auf steuerlich richtige Rechnungen achten

Eine beliebte Fehlerquelle ist aufgrund umfangreicher Regelungen zur Umsatzsteuer die Rechnung.

Egal, ob Sie Rechnungen an Firmenkunden stellen oder selbst Rechnungen bekommen: Achten Sie auf die steuerliche Richtigkeit der Rechnung. Dies gilt vor allem im Hinblick auf die Umsatzbesteuerung. Zum einen machen Sie nicht den besten Eindruck beim Geschäftspartner, wenn er steuerlich mit Ihren Rechnungen nicht viel anfangen kann, also keine Vorsteuer bekommt. Zum anderen kostet der fehlende Vorsteuerabzug bares Geld. Welche Mindestbestandteile diese Rechnung haben sollte und was bei der Übermittlung der Rechnung (z. B. durch Fax oder per Mail) zu beachten ist, lesen Sie im Kapitel 6.3. Umsatzsteuer.

Also gilt gerade zu Beginn: Achten Sie bei regelmäßigen oder umsatzstarken Lieferanten/Dienstleistern auf deren Rechnungsstellung und mahnen Sie Fehler zeitnah an. Derlei Fehler können rechtswirksam nur vom Aussteller der Rechnung korrigiert werden, und nur durch eine neue Originalrechnung. Diese Praxis sollte selbstverständlich weitergeführt werden, insbesondere wenn Sie Ihre Lieferanten wechseln. Zu Beginn können Sie als neuer Kunde u. U. mehr Druck entwickeln.

Gleiche Sorgfalt ist auch bei eigener Rechnungsstellung gerade an Firmenkunden geboten. Ein professioneller Auftritt Ihres Unternehmens ergibt sich aus vielen Mosaiksteinen (Werbung, Räumlichkeiten, Leistung). Dieser wird gegenüber Firmenkunden bei unprofessioneller Rechnungsstellung nicht gefördert.

Zu einzelnen ausgewählten Rechnungsangaben:

Die Rechnungsnummer kann gegliedert sein nach Kundenname, fortlaufender Nummer sowie Jahr. Damit wird sie im Laufe der Jahre nur einmal vergeben.

Bei Entgeltsminderungen (betrifft nur Rabatte) sollte immer eine Berechnung und Abzug vom Nettobetrag vor Umsatzsteuer vorgenommen werden, um zusätzliche Angaben zu sparen. Skonti sind weiter lediglich in Prozenten anzugeben, sie erfordern keine weiteren Angaben. Aktuell ist die Angabe des Zeitpunktes der Leistungserbringung auch bei Barbelegen notwendig, lediglich das Rechnungsdatum genügt nicht. Aktuell lässt die Finanzverwaltung den Vermerk auf der Rechnung gelten: „Lieferdatum entspricht dem Rechnungsdatum".

Insbesondere letzter Punkt lässt die Rechnungsstellung z. T. kompliziert werden. Allgemein lassen sich derlei Rechnungsdetails nur bei Kleinbetragsrechnungen vermeiden. Dies kann man in Einzelfällen steuern, indem man bei aufteilbaren Einkäufen an der Kasse die Ware betragsmäßig splittet.

Beispiel: Bei einem Einkauf für die Werkstatt werden diverse Dinge benötigt, deren Warenwert bei 180 € liegt. Diese Waren kann man auch getrennt abrechnen, indem man zwei Rechnungen á 90 € bezahlt.

Tipp: Behalten Sie insbesondere bei neuen Lieferanten die Rechnungsstellung im Auge und mahnen Sie deren Richtigkeit frühzeitig an. Im Allgemeinen gibt es bei den Angaben auf der Rechnung nur Probleme bei kleineren Unternehmen, insbesondere nach aktuellen Änderungen. Die Problematik der steuerlich anerkannten elektronischen Übermittlung jedoch trifft Sie auch bei Großunternehmen wie z. B. in der Sparte Telekommunikation.

8. Auslandsbeziehungen

Geschäftsbeziehungen ins Ausland sind heute keine exklusive Nische für Großunternehmen/Konzerne. Gerade im Zuge des europäischen Binnenmarktes sowie der allgemeinen engeren Vernetzungen der Länder, z. B. durch das Internet, sind derlei Kontakte oftmals keine Besonderheit mehr. Was ist dabei zu beachten?

(1) Die Auslandsbeziehungen unterliegen häufig besonderen formellen Bestimmungen, inhaltlichen Vorgaben, die es zu beachten gilt. Die Dokumentationspflichten sind höher.

(2) Die Behörden – allen voran das Finanzamt – haben ein besonderes Augenmerk auf derlei Geschäfte.

Im Folgenden soll ein Überblick gegeben werden, was ein Unternehmer bei Auslandsbeziehungen beachten sollte. Es empfiehlt sich im Einzelfall die Beratung durch Profis, sprich Steuerberater.

8.1 Einkauf im Ausland

Allgemein

Bei derlei Geschäften kann u. U. der ausländische Unternehmer selbst im Inland einkommen- oder umsatzsteuerpflichtig werden. Um diese Steuern zu sichern, hat der Fiskus den inländischen Leistungsbezieher in die Pflicht genommen: Er muss, einer Inkassostelle ähnlich, pauschale Steuern einbehalten und an das Finanzamt abführen, für die er selbst haftet.

Einkommen-/Körperschaftsteuer

Problem: Besondere Dokumentationspflichten

Findet das Finanzamt in Ihren Geschäftsbüchern ausländisch klingende Namen, wird es ggf. zunächst die Informationszentrale Ausland des Bundeszentralamts für Steuern einschalten. Kommt diese zu der Ansicht, dass es sich bei Ihrem Geschäftspartner um eine Scheinfirma handelt, müssen Sie dem Finanzamt plausibel nachweisen, dass tatsächlich eine Leistung erbracht wurde. Gibt sich das Finanzamt mit Ihren Nachweisen zufrieden, möchte es natürlich noch wissen, wer denn hinter der Scheinfirma steht, in welche Taschen also das Geld, das Sie überweisen, letztendlich fließt. Unter einer Scheinfirma versteht man ein Unternehmen, das in seinem Sitzstaat keinerlei geschäftliche Aktivitäten entfaltet und einzig und allein die Abschirmung der Hintermänner (die finanziell Begünstigten) zum Zweck hat.

Risiko – Betriebsausgabenabzugsverbot

Können Sie weder nachweisen, dass eine Leistung erbracht wurde, noch mit Bestimmtheit sagen, wer letztendlich hinter einer Scheinfirma steht, dürfen Sie für die Zahlungen an diese Firma in der Regel keine Betriebsausgaben geltend machen. Auch die Vorsteuerbeträge werden rückwirkend wieder gekappt. Schließlich – so die Auffassung der Finanzverwaltung – kann eine Scheinfirma nicht Unternehmer sein. Diese Sanktionen treffen Sie sogar, wenn Sie sich durch Preisgabe der Informationen im Ausland strafbar machen würden.

So sorgen Sie vor

Um zu vermeiden, dass das Finanzamt Ihren scheinbar wasserdichten Werkvertrag Jahre später für steuerlich unwirksam erklärt, sollten Sie einen Grundsatz beherzigen: Erfüllen Sie Ihre Beweismittelvorsorgepflicht, die Ihnen das Finanzamt über die Vorschrift des § 90 Abs. 2, 3 AO bei der Klärung von Auslandssachverhalten auferlegt. Sie erreichen damit nicht nur, dass man Ihnen die Betriebsausgaben zum Abzug zulässt und die Vorsteuern aus den Rechnungen der ausländischen Unternehmer erstattet. Sie können vielmehr mit einigen wenigen Überprüfungen die Spreu vom Weizen trennen, d. h. unseriöse und als Scheinfirmen agierende Gesellschaften bereits vor Vertragsabschluss entlarven.

Checkliste: Merkmale, die für eine Scheinfirma sprechen können
- Der Gründungsstaat des ausländischen Anbieters ist eine Steueroase (kaum nennenswerte Steuerbelastung).
- Die Firma hat im Ausland keine eigenen Geschäftsräume (c/o-Adresse).

- Der ausländische Werkvertragsunternehmer wird in seinem Gründungsstaat nicht tätig (ausländische Bilanzen einsehen).
- Im Ausland beschäftigt die Firma kein eigenes Personal.
- Der Geschäftsführer ist branchenfremd (nur Strohmann).
- Unüblich niedriges Stammkapital.
- Als Ansprechpartner agieren nur Treuhänder.

Einbehalten der Steuer des Geschäftspartners

In besonderen Fällen müssen Sie für den ausländischen Unternehmer, den Sie beauftragen, pauschale Ertragsteuern einbehalten und für ihn an das Finanzamt abführen. So gewährleistet der Fiskus die Ertragsbesteuerung ausländischer Unternehmer, die nach ihrer Auftragserfüllung u. U. nicht mehr greifbar sind.

Nach § 50a EStG ist aber nur bei bestimmten Geschäftspartnern die Einkommensteuer, die aufgrund der Tätigkeit für Sie anfällt, von Ihnen einzubehalten und abzuführen.

Zu den wichtigsten Gruppen, die von dieser Regelung betroffen sind und bei denen sich deshalb im Einzelfall eine Überprüfung der eigenen steuerlichen Pflichten anbietet, zählen u. a.: Künstler, Sportler, Artisten, freie Journalisten, Schriftsteller und Bildberichterstatter, die im Inland für Sie tätig werden. Weiter gehören hierher auch die Einnahmen Ihres Geschäftspartners, die er aus Nutzungsüberlassungen beweglicher Güter und Rechte erzielt.

Der Steuerabzug beträgt grundsätzlich 20 % der Einnahmen. Abzüge wie z. B. Betriebsausgaben werden hierbei nicht berücksichtigt.

Bei künstlerischen, sportlichen sowie artistischen und ähnlichen Darbietungen ist der Abzug gestaffelt:

Einnahmen	Steuerabzug
bis 250 €	0 %
Von 250 € bis 500 €	10 %
Von 500 € bis 1.000 €	15 %
ab 1.000 €	20 %

Dem Geschäftspartner ist auf Verlangen eine Bestätigung nach amtlichem Vordruck mit folgendem Inhalt auszuhändigen:

(1) den Namen und die Anschrift des beschränkt steuerpflichtigen Gläubigers;

(2) die Art der Tätigkeit und Höhe der Vergütung in Euro;

(3) den Zahlungstag;

(4) den Betrag der einbehaltenen und abgeführten Steuer nach § 50 a Abs. 4;

(5) das Finanzamt, an das die Steuer abgeführt worden ist.

Umsatzsteuer

Eigene Versteuerung

Egal, ob die Importe von EU-Staaten oder von Drittstaaten kommen, sind sie zu versteuern.

Importe aus EU-Staaten sind als sog. innergemeinschaftlicher (i. g.) Erwerb steuerpflichtig, wenngleich diese Umsatzsteuer als Vorsteuer abgezogen werden kann.

Importe aus Drittstaaten (außerhalb der EU) sind einfuhrumsatzsteuerpflichtig. Diese EUSt kann u. U. als Vorsteuer wieder beim Fiskus geltend gemacht werden.

Einbehalten der Umsatzsteuer des Geschäftspartners

Rechnet ein im Ausland ansässiges Unternehmen über bestimmte Leistungen ab, darf es in seinen Rechnungen keine Umsatzsteuer mehr ausweisen. Trotzdem schuldet der Auftraggeber die normalerweise auf diesen Rechnungsbetrag entfallende Umsatzsteuer. Im Gegenzug kann er jedoch Vorsteuer in gleicher Höhe geltend machen. Ein Nullsummenspiel, das künftig Steuerausfälle vermeiden soll.

Beispiel: Ein portugiesisches Unternehmen erteilt Ihnen am 5. 3. 2007 über erbrachte Werklieferungen eine Rechnung über 100.000 €. Die Umsatzsteuer weist es nach § 13 b UStG nicht aus. In diesem Fall haben Sie für den Voranmeldungszeitraum der Zahlung in Ihre Voranmeldung eine Umsatzsteuer von 19.000 € anzumelden, im Gegenzug können Sie jedoch 19.000 € Vorsteuer abziehen.

Das bisher in diesen Fällen anzuwendende Umsatzsteuer-Abzugsverfahren nach §§ 51 ff UStDV oder die sog. Null-Regelung nach § 52 Abs. 2 Nr. 2 UStDV können also nicht mehr angewandt werden.

Bei welchen Subunternehmern greift die Regelung?

Auftraggeber schulden nur dann die Umsatzsteuer für ihren Geschäftspartner, wenn es sich bei diesem um einen „im Ausland ansässigen Unternehmer" handelt. Das ist der Fall, wenn der Subunternehmer weder im Inland noch auf der Insel Helgoland einen Wohnsitz, seinen Sitz, seine Geschäftsleitung oder eine ins Handelsregister eingetragene Zweigniederlassung hat (§ 13 b Abs. 4 Satz 1 UStG). Für die Frage, ob ein im Ausland ansässiges Unternehmen vorliegt, ist der Zeitpunkt der Leistungserbringung durch den Subunternehmer maßgebend. Hat man als Auftraggeber Zweifel an der Ansässigkeit, sollte man sich von seinem Vertragspartner eine Ansässigkeitsbescheinigung des für ihn zuständigen deutschen Finanzamts vorlegen lassen.

Für welche Leistungen gilt diese Sonderregelung?

(1) Werklieferungen

(2) Sonstige Leistungen (= Dienstleistungen)

(3) Lieferungen sicherungsübereigneter Gegenstände durch den Sicherungsgeber an den Sicherungsnehmer (außerhalb des Insolvenzverfahrens)

(4) Umsätze, die unter das Grunderwerbsteuergesetz fallen und Umsatzsteuer erzeugen

(5) Gewisse Bauleistungen:
Werklieferungen und sonstige Leistungen, die der Herstellung, Instandsetzung, Instandhaltung, Änderung oder Beseitigung von Bauwerken dienen, mit Ausnahme von Bauplanung und -überwachung.

(6) u. U. Lieferungen von Gas und Elektrizität eines im Ausland ansässigen Unternehmers

> **Achtung:** Die Steuerschuldnerschaft geht bei Leistungen nach (3) bis (6) auch dann auf Sie über, wenn diese von einem **inländischen** Unternehmer erbracht wurden.

Gibt es Ausnahmen zur Übertragung der Steuerschuldnerschaft?

Liegt der Abrechnung eine Personenbeförderung im Drittlandsgrenzen überschreitenden Gelegenheitsverkehr mit nicht in Deutschland zugelassenen Kraftomnibussen zugrunde, muss der

Auftraggeber die Umsatzsteuer für die abgerechneten Leistungen seines ausländischen Partners nicht beim Finanzamt anmelden. Der Ausländer bleibt in diesem Fall selbst Steuerschuldner (§ 13 b Abs. 3 UStG).

Eine weitere Ausnahme besteht, wenn der beauftragte Unternehmer eine „Ansässigkeitsbescheinigung nach § 13 b UStG" vorlegen kann. Hierbei handelt es sich um ein Schreiben eines deutschen Finanzamts, in dem bestätigt wird, dass der Unternehmer in Deutschland ansässig ist. Die Bescheinigung muss im Zeitpunkt der Ausführung der Leistung gültig sein.

> **Aufgepasst:** Die Übertragung der Steuerschuldnerschaft ist nur dann ausgeschlossen, wenn es sich um eine Ansässigkeitsbescheinigung nach § 13 b UStG handelt. Selbst eine steuerliche Erfassung bei einem deutschen Finanzamt, eine zugeteilte deutsche Steuernummer, eine Freistellungsbescheinigung nach § 48 EStG oder eine Unbedenklichkeitsbescheinigung für Aufträge mit öffentlichen Auftraggebern ändert nichts an der Tatsache, dass der Auftraggeber die Umsatzsteuer für die Umsätze seines ausländischen Partners schuldet.

Beispiel: Ein Bauunternehmer vergibt einen Auftrag an eine tschechische Baufirma mit deutscher Anschrift. Auf Anfrage, ob die Firma im Inland ansässig sei, werden ihm eine Freistellungsbescheinigung nach § 48 EStG und eine Bescheinigung über eine umsatzsteuerliche Erfassung in Deutschland vorgelegt. Da diese Unterlagen keinerlei Aussage über die Ansässigkeit des ausländischen Subunternehmers treffen, ist im Zweifel davon auszugehen, dass man als Auftraggeber die Umsatzsteuer abführen muss.

Wie muss die Rechnung aussehen?

Rechnet ein im Ausland ansässiger Unternehmer über eine umsatzsteuerpflichtige Werklieferung oder über eine sonstige Leistung ab, darf seine Rechnung keine Umsatzsteuer mehr ausweisen (§ 14 a Abs. 4 Satz 3 UStG). Zusätzlich ist in der Rechnung darauf hinzuweisen, dass der Auftraggeber die Umsatzsteuer schuldet. Wird die Umsatzsteuer dennoch ausgewiesen, schuldet der Auftraggeber die Umsatzsteuer nach § 13 b UStG und der Subunternehmer nach § 14 Abs. 2 UStG.

Beispiel: Eine ungarische Firma erteilt am 1. 2. 2006 eine Rechnung über Bauausführungen in Deutschland. Der Rechnungsbetrag lautet über 100.000 € zzgl. 16.000 Umsatzsteuer. In diesem Fall wird der Auftraggeber dennoch Schuldner der Umsatzsteuer. Da die Umsatzsteuer jedoch unzulässigerweise offen ausgewiesen ist, wird auch der ausländische Subunternehmer in Höhe von 16.000 € zur Kasse gebeten.

8.2 Verkauf ins Ausland

Allgemein

Hierbei sind im Einzelfall gerade bei Dienstleistungen oft vernachlässigte steuerliche Pflichten im Ausland zu überprüfen.

Weiter sind bei Warenlieferungen Sondervorschriften zu beachten, wie z. B. Ausfuhrbestimmungen des Zoll, manchmal Datenübermittlung auf Anforderung des Bundesamtes für Statistik.

Einkommen- und Körperschaftsteuer

Zunächst ist zu prüfen, wo derlei Gewinne zu versteuern sind. Grundsätzlich gilt bei der Ertragsteuer das „Welteinkommensprinzip". Das heißt, alle Einkünfte – egal wo auf der Welt erzielt – sind beim deutschen Fiskus zu erklären, auch wenn sie im Einzelfall nicht oder nur zum Teil besteuert werden.

Erlöse, die Sie im Ausland erzielen, sind u. U. beim dortigen Fiskus abzuwickeln. Dies bedeutet aber auch, dass unser Fiskus Sonderregelungen hierfür anwendet. Dies gilt v. a. bei Umsätzen, die Ihre persönliche Anwesenheit über einen langen Zeitraum erfordern, also bei Dienstleistungen.

Umsatzsteuer

Warenlieferungen

Hier ist für Warenlieferungen das Gebiet der EU-Staaten und das der Drittstaaten außerhalb der EU zu unterscheiden.

EU-Staaten: Innergemeinschaftliche (i. g.) Warenlieferungen an andere Unternehmen sind steuerfrei, wenn die Rechnung mit der

USt-IdNr. des Firmenkunden versehen ist und Nachweise für die Warenbewegung vorhanden sind.

Fehlen diese Nachweise, so kann das Finanzamt für derlei Umsätze die Umsatzsteuer nachfordern.

Weiter sind diese Umsätze vierteljährlich im Rahmen sog. „Zusammenfassender Meldungen" an das Bundeszentralamt für Steuern zu melden.

Drittstaaten (außerhalb der EU): Ausfuhrlieferungen von Waren sind ebenso steuerfrei, hier müssen jedoch Ausfuhrbelege des Zolls und Belege der Warenbewegung vorgehalten werden.

Bei Fehlen der Nachweise geht das Finanzamt wie oben bei i. g. Lieferungen vor.

Es gibt hier keine umsatzsteuerlichen Meldepflichten.

Dienstleistungen

Dienstleistungen folgen eigenen Regelungen. Hierbei ist im Einzelfall der Ort des Umsatzes nach dem Umsatzsteuergesetz zu prüfen (§ 3 a,b UStG). Die Steuerpflicht ist maßgeblich vom Leistungsort abhängig.

9. Die Wahl der Rechtsform

„Für jeden Topf findet sich ein passender Deckel!", so das treffende Statement eines erfolgreichen Existenzgründers, der monatelang damit verbrachte, die (steuer)optimale Rechtsform für sein künftiges Unternehmen zu finden.

Was unser Jungunternehmer damit sagen wollte, fragen Sie? Ganz einfach. Die Rechtsform eines Unternehmens ist das „rechtliche Kleid" Ihrer künftigen Betätigung. Und das soll natürlich passen. Je nach Ihrer persönlichen Zielsetzung und je nach Art und Umfang der selbständigen Tätigkeit haben Sie die Qual der Wahl zwischen den verschiedensten Rechtsformen. Zu nennen wären hier vor allem:

• Einzelunternehmen
• Personengesellschaften (GbR, OHG, KG,)
• Sonderform Partnerschaftsgesellschaft (PartG)
• Kapitalgesellschaften (GmbH, AG)
• Ausländische Gesellschaftsformen (Beispiel: „Limited")

> **Tipp:** Die folgenden Passagen sollen Ihnen einen umfassenden Überblick über die verschiedensten Rechtsformen mit ihren Vor- und Nachteilen geben. Sind Sie unschlüssig oder schlichtweg überfordert, nehmen Sie unbedingt professionelle Hilfe in Anspruch. Zu teuer, denken Sie sich? Ihr Weg muss ja nicht immer gleich zu einem Unternehmens- bzw. Steuerberater führen. Wenden Sie sich zuerst an Ihre hiesige Agentur für Arbeit. Häufig kann man Ihnen hier mit kostenfreien Seminaren und Einzelgesprächen weiterhelfen. Trotzdem ist es oft vorteilhaft zusätzlich einen Steuerberater und/oder Rechtsanwalt zu Rate zu ziehen. Sparen Sie nicht an der falschen Stelle.

9.1. Einzelunternehmen

Die in der Praxis für die Existenzgründer wohl beliebteste und unkomplizierteste Rechtsform ist das Einzelunternehmen. Bevorzugt wird das Einzelunternehmen vor allem von Gründern, die ohne

Partner beginnen möchten. Es gelten die Vorschriften der §§ 1–104 HBG und die Vorschriften des BGB.

Gründung

Die Gründung ist so unkompliziert, dass viele Jungunternehmer, ohne näher darüber nachzudenken, Einzelunternehmer werden. Gegründet ist diese Rechtsform nämlich bereits mit Aufnahme der gewöhnlichen Geschäftstätigkeit. Ein Gesellschaftsvertrag oder womöglich die meist kostspielige Unterzeichnung eines Notars fällt hier weg. Einzige Formalität: Freiberufler müssen den Beginn ihrer freiberuflichen Betätigung nur beim Finanzamt anzeigen. Dies geschieht mittels eines Fragebogens für Gewerbetreibende/Freiberufler (siehe Anhang Kapitel 21.2 + 21.4). Gewerbetreibende müssen zudem bei der Gemeinde eine Gewerbeanmeldung vornehmen. Ein Durchschlag dieser Anmeldung wird i. d. R. von der Gewerbebehörde an das für den Selbständigen zuständige Finanzamt geschickt.

Eintrag ins Handelsregister

In der Regel nicht erforderlich. Gewerbebetriebe ab einem Umsatz von etwa 500.000 € pro Jahr oder einem Gewerbegewinn von 30.000 € stellen jedoch einen kaufmännischen Geschäftsbetrieb dar, der in das Handelsregister eingetragen werden muss. Maßgeblich ist, ob das Unternehmen einen nach Art und Umfang kaufmännischen Geschäftsbetrieb erfordert. Das kann von der Größe der Betriebsräume, über die Anzahl der Beschäftigten bis zur Anzahl der Geschäftsvorgänge und der Höhe des Anlagevermögens abhängen.

Freiberufler können nicht ins Handelsregister eingetragen werden.

Firmenname

Grundsätzlich sind der Vor- und Zuname des Inhabers anzugeben. Branchen- und Etablissementbezeichnungen sind zulässig. Einen Firmennamen dürfen nur Einzelunternehmer, die im Handelsregister eingetragen sind, führen.

Achtung: Einzelunternehmer, die ihre Firma in das Handelsregister eintragen lassen, dürfen zwischen Namens-, Sach- und Phantasienamen wählen, haben jedoch die Bezeichnung „eingetragener Kaufmann" bzw. „eingetragene Kauffrau" hinzuzufügen (Abkürzung: „e. K." oder „e.Kfm").

Beteiligte Personen

Wie der Name „Einzelunternehmen" bereits vermuten lässt, ist hier nur eine Person zugange. Der Inhaber trifft sowohl im Innen- als auch im Außenverhältnis, ohne Absprache mit Partnern, eigenverantwortliche Entscheidungen.

Kapital

Es ist keine Mindestkapitalausstattung notwendig. Im Gegensatz zu Kapitalgesellschaften und anderen Beteiligungsformen muss der Einzelunternehmer weder ein gesetzlich vorgeschriebenes Mindestkapital aufbringen noch eine Pflichteinlage leisten.

Haftung

Dass ein Einzelunternehmer eigenverantwortlich tätig werden kann, spiegelt sich in der strikten Haftungsauslegung wider. Kommt er nämlich in finanzielle Engpässe, haftet er mit seinem gesamten Vermögen, also inklusive Privatvermögen.

Steuer

Steuerlich gesehen ist der Einzelunternehmer ein eigenständiges Steuersubjekt. Das bedeutet nichts anderes, als dass der im Einzelunternehmen erzielte Gewinn persönlich von dem Existenzgründer versteuert werden muss. Wird ein Gewerbe betrieben, kann zusätzlich Gewerbesteuer anfallen. Wer Rechnungen mit Umsatzsteuerausweis ausstellt, hat die erhaltene Umsatzsteuer an das Finanzamt abzuführen. Den Gewinn kann ein Einzelunternehmer im Rahmen der vereinfachten Einnahme-/Überschussrechnung gemäß § 4 Abs. 3 EStG oder mittels einer Bilanz gemäß § 4 Abs. 1 und § 5 EStG errechnen. Das hängt davon ab, ob der Einzelunternehmer im Handelsregister eintragen ist. Freiberufler können niemals zur Abgabe einer Bilanz gezwungen werden.

Beispiel: Sie erzielen mit Ihrem Pizza-Home-Service, der in der Rechtsform des Einzelunternehmens betrieben wird, einen Gewinn in Höhe von 25.000 €. Diesen Gewinn haben Sie in der Anlage GSE zu Ihrer Einkommensteuererklärung einzutragen. Der erklärte Gewinn erhöht ihr zu versteuerndes Einkommen um 25.000 €.
Variante: Sie erzielen einen Anlaufverlust in Höhe von 30.000 €. In diesem Fall darf dieser Verlust mit anderen positiven Einkünften (ausgenommen Spekulationseinkünften) steuermindernd verrechnet werden. Ihr zu versteuerndes Einkommen sinkt also.

Tipp: Hatten Sie bereits vor der eigentlichen Aufnahme Ihrer selbständigen Betätigung betriebsbezogene Aufwendungen, können Sie diese ebenfalls problemlos in der Anlage GSE erklären und damit Ihre Einkommensteuerlast senken.

Schnellübersicht	Einzelunternehmen
Vorteile	• Die Gründung ist kostengünstig und unkompliziert. • Entscheidungen können schnell und eigenverantwortlich getroffen werden. • Weder Mindestkapital noch Pflichteinlage sind zur Gründung notwendig. • Hohe Kreditwürdigkeit (wegen Vollhaftung)
Nachteile	• Haftung mit gesamten Vermögen (auch Privatvermögen) • Kein Partner, der finanziell oder beratend zur Seite steht, also hohe Arbeitsbelastung.
Steuer	• Einzelunternehmer ist Steuersubjekt, muss Gewinn/Verlust in seiner Steuererklärung angeben • Gewinnermittlung mittels Bilanz oder nach der Einnahme-Überschussrechnung möglich.

9.2. Gesellschaft des bürgerlichen Rechts (GbR)

Auch diese Gesellschaftsform erfreut sich bei Existenzgründern, die mit einer geringen Kapitaldecke und ohne nähere gesellschaftsrechtliche Kenntnisse starten möchten, größter Beliebtheit.

Gründung

Die Gründung einer GbR läuft nach demselben Schema ab wie bei einem Einzelunternehmen, d. h. man kann einfach mit der gewöhnlichen Geschäftstätigkeit beginnen und muss grundsätzlich keine weiteren Gründungsformalitäten beachten. Die Mitteilung ans Finanzamt (Freiberufler) bzw. die Anmeldung bei der Gemeinde (Gewerbetreibende) sind die einzigen Formalitäten, die zu beachten sind. Jeder Gesellschafter eines Gewerbebetriebs benötigt einen Gewerbeschein. Ein schriftlicher Gesellschaftsvertrag ist nicht notwendig, jedoch aus Beweisgründen dringend zu empfehlen. Der Gesellschaftszweck kann niemals der Betrieb eines Handelsgewerbes sein, da sonst automatisch eine OHG vorliegen würde.

Eintrag ins Handelsregister

Grundsätzlich nicht möglich.

Firmenname

Diese Gesellschaftsform tritt unter dem Namen aller Gesellschafter auf. Ein Firmenname kann mangels Eintrag ins Handelsregister nicht geführt werden.

Beteiligte Personen

Eine GbR liegt vor, wenn sich mindestens zwei Personen (egal ob natürliche oder juristische Personen) zusammenschließen, um einen bestimmten wirtschaftlichen, kulturellen oder ideellen geschäftlichen Zweck zu verfolgen. Um die jeweiligen Vertragsparteien abzusichern, hat der Gesetzgeber einige Grundsätze für diese Form des Zusammenschlusses in §§ 705–714 BGB festgehalten.

Kapital

Wie beim Einzelunternehmen haben die Existenzgründer/innen kein gesetzlich vorgeschriebenes Mindestkapital zu erbringen. Meist wird zwischen den Gesellschaftern jedoch eine Pflichteinlage vereinbart, die in Geld, in Vermögenswerten oder in der zu erbringenden Arbeitskraft liegen kann. Bei Einbringung eines Grundstücks ist der Gesellschaftsvertrag notariell zu beglaubigen. Je nach vertraglichem Anteil wird dann der erzielte Gewinn zugeteilt.

Haftung

Zwar können die Geschäfte gemeinsam besorgt werden oder nur einem Gesellschafter übertragen werden, gerät die Gesellschaft jedoch in die finanzielle Schieflage, haften alle Gesellschafter mit ihrem Gesellschaftsvermögen und ihrem gesamten Privatvermögen.

> **Achtung:** Der häufig verwendete Zusatz GbR mbH (= mit beschränkter Haftung) schützt zivilrechtlich nicht vor einer Haftungsinanspruchnahme des Privatvermögens.

Steuer

Steuerlich gesehen ist jeder einzelne Gesellschafter Steuersubjekt, d. h. der erzielte Gewinn/Verlust ist von jedem einzelnen Gesellschafter je nach seinem Anteil persönlich zu versteuern. Auch hier kann wieder von der vereinfachten Einnahme-/Überschussrechnung oder von der Bilanz Gebrauch gemacht werden.

Das Finanzamt führt eine sog. gesonderte und einheitliche Feststellung durch. Der so ermittelte Gewinn bzw. Verlust wird dann je nach Anteil dem Wohnsitzfinanzamt mitgeteilt, bei dem die Gesellschafter steuerlich geführt sind.

Eine einheitliche und gesonderte Feststellung des Gewinns kommt immer dann in Betracht, wenn mehrere Beteiligte vorhanden sind. Sie haben den Gewinn „ganz normal" zu ermitteln und müssen diesen dem Finanzamt dann in einer Feststellungserklärung mitteilen. Neben dem Gewinn geben Sie an, in welcher Höhe den Beteiligten der Gewinn vertraglich zusteht. Nach diesem Maßstab wird das Finanzamt dann Mitteilungen an die Finanzämter der Beteiligten schicken, die dann den jeweiligen Gewinn in der Steuererklärung der Beteiligten festsetzen.

> **Beispiel:** Sie schreiben mit einem Bekannten einen Roman und ermitteln einen Gewinn in Höhe von 20.000 €. Nach Vertrag erhalten Sie 60 % und Ihr Partner 40 %. Diese Angaben teilen Sie dem zuständigen Finanzamt in einer Feststellungserklärung mit. Das ist ein Steuererklärungsformular, dass Sie extra beim Finanzamt anfordern müssen. Diesem Formular müssen Sie Ihre Gewinnermittlung beifügen.
> **Folge:** Das Finanzamt wird nun einen Feststellungsbescheid erlassen.

Aufgrund dieses Bescheides muss jedoch noch keine Steuer bezahlt werden. Das Finanzamt teilt nun den Finanzämtern, die für Sie und Ihren Partner zuständig sind, mit, wie hoch die jeweiligen Gewinne anzusetzen sind. Sie haben 12.000 € zu versteuern, Ihr Mitautor 8000 €. Den vom Finanzamt für Sie festgestellten und mitgeteilten Gewinn haben Sie in der Anlage GSE zu Ihrer persönlichen Einkommensteuererklärung einzutragen.

> **Achtung:** Bei zusammenveranlagten Ehegatten muss keine einheitliche und gesonderte Feststellung durchgeführt werden, da die Ergebnisse in einem einzigen Einkommensteuerbescheid erfasst werden.

Schnellübersicht	Gesellschaft des bürgerlichen Rechts (GbR)
Vorteile	• Die Gründung ist kostengünstig und unkompliziert. Kein schriftlicher Vertrag notwendig, jedoch unbedingt empfehlenswert. • Die Verantwortung ist auf „mehrere Schultern" verteilt. • Kein Mindestkapital. Mögliche Pflichteinlage kann frei bestimmt werden.
Nachteile	• Solidarische Haftung mit gesamten Vermögen (auch Privatvermögen), vgl. Kapitel 16, Haftung. • Schnelle Entscheidungen im Alleingang sind in der Regel nicht möglich. • Partner mit mangelhaften Know-how müssen „mitgezogen" werden.
Steuer	• Nicht die GbR, sondern jeder einzelne Gesellschafter muss seinen Anteil am Gewinn/Verlust versteuern. • Gewinnermittlung mittels Bilanz oder nach der Einnahme-Überschussrechnung möglich.

9.3. Offene Handelsgesellschaft (OHG)

Die Offene Handelsgesellschaft ist der GbR sehr ähnlich. Einziger deutlicher Unterschied: Der Gesellschaftszweck ist der Betrieb eines Handels-gewerbes. Häufig entsteht diese Rechtsform aus einer

GbR, weil sich die Tätigkeit nach Art und Umfang auf einmal so gestaltet, dass ein Handelsgewerbe zu erkennen ist.

Gründung

Zur Gründung ist ein Vertrag vorgesehen, der jedoch nicht notariell beglaubigt sein muss. Das Vertragswerk ist jedoch meist sehr unkompliziert „gestrickt". Musterverträge helfen hier schnell weiter. Anmeldung bei der Gemeinde (Gewerbeschein) nicht vergessen (alle Gesellschafter).

Eintrag ins Handelsregister

Die Firma muss in das deutsche Handelsregister eingetragen werden. Alle Gesellschafter haben den Antrag auf Eintrag zu unterzeichnen. Die Unterschriften der Gesellschafter sind durch einen Notar öffentlich zu beglaubigen.

Firmenname

Entweder Sie geben diesem Unternehmen einen Phantasienamen mit Zusatz der Gesellschaftsform (z. B. GloboTel OHG) oder Sie verwenden mindestens einen Personennamen eines Gesellschafters (z. B. Müller OHG oder Müller Textil OHG).

Beteiligte Personen

Wie bei der Gesellschaft des bürgerlichen Rechts bedarf es mindestens zweier Gesellschafter, um diese Rechtsform begründen zu können. Um die jeweiligen Vertragsparteien abzusichern, hat der Gesetzgeber einige Grundsätze für diese Form des Zusammenschluss in §§ 105–160 HGB festgehalten.

Kapital

Es ist kein gesetzliches Mindestkapital zu erbringen. Pflichteinlagen, nach deren Höhe dann der Gewinn/Verlust zugeteilt wird, können frei vereinbart werden.

Haftung

Unbeschränkte Haftung für alle Gesellschafter. Die OHG ist keine juristische Person und nicht voll rechtsfähig. Sie kann aber unter ihrem Namen Rechte erweben und Verbindlichkeiten eingehen.

Für Verbindlichkeiten haftet die OHG mit ihrem Gesellschaftsvermögen, danach haften die einzelnen Gesellschafter wie Einzelunternehmer, d. h. uneingeschränkt, unmittelbar und gesamtschuldnerisch. Jeder Gesellschafter haftet also auch mit seinem Privatvermögen. Interne Vereinbarungen, wonach ein Unternehmer von der Haftung ausgeschlossen werden soll, sind gegenüber Kunden und anderen Vertragspartnern unwirksam.

Steuer

Steuersubjekt ist wiederum der einzelne Gesellschafter, d. h. er hat seinen Anteil am Gewinn/Verlust der OHG persönlich zu versteuern. Gesetzlich ist vorgesehen, dass jeder Gesellschafter zunächst 4 % des Gewinns auf seinen Kapitalanteil bekommt. Der Restgewinn soll dann nach Köpfen verteilt werden. Da die OHG in das Handelsregister eingetragen wird, ist der Gewinn/Verlust stets mittels einer Bilanz zu ermitteln (§ 238 HGB). Der ermittelte Gewinn ist vom Finanzamt einheitlich und gesondert festzustellen und den Wohnsitzfinanzämtern der Gesellschafter mitzuteilen.

Schnellübersicht	Offene Handelsgesellschaft (OHG)
Vorteile	• Verantwortung auf mehrere Personen verteilt. • Keine Mindesteinlage erforderlich. Pflichteinlage kann frei bestimmt werden.
Nachteile	• Solidarische Haftung mit gesamten Vermögen (auch Privatvermögen). • Gesellschaftsvertrag und Eintrag ins Handelsregister vorgeschrieben. • Schnelle Entscheidungen im Alleingang sind in der Regel nicht möglich. • Partner mit mangelhaftem Know-how müssen „mitgezogen" werden. • Wegen Eintrag ins Handelsregister besteht Buchführungspflicht (Bilanzerstellung).
Steuer	• Nicht die OHG, sondern jeder einzelne Gesellschafter muss seinen Anteil am Gewinn/Verlust versteuern. • Gewinnermittlung mittels Bilanz vorgeschrieben.

9.4. Kommanditgesellschaft (KG)

Die Kommanditgesellschaft ist eine Art Sonderform der OHG. Nach den Vorschriften der §§ 161 bis 177a HGB ist es erlaubt, dass sich jemand an dieser Rechtsform mit einer bestimmten Kapitalanlage beteiligt und seine Haftung auf diese Einlage beschränkt. Zweck dieser Gesellschaftsform ist stets die Ausübung eines Handelsbetriebs.

Gründung

Zur Gründung ist wiederum ein Vertrag vorgesehen, der jedoch nicht notariell beglaubigt sein muss. Musterverträge helfen hier schnell weiter. Anmeldung bei der Gemeinde (Gewerbeschein) nicht vergessen (alle Gesellschafter).

Eintrag ins Handelsregister

Die Firma muss in das deutsche Handelsregister eingetragen werden. Hierzu ist die notarielle Beglaubigung notwendig (siehe OHG).

Firmenname

Personennamen, Sach- bzw. Phantasienamen mit dem Namen eines Komplementärs und dem Gesellschaftszusatz (ggf. auch Sachzusatz); z.B. Müller KG oder Müller Textilvertriebs KG.

Beteiligte Personen

Es müssen sich mindestens zwei Gesellschafter zusammenschließen, wobei es sich hierbei um natürliche und juristische Personen handeln kann. Diese Rechtsform unterscheidet zwischen zwei Typen von Gesellschaftern – nämlich dem
• voll haftenden Komplementär und
• dem beschränkt haftenden Kommanditisten.

Der Komplementär leitet die Geschäfte der Firma und haftet neben der Gesellschaft mit seinem gesamten Privatvermögen. In der Praxis tritt an seine Stelle häufig eine GmbH, da das Haftungsrisiko somit auf das Stammkapital dieser GmbH (in der Regel 25.000 €) beschränkt ist.

Der Kommanditist beteiligt sich mit einer Pflichteinlage an der Firma und wird im Haftungsfall auch nur bis zu deren Höhe haftbar gemacht.

Kapital

Es gibt kein gesetzlich vorgeschriebenes Mindestkapital. Die Gesellschafter können ihre Pflichteinlagen frei bestimmen.

Haftung

Die KG ist keine juristische Person und nicht voll rechtsfähig. Sie kann aber unter ihrem Namen Rechte erwerben und Verbindlichkeiten eingehen. Für Verbindlichkeiten der KG haftet die KG ihren Gläubigern mit dem Gesellschaftsvermögen und daneben jeder Komplementär unbeschränkt, unmittelbar und gesamtschuldnerisch mit seinem Privatvermögen. Der Kommanditist kann nur in der Höhe seiner geleisteten und ins Handelsregister eingetragenen Einlagen zur Haftung herangezogen werden.

Steuer

Steuersubjekt ist wiederum der einzelne Gesellschafter, d. h. er hat seinen Anteil am Gewinn/Verlust der OHG persönlich zu versteuern. Da Die KG in das Handelsregister eingetragen wird, ist der Gewinn/Verlust stets mittels einer Bilanz zu ermitteln (§ 238 HGB). Der Gewinn bzw. Verlust ist vom Finanzamt einheitlich festzustellen und je nach Anteil den Wohnsitzfinanzämtern der Gesellschafter mitzuteilen.

Schnellübersicht	Kommanditgesellschaft (KG)
Vorteile	• Komplementär kann die Geschäfte der KG eigenverantwortlich und ohne Zugeständnisse führen. • Keine Mindesteinlage erforderlich. Pflichteinlage kann frei bestimmt werden. • Kommanditist haftet nur mit seiner Einlage.
Nachteile	• Komplementär haftet mit seinem gesamten Vermögen (auch Privatvermögen). • Gesellschaftsvertrag und Eintrag ins Handelsregister vorgeschrieben. • Kommanditist hat kein Mitspracherecht.

● Wegen Eintrag ins Handelsregister besteht Buchführungspflicht (Bilanzerstellung).

Steuer   ● Nicht die KG, sondern jeder einzelne Gesellschafter
muss seinen Anteil am Gewinn/Verlust versteuern.
● Gewinnermittlung mittels Bilanz vorgeschrieben.

9.5. Partnerschaftsgesellschaft (PartG)

Seit dem 1. Juli 1995 können sich Angehörige freier Berufe zu einer neuen Rechtsform zusammenschließen. Die Rede ist von der
„Partnerschaftsgesellschaft", die der Rechtsform der GbR und der
OHG ähnelt. Seit dem o. g. Zeitpunkt können Freiberufler ihrem
Unternehmen einen Namen geben, den Fortbestand der Gesellschaft bei Wegfall eines oder mehrerer Gesellschafter regeln und sogar Zweigniederlassungen errichten.

Gründung

Die Gründung eines solchen Zusammenschlusses setzt einen
schriftlichen Vertrag voraus. Der Beginn dieser Rechtsform ist dem
Finanzamt unverzüglich mitzuteilen.

Eintrag ins Handelsregister

Alle Partner müssen die Partnerschaft zur Eintragung ins Partner-
schaftsregister anmelden. Die Unterschriften der Partner sind durch
einen Notar öffentlich zu beglaubigen.

Firmenname

Der Name muss mindestens den Nachnamen eines Partners beinhalten und den Zusatz „und Partner" bzw. „Partnerschaft" sowie
sämtliche in der Partnerschaft vertretenen Berufe nennen (z. B.
Steuer- und Rechtsanwaltskanzlei Müller & Partner).

Beteiligte Personen

Zu einer Partnerschaftsgesellschaft können sich nur Angehörige
freier Berufe zusammenschließen. Wichtig: Nur natürliche Personen sind hier gemeint. Juristische Personen oder Personengesell-

schaften können demnach nicht Gesellschafter dieser Rechtsform werden.

Kapital

Es ist kein Mindestkapital vorgesehen. Die Gesellschafter werden jedoch meist eine Pflichteinlage festlegen. Je nach Höhe der Einlage wird dann der Gewinn/Verlust auf den jeweiligen Gesellschafter verteilt.

Haftung

Neben dem Vermögen der Partnerschaft haften die Gesellschafter mit ihrem gesamten Privatvermögen für finanzielle Verbindlichkeiten. Beachten Sie jedoch folgende Ausnahmen:

Ist nur ein Partner mit der Bearbeitung eines Auftrags befasst, haftet neben der Partnerschaft nur dieser. Die anderen Partner sind entlastet.

Berufshaftpflichtversicherungen einzelner Berufe mindern in der Regel das Haftungsrisiko des einzelnen Gesellschafters.

Steuer

Steuersubjekt ist wiederum der einzelne Gesellschafter, d. h. er hat seinen Anteil am Gewinn/Verlust der Partnerschaft persönlich zu versteuern. Da nur Freiberufler tätig sind, genügt die Gewinnermittlung im Rahmen der Einnahme-/Überschussrechnung. Der Gewinn bzw. Verlust ist vom Finanzamt einheitlich und gesondert festzustellen und je nach Anteil den Wohnsitzfinanzämtern der Partner mitzuteilen (siehe hierzu auch Abschnitt 9.2., Gesellschaft des bürgerlichen Rechts).

Schnellübersicht	Partnergesellschaft
Vorteile	• Verantwortung ist auf mehrere Personen verteilt.
	• Unterschiedliche Berufsstände können sich zu effektiven Verbindungen zusammenschließen.
	• Keine Mindesteinlage erforderlich. Pflichteinlage kann frei bestimmt werden.
	• Haftungsbegrenzung durch Berufshaftpflichtversicherung und Auftragsbearbeitung durch nur einen Gesellschafter.

Nachteile	• Haftung mit gesamten Vermögen (auch mit dem Privatvermögen).
	• Gesellschaftsvertrag und Eintrag ins Partnerschaftsregister vorgeschrieben.
	• Schnelle Entscheidungen im Alleingang sind in der Regel nicht möglich.
	• Partner mit mangelhaftem Know-how müssen „mitgezogen" werden.
Steuer	• Nicht die Partnerschaftsgesellschaft, sondern jeder einzelne Gesellschafter muss seinen Anteil am Gewinn/Verlust versteuern.
	• Gewinnermittlung mittels Bilanz oder nach der Einnahme-Überschussrechnung möglich.

9.6. Stille Gesellschaft

Die stille Gesellschaft gehört neben der GbR, der OHG, der KG und der Partnerschaftsgesellschaft noch zu den Personengesellschaften. Bei dieser Konstellation beteiligt sich jemand mit einer Vermögenseinlage an dem Unternehmen eines anderen und bekommt hierfür je nach Vereinbarung einen Teil des Gewinns oder Verlusts zugeteilt. Die stille Gesellschaft tritt, wie der Name schon vermuten lässt, nach außen nicht in Erscheinung. Neben dieser „typischen stillen Gesellschaft" gibt es noch die „atypische stille Gesellschaft". Im Gegensatz zur typisch stillen Gesellschaft ist der Kapitalanleger hier an den Wertsteigerungen des Betriebsvermögens (stille Reserven) beteiligt. Ein weiterer Unterschied besteht darin, dass der atypisch stille Gesellschafter i. d. R. seine volle Arbeitskraft der Gesellschaft zur Verfügung stellt und im Innenverhältnis den anderen Gesellschaftern gleichgestellt ist, jedoch keine rechtliche Vertretungsvollmacht für die Gesellschaft nach außen hin ausüben kann (benötigt keinen Gewerbeschein).

Gründung

Sobald Sie in eine fremde Gesellschaft investieren, gilt die stille Gesellschaft als begründet. Es genügt ein mündlich geschlossener

Vertrag, die Fixierung der Eckdaten in Schriftform ist jedoch (aus Beweisgründen) unbedingt empfehlenswert.

Beteiligte Personen

Zwar gehört ein stiller Gesellschafter zum Unternehmen, Mitspracherechte werden ihm deswegen jedoch nicht eingeräumt. Einem atypisch stillen Gesellschafter können Mitwirkungsrechte eingeräumt werden. Grundsätzlich hat der stille Gesellschafter kein Kontrollrecht, er kann lediglich den Jahresabschluss verlangen und Bücher und Papiere einsehen. Er ist am Gewinn und Verlust beteiligt. Die Gewinnbeteiligung ist dabei zwingend, die Verlustbeteiligung kann ausgeschlossen werden. Nach Auflösung der Gesellschaft hat der stille Gesellschafter ein Anrecht auf Auszahlung seiner Einlagen nebst Gewinnanteilen.

Kapital

Es ist kein gesetzliches Mindestkapital zu beachten. Die Einlage, ähnlich einem Darlehen, kann frei bestimmt werden.

Haftung

Da der stille Gesellschafter grundsätzlich keine Mitspracherechte hat und im Außenverhältnis nicht auftritt, kann er folgerichtig auch nicht in Haftung genommen werden.

Steuer

Der typisch stille Gesellschafter erzielt mit seiner Einlage Einkünfte aus Kapitalvermögen. Der atypische stille Gesellschafter muss hingegen Einkünfte aus Gewerbebetrieb versteuern.

Schnellübersicht	Typisch und atypisch stille Gesellschaft
Vorteile	• Keine Mindesteinlage erforderlich. Pflichteinlage kann frei bestimmt werden. • Typisch stiller Gesellschafter muss kein großer Geschäftsmann sein, er legt sein Geld nur an, indem er sich an einer Unternehmung beteiligt. • Der stille und atypisch stille Gesellschafter haftet Dritten gegenüber nicht für Verbindlichkeiten der Gesellschaft.

● Für die Gesellschaft ist die stille Beteiligung eine Möglichkeit der Fremdkapitalbeschaffung.

Nachteile
● Eingeschränkte Mitspracherechte und kaum Entscheidungsfreiheit für den „stillen Gesellschafter".
● Keine unternehmerische Tätigkeit des stillen und des atypisch stillen Gesellschafters, daher keine Förderung durch öffentliche Mittel möglich.

Steuer
● Den Gewinn/Verlust hat der stille Gesellschafter persönlich zu versteuern.

9.7 Gesellschaft mit beschränkter Haftung (GmbH)

Die GmbH gehört zu den Kapitalgesellschaften. Diese unterscheiden sich von Personengesellschaften vor allem dadurch, dass sie voll rechtsfähig (juristische Personen) sind. Die Gründung einer GmbH ist dann sinnvoll, wenn man einer Tätigkeit nachgeht, die einen hohen Kapitaleinsatz erfordert, oder wenn andere nicht kalkulierbare Haftungsrisiken vorhanden sind.

Gründung

Im ersten Schritt ist der Gesellschaftsvertrag der GmbH notariell beglaubigen zu lassen. Die GmbH ist dadurch zwar errichtet, jedoch noch nicht voll rechtsfähig. Die Rechtsfähigkeit wird erst mit Eintragung der GmbH im Handelsregister erreicht.

Eintrag ins Handelsregister

Die GmbH ist ins Handelsregister einzutragen. Häufig übermittelt der Notar den Antrag auf Eintrag ins Handelsregister gleich nach der notariellen Beurkundung des Gesellschaftsvertrages.

Firmenname

Personen-, Phantasie- oder Sachfirma mit dem Zusatz GmbH (z. B. Presseagentur Müller GmbH, Helga Maier GmbH, ABC-Consult GmbH).

Beteiligte Personen

Die Gesellschafter der GmbH können natürliche und juristische Personen sowie sämtliche Personengesellschaften sein. Es genügt ein Gesellschafter (sog. Ein-Personen-GmbH) zur Gründung einer GmbH.

Kapital

Das Stammkapital einer GmbH muss mindestens 25.000 € betragen. Zur Erlangung der Rechtsfähigkeit müssen mindestens 12.500 € auf das GmbH-Konto einbezahlt oder durch Sacheinlagen eingebracht sein. Bei einer „Ein-Personen-GmbH" müssen ebenfalls mindestens 12.500 € eingezahlt sein. Zusätzlich muss hier vom Gründer ein Nachweis erbracht werden, dass er über die Mittel verfügt, um die zweite Hälfte des Stammkapitals abzudecken.

> **Hinweis:** Zum 1. 10. 2007 soll eine Novelle des GmbH-Rechts in Kraft treten. U. a. sollen die Gründungsformalitäten erleichtert und das Mindeststammkapital auf 10.000 € heruntergesetzt werden.

Haftung

Überschuldet sich die GmbH und wird hierfür in Regress genommen, haftet sie in der Regel mit ihrem gesamten Vermögen. Die Gesellschafter können nur bis zur Höhe ihrer Stammeinlagen in Haftung genommen werden. Daneben existieren umfangreiche Haftungstatbestände für den GmbH-Geschäftsführer. Vgl. Kapitel 16.2, Haftung des GmbH-Geschäftsführers. Vor der Eintragung ins Handelsregister (GmbH i. G.) haften alle Gesellschafter unbeschränkt persönlich.

Steuer

Aus der eigenständigen Rechtsfähigkeit der GmbH resultiert auch die eigenständige Steuerpflicht. Die GmbH unterliegt mit ihrem Gewinn der Körperschaftsteuer. Erhält ein Gesellschafter eine Ausschüttung hat er Einkünfte aus Kapitalvermögen zu versteuern. Kapitalgesellschaften haben ihren Gewinn stets mittels einer Bilanz zu errechnen.

Schaubild GmbH-Gründung

Gesellschafter
Entwurf des Gesellschaftsvertrages
(ggf. mit Hilfe des Notars oder eines Juristen)

▼

Industrie- und Handelskammer
Anfrage bei der zuständigen IHK, ob gegen die
Firmierung (Name) Bedenken bestehen

▼

Gesellschafter/Notar
Unterzeichnung (alle Gesellschafter) und notarielle Beurkundung des
Gesellschaftervertrages, Geschäftsführerbestellung sowie notarielle
Beglaubigung der Handelsregisteranmeldung

▼

Geschäftsführer/Stammeinlagen
Eröffnung eines Firmenkontos und Einzahlung des Stammkapitals
(mindestens 12.500 € / gilt auch für die Ein-Personen-GmbH)

▼

Amtsgericht
Anmeldung der Gesellschaft zur Eintragung in das Handelsregister
(geschieht über den Notar)

▼

Industrie- und Handelskammer
Stellungnahme zur Eintragung der GmbH in das Handelsregister
(Name, Gegenstand der GmbH, ggf. Bewertung der Sacheinlagen, ggf. Über-
prüfung von Genehmigungen)

▼

Amtsgericht
Eintragung der GmbH in das Handelsregister
und

Bekanntmachung
Bekanntmachung der Eintragung im „Bundesanzeiger" sowie in den vom
Registergericht bestimmten regionalen Bekanntmachungsblättern

▼

Gewerbebehörde
Gewerbeanmeldung durch den Geschäftsführer
(Achtung: Bei erlaubnispflichtigen gewerblichen Tätigkeiten ist eine
Bestätigung der zuständigen Behörde über die Erteilung der
Genehmigung für die Handelsregistereintragung notwendig)

Schnellübersicht	Gesellschaft mit beschränkter Haftung (GmbH)
Vorteile	• Die GmbH ist eine eigene Rechtspersönlichkeit. • Die Haftung der Gesellschafter ist maximal auf deren Einlage beschränkt. • Als Gesellschafter-Geschäftsführer können Sie die Geschäfte der GmbH uneingeschränkt besorgen. • Die Gesellschaft zahlt ggf. ein monatliches Gehalt (= Betriebsausgabe) und Gewinntantieme an Sie – die GmbH spart dabei auch noch Gewerbesteuer. • Die GmbH verfügt als Kapitalgesellschaft über einen hohen „Imagewert".
Nachteile	• Wer einen hohen Kredit möchte, muss der Bank neben der Stammeinlage meist noch weitere persönliche Sicherheiten bieten. • Die Gründungsformalitäten sind aufwendig und kostspielig. • Steuerliche Verluste können nicht mit den eigenen Einkünften ausgeglichen werden. • Kein Freibetrag bei der Gewerbesteuer.
Steuer	• Der Gewinn der GmbH ist anhand einer Bilanz zu ermitteln. • Steuerpflichtig ist die GmbH, nicht die einzelnen Gesellschafter.

9.8. Aktiengesellschaft (AG)

Die Aktiengesellschaft gehört wie die GmbH zur Gattung der Kapitalgesellschaften. Sie ist ein rechtlich selbständiges Subjekt (juristische Person). In der Praxis ist die Gründung einer AG bei Existenzgründern die absolute Ausnahme.

Gründung

Eine oder mehrere Personen müssen eine Satzung (Gesellschaftsvertrag der AG oder das Statut) notariell beglaubigen lassen. Die Satzung muss insbesondere folgende Inhalte haben:
• Firma,

- Sitz der Gesellschaft,
- Unternehmensgegenstand (Gesellschaftszweck),
- Grundkapital (als Nennbetrag mindestens 50.000 €),
- Nennbetrag der Aktien (Mindestbetrag 1 €) oder Zahl der Aktien ohne Nennbetrag (Stückaktien),
- Zahl der Vorstandsmitglieder,
- Form der Bekanntmachung

Die Gründer müssen in einer notariell zu beurkundenden Verpflichtung erklären, dass sie die Einlagen auf die Aktien bezahlen. Sie müssen außerdem in notariell beurkundeter Form den ersten Aufsichtsrat bestellen, der wiederum den Vorstand wählt.

Eintrag ins Handelsregister

Sämtliche Gründer und Mitglieder des Vorstands und des Aufsichtsrats haben die Aktiengesellschaft im Handelsregister anzumelden. Voraussetzung für dien Anmeldung: Sacheinlagen müssen in voller Höhe, Bareinlagen mindestens zu einem Viertel des Nennbetrags jede Aktie einbezahlt werden. Rechtsfähigkeit erlangt die AG erst mit Eintragung in das Handelsregister.

Firmenname

Personen-, Phantasie- oder Sachfirma mit dem Zusatz AG (vgl. GmbH-Gründung)

Beteiligte Personen

Bei den Gesellschaftern kann es sich um natürliche oder juristische Personen handeln. Bei Gründung einer AG genügt es, wenn nur ein einziger Gesellschafter (sog. Ein-Personen-AG) vorhanden ist. Der Vorstand besteht aus mindestens einer Person (muss nicht Aktionär sein) und vertritt die Gesellschaft nach Außen. Kontrollorgan ist der Aufsichtsrat (mindestens drei Personen), der auch den Vorstand (für fünf Jahre) bestellt. Der Vorstand darf nicht Mitglied des Aufsichtsrates sein. Der Aufsichtsrat wird durch die Hauptversammlung der Aktionäre (für maximal vier Jahre) bestellt.

Schaubild AG-Gründung

Gründer
Entwurf der Satzung (ggf. mit Hilfe des Notars oder eines Juristen)
Bestellung des Aufsichtsrates

↓

Aufsichtsrat
Bestellung des Vorstands

↓

Industrie- und Handelskammer
Anfrage bei der zuständigen IHK, ob gegen die Firmierung (Name) Bedenken bestehen

↓

Gründer
Gründungsbericht
(Formlose Prüfung des Berichts durch Vorstand und Aufsichtsrat,
ggf. Bestellung eines externen Gründungsprüfer durch das Gericht)

↓

Gründer/Vorstand/Aufsichtsrat/Notar
Unterzeichnung und notarielle Beurkundung der Satzung sowie
notarielle Beglaubigung der Handelsregisteranmeldung

↓

Vorstand/Grundkapital
Eröffnung eines Firmenkontos und Nachweis der Einzahlung des Grundkapitals
(mindestens 12.500,00 EUR/gilt auch für die Ein-Personen-AG)

↓

Amtsgericht
Anmeldung der Gesellschaft zur Eintragung in das Handelsregister
(geschieht über den Notar)

↓

Industrie- und Handelskammer
Stellungnahme zur Eintragung der AG in das Handelsregister
(Name, Gegenstand der AG, ggf. Bewertung der Sacheinlagen,
ggf. Überprüfung von Genehmigungen)

↓

Amtsgericht
Eintragung der AG in das Handelsregister
und

Bekanntmachung
Bekanntmachung der Eintragung im „Bundesanzeiger" sowie in den vom
Registergericht bestimmten regionalen Bekanntmachungsblättern

Gewerbebehörde
Gewerbeanmeldung durch den Vorstand
(Achtung: Bei erlaubnispflichtigen gewerblichen Tätigkeiten ist eine
Bestätigung der zuständigen Behörde über die Erteilung der Genehmigung
für die Handelsregistereintragung notwendig)

Kapital

Das Grundkapital einer AG muss mindestens 50.000 € (Bar- oder Sacheinlagen) betragen. Zur Erlangung der Rechtsfähigkeit genügt jedoch, wenn 12.500 € auf das Konto der AG einbezahlt sind. Das Grundkapital der AG ist in Aktien zerlegt, die von den jeweiligen Aktionären gehalten werden. Gibt es nur einen Aktionär („Ein-Personen-AG") muss das Grundkapital voll eingezahlt oder durch Sicherung nachgewiesen sein (vgl. GmbH-Gründung).

Haftung

Überschuldet sich eine AG, haftet diese mit ihrem gesamten Vermögen. Die Haftung für Aktionäre beschränkt sich bei einer AG lediglich auf deren Einlagen, die sie für ihre Aktien geleistet haben.

Bis zur Eintragung ins Handelsregister haftet der Handelnde unbeschränkt persönlich. Bei bestimmten Pflichtverletzungen haftet der Vorstand der Gesellschaft gegenüber persönlich.

Steuer

Wie bei der GmbH resultiert aus der eigenständigen Rechtsfähigkeit der Aktiengesellschaft auch deren eigenständige Steuerpflicht. Die AG unterliegt mit ihrem Gewinn der Körperschaftssteuer. Erhält ein Aktionär eine Ausschüttung, hat er die Einkünfte aus Kapitalvermögen zu versteuern. Der Gewinn ist mittels Bilanz zu errechnen.

Schnellübersicht	Aktiengesellschaft (AG)
Vorteile	• Die AG ist eine eigene Rechtspersönlichkeit. • Die Haftung der Aktionäre ist auf die Einlage beschränkt, die für die Aktien geleistet wurden. • Als Vorstand können Sie die Geschäfte der AG uneingeschränkt besorgen. • Relativ einfache Kapitalbeschaffung durch Ausgabe von Aktien. • Relativ einfache und variable Möglichkeit, Mitarbeiter durch Beteiligung an die Gesellschaft zu binden. • Die AG verfügt über einen sehr hohen „Imagewert".

Nachteile	• Wer einen hohen Kredit möchte, muss der Bank neben dem Grundkapital meist noch weitere persönliche Sicherheiten bieten.
	• Die Gründungsformalitäten sind kompliziert und kostspielig.
	• Steuerliche Verluste können nicht mit den eigenen Einkünften ausgeglichen werden.
	• Kein Freibetrag bei der Gewerbesteuer.
Steuer	• Der Gewinn der AG ist anhand einer Bilanz zu ermitteln.
	• Steuerpflichtig ist die AG, nicht die einzelnen Aktionäre.

9.9. Limited (Ltd.)

Ausländische Gesellschaftsformen sind für viele Existenzgründer/innen in Deutschland eine beliebte Alternative, wenn sie möglichst geringe Anlaufkosten, ein kaum nennenswertes Stammkapital und wenig Zeit aufbringen möchten.

> **Hinweis:** Der Europäische Gerichtshof (EuGH) hat mit seinen Urteilen vom 9. 2. 1999, 5. 11. 2002 und 30. 9. 2003 entschieden, dass die Niederlassungsfreiheit innerhalb der EU-Staaten die Mitgliedsländer verpflichtet, ausländische Gesellschaften anzuerkennen. So ist eine in England gegründete Limited (Ltd.) einer deutschen GmbH gleichzusetzen (EuGH, Urteile 9. 2. 1999 – Rs. C-212/97, 5. 11. 2002 – Rs. C-208/00 und 30. 9. 2003 – Rs. C-167/01). Dies wurde auch seitens des Bundesgerichtshofs (BGH) mit Urteil vom 13. 3. 2003 bestätigt.

Die Gründung einer britischen Limited steht dabei an der Spitze der Beliebtheit, wenn es um die Gründung einer ausländischen Kapitalgesellschaft in Deutschland geht.

Mit Limited (Ltd.) wird eine „Private Company Limited by Shares" bezeichnet, eine Kapitalgesellschaft, ähnlich der deutschen GmbH. Die Gründung ist oft innerhalb von einer Woche vollzogen, die notarielle Beurkundung entfällt. Auch das in Deutschland vorgeschriebene Stammkapital muss nicht nachgewiesen werden.

Theoretisch genügt die Mindesteinzahlung einer Währungseinheit in beliebiger Währung (z. B. 0,01 EUR = 1 Cent) pro Gesellschafter. Die Höhe des als Anteile („shares") eingebrachten Kapitals bestimmt sich nach der jeweiligen Satzung. Wie bei der GmbH haften die Gesellschafter nur in der Höhe ihrer Einlagen. Die Limited besteht grundsätzlich aus mindestens drei Akteuren (Director = Geschäftsführer, Company Secretary = eine Art „Schriftführer" (soll zukünftig nicht mehr zwingend notwendig sein) und Corporate Meeting = Gesellschafterversammlung). Sie wird ins britische Gesellschaftsregister (Companies House) in Cardiff eingetragen. Der Director kann auch eine juristische Person sein (wenn zusätzlich eine natürliche Person zum Director bestellt wurde). Der Company Secretary ist kein Organ der Gesellschaft und i. d. R. auch nicht bei ihr angestellt. Es gibt professionelle Company Secretaries, die für verschiedene Firmen ihre Tätigkeit verrichten und zudem auch ein Registered Office (siehe unten) anbieten.

Wenn die Limited eine Zweigniederlassung in Deutschland gründet, wird sie ins deutsche Handelsregister eingetragen. Unabhängig davon muss die Limited nach britischen Vorschriften, dem Companies Act, betrieben werden.

Das Einkommen der Limited unterliegt grundsätzlich der britischen Besteuerung. Ist die Firma überwiegend in Deutschland tätig, unterliegt sie der unbeschränkten Besteuerung nach dem deutschen Gewerbe- und Körperschaftssteuerrecht. Falls Umsätze in beiden Ländern erzielt werden, werden die steuerlichen Beziehungen zwischen Deutschland und Großbritannien durch das „Doppelbesteuerungsabkommen" geregelt.

Bitte beachten: „Limited-Gründungen" werden von vielen Anbietern (vor allem im Internet) für ca. 175–800 € als einfache und kostengünstige GmbH-Variante dargestellt. Das ist durchaus richtig. Allerdings unterliegt auch die Gründung einer solchen Gesellschaft bestimmten Formvorschriften, Pflichten und Kosten.

Vor allem auf die durch den ausländischen Betriebssitz bedingten Folgekosten, wird nicht immer hingewiesen. Das Betreiben einer reinen „Briefkastenfirma" ist in keiner Weise ratsam.

Um nämlich allen Verpflichtungen des über 700 Seiten umfassenden Companies Acts nachzukommen (Veröffentlichungsverpflichtungen, Geschäftsberichte, Jahresabschlüsse in englischer Sprache etc.), fallen in der Regel Beratungs- und Übersetzungskosten an.

Jede britische Limited muss ein sogenanntes Registered Office (Gesellschaftsregister) in Großbritannien unterhalten. Dies ist der offizielle Zustellungs- und Aufbewahrungsort der Firmenunterlagen. Seit dem Inkrafttreten des Companies Act 2006 im Jan. 2007 ist das Registered Office auf elektronischen Betrieb umgestellt worden.

Eine Gesellschaft mit Sitz in Deutschland kann sowohl in Deutschland als auch in Großbritannien verklagt werden.

Schließlich könnte es noch sein, dass Sie Akzeptanzprobleme bekommen. Falls Ihre geschäftliche Tätigkeit nämlich ausschließlich auf deutsche Kunden bezogen ist, und sie als Deutscher im Inland mit einer ausländischen Rechtsform auftreten, könnte es sein, dass Ihre Geschäftspartner misstrauisch werden und verstärkt Ihre Kreditwürdigkeit, Liquidität und Haftungsmöglichkeiten hinterfragen.

Es ist deshalb unbedingt erforderlich, sich vorab umfassend zu informieren, z. B. bei der Deutschen Auslandskammer in London (www.ahk-london.co.uk).

Beim Gesellschaftsregister in Cardiff (www.companiehouses. gov.uk) erhält man Informationen/Einsichten über Firmeneintragungen, Bilanzen und Insolvenzen etc.

Hinweis: Das englische Gesellschaftsrecht wurde reformiert. Im Januar 2007 sind die ersten Teilstücke des Companies Act 2006 in Kraft getreten. Die zahlreichen weiteren Vorschriften dieser Reform sollen schrittweise zum Oktober 2007, April 2008 und Oktober 2008 umgesetzt werden.

10. Wichtige Verträge für Unternehmer

Die alltäglichen unternehmerischen Entscheidungen müssen in der Regel schnell getroffen werden. Oftmals bleibt für die Beleuchtung der rechtlichen Hintergründe viel zu wenig Zeit.

Gerade deshalb ist es unerlässlich, sich der Tragweite solcher bzw. einzelner Entscheidungen bewusst zu sein. Insbesondere bei längerfristigen Geschäftsbeziehungen und Bindungen sollte dieser zivilrechtliche Aspekt nicht vernachlässigt werden, da die steuerlichen Auswirkungen hiervon ebenfalls maßgeblich beeinflusst werden.

Ferner sollte auf die schriftliche Fixierung von Vereinbarungen wert gelegt werden, selbst wenn dies für bestimmte Vertragsarten nicht unbedingt gesetzlich vorgeschrieben ist. Einerseits können hierdurch unnötige nachträgliche Unstimmigkeiten vermieden werden, andererseits können diese Verträge als Nachweis für bestimmte Geschäftsvorfälle dienen (z. B. dem Finanzamt oder den Gerichten bei Streitigkeiten).

10.1 Arbeitsvertrag

Auch mündlich vereinbarte Verträge sind grundsätzlich rechtsgültig. Dies gilt natürlich auch für Arbeitsverträge mit Angestellten. Um eventuelle Beweisschwierigkeit zu vermeiden, ist der Abschluss eines schriftlichen Arbeitsvertrages dringend zu empfehlen. Wird kein schriftlicher Arbeitsvertrag geschlossen, ist der Arbeitgeber verpflichtet, dem Arbeitnehmer binnen 4 Wochen nach dem Beginn des Arbeitsverhältnisses eine Niederschrift der wesentlichen Arbeitsvertragsbedingungen auszuhändigen. (Dies gilt nicht für Arbeitnehmer, die zur Aushilfe oder für hauswirtschaftliche, erzieherische oder pflegerische Tätigkeiten in einem Familienhaushalt eingestellt werden.)

Auch bei Arbeitsverträgen gilt der Grundsatz der Vertragsfreiheit. Diese kann durch Gesetze, Tarifverträge und Betriebsvereinbarungen eingeschränkt sein.

Folgende Punkte sollten in jedem Arbeitsvertrag mindestens geregelt sein:
- Name und Anschrift der Vertragsparteien (Arbeitnehmer und Arbeitgeber)
- Tätigkeitsbereich/Aufgaben des Mitarbeiters
- Beginn des Beschäftigungsverhältnisses (bei befristeten Arbeitsverträgen die Dauer und gegebenenfalls der Grund der Befristung), gegebenenfalls Dauer der Probezeit (maximal 6 Monate)
- Die Höhe und die Zusammensetzung des Arbeitentgeltes (Vergütung)
- Arbeitszeit und Arbeitsort des Mitarbeiters
- Urlaubsanspruch
- Verhalten bei Arbeitsverhinderung (Krankheit etc.)
- Kündigungsfristen
- Gegebenenfalls Regelungen über Verschwiegenheit, Nebentätigkeit, Wettbewerb
- Schlussbestimmungen

Seit dem 1. Mai 2000 muss die Kündigung eines Arbeitsvertrags in Schriftform erfolgen.

Befristete Arbeitsverträge

Befristete Arbeitsverträge bedürfen zu ihrer Wirksamkeit der Schriftform. Ein befristeter Arbeitsvertrag endet ohne Kündigung durch Zeitablauf. Für befristete Arbeitsverträge gilt eine Befristungsdauer von höchstens 2 Jahren (ohne sachliche Gründe). Innerhalb dieses Zeitraumes dürfen befristete Beschäftigungsverhältnisse bis zu 3 x verlängert werden.

Für alle anderen befristeten Arbeitsverträge muss ein sachlicher Grund für die Befristung angegeben werden. Sachliche Gründe können sein:
- Arbeitsverträge zur Probe
- Aushilfsarbeitsverträge
- Arbeitsverträge zur Vertretung von vorübergehend abwesenden Mitarbeitern
- Arbeitsverträge für Saisonarbeiter
- Wunsch des Arbeitnehmers nach einem befristeten Arbeitsvertrag
- Arbeitnehmer wird aus Haushaltsmitteln vergütet, die haushalts-

rechtlich für eine bestimmt befristete Beschäftigung bestimmt sind

• Befristung beruht auf einen gerichtlichen Vergleich.

Eine Befristung mit einem sachlichen Grund ist nicht zulässig, wenn mit demselben Arbeitnehmer bereits zuvor ein befristetes oder unbefristetes Arbeitsverhältnis bestanden hat. Hat der Arbeitnehmer das 58. Lebensjahr vollendet, bedarf es für die Befristung keines sachlichen Grundes.

Weitere Hinweise zum Arbeitsrecht finden Sie im Kapitel 14.4, Wichtige arbeitsrechtliche Bestimmungen.

10.2 Freier Mitarbeitervertrag

Oft werden einzelne Aufgaben oder Tätigkeitsbereiche aus Betrieben ausgegliedert, da die angestellten Mitarbeiter aus fachlichen oder zeitlichen Gründen nicht in der Lage sind, diesen Beschäftigungen nachzugehen (= Outsourcing). Diese Tätigkeiten werden dann von freien Mitarbeitern erledigt.

Für den Betrieb ergeben sich insoweit nicht unerhebliche Vorteile:

Freier Mitarbeiter werden nicht als Arbeitnehmer eingestuft. Das Kündigungsschutzgesetz ist somit nicht anwendbar. Ferner besteht kein Anspruch auf Urlaub, Lohnfortzahlung im Krankheitsfall oder etwaige Sondervergütungen, wie z. B. das Weihnachtsgeld. Durch die Einstufung der freien Mitarbeiter als Unternehmer entfällt auch der Arbeitgeberanteil an der Sozialversicherung (beachte jedoch Problematik Scheinselbständigkeit und Selbständige mit einem Auftraggeber).

Bei den vertraglichen Regelungen sollte auf Folgendes geachtet werden:

• Die Tätigkeit sollte klar und detailliert umschrieben werden.
• Die Art der Durchführung sollte dem freien Mitarbeiter als selbständiger Dienstleister völlig freigestellt sein (keine Weisungsgebundenheit, keine zwingenden Vorschriften über Arbeitsplatz und Anwesenheit).
• Die Vergütung sollte stets leistungsbezogen sein.

- Für die Versteuerung hat der freie Mitarbeiter selbst zu sorgen. In diesem Zusammenhang kann dem Auftraggeber eine Bescheinigung des Finanzamts (Bestätigung, dass man als Unternehmer steuerlich erfasst ist) bzw. eine Gewerbeanmeldung vorgelegt werden.
- Die Steuernummer muss ab 1. 7. 2002 mitgeteilt werden. Ab 1. 1. 2004 wird wegen der fehlenden Steuernummer der Vorsteuerabzug aus diesen Leistung verwirkt, vgl. Kapitel Umsatzsteuer.
- Die Pflicht zur Verschwiegenheit über im Rahmen der Tätigkeit bekannt gewordene Geschäftsgeheimnisse ist unschädlich. Allerdings muss der freie Mitarbeiter dennoch auch für andere Firmen tätig werden dürfen. Einzelne direkte Konkurrenzunternehmen können jedoch ausdrücklich hiervon ausgeschlossen werden.

10.3 Gesellschaftsvertrag (GbR)

Bei der Gründung einer Gesellschaft des Bürgerlichen Rechts (GbR) sollten Sie zu Ihrer eigenen Sicherheit auf jeden Fall einen schriftlichen Gesellschaftsvertrag abschließen. Diesen können Sie und Ihr(e) Teilhaber nach dem Grundsatz der Vertragsfreiheit inhaltlich selbst ausgestalten. Es ist nicht vorgeschrieben, dass der Vertrag von einem Juristen ausgearbeitet wurde, eben sowenig ist eine notarielle Beurkundung notwendig. Gesetzliche Grundlage für die Auslegung von Gesellschaftsverträgen sind die §§ 705 ff BGB (Bürgerliches Gesetzbuch)

Über folgende Punkte sollte ein Gesellschaftsvertrag Aufschluss geben:

- Name und Ort der Gesellschaft, Name der Gesellschafter
- Zweck der Gesellschaft
- Beginn der Geschäftstätigkeit/Festlegung des Geschäftsjahres
- Festlegung der jeweiligen Gesellschaftsanteile (Beteiligungsverhältnisse)
- Höhe der Einlagen und Beiträge der jeweiligen Gesellschafter
- Fälligkeit der Einlagen
- Geschäftsführung, Vertretung und Haftung im Innenverhältnis
- Beschlussfassung/Stimmrechte

- Gewinn- und Verlustverteilung
- Vergütungen, Entnahmen, Rücklagen
- Ggf. Raumaufteilung/Mietkostenaufteilung/Zuständigkeits-regelungen/Bankvollmachten
- Informations- und Kontrollrechte
- Urlaubsregelung/sonstige Abwesenheiten
- Abtretung/Übertragung von Gesellschaftsanteilen
- Kündigung/Ausschluss eines Gesellschafters
- Tod eines Gesellschafters (Erbfolgeregelung)
- Auflösung der Gesellschaft/Übernahmevereinbarung
- Schriftformklausel
- Salvatorische Klausel

10.4 GmbH – Gesellschaftsvertrag (Satzung)

Um eine GmbH (Gesellschaft mit beschränkter Haftung) zu grün-den, müssen die Gesellschafter einen Gesellschaftsvertrag (Satzung der GmbH) abschließen, der von jedem Gesellschafter unterschrie-ben und notariell beurkundet sein muss (gilt auch für die Ein-Per-sonen-GmbH).

Nach dem GmbH-Gesetz sind im Gesellschaftsvertrag mindestens folgende Aussagen zu treffen:

- Name (Personen- und/oder Sachname) der Gesellschaft
- Sitz der Gesellschaft
- Gegenstand des Unternehmens (Unternehmenstätigkeit)
- Höhe des Stammkapitals (derzeit mindestens 25.000,00 €)
- Höhe der Stammeinlagen jedes Gesellschafters (mindestens 100,00 €)
- Dauer der GmbH (falls das Unternehmen nur eine bestimmte Zeit bestehen soll)

Zusätzlich sollte der Gesellschaftsvertrag auch diese Punkte re-geln:

- Geschäftsjahr
- Verfügung über die Geschäftsanteile
- Vorkaufsrecht
- Berufung der Geschäftsführung

- Umfang der Vertretungsbefugnis (ggf. Befreiung vom Selbstkontrahierungsverbot des § 181 BGB)
- Einberufung, Durchführung und Aufgaben der Gesellschafterversammlung
- Beschlussfassung
- Jahresabschluss
- Dauer der Gesellschaft
- Verfügung über die Geschäftsanteile
- Ausscheiden von Gesellschaftern
- Vererbung von Geschäftsanteilen
- Einziehung von Geschäftsanteilen
- Verschwiegenheitspflicht
- Wettbewerbsverbot
- Gründungsaufwand

10.5 GmbH – Geschäftsführeranstellungsvertrag

Nach § 6 des GmbH-Gesetzes muss die Gesellschaft mit beschränkter Haftung einen oder mehrere Geschäftsführer (GF) haben. Die Bestellung zum Geschäftsführer einer GmbH ist unabhängig vom Anstellungsvertrag. Die Bestellung zum Geschäftsführer kann durch die Gesellschafterversammlung widerrufen werden. Der Anstellungsvertrag besteht jedoch auch dann weiter. Der Geschäftsführer kann (muss jedoch nicht) Gesellschafter der GmbH sein. Die Gesellschafter haben gegenüber dem GmbH-Geschäftsführer die uneingeschränkte Weisungsbefugnis. Dabei ist eine Beschränkung der Vertretungsmacht im Außenverhältnis nicht möglich. Für den angestellten GmbH-Geschäftsführer besteht grundsätzlich Sozialversicherungspflicht. Hiervon können geschäftsführende Gesellschafter befreit werden, sofern sie die „Geschicke der Gesellschaft maßgeblich beeinflussen" können. Dies ist u. a. der Fall wenn Sie über 50 % der Stammanteile oder über eine Sperrminorität verfügen. Setzen Sie sich diesbezüglich mit Ihrer Krankenkasse und der Agentur für Arbeit in Verbindung.

Folgende Inhalte sind im GF-Vertrag zu regeln:
- Geschäftsführerbestellung

- Aufgabenbereich, Geschäftsführungs- und Vertretungsbefugnis
- Pflichten und Haftung
- Vertragsdauer, Kündigungsfristen
- Bezüge (Fixgehalt und/oder Tantiemen)
- Arbeitszeit
- Verschwiegenheit
- Wettbewerbsklausel
- Urlaub
- Krankheit (Lohnfortzahlung)
- Schlussbestimmungen

Steuerliche Besonderheiten

Zur Vermeidung von verdeckten Gewinnausschüttungen und ihren meist nachteiligen steuerlichen Folgen für die Kapitalgesellschaft sollte beim Anstellungsvertrag auf folgende Besonderheiten geachtet werden:

- Beherrschende Gesellschafter, die gleichzeitig als Geschäftsführer fungieren, sollten jegliche Vereinbarung schriftlich und im Vornherein treffen. Hierbei ist auf eine klare und eindeutige Formulierung zu achten.
- Feiertags- und Nachtzuschläge sowie Überstundenvergütungen für einen Gesellschafter-Geschäftsführer werden durch das Finanzamt als verdeckte Gewinnausschüttungen behandelt.
- Variable Gehaltsbestandteile (Tantiemen, Gratifikationen, etc.) dürfen nur 25 % der Gesamtvergütung ausmachen, d. h. 75 % der Vergütung muss fix sein. Trotz vereinzelt abweichender finanzgerichtlicher Rechtsprechung hält die Finanzverwaltung an diesem Maßstab fest. Ratsam ist ein vertraglicher Passus, der eine Deckelung auf 25 % der Gesamtausschüttung enthält.
- Umsatztantiemen werden grundsätzlich nicht akzeptiert. Vereinbaren Sie daher eine Gewinntantieme.
- Eine Gewinntantieme darf maximal 50 % des gesamten Jahresüberschusses betragen. Sind zwei anspruchsberechtigte Geschäftsführer vorhanden, kann jeder maximal 25 % als Tantieme erhalten.
- Bei der Berechnung der Gewinnanteile müssen auch bilanzielle Verlustvorträge berücksichtigt werden. Dies ist gerade für Exis-

tenzgründer wichtig, die in den ersten Jahren Verluste erwirtschaftet haben. Wenn beispielsweise im dritten Jahr ein bescheidener Gewinn erwirtschaftet wurde, kann dieser nicht ausgeschüttet werden, solange noch kein ausgeglichener bzw. positiver Bilanzgewinn vorhanden ist.

Eine Musterformulierung könnte lauten:

„Die jährliche Gewinntantieme beträgt 10 % des Jahresüberschusses vor Belastung der Ertragssteuern und vor Berücksichtigung der Tantieme selbst, jedoch maximal 10.000 €. Ein eventuell vorhandener Verlustvortrag muss vorher ausgeglichen worden sein."

• Achten Sie auf ein angemessenes und branchenübliches Gehalt. Das Finanzamt könnte sonst den übersteigenden Teil als verdeckte Gewinnausschüttung behandeln und nicht zum Betriebsausgabenabzug zulassen.

> **Tipp:** Mit steigenden Gewinnen sollte auch das Gehalt entsprechend angehoben werden. Hierdurch sparen Sie sich Gewerbesteuer, da der Lohn als Betriebsausgabe den Gewinn mindert.

Im Übrigen gilt der Grundsatz, dass Geschäftsführer immer als Arbeitnehmer tätig werden. Dies gilt selbst dann, wenn es sich um eine „Ein-Personen-GmbH" handelt. Das Entgelt für die Tätigkeit ist somit immer über die Lohnsteuerkarte abzurechnen. Es ist im Übrigen unbeachtlich wie das Entgelt genannt wird oder wie es sich zusammensetzt (Lohn, Gehalt, Tantieme, Pkw-Überlassung, usw.)

Es ist nicht möglich, für als angestellter Geschäftsführer erbrachte Leistungen Rechnungen an die GmbH zu stellen. Werden jedoch bestimmte Arbeiten darüber hinaus erbracht, z. B. eine besondere Beratungsleistung oder der Verkauf eines Gegenstandes an die GmbH, kann mit einer normalen Rechnung abgerechnet werden. Die Abgrenzung richtet sich nach dem gesetzlichen Aufgabenbereich eines Geschäftsführers.

Über die Haftung des GmbH-Geschäftsführers vgl. Kapitel 16, Haftung.

10.6 Unternehmenskaufvertrag

Da es bei dem Kauf eines Unternehmens meist um größere Geld-summen geht und rechtliche Besonderheiten zu beachten sind, ist die Hinzuziehung von Fachleuten (Steuerberater, Wirtschaftsprüfer, Rechtsanwälte) unbedingt empfehlenswert. Darüber hinaus sind sie für die Berechnung des Unternehmenswerts – gerade im Hinblick auf die Ertragsaussichten – und somit des Kaufpreises zuständig.

Werden in diesem Zusammenhang auch Grundstücke oder An-teile an einer GmbH mit veräußert, ist die notarielle Beurkundung des Unternehmenskaufvertrags notwendig.

Ferner sollten mögliche Haftungsrisiken (z. B. bei Fortführung des Betriebs, § 75 AO) bedacht werden.

Eine detaillierte Gestaltung des Vertrages ist notwendig, da es sich z. B. bei Einzelunternehmen zivilrechtlich um sog. Sachgesamthei-ten handelt, also nicht die einzelnen Gegenstände gekauft werden. Die Mängelhaftung des Verkäufers ist in diesem Bereich im Nach-hinein schwer definierbar, aber im Vertrag vorab regelbar.

Bei dem Kaufvertrag sollten insbesondere Vereinbarungen zu fol-genden Punkten getroffen werden, die ggf. mit entsprechenden Auf-stellungen über Bestände ergänzt werden müssen:

- Fortführung des bisherigen Firmennamens
- Geschäftseinrichtung
- Warenvorräte und etwaige Eigentumsvorbehalte der Lieferanten
- Kunden- und Lieferantenkartei
- Forderungen und Verbindlichkeiten aus Lieferungen und Leis-tungen
- Darlehen und Bankverbindlichkeiten
- Fälligkeiten, Zahlungsmodalitäten des Kaufpreises
- bisherige betriebliche Verträge des Verkäufers (Mietvertrag über Büroräume, Arbeitsverträge)
- Übergabe des Geschäfts, Übergang Nutzen und Lasten
- Gewährleistungen und Garantien
- Rücktrittsrechte aus dem Kaufvertrag
- Wettbewerbsregelungen mit dem Verkäufer
- eventuelle überleitende Mitarbeit des bisherigen Firmeninhabers

- Kaufpreisminderung bei starken Umsatz- und Gewinnschwankungen unmittelbar nach dem Erwerb des Unternehmens
- Vereinbaren Sie einen vertraglichen Herausgabeanspruch von wichtigen Unterlagen, die sich auf den Unternehmenswert und somit Kaufpreis auswirken könnten
- Haftungsausschluss nach § 75 AO für den Käufer (eventuell versteckte Steuernachforderungen trägt im Nachhinein noch der Verkäufer)

10.7 Sonstige Verträge

Weitere wichtige Verträge für Existenzgründer/innen können sein:

- Allgemeine Geschäftsbedingungen,
- Darlehensverträge,
- Kaufverträge,
- Miet, Pacht- und Leasingverträge,
- Dienst, Werk- und Werklieferverträge.

Eine Übersicht mit Kurzbeschreibung dieser Vertragsarten finden Sie im Anhang, 21.14

11. Soziale Absicherung

Das Wichtigste zuerst: Gegen das unternehmerische Risiko gibt es keine Versicherung. Dennoch sollte sich jeder Selbständige Gedanken über mögliche Gefahren und die Art seiner Vorsorge machen.

Die soziale Absicherung bezieht sich dabei sowohl auf **private** (persönliche) als auch auf **betriebliche** Versicherungen. Für beide Bereiche gilt es genau abzuwägen, welche Risiken und Gefahren tatsächlich auftreten können und inwieweit diese „existenzbedrohend" werden könnten.

Grundsätzlich gilt: Jeder Selbständige ist für Art, Umfang und Höhe seiner sozialen Absicherung selbst verantwortlich. Die Versicherungsbeiträge werden in voller Höhe vom Selbständigen alleine getragen (Ausnahme: Pflichtversicherte der Künstlersozialkasse).

> **Tipp:** Überlegen Sie erst, welche eventuellen Schäden Sie selber tragen könnten und welche Sie versichern sollten.
>
> Holen Sie dann von den verschiedenen Versicherungsunternehmen Angebote ein und überprüfen Sie, ob kein Risikoausschluss gegen diese Schadensfälle vorliegt.
>
> Prüfen Sie, ob Sie nicht bereits einen Versicherungsschutz über einen schon bestehenden Versicherungsvertrag haben.
>
> Erkundigen Sie sich, ob für Ihre Branche eine Versicherungspflicht besteht und um welche es sich hierbei handelt (z. B. Pflichtmitgliedschaft in der gesetzlichen Rentenversicherung, in der Berufsgenossenschaft oder vorgeschriebene Berufshaftpflichtversicherungen).
>
> Decken Sie die vermutlich größten Risiken (z. B. gegen Krankheit) zuerst ab und achten Sie darauf, ab wann der Versicherungsschutz beginnt.
>
> Lassen Sie sich ausführlich beraten und dabei nicht unter Zeitdruck setzen (planen Sie rechtzeitig!).
>
> **Grundsatz: So wenig Versicherungen wie möglich, aber so viele wie nötig!**

Wer sich selbständig macht, hat zunächst einmal viele Ausgaben und relativ wenig Einnahmen. Deshalb haben Existenzgründer/innen in der Startphase die Möglichkeit von der Agentur für Arbeit

Zuschüsse zum Lebensunterhalt (**nicht** für Investitionen und Betriebsmittel) zu erhalten. Diese Hilfe gibt es in zwei Varianten. Als Gründungszuschuss für Arbeitslose mit Anspruch auf Arbeitslosengeld I und als Einstiegsgeld für Empfänger von Arbeitslosengeld II (Hartz IV). Welche Voraussetzungen Sie erfüllen müssen, um an diese Unterstützungen zu gelangen, wie hoch die Förderungen sind und alles Weitere zu den beiden Programmen können Sie in Kapitel 14.4 und 14.5 nachlesen.

11.1 Private (persönliche) Absicherung

(1) Krankenversicherung (KV)
(2) Pflegeversicherung (PV)
(3) Rentenversicherung (RV)/Versorgungswerke/Altersvorsorge
(4) Unfallversicherung (UV)
(5) Arbeitslosenversicherung (AV)

Krankenversicherung:

Gesetzliche Krankenversicherung (GKV)

Wer vor seiner hauptberuflichen selbständigen Tätigkeit angestellt und pflichtversichert war, kann sich und seine Familienangehörigen weiterhin freiwillig bei einer gesetzlichen Krankenversicherung absichern.

Voraussetzung hierfür ist eine bestimmte „Vorversicherungszeit". Sie müssen entweder

• in den letzten 5 Jahren 24 Monate oder
• unmittelbar vor dem Ausscheiden aus der Pflichtversicherung 12 Monate in der gesetzlichen Krankenversicherung (auch durch Familienversicherung) versichert gewesen sein.

Der Beitritt ist der GKV innerhalb von 3 Monaten anzuzeigen.

Die Beitragshöhe bemisst sich dabei nach den jährlichen Einkünften (vor Einkommenssteuer) und den Beitragssätzen der jeweiligen Kasse. Es werden Mindest- und Höchstbeiträge nach den jeweiligen Beitragsbemessungsgrenzen festgelegt. Diese Beitragssätze liegen seit April 2007 zwischen ca. 170 € (Mindestbeitrag für Existenzgründer/innen im Rahmen einer Förderung durch die Bundesagentur für Arbeit) und ca. 500 € (Höchstbetrag). Es empfiehlt sich, zu Beginn der selbständigen Tätigkeit möglichst geringe Beiträge zu entrichten (Mindestbeitrag) und am Ende des Jahres gegebenenfalls nachzuzahlen, da zu viel einbezahlte Beiträge nicht mehr rückerstattet werden können (eine Beitragsumstellung während des Jahres ist jederzeit möglich). Der Abschluss einer zusätzlichen Krankentagegeldversicherung ist ratsam. Da es sich bei der gesetzlichen Krankenversicherung um eine „Familienversicherung" handelt, sollte (soweit möglich) die zukünftige Lebens- und Familienplanung bei der Wahl des Krankenversicherungsschutzes mit berücksichtigt werden.

Wer die gesetzliche Krankenversicherung verlässt, kann dort als Selbständiger nicht mehr Mitglied werden. Zurück können Sie dann nur wieder, wenn Sie ein sozialversicherungspflichtiges Beschäftigungsverhältnis eingehen oder arbeitslos (mit Leistungsbezug) werden und eine der beiden oben genannten Voraussetzungen (Vorversicherungszeit) erfüllen. Von dieser Regelung ausgeschlossen wurden ab 1. 7. 2000 alle Personen, die das 55. Lebensjahr vollendet haben, in den letzten 5 Jahren nicht gesetzlich versichert waren und mindestens die Hälfte dieser Zeit (z. B. wegen einer selbständigen Tätigkeit) nicht versicherungspflichtig waren. Dieser Personenkreis kann dann auch bei der Aufnahme einer sozialversicherungspflichtigen Tätigkeit nicht mehr in die gesetzliche Krankenversicherung zurück.

Private Krankenversicherung (PKV)

Jeder Selbständige kann, unabhängig von seinen Einkünften, Mitglied einer privaten Krankenversicherung werden.

Die Beitragshöhe bemisst sich nach dem Eintrittsalter, dem Geschlecht, dem Umfang des Versicherungsschutzes, der Höhe des Selbstbeteiligung und der persönlichen „Gesundheitsbiographie" (ggf. Risikozuschläge). Im Gegensatz zur gesetzlichen Krankenversicherung handelt es sich bei der privaten Krankenversicherung um eine individuelle Absicherung (keine Familienversicherung).

Vor Austritt aus der gesetzlichen Krankenkasse sollten Sie die Bestätigung der privaten Versicherungsgesellschaft über Ihre Aufnahme bereits vorliegen haben, um Ihren kontinuierlichen Versicherungsschutz nicht zu gefährden.

Erkundigen Sie sich nicht nur über die aktuellen Beiträge sondern auch, wie sich Art und Umfang Ihres Versicherungsschutzes und die Beitragsgestaltung im Alter entwickeln werden.

Hinweis: Im Rahmen der am 1. 4. 2007 in Kraft getretenen Gesundheitsreform wird zum 1. 7. 2007 ein erweiterter Standardtarif in allen PKV eingeführt, der auch für Personen geöffnet sein wird, die ihren privaten Versicherungsschutz verloren haben. Ab 1. 1. 2009 gilt eine allgemeine Krankenversicherungspflicht (mit Einführung eines Basistarifs in der PKV). Nähere Infos hierzu unter: www.die-gesundheitsreform.de

---

Pflegeversicherung

Die Pflegeversicherung ist für alle Krankenversicherten (also auch für Selbständige) eine Pflichtversicherung. Sie können, unabhängig von der Krankenversicherung, bei einer privaten Pflegeversicherung oder bei einer gesetzlichen Pflegekasse (sind bei den gesetzlichen Krankenkassen angegliedert) versichert sein. Nicht erwerbstätige Familienangehörige sind dann in „Ihrer" gesetzlichen Krankenkasse, ohne zusätzliche Beiträge mitversichert. Der Beitragssatz zur sozialen Pflegeversicherung im Jahr 2007 beträgt 1,7 % bei sog. Elterneigenschaft und 1,95 % bei Kinderlosen, bezogen auf den Bruttoverdienst.

Gesetzliche Rentenversicherung/Versorgungswerke/Private Altersvorsorge

Gesetzliche Rentenversicherung

Als Selbständige können Sie sich in der gesetzlichen Rentenversicherung (Träger: Deutsche Rentenversicherung Bund) freiwillig versichern (falls nicht ohnehin eine Pflichtmitgliedschaft kraft Gesetzes besteht).

Die Höhe der Beiträge können freiwillig Versicherte selbst bestimmen. Der Mindestbeitrag (2007: 79,60 €) sichert Ihnen Ihre bereits erworbenen Ansprüche auf die Erwerbsminderungsrente (Voraussetzung für diese Ansprüche ist, dass Sie bereits vor dem 1. 1. 1984 mindestens 60 Monate Beiträge zur gesetzlichen Rentenversicherung gezahlt haben und dann einen lückenlosen Verlauf von rentenrechtlich relevanten Zeiten vorweisen können). Die Altersrente wird dadurch jedoch kaum erhöht. Die freiwillige Mitgliedschaft kann jederzeit beendet werden. Bis zum 31. März des Folgejahres können Sie eventuelle Beitragslücken des vergangenen Jahres decken.

Bestimmte Berufsgruppen sind auch als Selbständige in der gesetzlichen Rentenversicherung pflichtversichert. Hierzu zählen:

- Selbständige Künstler und Publizisten nach Maßgabe des Künstlersozialversicherungsgesetzes (vgl. Kapitel 11.3, „Künstlersozialkasse")
- Selbständige Seelotsen
- Selbständige Hebammen, Entbindungshelfer, Lehrer, Erzieher und Pflegepersonen (Kranken-, Säuglings-, Kinder-, Wochenpflege) ohne eigene Arbeitnehmer,
- Handwerksmeister, die noch keine 18 Jahre Pflichtbeiträge geleistet haben (außer Bezirksschornsteinmeister),
- Selbständige Küstenschiffer und Küstenfischer
- Hausgewerbetreibende,
- Selbständige mit einem Auftraggeber (vgl. Kapitel 13, „Selbständige mit einem Auftraggeber")

Alle nicht zu diesen Personenkreisen zählenden Selbständigen können sich bis spätestens 5 Jahre nach der Aufnahme der selbständigen Tätigkeit auf Antrag pflichtversichern.

Sie haben die Wahl, ob Sie Ihre Beiträge einkommensabhängig (Beitragssatz 19,5 % des Bruttoverdienstes) oder einkommensunabhängig, in Form von so genannten „Regelbeiträgen", bezahlen möchten. Die Regelbeitragssätze betragen 2007 monatlich 487,55 € (alte Bundesländer) bzw. 417,90 € (neue Bundesländer). Im Jahr der Aufnahme der selbständigen Tätigkeit und die weiteren 3 Jahre darauf haben Sie die Möglichkeit, nur den halben Regelbeitragssatz zu entrichten.

Neben der Altersvorsorge gehört auch der Schutz bei verminderter Erwerbsfähigkeit zu den Leistungen der gesetzlichen Rentenversicherung. Hierfür werden keine zusätzlichen Beiträge erhoben.

Tipp: Lassen Sie sich unbedingt von Ihrem zuständigen Rentenversicherungsträger einen Versicherungsverlauf erstellen und sich hierzu beraten. Hier erfahren Sie, welche Anwartschaften Sie bereits erworben haben und wie sich diese aufrechterhalten lassen.

Überprüfen Sie, ob alle Beitrags- und Ausfallzeiten erfasst wurden und beantragen Sie ggf. eine sog. „Kontenklärung".

Bei einem Ausscheiden verfallen ab dem 3. Jahr der Selbständigkeit Ihre Ansprüche auf Erwerbsminderungsrente. Der Anspruch auf Altersrente verfällt nicht!

Versorgungswerke

Wer einem kammerfähigen Freien Beruf angehört (z. B. Ärzte, Architekten, Notare, Rechtsanwälte, Steuerberater, Apotheker) wird Pflichtmitglied berufseigener Versorgungswerke. Eine Befreiung auf Antrag ist unter bestimmten Voraussetzungen möglich. Die Beiträge werden vom Versicherten alleine getragen. Sie dienen der Sicherstellung einer Alters-, Invaliditäts- und Hinterbliebenenversorgung.

Selbständige aus dem Bereich der Kommunikationsberufe können sich beim Versorgungswerk der Presse freiwillig versichern.

Private Altersvorsorge

Bei der privaten Altersvorsorge stehen Ihnen eine Vielzahl von Möglichkeiten offen. Diese Absicherung können Sie auch neben der gesetzlichen Rentenversicherung treffen. Folgende Vorsorgemöglichkeiten könnten dabei für Sie in Betracht kommen:
• Kapitallebensversicherung (mit oder ohne Berufsunfähigkeitsversicherung)
• Berufsunfähigkeitsversicherung
• Rentenversicherungen
• Risikolebensversicherung (zur Absicherung von Hinterbliebenen)
• Fonds (Aktien, Immobilien)
• Immobilienkauf etc.

Unfallversicherung:

Berufsgenossenschaft

Die Berufsgenossenschaften (BG) sind die Träger der gesetzlichen Unfallversicherung. Sie bieten Versicherungsschutz bei Arbeits-

und Wegeunfällen (auf dem Weg vom und zum Arbeitsplatz, zu Kunden etc.) und bei anerkannten Berufskrankheiten. Je nach Berufszugehörigkeit sind Selbständige pflichtversichert (z. B. Landwirtschaft, Einzelhandel, Baubereich, Gastronomie etc.) oder können sich und ihre Ehepartner freiwillig versichern (diese Möglichkeit sollte auf jeden Fall überlegt werden, da das Preis-Leistungsverhältnis sehr gut ist). Die Mitgliedschaft in der gesetzlichen Berufsgenossenschaft wird für alle Selbständigen Pflicht, wenn sie Arbeitnehmer (auch geringfügig Entlohnte) beschäftigen.

Die Beiträge zur BG bemessen sich nach der Höhe der jährlichen Lohnsumme und dem Grad der Unfallgefahr („Gefahrgeneigtheit"). Sie werden ausschließlich vom Unternehmer bezahlt.

Neben dem Versicherungsschutz bieten die Berufsgenossenschaften kostenlose Beratung in Fragen der Sicherheit und Gesundheit am Arbeitsplatz. Nehmen Sie deshalb frühzeitig Kontakt zum Technischen Aufsichtsdienst der zuständigen Berufsgenossenschaft auf, um teure Fehlinvestitionen und nachträgliche Auflagen zu vermeiden.

Private Unfallversicherung

Hierdurch können Sie auch die „Unfälle des täglichen Lebens" (Haushalt, Verkehr, Sport etc.) abdecken. Zudem können über sog. betriebliche Gruppen-Unfallversicherungsverträge Mitarbeiter und Familienangehörige im Berufs- und Freizeitbereich abgesichert werden. Die private Unfallversicherung bietet weltweiten Versicherungsschutz. Sie kann mit den Leistungen der Berufsgenossenschaft kombiniert werden.

Arbeitslosenversicherung

Seit 1. Februar 2006 gibt es für Selbständige, Pflegepersonen und Auslandsbeschäftigte die Möglichkeit, sich freiwillig in der staatlichen Arbeitslosenversicherung weiterzuversichern. Die gesetzliche Regelung hierzu findet sich in § 28 a SGB III. Dabei richtet sich der monatlich zu zahlende Betrag nach der Versichertengruppe und dem Gebiet in dem die Tätigkeit ausgeübt wird.

Für die Versichertengruppe der Selbständigen beträgt der monatliche Beitrag, der vom Versicherten allein gezahlt werden muss, für das Jahr 2007 25,73 € in den alten Bundesländern und 22,05 € in den neuen Bundesländern. Die Höhe der Beiträge wurde derzeit nach folgender Formel festgelegt: 25 % der sogenannten Bezugsgrößen (West: 2.450,00 € , Ost: 2.100,00 €), davon 4,2 % Beitragssatz. Der Betrag kann in monatlichen Beiträgen oder als Jahresbeitrag gezahlt werden. Der laufende Betrag ist jeweils am 1. des Monats fällig.

Um sich versichern zu können, müssen insgesamt 12 Monate Vorversicherungszeit (z. B. Beitragszahlungen aufgrund von abhängiger Beschäftigung und/oder Bezug von Arbeitslosengeld nach dem SGB III) innerhalb der letzten 24 Monate nachgewiesen werden. Die Dauer des Arbeitslosengeldbezuges spielt dabei keine Rolle. Versicherungspflicht/Leistungsbezug müssen der Aufnahme der selbständigen Tätigkeit unmittelbar vorausgegangen sein.

Empfänger von Arbeitslosengeld II (Hartz IV) können sich **nicht** freiwillig weiterversichern.

Für den Fall der Arbeitslosigkeit wird das Arbeitslosengeld nach vier Qualifikationsstufen (ohne Berufsausbildung, mit Ausbildungsberuf, mit Fachschul- oder Meisterabschluss o. Ä. oder mit Universitäts- bzw. Fachhochschulabschluss) gezahlt.

Je nach Steuerklasse und mit/ohne Kind beträgt das Arbeitslosengeld-West dann zwischen 616,80 bis 767,40 € (ohne Berufsabschluss); 762,90 bis 1.003,20 € (mit Berufsausbildung); 906,30 bis 1.200,00 € (mit Meisterprüfung); 1.041,90 bis 1.364,10 € (mit Studienabschluss) – vorausgesetzt, es besteht nicht ohnehin noch ein Anspruch aus Bestandsschutz auf eine höhere Leistung aufgrund von früheren Ansprüchen (das ist zum Beispiel der Fall, wenn in den letzten 24 Monaten noch mindestens 150 Tage Beitragszahlungen geleistet wurden).

Der Anspruch auf Arbeitslosengeld beträgt bei einer freiwilligen Beitragszahlung von 12 Monaten sechs Monate, bei einer Beitragszahlung von 24 Monaten sind es 12 Monate.

Die Antragstellung auf freiwillige Weiterversicherung in der Arbeitslosenversicherung erfolgt bei der zuständigen Agentur für Arbeit (am Wohnort des Antragstellers). Der Antrag auf freiwillige Weiterversicherung muss innerhalb eines Monats nach Aufnahme der selbständigen Tätigkeit gestellt werden. Die selbständige Tätigkeit muss in jedem Falle mindestens 15 Stunden wöchentlich ausgeübt werden. Ein Ausstieg aus der Versicherung ohne Kündigungsfristen ist jederzeit möglich. Werden drei Monate keine Beiträge bezaht, endet das Versicherungsverhältnis ebenfalls. Die Regelung über die freiwillige Weiterversicherung für Selbständige ist bis zum 31. 12. 2010 befristet.

> **Tipp:** Auch wenn Sie nicht in die freiwillige Arbeitslosenversicherung einbezahlt haben, sollten Sie sich bei Eintritt von Arbeitslosigkeit bei vorhergehender Selbständigkeit bei Ihrer zuständigen Agentur für Arbeit melden, da erworbene Ansprüche auf Arbeitslosengeld nicht sofort erlöschen und innerhalb einer Rahmenfrist wieder in Anspruch genommen werden kann.

11.2 Betriebliche Absicherung

Berufs- und Betriebshaftpflichtversicherung:

Diese Versicherungen können Sie nur bei privaten Versicherungsunternehmen abschließen. Einen gesetzlichen Versicherungsträger gibt es hierfür nicht. Trotzdem ist der Abschluss einer Berufshaftpflichtversicherung für bestimmte Berufsgruppen (z. B. Ärzte, Rechtsanwälte, Steuerberater etc.) Pflicht.

Durch die Berufs- und Betriebshaftpflichtversicherung werden Schäden gegenüber Dritten abgedeckt. Hierbei kann es sich um Sachschäden, körperlichen Verletzungen, Umweltschäden oder auch Vermögensschäden handeln.

Diese Versicherungen sind für Selbständige deshalb sehr wichtig, weil sie vor Zugriffen auf das Privatvermögen schützen, die aus begründeten Haftungsansprüchen gegen ihr Unternehmen gestellt werden. Die vielleicht bereits vorhandene private (Familien-)Haftpflichtversicherung kann im Falle eines beruflich/betrieblich verursachten Schadens nicht in Anspruch genommen werden.

Sonstige private Versicherungen

Neben der Berufs- und Betriebshaftpflichtversicherung gibt es noch eine Reihe von wichtigen Versicherungen für Selbständige, die hier kurz aufgelistet werden:

- **Feuerversicherung:** Schäden u. a. durch: Brand, Blitzschlag, Explosion; Versicherungsschutz: Einrichtung, Waren, fremdes Eigentum
- **Elektronik-Versicherung:** Schäden u. a. durch: unsachgemäßen Gebrauch, Kurzschluss, Überspannung, Feuchtigkeit, Sabotage; Versicherungsschutz: EDV- und Telefonanlagen etc.
- **Produkt-Haftpflichtversicherung:** Schäden u. a. durch: fehlerhafte Produkte; Versicherungsschutz u. a.: Schadenersatzansprüche; wichtig für: Hersteller, Lieferanten, Importeure etc.
- **Umwelthaftpflicht-Versicherung:** Schäden u. a. durch: Verunreinigung von Luft, Wasser, Boden; Versicherungsschutz u. a.: Schadenersatzansprüche
- **Rechtsschutzversicherung:** Schäden u. a. durch: Verfahrenskosten bei Rechtsstreitigkeiten mit Mitarbeitern; Versicherungsschutz u. a.: Anwalts- und Gerichtskosten
- **Einbruchdiebstahl-Versicherung:** Schäden u. a. durch: Diebstahl, Raub, Vandalismus; Versicherungsschutz u. a.: Sachen, die nach einem Einbruch entwendet oder beschädigt wurden
- **Leitungswasserversicherung/Sturmversicherung:** Schäden durch: austretendes Wasser, durch Sturm und Hagel; Versicherungsschutz u. a.: Sachschäden
- **Betriebsunterbrechungsversicherung:** Schäden u. a. durch: Betriebsstillstand wegen Ausfall von Maschinen, EDV- und Telefonanlagen, Montage- und Transportschäden; Versicherungsschutz u. a.: Laufende Kosten (Gehälter, Miete, Zinsen etc.) bis zur Wiederaufnahme des Betriebs
- **Versicherung gegen Forderungsausfälle:** Schäden u. a. durch: unbezahlte Kundenrechnungen; Versicherungsschutz u. a.: offene Forderungen

Sie sollten immer genau abwägen, welche Versicherungen wirklich existentiell notwendig sind. Holen Sie mehrere Vergleichsangebote ein und lassen Sie diese ggf. von unabhängigen Fachleuten (z. B. vom Deutschen Versicherungs-Schutzverband) prüfen.

11.3 Künstlersozialkasse (KSK)

Das Künstlersozialversicherungsgesetz (KSVG) vom 1.1. 1983 bietet selbständigen Künstlern und Publizisten eine ähnliche soziale Absicherung wie Arbeitnehmern. Der durch das KSVG versicherte Personenkreis zahlt nur die Hälfte der Renten-, Kranken- und Pflegeversicherungsbeiträge.

Die zweite Hälfte wird durch Bundeszuschuss und Abgaben von Unternehmen, die künstlerische und publizistische Leistungen verwerten, finanziert.

Die Beiträge werden von der **Künstlersozialkasse (KSK)**, Gökerstraße 14, 26384 Wilhelmshaven, Tel. (04421) 7543–9, Fax (04421) 7543-586, Internet: www.kuenstlersozialkasse.de, eingezogen und an die entsprechenden Leistungsträger (gesetzliche Kranken- u. Pflegekassen, Bundesversicherungsanstalt für Angestellte) weitergeleitet.

Achtung: Der Versicherungsschutz erstreckt sich **nicht** auf die gesetzliche Unfallversicherung.

Personenkreis

Der Kreis der selbständigen Künstler und Publizisten umfasst die Bereiche:
- Musik
- Bildende Kunst/Design
- Darstellende Kunst
- Wort

Versicherungpflichtig

sind Personen, die als **Künstler** oder **Publizisten,** nicht nur vorübergehend, selbständig erwerbstätig **und** im Wesentlichen im Inland tätig sind.

Nicht über die KSK versichert ist, wer:
- mehr als einen Arbeitnehmer beschäftigt (Auszubildende und geringfügig Beschäftigte werden hier nicht berücksichtigt),
  oder

• zu den versicherungsfreien Personen (§§ 4 und 5 KSVG) zählt (dies ist dann möglich, wenn z. B. ein zusätzliches Arbeitnehmerverhältnis oder eine anderweitige selbständige Tätigkeit vorliegt) **oder**

• gewisse Mindestverdienstgrenzen **nicht** erreicht.

Mindestverdienstgrenzen

Erzielt ein selbständiger Künstler/Publizist nicht mindestens ein voraussichtliches Jahresarbeitseinkommen, das über der Grenze für geringfügig Beschäftigte liegt, so ist er von der Sozialversicherungspflicht befreit.

Diese Grenze liegt im Jahre 2007 bei: 3.900,00 € jährlich = 325,00 € monatlich (alte und neue Bundesländer)

Versicherungsfreiheit in der Renten- bzw. Krankenversicherung

Nicht versicherungspflichtig in der **Rentenversicherung** sind selbständige Künstler/Publizisten, die ein zusätzliches Einkommen aus abhängiger oder anderer selbständiger Tätigkeit erzielen, wenn sie aufgrund dieser Beschäftigung/Tätigkeit versicherungsfrei sind (z. B. Beamte) oder wenn ihr Einkommen als Arbeitnehmer oder aus der zusätzlichen selbständigen Tätigkeit im Jahr 2007 eine Einkommensgrenze von 31.500,00 € (alte Bundesländer) bzw. 27.300,00 € (neue Bundesländer) erreicht. Weitere Ausnahmen von der Versicherungsfreiheit in der RV sind in § 4 KSVG geregelt.

Versicherungsfrei in der **Kranken- und Pflegeversicherung** sind u. a. Künstler und Publizisten, wenn sie aufgrund einer abhängigen Beschäftigung in der gesetzlichen Krankenversicherung pflichtversichert sind, oder wenn sie das 55. Lebensjahr vollendet haben und in den letzten 5 Jahren nicht gesetzlich versichert waren, oder nach den Vorschriften der gesetzlichen Krankenkassen versicherungsfrei sind oder eine andere selbständige Tätigkeit erwerbsmäßig, in mehr als geringfügigem Umfange und dauerhaft ausüben. Berufsanfänger (Definition siehe unten) werden auch dann nach dem KSVG in der gesetzlichen Kranken- und Pflegeversicherung versichert, wenn sie diese Mindestverdienstgrenze nicht erreichen.

Befreiung

Eine Befreiung ist
- von der gesetzlichen Rentenversicherungspflicht **nicht** möglich,
- von der gesetzlichen Krankenversicherungspflicht **auf Antrag** nur möglich:
  – als Berufsanfänger oder
  – als Höherverdienender.

Berufsanfänger: Als Berufsanfänger gilt ein Künstler/Publizist innerhalb der ersten 3 Jahre nach erstmaliger Aufnahme einer entsprechenden Tätigkeit (bei Aufnahme der Tätigkeit vor dem 1. 7. 2001: die ersten 5 Jahre).

Für den Berufsanfänger besteht die Wahlmöglichkeit zwischen der gesetzlichen und einer privaten Krankenversicherung.

> **Achtung:** Nach der Drei- bzw. Fünfjahresfrist kann diese Befreiung nicht mehr widerrufen werden.

Höherverdienende: Versicherungspflichtige, deren Einkommen in drei Kalenderjahren insgesamt über der Summe der Jahresarbeitsentgeltgrenzen der gesetzlichen Krankenversicherung für diese Jahre gelegen hat, können einen Antrag auf Befreiung von der Krankenversicherungspflicht stellen. Die **Verdienstgrenze** für diese Befreiung liegt 2007 bei 140.400 €, bezogen auf die Arbeitsentgelte der Jahre 2004–2006.

> **Achtung:** Diese Befreiung kann nicht mehr widerrufen werden.

11.4 Gründungszuschuss (GZ)

Leistung

Die Bundesagentur für Arbeit unterstützt die hauptberufliche Aufnahme einer selbständigen Tätigkeit durch den Gründungszuschuss, der nach § 57 SGB III (Sozialgesetzbuch Drittes Buch) in Höhe Ihres bisherigen Arbeitslosengeldes zuzüglich eines Zuschusses von 300 EUR zur sozialen Absicherung für die Dauer **von 9 Mo-**

naten gewährt wird. Der Gründungszuschuss hat am 1. 8. 2006 die beiden Förderinstrumente Ich-AG/Existenzgründungszuschuss (ausgelaufen am 30. 6. 2006) und Überbrückungsgeld abgelöst. Gefördert werden Gründungen im Geltungsbereich des SGB (also keine Auslandsgründungen). Die Leistungen werden zur Sicherung des Lebensunterhalts **und** zur sozialen Absicherung (Kranken- und Pflegeversicherung, Altersvorsorge etc.) in der Anlaufphase nach der Existenzgründung bewilligt. Deshalb erfolgt die Auszahlung monatlich (**nicht** in einer Gesamtsumme).

Förderungsfähiger Personenkreis

Die Agentur für Arbeit gewährt den Gründungszuschuss zur Förderung der Aufnahme einer selbständigen Tätigkeit wenn:

- Sie bis zur Aufnahme der selbständigen Tätigkeit bei der Agentur für Arbeit arbeitslos gemeldet sind und Entgeltersatzleistungen (z. B. Arbeitslosengeld) bezogen haben oder einen Anspruch darauf haben.
- Sie mit der Aufnahme der selbständigen Tätigkeit Ihre Arbeitslosigkeit beenden,
- Ihr Arbeitsaufwand für die selbständige (freiberufliche oder gewerbliche) Tätigkeit wöchentlich in der Regel mindestens 15 Stunden beträgt (eine zusätzliche sozialversicherungspflichtige Nebentätigkeit ist während der Förderdauer nicht möglich),
- Sie zum Zeitpunkt der Aufnahme der selbständigen Tätigkeit einen Restanspruch auf Arbeitslosengeld von mindestens 90 Tagen haben,
- Sie den Nachweis erbringen können, dass Sie über die notwendigen Kenntnisse und Fähigkeiten zur Ausübung der selbständigen Tätigkeit verfügen (z. B. durch bisherige einschlägige Berufserfahrungen, Qualifikationen, Teilnahmen an Maßnahmen zur Gründungsvorbereitung etc.),
- eine fachkundige Stelle die dauerhafte Tragfähigkeit Ihres Gründungsvorhabens bestätigt,
- Sie das 65. Lebensjahres noch nicht vollendet haben,
- Sie in den letzten 24 Monaten weder Überbrückungsgeld noch Existenzgründungszuschuss (Ich-AG) bezogen haben.

Betriebsübernahmen

Im Gegensatz zu früheren Regelungen sind Betriebsübernahmen grundsätzlich mit Gründungszuschuss förderbar.

GmbH-Gründungen

Geschäftsführende Gesellschafter einer GmbH können mit Gründungszuschuss gefördert werden, wenn anhand des Feststellungsbogens für Gesellschafter und Geschäftsführer Sozialversicherungsfreiheit festgestellt wurde.

Dauer und Höhe des Gründungszuschusses

Die Förderdauer besteht aus 2 Phasen:

1. Phase: Die Förderung wird als Zuschuss für 9 Monate in Höhe des Betrages gewährt, den Sie als Arbeitslosengeld zuletzt bezogen haben oder als Arbeitnehmer bei Arbeitslosigkeit hätten beziehen können.

Zusätzlich erhalten Sie monatlich 300 € für Ihre Aufwendungen zur sozialen Absicherung. Eine Nachweispflicht, ob und wie Sie sich absichern, gibt es nicht*.

Bei Erfüllung der Fördervoraussetzungen besteht ein Rechtsanspruch auf diese Förderphase.

2. Phase: Sie können weitere 6 Monate den Zuschuss in Höhe von 300 € pro Monat für Ihre Sozialversicherungsausgaben erhalten, wenn Sie nachweisen können, dass Sie einer intensiven, erfolgversprechenden hauptberuflichen selbständigen Geschäftstätigkeit nachgehen.

Die Bewilligung für diese Förderphase liegt im Ermessen der Agentur für Arbeit.

Verrechnung mit dem Arbeitslosengeld

Der Gründungszuschuss wird eins zu eins mit Ihren Arbeitslosengeldansprüchen verrechnet. Nach Auslaufen der Förderung bleiben für Sie also kaum noch Restansprüche auf Arbeitslosengeld (maximal 90 Tage).

Antragstellung

Der Antrag ist **vor** der Aufnahme der selbständigen Tätigkeit bei der zuständigen Agentur für Arbeit zu stellen. Zuständig ist die

Agentur für Arbeit, in deren Bezirk sich Ihr Wohnsitz befindet. Für die Bearbeitung des Antrages sind folgende Unterlagen erforderlich:

- Ausgefülltes Antragsformular**
- Stellungnahme einer fachkundigen Stelle**
- Vorlage des Konzepts zur Tragfähigkeit der Existenzgründung (u. a. Beschreibung des Existenzgründungsvorhabens, Kapitalbedarfs- und Finanzierungsplan, Umsatz- und Rentabilitätsvorschau, Angaben und Nachweise zur Selbständigkeit z. B. Verträge, Zulassungen, Qualifikationen)
- Kopie des Gewerbescheines (nur für gewerbliche Tätigkeiten) Die Ausübung eines Gewerbes im handwerklichen/handwerksnahen Bereich ist in die Handwerksrolle der Handwerkskammer einzutragen. Hierüber ist ebenfalls eine Bestätigung vorzulegen.
- Bestätigung des Finanzamts über die Anmeldung der selbständigen Tätigkeit
- Nachweise über die Kenntnisse und Fähigkeiten (Eignung) zur Ausübung der selbständigen Tätigkeit (die Agenturen für Arbeit können eine Eignungsfeststellung verlangen).

---

*Achtung: Ab dem Zeitpunkt der Abmeldung aus der Arbeitslosigkeit (Aufnahme der selbständigen Tätigkeit) besteht kein Sozialversicherungsschutz mehr durch die Agentur für Arbeit. Sie müssen sich ab diesem Zeitpunkt um Ihre soziale Absicherung (Kranken-, Pflege-, Rentenversicherung etc.) selbst kümmern. Deshalb wird der Zuschuss zur sozialen Absicherung in Höhe von 300 € gewährt.

**Den Antrag sowie das Formular für die Stellungnahme der fachkundigen Stelle erhalten Sie bei Ihrer Arbeitsvermittlungsstelle.

Stellungnahme einer fachkundigen Stelle

Die Stellungnahme einer fachkundigen Stelle muss bestätigen, dass die persönlichen, fachlichen und materiellen Voraussetzungen für die erfolgreiche Ausübung der selbständigen Tätigkeit erfüllt sind.

Als Grundlage für die Stellungnahme der fachkundigen Stelle und die Bearbeitung in der Agentur für Arbeit werden grundsätzlich folgende (Konzept-)Unterlagen benötigt:

- Beschreibung des Existenzgründungsvorhabens

- Lebenslauf (einschließlich Befähigungsnachweis)
- Kapitalbedarfs- und Finanzierungsplan
- Umsatz- und Rentabilitätsvorschau
- Liquiditätsplan

Als fachkundige Stellen anerkannt sind insbesondere:
- BfE München – Büro für Existenzgründungen (auch für überregionale Stellungnahmen)
- Handwerkskammern
- Industrie- und Handelskammern
- Sonstige Kammern (z. B.: Rechtsanwaltskammer, Ärztekammer, Architektenkammer)
- Steuerberater, Steuerbevollmächtigte, Wirtschaftsprüfer, Unternehmensberater
- Kreditinstitute

Sie haben grundsätzlich die freie Wahl der fachkundigen Stelle.

> **Tipp:** Klären Sie Ihre förderrechtlichen Ansprüche zuerst mit der Agentur für Arbeit, bevor Sie die Stellungnahme bei einer fachkundigen Stelle anfordern.

Erneute Förderung

Zwischen einer erneuten Förderung mit Gründungszuschuss müssen nach der Beendigung der letzten Förderung mindestens 24 Monate vergangen sein. Von dieser Frist können in begründeten Fällen (z. B. bei schwerer Krankheit) Ausnahmen gemacht werden.

Nebenerwerb

Die Aufnahme einer selbständigen Tätigkeit im Nebenerwerb (weniger als 15 Stunden wöchentlich) ist möglich und in einigen Fällen durchaus empfehlenswert. Allerdings kann die selbständige Nebenerwerbstätigkeit grundsätzlich nicht mit Gründungszuschuss gefördert werden. Zudem sind alle Einnahmen aus einer Nebenerwerbstätigkeit während der Arbeitslosigkeit stets der Agentur für Arbeit mitzuteilen und verringern unter Umständen die Höhe der Arbeitslosenleistungen (die Zuverdienstgrenze (Gewinne) liegt derzeit bei 165 € monatlich).

Die Umwandlung einer bisher im Nebenerwerb ausgeübten selbständigen Tätigkeit in eine Haupterwerbstätigkeit ist dagegen grundsätzlich förderbar.

Steuer

Der Gründungszuschuss ist steuerfrei und unterliegt auch nicht dem Progressionsvorbehalt.

Anrechnung von Einnahmen auf die Förderung

Einnahmen/Gewinne aus Ihrer selbständigen Tätigkeit werden nicht auf die Förderung mit Gründungszuschuss angerechnet.

Anspruch auf Förderung bei Eigenkündigung

Bei einer Eigenkündigung erhalten Sie, weil Sie die Arbeitslosigkeit praktisch selbst herbeigeführt haben, eine Sperrzeit (i.d.R. von 12 Wochen). Wenn Sie die selbständige Tätigkeit während dieser Sperrzeit aufnehmen, entfällt die Förderung. Nach Ablauf der Sperrzeit ist eine Förderung mit Gründungszuschuss möglich. Diese Regelungen gelten auch bei Abschluss eines Aufhebungsvertrages.

> **Tipp:** Sie haben aus der Arbeitslosigkeit heraus gegründet (d.h. Sie waren mindestens 1 Tag bei der Agentur für Arbeit arbeitslos gemeldet). Sollten Sie nun Ihre selbständige Tätigkeit wieder aufgegeben (müssen) und tritt dadurch erneut Arbeitslosigkeit ein, kann der Restanspruch auf Arbeitslosengeld wieder geltend gemacht werden, wenn seit Entstehung des Anspruches auf Arbeitslosengeld noch keine 4 Jahre vergangen sind. Allerdings werden Arbeitslosengeldansprüche mit der Gewährung von Gründungszuschuss verrechnet, sodass bei Inanspruchnahme dieser Förderung maximal 3 Monate Restansprüche auf Arbeitslosengeld „stehen bleiben" können. Empfehlenswert ist daher der Abschluss der freiwilligen Arbeitslosenversicherung (siehe Kapitel 10.4).

11.5 Einstiegsgeld (EG)

Leistung

Das Einstiegsgeld wird als flexibler Zuschuss zum Arbeitslosengeld II (ALG II) gezahlt, um die Wiedereingliederung in den Arbeitsmarkt zu erleichtern. Das gilt für eine sozialversicherungspflichtige Tätigkeit (beispielsweise als Angestellte/r), aber auch für die Aufnahme einer selbständigen Tätigkeit. Die gesetzliche Regelung hierzu findet sich in § 29 SGB II.

Grundsätzlich beträgt das Einstiegsgeld 50 % der Regelleistung von ALG II. Die Regelleistung für Alleinstehende beträgt 345 €. Die Hälfte davon sind also 172 €.

Die Höhe des Einstiegsgeldes hängt außerdem von der Größe der Familie bzw. der Bedarfsgemeinschaft ab. Für jedes zusätzliche Mitglied erhöht es sich um weitere 10 % (also ungefähr um 35 €). Die Förderung kann um weitere jeweils 10 % höher angesetzt werden, wenn gravierende Vermittlungshemmnisse vorliegen oder wenn die Arbeitslosigkeit schon recht lange besteht. Der Zuschuss soll aber insgesamt 100 % der Regelleistung nicht überschreiten.

Eine Einzelperson kann maximal mit 517 € (= 345 + 172 €) pro Monat zuzüglich Miete und Heizkosten gefördert werden.

Voraussetzungen

- Arbeitslosigkeit und Bezug von Arbeitslosengeld II
- Erwerbsfähigkeit und Hilfebedürftigkeit
- Aufnahme einer sozialversicherungspflichtigen oder selbständigen Erwerbstätigkeit. Die sozialversicherungspflichtige Beschäftigung soll mindestens 15 Stunden wöchentlich umfassen. Die selbständige Erwerbstätigkeit soll hauptberuflichen Charakter haben.
- Vorlage eines Businessplanes und Bestätigung der Erfolgsaussichten durch eine fachkundige Stelle (fachkundige Stellungnahme).

Dauer und weitere Konditionen oder Förderung

- Die Förderungsdauer beträgt maximal 24 Monate, soweit eine Erwerbsfähigkeit besteht. Bei einer Förderung von mehr als einem Jahr findet eine „Zuschussdegression" statt, das heißt: Die Förderung wird nach 12 Monaten in aller Regel gekürzt. Die zuständige Stelle kann lokal auch eine Förderdauer von wesentlich weniger als zwei Jahren (z. B. 6 Monate) festlegen, und auch den Zeitpunkt und den Umfang der Zuschussdegression bestimmen.
- Bei der Bemessung der Leistungshöhe werden die vorherige Dauer der Arbeitslosigkeit, Vermittlungshemmnisse sowie die Größe der Bedarfsgemeinschaft berücksichtigt, in der die oder der erwerbsfähige Hilfebedürftige lebt (siehe Höhe des Einstiegsgeldes).

- Die Förderung erfolgt nur für den Zeitraum der Erwerbstätigkeit.
- Die Bewilligung darf nicht über den Zeitraum des ALG-II-Bezuges hinausgehen.
- Das Einstiegsgeld muss nicht versteuert werden.
- Bei der Förderung mit Einstiegsgeld handelt es sich um eine Kann-Leistung, deren Gewährung grundsätzlich im Ermessen der zuständigen SGB-II-Stelle liegt.
- Darüber hinaus können zusätzliche Existenzgründungshilfen (z. B. Beratungskosten, Betriebsmitteldarlehen) gewährt werden, wenn dies für die erfolgreiche Eingliederung in das Erwerbsleben erforderlich ist.

Zuverdienste

Existenzgründer/innen, die Einstiegsgeld erhalten, dürfen nicht beliebig viel dazu verdienen. Zuverdienste werden mit dem Arbeitslosengeld II verrechnet. Wie verrechnet wird, zeigt das folgende Modell:

Freibetrag: 100 EUR

Freigrenzen:

Von 101 EUR – 800 Euro (brutto) = 20 % anrechnungsfrei

Ab 801 Euro (brutto) bis zur Obergrenze = 10 % anrechnungsfrei

Obergrenzen:

1200 Euro (brutto) ohne Kinder

1500 Euro (brutto) mit Kindern

Besteht durch die Anrechnung der Arbeitseinnahmen kein Anspruch auf ALG II mehr, entfällt auch das Einstiegsgeld.

Antragstellung

Das Einstiegsgeld wird beim Arbeitsvermittler/Fallmanager der zuständigen SGB-II-Stelle (= entweder Arbeitsgemeinschaft von Arbeitsagentur und Kommune (ARGE) oder nur Arbeitsagentur oder nur Kommune) beantragt.

Folgende Unterlagen sind in der Regel vorzulegen: Antrag, fachkundige Stellungnahme, Businessplan (Unternehmenskonzept), Gewerbeschein, (ggf. Gewerbeerlaubnis oder sonstige Genehmigungen), und/oder Anmeldebestätigung des Finanzamts.

11.6 Steuerliche Betrachtung

Die oben genannten Arten der sozialen Absicherung haben steuerlich betrachtet unterschiedliche Ansätze und somit Auswirkungen. Es gilt der Grundsatz, dass sämtliche sozialen Absicherungen „Privatsache" sind. Ein steuermindernder Ansatz ist somit nur als Sonderausgabe möglich. Nur in wenigen Ausnahmefällen, wenn ein direkter sachlicher und wirtschaftlicher Bezug zur Firma vorhanden ist, kommt ein Ansatz als Betriebsausgabe in Betracht.

Da diese Unterscheidung wichtig ist und in der Praxis eine häufige Fehlerquelle darstellt, werden die wichtigsten Versicherungsarten tabellarisch aufbereitet.

	Privater Bereich Sonderausgaben	Betrieblicher Bereich Betriebsausgaben
Krankenversicherung	X	
Pflegeversicherung	X	
Lebensversicherung	X	
Berufsunfähigkeitsversicherung	X	
Unfallversicherung	X	
Rechtschutz allgemein	X	
Rechtschutz für Firmen		X
Haftpflicht privat Pkw	X	
Haftpflicht Firmenwagen		X
Produkt-Haftpflicht		X
Umwelt-Haftpflicht		X
IT-Versicherung für Firmen		X
Betriebsunterbrechungsvers.		X
Elektronik-Versicherung		X
Vers. gegen Forderungsausfälle		X

Sonderausgaben werden in der Einkommensteuererklärung geltend gemacht. Hierzu werden die Beiträge im Mantelbogen auf der Seite 3 eingetragen.

Können Beiträge als Betriebsausgabe geltend gemacht werden, fließen diese Kosten in die Gewinnermittlung ein und mindern somit den Gewinn bzw. erhöhen den Verlust. Der Gewinn bzw. Verlust wird dann in der Anlage GSE zur Einkommensteuererklärung eingetragen. Die Beiträge können nicht zusätzlich als Sonderausgaben berücksichtigt werden.

Vorsicht: Oft werben Versicherungsvertreter damit, dass die Versicherungssteuer von Unternehmen steuerlich geltend gemacht werden kann. Dem ist jedoch nicht so!

Verwechseln Sie nicht die Versicherungssteuer mit dem Vorsteueranspruch aus Rechnungen. Die Versicherungssteuer kann nicht auf die Umsatzsteuer angerechnet werden. Sofern es sich um private Versicherungen (siehe oben) handelt, kann sie auch nicht als Betriebsausgabe abgesetzt werden.

Doch nicht nur bei den Aufwendungen gibt es Besonderheiten. Auch wenn Sie öffentliche Gelder erhalten, gibt es ein paar Kleinigkeiten zu beachten.

Staatliche Zuwendungen in Form von Arbeitslosengeld, Gründungszuschuss, Einstiegsgeld etc. sind steuerfrei. Allerdings müssen manche Zahlungen dennoch in der Einkommensteuererklärung angegeben werden, da sie in der Regel dem Progressionsvorbehalt unterliegen. Bewahren Sie erteilte Bescheide und Bescheinigungen der Behörden über gezahlte Zuschüsse und Förderungen auf.

Wer in seinen Rechnungen zusätzlich Künstlersozialkassenbeiträge von seinem Auftraggeber fordert, muss Folgendes beachten. Die gesamte erhaltene Leistung ist als Betriebseinnahme zu erfassen. Die Abführung an die Künstlersozialkasse durch Sie ist dann privat veranlasst.

Beispiel: Sie stellen einem Auftraggeber im März folgende Rechnung:

Vereinbarte Leistung   1.000 €
Umsatzsteuer 19 %   190 €
Überweisungsbetrag   1.190 €

Im April gehen 1190 € auf Ihr Bankkonto ein.

Lösung: Sie müssen den gesamten Überweisungsbetrag als Betriebseinnahme erfassen und 190 € Umsatzsteuer an das Finanzamt abführen. Die Umsatzsteuer ist bei Abführung als Betriebsausgabe zu buchen.

Es ist nicht zulässig, nur 1.000 € als Einnahme anzusetzen.

12. Scheinselbständigkeit

Die Ausübung der selbständigen Tätigkeit ist grundsätzlich gekennzeichnet durch die Möglichkeit die Arbeitszeit und -weise frei zu gestalten sowie über die eigene Arbeitskraft frei zu verfügen (Dispositionsfreiheit). Der Selbständige arbeitet auf eigenen Namen und auf eigene Rechnung und trägt das gesamte wirtschaftliche Risiko seiner Tätigkeit. Hierzu gehört auch der Einsatz eigenen Kapitals mit der Gefahr des Verlustes (Gewinnchance, aber auch Verlustrisiko).

Bereits nach früherem Recht waren alle Erwerbstätigen, die faktisch wie Arbeitnehmer beschäftigt waren, in allen Zweigen der Sozialversicherung (Renten-, Kranken-, Pflege-, Arbeitslosenversicherung) versicherungspflichtig. Ab dem 1. 1. 1999 hatte der Gesetzgeber mit dem „Gesetz zu Korrekturen in der Sozialversicherung und zur Sicherung der Arbeitnehmerrechte" (Sozialgesetzbuch IV, § 7 Abs. 4) Kriterien festgelegt, nach denen die Abgrenzung der selbständigen Tätigkeit von der abhängigen Beschäftigung definiert werden sollte. Nach dieser neuen Regelung wurde zwischen Selbständigen, den arbeitnehmerähnlichen (= rentenversicherungspflichtigen) Selbständigen und den Scheinselbständigen unterschieden.

Aufgrund massiver Kritik und einer anhaltenden öffentlichen Diskussion wurde vom Deutschen Bundestag am 12. 11. 99 das am 1. 1. 1999 in Kraft getretene „Scheinselbständigkeitsgesetz" nochmals modifiziert und in Gesetz zur Förderung der Selbständigkeit umbenannt. Der Begriff Scheinselbständigkeit wurde dabei großzügiger definiert. So liegt seither die Beweislast nicht mehr beim Betroffenen, sondern wieder beim zuständigen Rentenversicherungsträger (Deutsche Rentenversicherung Bund). Das bedeutet, die frühere Nachweispflicht des Betriebsprüfers wurde wieder in Kraft gesetzt.

Die Vermutung der Scheinselbständigkeit entfällt grundsätzlich, es sei denn, der Betroffene verweigert die Auskünfte zur Klärung des Sachverhaltes (= Verstoß gegen die Mitwirkungspflicht). Maßgeblich für die Beurteilung ist dabei die „Gesamtwürdigung aller Umstände des Einzelfalles". Bei der Prüfung der Scheinselbständigkeit wurden von nun an 5 Kriterien geprüft.

Diese Gesetzesänderungen traten rückwirkend zum 1. 1. 1999 in Kraft. Durch das „Gesetz für moderne Dienstleistungen am Arbeitsmarkt" sind die 5 Kriterien zwar ab 1. 1. 2003 ersatzlos gestrichen worden, werden aber faktisch bei jeder Einzelfallprüfung durch den Rentenversicherungsträger weiterhin als Indizien für eine Scheinselbständigkeit angenommen.

Folgende **5 Kriterien (siehe nachfolgende Erläuterungen)** werden als typisch für eine zu vermutende Scheinselbständigkeit angesehen:

(1) Es werden im Zusammenhang mit der fachlichen Ausübung der Tätigkeit keine versicherungspflichtigen Arbeitnehmer regelmäßig beschäftigt.

(2) Der Selbständige wird auf Dauer und im Wesentlichen nur für einen Auftraggeber tätig.

(3) Es werden für Beschäftigte typische Arbeitsleistungen erbracht, insbesondere unterliegt der Auftragnehmer den Weisungen des Auftraggebers und ist in seiner Arbeitsorganisation eingegliedert.

(4) Der Betreffende tritt nicht aufgrund eigener unternehmerischer Tätigkeit am Markt auf.

(5) Die bisher als Arbeitnehmer ausgeübte Tätigkeit wurde in „Freie Mitarbeit" umgewandelt.

Bei dem Vorliegen von mindestens 3 der aufgezählten 5 Kriterien wird ein Beschäftigungsverhältnis gegen Arbeitsentgelt angenommen.

Diese Vermutung kann sowohl vom Betroffenen als auch vom Auftraggeber widerlegt werden. Der Selbständige kann innerhalb eines Monats nach Aufnahme der selbständigen Tätigkeit einen Feststellungsantrag bei der Deutschen Rentenversicherung Bund stellen und damit eine verbindliche, schriftliche Entscheidung „seines Falles" bewirken.

Wird von der Deutschen Rentenversicherung Bund Scheinselbständigkeit festgestellt, so wird der Auftraggeber zum Arbeitgeber, mit der Konsequenz, dass die fälligen Sozialversicherungsbeiträge zur Hälfte vom Auftraggeber und zur Hälfte vom „Scheinselbständigen" aufzubringen sind.

Gegen diese Entscheidung ist Widerspruch und Klage vor dem Sozialgericht möglich. Beides hat „aufschiebende Wirkung", mit der Folge, dass bis zur endgültigen Entscheidung keine Sozialversicherungsbeiträge entrichtet werden müssen.

Diese Vorschriften finden **keine** Anwendung bei Handelsvertretern nach § 84 ff. Handelsgesetzbuch (HGB), die im Wesentlichen ihre Tätigkeit frei gestalten und über ihre Arbeitszeit frei verfügen können.

Erläuterungen zu den 5 Kriterien der Scheinselbständigkeit:

(1) Es werden im Zusammenhang mit der fachlichen Ausübung der Tätigkeit keine versicherungspflichtigen Arbeitnehmer regelmäßig beschäftigt: Dies ist der Fall, wenn im Zusammenhang mit der Tätigkeit kein versicherungspflichtiger Arbeitnehmer beschäftigt wird, dessen Arbeitsentgelt (aus dieser Beschäftigung) regelmäßig im Monat 400,00 € übersteigt. Die Beschäftigung eines versicherungspflichtigen Familienangehörigen wird anerkannt. Ebenso Auszubildende, deren Ausbildungsvergütungen über dieser Grenze liegen.

(2) Der Selbständige wird auf Dauer und im Wesentlichen nur für einen Auftraggeber tätig („5/6 Regelung"): Auf Dauer und im Wesentlichen nur für einen Auftraggeber tätig ist, wer im Berechnungszeitraum (Kalenderjahr) mindestens 5/6 seiner gesamten Einkünfte (Umsätze) aus einer Tätigkeit für einen Auftraggeber erzielt. Das bedeutet, dass auch bei Vorliegen von mehreren Aufträgen die Scheinselbständigkeit vermutet wird, solange die Einkünfte aus diesen Tätigkeiten 1/6 nicht übersteigen. Nicht erforderlich ist, dass der Auftragnehmer gleichzeitig für mehrere Auftraggeber tätig ist (wichtig für Existenzgründer die zu Beginn ihrer selbständigen Tätigkeit, speziell im Dienstleistungsbereich, oft nur einen Auftraggeber haben). Von einer dauerhaften Tätigkeit für einen Auftraggeber ist auszugehen, wenn die Tätigkeit im Rahmen eines Dauerauftrages durchgeführt wird oder sich ein Auftragsverhältnis regelmäßig wiederholt. Projektbezogene Tätigkeiten werden grundsätzlich nicht als Dauerauftragsverhältnis angesehen. Entscheidend sind immer die faktischen Gege-

benheiten, d. h. die vertraglichen Vereinbarungen müssen auch nachweisbar sein. Die Zusammenarbeit mit mehreren Auftraggebern muss angestrebt werden (Nachweis z. B. über Angebotserstellungen, Werbeaktionen etc.) und die tatsächlichen Umstände dürfen dem nicht entgegenstehen.

(3) Es werden für Beschäftigte typische Arbeitsleistungen erbracht, insbesondere unterliegt der Auftragnehmer den Weisungen des Auftraggebers und ist in seiner Arbeitsorganisation eingegliedert: Dieses Kriterium trifft zu, wenn Tätigkeiten ausgeübt werden, die der Auftraggeber (oder ein vergleichbarer Auftraggeber) üblicherweise von Arbeitnehmern verrichten lässt. „Arbeitnehmertypische" Arbeitsleistungen werden insbesondere dann erbracht, wenn eine persönliche Abhängigkeit (Weisungsgebundenheit) vom Auftraggeber vorliegt. Hierzu zählen vor allem die örtliche, zeitliche und inhaltlich/fachliche Weisungsbindung. Auch die personelle und/oder materielle Eingliederung in die Betriebsorganisation (z. B. Zusammenarbeit mit Mitarbeitern, Arbeit mit Arbeitsmitteln/Werkzeugen des Auftraggebers) werden als typische Merkmale einer abhängigen Beschäftigung angesehen. Dieses Kriterium wird vor allem dann zum Tragen kommen, wenn ein Arbeitgeber neben fest angestellten Personen auch freie Mitarbeiter beschäftigt. Lassen sich zwischen den angestellten und den freien Mitarbeitern hinsichtlich ihrer Tätigkeit, ihrer Einbindung in die Arbeitsorganisation und der Weisungsgebundenheit keine wesentlichen Unterschiede feststellen, spricht dies für ein Beschäftigungsverhältnis. Ein Eingriff in die unternehmerische Freiheit liegt auch vor, wenn Ihnen der Auftraggeber vorschreibt, dass Sie Dritte (z. B. Freie Mitarbeiter) nicht zur Erbringung der Dienstleistung einschalten dürfen, und stattdessen Ihnen die Pflicht zur ausschließlichen persönlichen Einbringung der Leistung aufgetragen wurde. Maßgeblich ist auch hier ausnahmslos die tatsächliche praktische Durchführung und Ausübung der Tätigkeit. Ob ein schriftlicher Vertrag abgeschlossen wurde spielt dabei keine Rolle, auch nicht wie Auftraggeber und Auftragnehmer ihr Vertragsverhältnis bezeichnen.

(4) Der Betreffende tritt nicht aufgrund eigener unternehmerischer Tätigkeit am Markt auf: Es muss eine eigenständige wirtschaftliche Teilnahme am Markt geschehen erkennbar sein, denn das charakteristische Merkmal für Selbständige ist, dass sie unternehmerische Chancen wahrnehmen können. Dies ist der z. B. Fall: wenn der Selbständige über eine eigene Unternehmensorganisation, über eigene Geschäftsräume und Mitarbeiter verfügt, wenn die unternehmerische Entscheidungsfreiheit (z. B. Ein- und Verkauf, Preisgestaltung, Akquisition, Kundenbetreuung, Einsatz und Disposition von Kapital, Mitarbeitern, Maschinen) uneingeschränkt möglich ist, oder wenn die Leistung einer Vielzahl von Nachfragern uneingeschränkt angeboten werden kann und hierfür der entsprechende Marktauftritt (eigenes Briefpapier) und Eigenwerbung (z. B. mittels Visitenkarten, Flyer, Zeitungsannoncen, „Homepage") betrieben wird.

(5) Die bisher als Arbeitnehmer ausgeübte Tätigkeit wurde in „Freie Mitarbeit" umgewandelt: Dieses Kriterium gilt als erfüllt, wenn Sie die Tätigkeiten die Sie bisher für Ihren Arbeitgeber als Angestellter ausgeführt haben, nunmehr als Freier Mitarbeiter für dasselbe Unternehmen durchführen, ohne dass sich an der Form der Zusammenarbeit etwas Wesentliches geändert hat.

Tipps: Treten Sie als Unternehmer/in z. B. durch eigene/s Briefpapier, Visitenkarten, Homepage auf. Führen Sie Nachweise, dass Sie weitere Auftraggeber suchen und kontaktieren (z. B. durch Werbebriefe, Anzeigenschaltung, Angebote etc.). Vereinbaren Sie ein projekt- oder ergebnisbezogenes Honorar (keine laufenden Pauschalabgütungen).

Stellen Sie, im Zweifelsfall, innerhalb eines Monats nach Aufnahme Ihrer selbständigen Tätigkeit bei der Deutschen Rentenversicherung Bund einen Antrag auf sog. Statusfeststellung. Allerdings sollten Sie dabei bedenken, dass Sie der Prüfstelle damit den Hinweis geben, dass Sie bezüglich Ihres Status unsicher sind.

Für die ersten drei Jahre nach Ihrer Gründung können Sie sich von der gesetzlichen Rentenversicherungspflicht befreien lassen. Sie müssen den Antrag allerdings innerhalb von drei Monaten nach Aufnahme der selbständigen Tätigkeit stellen.

Checkliste: Scheinselbständigkeit

- **Sind die zu erbringenden Arbeitsleistungen zeitlich weisungsgebunden?**
  - Gibt es feste Arbeitszeiten durch den Auftraggeber?
  - Gibt es schriftliche Anweisungen über Erreichbarkeit oder Anwesenheitspflichten?
- **Sind die zu erbringenden Arbeitsleistungen örtlich oder inhaltlich weisungsgebunden?**
  - Haben Sie einen Arbeitsplatz im Büro des Auftraggebers oder einen Verkaufsstand in einem Kaufhaus etc.?
  - Gibt es feste Arbeitsanweisungen, eine exakte Tätigkeitsbeschreibung?
  - Ist nach genauen Anordnungen zu arbeiten?
- **Personelle Eingliederung?**
  - Findet eine Zusammenarbeit mit dem Personal des Auftraggebers statt?
  - Nehmen Sie regelmäßig an gemeinsamen Besprechungen teil?
  - Besteht ein Verbot oder eine Genehmigungspflicht bei sonstiger Erwerbstätigkeit?
- **Materielle Eingliederung?**
  - Benutzen Sie Werkzeuge und Maschinen Ihres Auftraggebers?
  - Wird Ihnen ein PC und/oder Dienstwagen zur Verfügung gestellt?
- **Nur ein Auftraggeber / wirtschaftliche Abhängigkeit?**
  - Haben Sie einen Vertrag, der es Ihnen verbietet, für andere Auftraggeber zu arbeiten?
  - Beträgt der Umsatz von einem Auftraggeber insgesamt 84 % (5/6) oder mehr Ihres gesamten Umsatzes?
- **Kein unternehmerisches Auftreten am Markt?**
  - Haben Sie keine eigenen Geschäftsräume, Briefpapier, Betriebskapital?
  - Haben Sie keine unternehmerischen Dispositionsfreiheiten z. B. bei der Preisgestaltung, bei der Einstellung und dem Einsatz von Personal, beim Einsatz von Kapital und Maschinen, bei der Annahme/Ablehnung von Aufträgen?
- **Keine Änderung in der Form der Zusammenarbeit?**
  - Entspricht Ihre jetzige Tätigkeit der Tätigkeit, die Sie zuvor als Arbeitnehmer für das gleiche Unternehmen ausgeführt haben?

13. Selbständige mit einem Auftraggeber

Selbständige, die nur für einen Auftraggeber tätig sind und im Zusammenhang mit der Ausübung ihrer Tätigkeit keine versicherungspflichtigen Arbeitnehmer beschäftigen (siehe hierzu Kapitel 12, Scheinselbständigkeit), unterliegen seit dem 1. 1. 1999 der gesetzlichen Rentenversicherungspflicht (SGB VI § 2 Satz 1 Nr. 9). Anders als die Scheinselbständigen hat dieser Personenkreis jedoch keine Nachteile in steuer- und förderrechtlicher Hinsicht.

Deshalb werden die Kriterien für eine rentenversicherungspflichtige selbständige Tätigkeit erst dann geprüft, wenn keine Scheinselbständigkeit vorliegt, wenn also nicht ohnehin eine Versicherungspflicht in allen Zweigen der Sozialversicherung besteht.

Als Selbständige mit Rentenversicherungspflicht werden Personen angesehen, die:

• im Zusammenhang mit ihrer selbständigen Tätigkeit regelmäßig keine versicherungspflichtigen Arbeitnehmer beschäftigen **und**
• auf Dauer und im Wesentlichen nur für einen Auftraggeber tätig sind.

Diese zwei Merkmale entsprechen exakt den ersten beiden Kriterien die bei der Prüfung der Scheinselbständigkeit zugrunde gelegt werden. Die Regelung gilt auch für selbständige Tätigkeit im Nebenerwerb, wenn eine mehr als geringfügige Tätigkeit ausgeübt wird.

Die Feststellung, ob eine rentenversicherungspflichtige Selbständigkeit vorliegt, wird von der Clearingstelle der Deutschen Rentenversicherung Bund vorgenommen.

Betroffen von dieser neuen Regelung sind hauptsächlich zwei Personengruppen:

(1) Selbständige, z. B. Freie Mitarbeiter, die nicht unter die „Scheinselbständigkeitsregelung" fallen, für die aber die beiden oben genannten Kriterien zutreffen.
(2) Die selbständigen Handelsvertreter, die von der Scheinselbständigkeit ausdrücklich ausgenommen sind (SGB IV § 7 Abs. 4), die aber ebenfalls die beiden oben genannten Merkmale erfüllen.

Der Gesetzgeber begründet diese Neuregelung damit, dass diese Selbständigen nicht weniger „sozialversicherungsschutzbedürftig" erscheinen, als die bereits früher von der Rentenversicherungspflicht erfassten Selbständigen, wie z. B. die Künstler und Publizisten (die über die Künstlersozialkasse versichert sind), die Handwerksmeister, die noch keine 18 Jahre Pflichtbeiträge geleistet haben, die selbständigen Hebammen/Entbindungshelfer, Lehrer, Erzieher und Pflegepersonen ohne eigene Arbeitnehmer u. a.

Eine wichtige Rolle spielt dabei natürlich auch die durch die zusätzlichen Beitragszahlungen erhoffte Stabilisierung des gesetzlichen Rentenversicherungssystems.

Tipp: Folgende Merkmale können ein Indiz dafür sein, dass Sie regelmäßig und im Wesentlichen nur für einen Auftraggeber tätig sind:
- Daueraufträge
- Höhe der Einnahmen aus der Auftragstätigkeit
  („5/6 Regelung")
- „Ausschließlichkeitsklauseln" in Verträgen
  (z. B.: die Verpflichtung, die Leistung ausschließlich dem Auftraggeber anbieten zu dürfen)
- Auftreten am Markt
  (z. B. Dienstkleidung, Firmenauto, Nutzung des Firmenlogos des Auftraggebers).

Befreiung von der gesetzlichen Rentenversicherung

Von der Rentenversicherungspflicht befreien lassen können sich **auf Antrag** drei Personengruppen:

(1) **Existenzgründer/innen:** Sie werden für die Dauer von drei Jahren nach der erstmaligen Aufnahme ihrer selbständigen Tätigkeit von der Rentenversicherungspflicht befreit (Die Befreiung kann auch für die Aufnahme einer zweiten selbständigen Tätigkeit in Anspruch genommen werden). Der Antrag auf Befreiung ist innerhalb von drei Monaten nach Aufnahme der selbständigen Tätigkeit zu stellen.

(2) Personen, die das **58. Lebensjahr vollendet** haben: Sie können auf Dauer vollständig von der Rentenversicherungspflicht befreit werden (Antragstellung innerhalb von drei Monaten)

(3) Personen, die **bereits am 31.12. 1998 selbständig** waren: Sie werden von der Rentenversicherungspflicht befreit (Antragstellung innerhalb eines Jahres),

- wenn sie vor dem 2. Januar 1949 geboren sind (also bis zum 31. Dezember 1998 das 50. Lebensjahr vollendet haben), oder
- wenn sie vor dem 10. 12. 1998 mit einem öffentlichen oder privaten Versicherungsunternehmen einen Lebens- oder Rentenversicherungsvertrag (auch Kapitallebensversicherungen) abgeschlossen haben, der so ausgestaltet ist oder bis zum 30. Juni 2000 so nachgebessert wurde, dass folgende Bedingungen erfüllt sind:

Es werden Leistungen für den Fall der:

(a) Invalidität (= Berufsunfähigkeits-Zusatzversicherung BUZ, **nicht** Unfallversicherung) und

(b) des Erlebens des 60. (oder eines höheren) Lebensjahres

(c) sowie im Todesfall Leistungen an Hinterbliebene erbracht (z. B. Bezugsberechtigung des Ehegatten bei Lebensversicherungen)

und für die Versicherung werden mindestens eben so viele Beiträge aufgewendet, wie Beiträge zur gesetzlichen Rentenversicherung zu zahlen wären (eine Addition von mehreren Prämienzahlungen für verschiedene Lebens und Rentenversicherungen ist möglich).

Einem Lebens- oder Rentenversicherungsvertrag gleich gestellt ist eine Zusage auf eine betriebliche Altersversorgung, die dem Leistungs- und Beitragsniveau der gesetzlichen Rentenversicherung entspricht, oder

- wenn sie eine vergleichbare Form der privaten Altersvorsorge z. B. durch vorhandenes Immobilien- oder Finanzvermögen oder sonstiges durch vertragliche Verpflichtungen dauerhaft angespartes oder angelegtes Vermögen nachweisen können, dessen wirtschaftlicher Wert einer Lebens- oder Rentenversicherung mindestens gleichzusetzen ist. Bereits bestehende Verträge können angepasst werden.

Die Befreiung auf Antrag erstreckt sich nur auf die Tätigkeiten als rentenversicherungspflichtiger Selbständiger. Das bedeutet, wer später wieder in ein Angestelltenverhältnis wechselt, wird erneut rentenversicherungspflichtig.

> **Tipp:** Existenzgründer/innen sollten sich innerhalb der ersten drei Monate nach Aufnahme der selbständigen Tätigkeit an die Deutsche Rentenversicherung Bund wenden und einen Antrag auf Befreiung von der Rentenversicherungspflicht stellen. Das Befreiungsrecht kann jedoch nur für eine zweite Existenzgründung nochmals in Anspruch genommen werden. Lassen Sie sich in jedem Falle, vor der Befreiung, über Ihre Rentenanwartschaften beraten.

Beiträge

Die Pflichtbeiträge für die gesetzliche Rentenversicherung werden vom Selbständigen alleine aufgebracht.

Die Höhe der Beiträge richtet sich nach den bestehenden Regelungen der Beitragsberechnung für Selbständige. Danach ergibt sich im Jahr 2007 eine Bezugsgröße des Arbeitsentgelts in Höhe von

- 2.450,00 € in den alten Bundesländern und
- 2.100,00 € in den neuen Bundesländern

Hieraus errechnet sich der so genannte monatliche „Regelbeitragssatz" (19,9 %) in Höhe von (einkommensunabhängige Beiträge)

- 487,55 € (alte Bundesländer)
- 417,90 € (neue Bundesländer).

In dem Jahr der Aufnahme der selbständigen Tätigkeit und in den darauf folgenden 3 Kalenderjahren kann, auf Antrag, die Bezugsgröße um 50 % reduziert werden (= halber Regelbeitragssatz).

Der jeweilige Beitragssatz beträgt in dieser Zeit dann:

- 243,78 € (alte Bundesländer)
- 208,95 € (neue Bundesländer)

Auf Antrag können aber auch die tatsächlichen (höheren oder niedrigeren) Einkünfte berücksichtigt werden (einkommensabhängige Beiträge), wenn sie anhand des Einkommensteuerbescheids nachgewiesen werden. Die Mindestbemessungsgrundlage beträgt im gesamten Bundesgebiet 400 € monatlich. Das ergibt im Jahr 2007 einen Mindestbeitrag in Höhe von 79,60 € monatlich.

14. Personal

Als Arbeitgeber haben Sie die Möglichkeit, Ihr Personal im Rahmen von:

- Sozialversicherungspflichtigen Beschäftigungsverhältnissen (in Teil- oder Vollzeit) oder
- als geringfügige Beschäftigte oder
- als kurzfristige (sozialversicherungsfreie) Beschäftigte

anzustellen.

> **Hinweis:** Freie Mitarbeiter/Subunternehmer/Kooperationspartner sind grundsätzlich **keine** Angestellten

Für die Einstellung von Mitarbeitern müssen Sie unbedingt folgende Formalitäten und Vorschriften beachten:

(1) Beantragung einer Betriebsnummer bei der Agentur für Arbeit
(2) Anmeldung bei der Sozialversicherung
(3) Anmeldung bei der Berufsgenossenschaft (BG)
(4) Einbehalt und Abführung der Lohnsteuer an das Finanzamt

14.1 Allgemeine Formalitäten

(1) Betriebsnummer

Die Betriebsnummer können Sie (formlos) schriftlich oder fernmündlich **nach** der Betriebsanmeldung/-eröffnung bei der Agentur für Arbeit beantragen (Ausnahme: Geringfügig Beschäftigte in Privathaushalten – hier wird die Betriebsnummer im Rahmen des Haushaltsscheckverfahrens von der Minijob-Zentrale der Deutschen Rentenversicherung Knappschaft Bahn-See erteilt).

Die Betriebsnummer wird u. a. für die Anmeldung der Arbeitnehmer/innen bei der Sozialversicherung (auch bei geringfügiger Beschäftigung) benötigt.

(2) Anmeldung bei der Sozialversicherung

Jeder Arbeitgeber muss seine angestellten Mitarbeiter/innen mit der ersten Gehaltsabrechnung, spätestens aber innerhalb von sechs Wochen bei der zuständigen Krankenkasse (= Krankenkasse des Mitarbeiters) anmelden. Von dieser werden die Beiträge (Arbeitgeber- und Arbeitnehmeranteil) zur gesetzlichen Renten-, Kranken-, Pflege- und Arbeitslosenversicherung eingezogen.

Diese Anmeldpflicht gilt auch für geringfügig Beschäftigte (sog. 400 € Jobs).

Beiträge/Meldefristen

Die Sozialversicherungsbeiträge sind bis zur Beitragsbemessungsgrenze von Arbeitgeber und Arbeitnehmer grundsätzlich je zur Hälfte zu tragen.

Seit 1. 1. 2007 gelten in der Sozialversicherung folgende Beitragsbemessungsgrenzen (monatlich):

	alte BL	neue BL	Beitragssatz
Krankenvers.	3.562,50 €	3.562,50 €	*)
Pflegevers.	3.562,50 €	3.562,50 €	1,7 bzw. 1,95 %**
Rentenvers.	5.250,00 €	4.550,00 €	19,9 %
Arbeitslosenvers.	5.250,00 €	4.550,00 €	4,2 %

*) Der Beitragssatz zur gesetzlichen Krankenversicherung ist nicht einheitlich, er wird von der jeweiligen Krankenkasse festgelegt.
**) Kinderlose zahlen seit 1. 1. 2005 zusätzlich 0,25 % Aufschlag (insgesamt 1,95 %)

Die Versicherungspflichtgrenze in der gesetzlichen Krankenkasse (= festgelegter Höchstbetrag des Bruttoeinkommens bis zu dem ein Arbeitnehmer in der gesetzlichen Krankenkasse pflichtversichert ist) beträgt 3.975,00 € (Stand: 2007).

Die Gesamtsozialversicherungsbeiträge sind seit 1.1. 2006 bereits am drittletzten Bankarbeitstag des laufenden Monats fällig und müssen der zuständigen Krankenkasse spätestens an diesem Tag wertstellungsmäßig zur Verfügung stehen. Um Säumniszuschläge zu vermeiden, empfiehlt sich die Erteilung einer Ermächtigung zum Lastschrifteinzug.

Anmeldung bei der Berufsgenossenschaft (= gesetzliche Berufsunfallversicherung)

Jeder Unternehmer der Personal beschäftigt (gilt auch für geringfügig oder kurzfristig Beschäftigte), muss die Einstellung des 1. Mitarbeiters der zuständigen Berufsgenossenschaft (BG) anzeigen. Die Meldung an die Berufsgenossenschaft erfolgt einmal jährlich.

Die Beiträge werden anhand der jährlichen Gesamtlohnsumme errechnet. Sie werden ausschließlich vom Arbeitgeber bezahlt.

Einbehalt und Abführung der Lohnsteuer

Als Arbeitgeber sind Sie verpflichtet, die auf die jeweilige Gehaltszahlung entfallende Lohnsteuer und ggf. Kirchensteuer (in der Regel ca. 7–9 % der Lohnsteuer) einzubehalten und an das Betriebsstättenfinanzamt abzuführen.

Als Zuschlag zur Lohnsteuer muss auch der Solidaritätszuschlag (derzeit 5,5 % der Lohnsteuer) einbehalten und ebenfalls an das Finanzamt abgeführt werden.

Die Höhe der einbehaltenen Lohnsteuer richtet sich nach der Lohnsteuertabelle und den jeweiligen Eintragungen auf der Lohnsteuerkarte des Angestellten. Diese wird von der Gemeinde in der der Angestellte seinen Hauptwohnsitz hat kostenfrei ausgestellt und muss Ihnen als Arbeitgeber bei Beginn des Beschäftigungsverhältnisses ausgehändigt werden (falls dies nicht geschieht, müssen Sie die Lohnsteuer nach der Steuerklasse VI abführen).

Am Jahresende bzw. nach Beendigung des Arbeitsverhältnisses bescheinigen Sie als Arbeitgeber die Höhe des jährlichen Arbeitsentgelts, die einbehaltene Lohn- und Kirchensteuer, den Solidaritätszuschlag und den Arbeitnehmeranteil am Gesamtsozialversicherungsbeitrag. Seit 2005 sind Arbeitgeber verpflichtet, die Lohnsteueranmeldungen und -bescheinigungen auf elektronischem Wege an die Finanzämter zu übermitteln. Dies geschieht mittels des von der Finanzverwaltung unentgeltlich zur Verfügung gestellten ELSTER-Programms (**El**ektronische **St**euer **Er**klärung).

Für geringfügig und kurzfristig Beschäftigte gelten besondere Regelungen.

14.2 Kurzfristig Beschäftigte

Bei der kurzfristigen Beschäftigung (Saisonarbeiter, Aushilfen) besteht nach wie vor keine Sozialversicherungspflicht, wenn die Beschäftigung:

- nicht länger als 2 Monate **oder**
- nicht länger als 50 Arbeitstage (46 AT + 4 bezahlte Urlaubstage) **und**
- nicht berufsmäßig ausgeübt wird.

Die zeitliche Begrenzung auf maximal 2 Monate bzw. 50 Arbeitstage muss, aufgrund Vereinbarung oder durch die Eigenart der Tätigkeit, im Voraus feststehen.

Die Höhe des Arbeitsentgelts ist hier unbedeutend. Mehrere Beschäftigungen innerhalb eines Kalenderjahres werden addiert (nicht einbezogen werden 400-€-Jobs (= geringfügige Beschäftigungen) und versicherungspflichtige Tätigkeiten). Die Befreiung von den Sozialversicherungsbeiträgen gilt auch dann, wenn die kurzfristige Beschäftigung neben einer Haupttätigkeit ausgeübt wird. Nicht berufsmäßig ist die Beschäftigung, wenn sie von untergeordneter wirtschaftlicher Bedeutung ist (z. B. bei: Rentnern, Hausfrauen, Studenten, Zweitjobs).

Besteuerung (§ 40 a EStG)

Für die mögliche Pauschalierung der Lohnsteuer (25 %) darf der Arbeitslohn jedoch 12 € pro Arbeitsstunde bzw. 62 € (durchschnittlicher) Tageslohn nicht überschreiten und die Beschäftigung darf nicht mehr als 18 zusammenhängende Arbeitstage andauern, sonst ist eine Pauschalierung nicht möglich.

Unterschied zur geringfügigen Beschäftigung

Bei einer kurzfristigen Beschäftigung fallen keine Arbeitgeberbeiträge zur Sozialversicherung an. Die Lohnsteuer kann ggf. mit 25 % pauschaliert werden.

14.3 Geringfügig Beschäftigte („Mini-Jobs")

Die Zahl der geringfügig Beschäftigten in Deutschland ist in den letzten Jahren stark gestiegen (von 2,82 Mio. 1987 auf 5,63 Mio. 1997). Dies führte zu einem heftigen Streit zwischen Politikern und Interessensvertretern und einem am 1. 4. 1999 in Kraft getretenen Gesetz zur Neuregelung der geringfügigen Beschäftigungsverhältnisse. Zum 1. 4. 2003 traten dann, durch das „Zweite Gesetz für moderne Dienstleistungen am Arbeitsmarkt", eine Reihe neuer steuer- und sozialversicherungsrechtlicher Regelungen in Kraft.

Neuregelungen

- Eine Beschäftigung ist dann geringfügig, wenn das Arbeitsentgelt regelmäßig im Monat 400 € (früher 325 €) nicht übersteigt. Der zeitliche Umfang der Tätigkeit ist nicht mehr relevant. (bisher durfte die Beschäftigung wöchentlich nicht mehr als 15. Stunden betragen).
- Es wird zwischen geringfügiger Beschäftigung im gewerblichen Bereich und im Haushaltsbereich unterschieden
- Auswirkungen für den Arbeitgeber: Der Arbeitgeber muss bei den Beschäftigungsverhältnissen im gewerblichen Bereich seit 1. 7. 2006 eine Pauschalabgabe in Höhe von 30 % des Verdienstes an die Einzugsstelle (Minijobzentrale der Deutschen Rentenversicherung Knappschaft Bahn-See) entrichten.
Davon:
15 % an die gesetzliche Rentenversicherung,
13 % an die gesetzliche Krankenversicherung und
2 % an den Fiskus (Pauschsteuer)
Berechnungsgrundlage ist das Arbeitsentgelt (d. h. bei 400 € Arbeitsentgelt sind das: 60 € Renten-, 52 € Krankenversicherungsbeiträge und 8 € Pauschalsteuer = gesamt: 120 €).
Zudem entfallen
- seit dem 1.1. 2006 noch Umlagen für Krankheit und Mutterschutz nach dem Aufwendungsausgleichsgesetz (AAG) und Beiträge zur gesetzlichen Unfallversicherung.

Die pauschalen Arbeitgeberbeiträge an die **Rentenversicherung** sind auch bei geringfügigen Beschäftigungen von sonst sozialversicherungsfreien Personengruppen wie z. B. Beamte, Rentner und Selbständige (auch Mitglieder berufsständischer Versorgungseinrichtungen wie z. B. Ärzte, Apotheker, Architekten) zu entrichten. Die pauschalen Beiträge zur **Krankenversicherung** sind nur dann zu entrichten, wenn der Arbeitnehmer bereits in einer gesetzlichen Krankenkasse versichert ist (dies gilt auch für Personen, die im Rahmen der Familienversicherung bei ihrem Ehepartner mitversichert sind oder als Selbständige freiwillig in der gesetzlichen Krankenkasse bleiben). Zusätzliche Ansprüche entstehen aus diesen Beiträgen nicht, weil diese Beschäftigten bereits den vollen Krankenversicherungsschutz haben. Ausgenommen sind damit alle Personen, die nicht Mitglied einer gesetzlichen Krankenversicherung sind, wie z. B. Beamte und privat versicherte Selbständige. Bei diesen Beschäftigungsverhältnissen muss der Arbeitgeber nur den pauschalen Rentenversicherungsbeitrag und die pauschale Steuer bezahlen.

- Auswirkungen für den Arbeitnehmer: Der Verdienst aus einer geringfügigen Beschäftigung bleibt für den Arbeitnehmer sozialversicherungs- und steuerfrei. Dies gilt auch, wenn **eine** Tätigkeit als Nebentätigkeit zur Hauptbeschäftigung ausgeübt wird. Jede weitere Nebentätigkeit wird der Haupttätigkeit zugezählt. Mehrere „Mini-Jobs" werden zusammengezählt (nicht jedoch ein „Mini-Job" und eine kurzfristige Beschäftigung). Wird dabei die 400-€-Grenze überschritten, werden sämtliche Beschäftigungen normal steuer- und beitragspflichtig. Die beitragsfreie Familienversicherung in der gesetzlichen Kranken- und Pflegeversicherung bleibt für geringfügig Beschäftigte (monatliches Gesamteinkommen von 400 €) erhalten. Geringfügig Beschäftigte für die der Arbeitgeber pauschale Beiträge in die gesetzliche Rentenversicherung zahlt, haben die Möglichkeit durch eigene Aufstockung des Arbeitgeberbeitrages das volle Leistungsspektrum der Rentenversicherung (Anspruch auf Rehabilitationsleistungen, Erwerbsminderungsrenten, vorgezogene Altersrenten) zu erhalten. Dieser Verzicht auf die Rentenversicherungsfreiheit ist vom Arbeitnehmer dem Arbeitgeber schriftlich mitzuteilen. Er kann nicht widerrufen werden, erstreckt sich auf alle „Mini-Jobs" und gilt bis zur Beendigung der geringfügigen Beschäftigung(en). Die Aufstockung muss 4,5 % (= Differenz von 15 % auf 19,5 %) betragen, der Mindestbeitrag beträgt 30,23 € (= 19,5 % von 155 €). Das bedeutet, bei einem Arbeitsentgelt von unter 155 € wird zwar der pauschale Arbeitgeberanteil von 15,0 % an die Rentenversicherung fällig, die mögliche Aufstockung durch den Arbeitnehmer beträgt jedoch mehr als 4,5 %, da der Mindestbeitrag (30,23 €) zu entrichten ist.

Die Auswirkung auf die spätere Rentenauszahlung bleibt in jedem Falle bescheiden.

- Sonderregelung für geringfügig Beschäftigte im Haushaltsbereich
Auch wenn eine geringfügige Beschäftigung in einem privaten Haushalt ausgeübt wird, gelten die Vorschriften der „400-€-Regelung". Allerdings muss der Arbeitgeber hier nur insgesamt 12 % Pauschalabgaben bezahlen.

Davon:

5 % an die gesetzliche Rentenversicherung,

5 % an die gesetzliche Krankenversicherung und

2 % an den Fiskus (Pauschsteuer)

Zu den Beschäftigungen im Haushaltsbereich (sog. haushaltsnahe Dienstleistungen) zählen u. a. folgende Tätigkeiten:

Kochen, Wohnungsreinigung, Waschen und Bügeln, Gartenpflege, Betreuung und Pflege von Kindern oder von alten und pflegebedürftigen Personen, Betreuung von Haustieren, Besorgungsfahrten etc. Nicht dazu zählen Tätigkeiten als Nachhilfelehrer, Musik- oder Sportlehrer, Chauffeur, Sekretärin etc.

Auch hier besteht für den Arbeitnehmer die Möglichkeit den Rentenversicherungsbeitrag aus eigenen Mitteln auf 19,5 % aufzustocken. Dies dürfte allerdings in der Praxis kaum geschehen, da die Aufstockungsdifferenz stolze 14,5 % beträgt.

- Sonderregelung für Beschäftigte in der so genannten „Gleitzone" (= monatliche Arbeitsentgelte zwischen 401–800 €).

Mit Übersteigen des Arbeitseinkommens von 400 € entsteht Sozialversicherungspflicht. Allerdings muss in der „Gleitzone" (bis 800 EUR) nur der Arbeitgeber die vollen Versicherungsbeiträge bezahlen. Der Arbeitnehmer entrichtet einen reduzierten, progressiv ansteigenden Anteil von 4 % – ca. 21 % des Arbeitsentgelts.

Die jeweiligen Arbeitnehmerbeiträge werden nach einer festgelegten Formel errechnet.
Diese Regelung gilt nicht für Auszubildende und Praktikanten.

Meldeverfahren

* Alle geringfügigen Arbeitsverhältnisse müssen bei der zentralen Einzugsstelle (Minijob-Zentrale der Deutschen Rentenversicherung Knappschaft Bahn-See in Essen, www.minijob-zentrale.de) angemeldet und **alle** Pauschalabgaben vom Arbeitgeber dorthin abgeführt werden.
* Auch geringfügig beschäftigte Arbeitnehmer in einem Privathaushalt müssen bei der Minijob-Zentrale angemeldet werden, dies geschieht über das sog. Haushaltsscheckverfahren.

Besteuerung

Grundsatz

Grundsätzlich besteht für den Arbeitgeber die Möglichkeit der Lohnsteuerpauschalierung, entweder mittels Pauschsteuer in Höhe von 2 % oder durch die pauschale Lohnsteuer in Höhe von 20 %.

Voraussetzung ist immer, dass es sich um eine geringfügige Beschäftigung handelt. Ein Höchstbetrag oder der durchschnittliche Stundenlohn von 12 EUR, wie bei der kurzfristigen Beschäftigung, ist hier nicht relevant.

Die Pauschsteuer in Höhe von 2 % beinhaltet auch den Solidaritätszuschlag und die Kirchensteuer. Diese Steuerart kann nur angewendet werden, wenn pauschale Beiträge zur Rentenversicherung gezahlt werden müssen. Falls das nicht der Fall ist, kann die pauschale Lohnsteuer (20 % zuzüglich Solidaritätszuschlag und Kirchensteuer) entrichtet werden. Wenn der Arbeitnehmer mehrere Mini-Jobs ausübt, die zusammengerechnet über der Grenze von 400 € liegen, ist ebenfalls die pauschale Lohnsteuer zu entrichten.

Eine Lohnsteuerkarte ist bei der Pauschalierung der Lohnsteuer nicht erforderlich.

Wählt der Arbeitgeber nicht die Pauschalierung, wird die individuelle Lohnsteuer nach Maßgabe der vorgelegten Lohnsteuerkarte erhoben.

Die Pauschsteuer (2 %) wird an die Minijob-Zentrale, die pauschale Lohnsteuer und die Lohnsteuer nach Lohnsteuerkarte wird an das zuständige Finanzamt abgeführt.

Bei jeder Form der pauschalen Versteuerung ist der Arbeitgeber Steuerschuldner. Die Pauschsteuer in Höhe von 2 % kann aber durch den Arbeitgeber vom Lohn des Mini-Jobbers einbehalten werden.

Steuerermäßigung bei Beschäftigungen im privaten Haushalt

Der Arbeitgeber kann folgende Möglichkeit der Steuerermäßigung geltend machen: Verminderung der Einkommensteuer um 10 % der Aufwendungen (Gehaltszahlungen und Paschalabgaben), höchstens 510 €, jährlich bei geringfügigen Beschäftigungen (für jeden Kalendermonat in dem kein Beschäftigungsverhältnis besteht vermindert sich dieser Höchstbetrag um ein Zwölftel).

Studenten

Falls eine geringfügige oder kurzfristige Beschäftigung vorliegt besteht keine Sozialversicherungspflicht.

Für alle sonstigen Beschäftigungsverhältnisse gelten folgende Grundsätze:
* Versicherungspflicht in der gesetzlichen Rentenversicherung
* Versicherungsfreiheit in allen anderen Sozialversicherungen (unabhängig vom Entgelt) wenn eine Immatrikulation an einer Universität/Hochschule vorliegt **und** die Beschäftigung nur in den vorlesungsfreien Zeiten (Semesterferien) ausgeübt wird.

Ausnahme: Auch Studenten die während des Semesters arbeiten, können von der Kranken-, Pflege- und Arbeitslosenversicherung befreit sein, wenn sie ihre Arbeitskraft und -zeit überwiegend dem Studium widmen. Dies ist der Fall, wenn die wöchentliche Arbeitszeit 20 Stunden nicht überschreitet oder wenn die Arbeit dem Studium untergeordnet ist (z. B. bei Tätigkeiten in einem Forschungsprojekt). Die Rentenversicherungspflicht bleibt auch hier bestehen. Wer mit seinen „Jobs" allerdings insgesamt 26 Wochen (182 Kalendertage) pro Jahr überschreitet wird sozialversicherungspflichtig.

Praktikanten

Personen, die **während** des Studiums ein Praktikum ableisten, um sich neben den im Studium erworbenen theoretischen Kenntnissen praktische Fertigkeiten in einem Unternehmen anzueignen, sind sozialversicherungsfrei, wenn das Praktikum im Rahmen der Studien-, Ausbildungs- und/oder Prüfungsordnung vorgeschrieben ist. Dies gilt unabhängig davon, wie viel Arbeitsverdienst dabei erzielt wird. Ist das Praktikum nicht vorgeschrieben, muss der Arbeitgeber dann einen Pauschalbeitrag zur Krankenversicherung zahlen, wenn es sich nicht um eine kurzfristige oder geringfügige Beschäftigung (siehe 14.2 und 14.3) handelt. In der Studien- oder Prüfungsordnung festgeschriebene **Vor-** und/oder **Nachpraktika** unterliegen grundsätzlich der Versicherungspflicht. Diese Praktikanten werden wie Auszubildende behandelt: Bis zur „Geringverdienergrenze" bezahlt der Arbeitgeber die gesamten Sozialversicherungsbeiträge.

Schüler

Schüler, die eine Haupt-, Realschule oder ein Gymnasium besuchen, unterliegen nicht der Versicherungspflicht in der Arbeitslosenversicherung. Im Übrigen gelten die gleichen Grundsätze wie für alle übrigen Arbeitnehmer. Siehe hierzu die Ausführungen zu den kurzfristigen und geringfügigen Beschäftigungen. Selbstverständlich sind zudem die einschlägigen Gesetze der Jugendarbeit (Jugendarbeitsschutzgesetz etc.) zu beachten.

Auszubildende (Geringfügigkeitsgrenze)

Auch wenn der monatliche Verdienst weniger als 400 € beträgt, handelt es sich bei Auszubildenden nicht um geringfügig Beschäftigte, sondern um „Geringverdiener". Der Arbeitgeber hat in diesem Fall immer die gesamten Sozialversicherungsbeiträge in voller Höhe zu entrichten.

Übungsleiter, Trainer, Ausbilder in Vereinen

Vereine können ihren Übungsleitern, Trainern oder Ausbildern für die Ausübung einer **nebenberuflichen** Tätigkeit pro Jahr bis zu

1848,00 € (154,00 € monatlich) als steuer- und sozialversicherungsfreie Aufwandsentschädigungen bezahlen (§ 3 Nr. 26 EStG). Dieser
Freibetrag soll im Laufe des Jahres 2007 auf 2.100 € angehoben werden.

14.4 Wichtige arbeitsrechtliche Regelungen und Bestimmungen

Arbeitsverträge

(vergleiche Kapitel 10, Wichtige Verträge für Unternehmer)

Kündigungsschutz

Bei jeder Kündigung sind die einschlägigen Vorschriften des Kündigungsschutzgesetzes zu beachten. Betriebe, die nicht mehr als 10
Mitarbeiter regelmäßig beschäftigen, fallen nicht unter den Geltungsbereich des Kündigungsschutzgesetzes. Dies gilt für neu ein-
gestellte Mitarbeiter/innen seit dem 1. 1. 2004 erst in Betrieben mit
mehr als 10 Beschäftigten. Diese Regelung gilt allerdings nicht für
bereits angestellte Mitarbeiter in Firmen mit mehr als 5 Mitarbeitern, wenn diese bereits am 31. 12. 2003 dort beschäftigt waren. Die
Kündigung gegenüber einer Frau während der Schwangerschaft
und bis zum Ablauf von 4 Monaten nach der Entbindung ist unzulässig, wenn dem Arbeitgeber zur Zeit der Kündigung die
Schwangerschaft oder Entbindung bekannt war oder innerhalb
zweier Wochen nach Zugang der Kündigung mitgeteilt wird; das
Überschreiten dieser Frist ist unschädlich, wenn es auf einem von
der Frau nicht zu vertretenden Grund beruht und die Mitteilung unverzüglich nachgeholt wird (§ 9 Mutterschutzgesetz).

Die Mutter kann während der Schwangerschaft und innerhalb der
Schutzfrist (in der Regel 8–12 Wochen) nach der Entbindung ohne
Einhaltung einer Kündigungsfrist zum Ende der Schutzfrist kündi-
gen.

Kündigungsfristen

Die gesetzliche Kündigungsfrist bei Arbeitsverhältnissen richtet sich nach den Bestimmungen des Bürgerlichen Gesetzbuches (§ 622 BGB).
Demzufolge beträgt die Kündigungsfrist für beide Seiten 4 Wochen zum 15. oder zum Ende eines Kalendermonats. (§ 622 Abs. 1 BGB). Die Kündigungsfrist für Arbeitgeber (§ 622 Abs. 2 BGB) verlängert sich wie folgt:

Bestehendes Arbeitsverhältnis	Kündigungsfrist
ab 2 Jahren	1 Monat zum Ende des Kalendermonats
ab 5 Jahren	2 Monate zum Ende des Kalendermonats
ab 8 Jahren	3 Monate zum Ende des Kalendermonats
ab 10 Jahren	4 Monate zum Ende des Kalendermonats
ab 12 Jahren	5 Monate zum Ende des Kalendermonats
ab 15 Jahren	6 Monate zum Ende des Kalendermonats
ab 20 Jahren	7 Monate zum Ende des Kalendermonats

Bei der Berechnung werden die Zeiten, die vor der Vollendung des fünfundzwanzigsten Lebensjahres des Arbeitnehmers liegen nicht berücksichtigt.

Während der vereinbarten Probezeit (höchstens 6 Monate) kann das Arbeitsverhältnis mit einer Frist von 2 Wochen ohne Angabe von Gründen gekündigt werden (§ 622 Abs. 3 BGB).

Tarifvertraglich können alle Kündigungsfristen verkürzt oder verlängert werden. Einzelvertraglich ist eine Verkürzung der Fristen nur bei Beschäftigungen bis zu 3 Monaten möglich. Kleinunternehmen (bis zu 20 Mitarbeitern) können die gesetzliche Kündigungsfrist (4 Wochen) auch „taggenau" vereinbaren, d. h. die Kündigung muss nicht zum 15. oder Monatsletzten, sondern kann auch zu jedem anderen beliebigen Tag ausgesprochen werden (immer jedoch vorausgesetzt, die vierwöchige Mindestkündigungsfrist wurde eingehalten).

Erholungsurlaub

Der Anspruch auf Erholungsurlaub ist normalerweise arbeits- oder tarifvertraglich geregelt.

Der gesetzliche Mindesturlaubsanspruch richtet sich nach den Bestimmungen des Bundesurlaubsgesetzes.

Demzufolge haben alle Arbeitnehmer/innen Anspruch auf bezahlten Erholungsurlaub für mindestens 4 Wochen (24 Werktage) pro Jahr. Maßgeblich für die Berechnung des Urlaubs ist die Anzahl der Arbeitstage pro Woche (Beispiel: Der Arbeitnehmer arbeitet an 3 Werktagen pro Woche = Mindesturlaubsanspruch 12 Tage)

Aufgrund von Tarif- oder Einzelvertragsregelungen können höhere Urlaubsansprüche begründet werden (die durchschnittliche tarifliche Urlaubsdauer beträgt derzeit 29 Arbeitstage pro Jahr).

Ein gesetzlicher Anspruch auf erstmaligen Urlaubsantritt besteht nach 6-monatiger Betriebszugehörigkeit. Scheidet der Mitarbeiter vor dieser Zeit aus, hat er Anspruch auf ein Zwölftel des Jahresurlaubes für jeden vollen Monat der Betriebszugehörigkeit.

Vergütung

Grundsätzlich ist die Gehaltsvereinbarung zwischen Arbeitgeber und Arbeitnehmer frei gestaltbar.

In einigen Branchen sind Tarifverträge jedoch für allgemeinverbindlich erklärt worden, d. h. sie sind für jedes Arbeitsverhältnis bindend.

Nähere Auskünfte über tarifvertragliche Regelungen erteilen die Gewerkschaften, die Arbeitgeberverbände sowie Fachanwälte für Arbeitsrecht.

Entgeltfortzahlungen

Die gesetzliche Lohnfortzahlung im Krankheitsfall und bei Kuren durch den Arbeitgeber (6 Wochen) beträgt 100 % des Arbeitsentgeltes. Im Gegensatz zu einer früheren Regelung werden bei der Bemessung der Entgeltfortzahlung die Überstundenvergütungen nicht mehr berücksichtigt. Nach Ablauf der 6 Wochen hat der Arbeitnehmer in der Regel einen Anspruch auf Krankengeld durch die zuständige Krankenkasse. Wird der Arbeitnehmer nach Ablauf von 6 Monaten erneut wegen der gleichen Krankheit arbeitsunfähig, steht ihm wieder die 6-wöchige Entgeltfortzahlung durch den Arbeitgeber zu.

Arbeitnehmer, die ein neues Arbeitsverhältnis eingehen und innerhalb der ersten 4 Wochen arbeitsunfähig erkranken, erhalten keine Lohnfortzahlung sondern Krankengeld von ihrer Krankenkasse. Danach steht ihnen die Lohnfortzahlung durch den Arbeitgeber (bis zu 6 Wochen) zu.

Elternzeit

Jeder Elternteil kann, einzeln oder gemeinsam, nach der Geburt eines Kindes Elternzeit (früher: Erziehungsurlaub) für bis zu 3 Jahren beanspruchen. Voraussetzung ist die häusliche Lebensgemeinschaft (nicht Ehe) und die gemeinsame Betreuung des Kindes. Der Arbeitgeber muss spätestens 8 Wochen vor Antritt über Zeitpunkt der Inanspruchnahme und Dauer der Elternzeit informiert werden. Während der Elternzeit besteht grundsätzlich Kündigungsschutz. Soll das Arbeitsverhältnis zum Ende des Erziehungsurlaubes von Arbeitnehmerseite gekündigt werden, gilt eine Kündigungsfrist von 3 Monaten. Während der Elternzeit besteht Anspruch auf Teilzeitarbeit (bis 30 Stunden wöchentlich) in Betrieben mit mehr als 15 Beschäftigten, vorausgesetzt, das Beschäftigungsverhältnis besteht schon mehr als 6 Monate.

Schwerbehinderte

Unternehmen mit mindestens 20 Arbeitsplätzen sind nach dem SGB IX verpflichtet, mindestens 5 % dieser Arbeitsplätze mit Schwerbehinderten zu besetzen. Geschieht das nicht, ist für nicht besetzte Arbeitsplätze eine monatliche Ausgleichsabgabe in Höhe von 105,00–260,00 € an das Integrationsamt (www.integrations aemter.de) zu entrichten. Die Höhe der Ausgleichsabgabe ist nach Beschäftigungsquoten gestaffelt.

Teilzeitbeschäftigung

Für Arbeitnehmer/innen besteht nach mindestens 6-monatiger Beschäftigung die Möglichkeit, ihre Arbeitszeit zu reduzieren, wenn betriebliche Belange nicht entgegenstehen und der Betrieb mindestens 15 Mitarbeiter/innen beschäftigt. Der Arbeitgeber muss hierüber spätestens 3 Monate vorher informiert werden. Die Entscheidung über die Genehmigung oder Ablehnung der Teilzeitbeschäftigung muss mindestens 1 Monat vor Beginn der geplanten Änderung dem Mitarbeiter schriftlich mitgeteilt werden.

Allgemeines Gleichbehandlungsgesetz (AGG)

Das Allgemeine Gleichbehandlungsgesetz (AGG) ist am 1.8. 2006 in Kraft getreten. Das AGG dient der Umsetzung der Europäischen Richtlinien aus den Jahren 2000–2004. Ziel des Gesetzes ist, Benachteiligungen aus Gründen der Rasse oder wegen der ethnischen Herkunft, des Geschlechts, der Religion oder Weltanschauung, einer Behinderung, des Alters oder der sexuellen Identität zu verhindern oder zu beseitigen (§ 1 AGG). Die Auswirkungen des Gesetzes betreffen sehr stark den Personalbereich von Unternehmen (Stellenausschreibungen, Einstellungen und Ablehnungen von Bewerber/innen, Beförderungen, Kündigungen etc.).

„Riester-Rente"

Seit 2002 fördert der Staat die private Altersvorsorge mit staatlichen Zulagen (Grund- und Kinderzulage) und ggf. Steuervorteilen. Bis Mitte 2006 wurden 6,8 Millionen Verträge abgeschlossen. Gesetzliche Grundlage ist das Altersvermögensgesetz. Die staatliche Förderung kann von Arbeitnehmern, die Pflichtbeiträge in die gesetzliche Rentenversicherung zahlen, von deren Ehegatten und auch von rentenversicherungspflichtigen Selbständigen in Anspruch genommen werden. Bei Ehegatten haben beide Anspruch auf die Grundzulage, vorausgesetzt, es besteht für beide ein eigener Altersvorsorgevertrag. Jeder Arbeitnehmer kann selbst entscheiden, ob er für das Alter auch privat vorsorgen möchte. Der Arbeitgeber muss sich finanziell nicht daran beteiligen. Der staatliche Zuschuss ist an eine Eigenbeteiligung des Arbeitnehmers gekoppelt. Zulage und Eigenbeteiligung (1 %–4 % des Bruttolohns) erhöhen sich in Zwei-Jahres-Phasen bis zum Jahr 2008.

Veranlagungs-zeitraum	Grundzulage je Berechtigte	Kinderzulage je Kind	Mindesteigen-beitrag
2006	114 €	138 €	3 %
2007	114 €	138 €	3 %
2008	154 €	185 €	4 %

Maßgebend für den Mindesteigenbetrag ist das Vorjahreseinkommen. Der Mindestbeitrag (Sockelbeitrag) liegt seit 2005 zwischen 60 € (2 Kinder) bis 90 € (ohne Kind).

Maximale Eigenbeiträge 2007: 1.575 €, 2008: 2.100 €. Der Anspruch auf Zulage entsteht mit Ablauf des Kalenderjahres, in dem der Steuerpflichtige die Beiträge zur privaten Altersvorsorge erstmals geleistet hat. Die Beiträge müssen aus dem bereits versteuerten Einkommen gezahlt worden sein. Die Kindergeldzulagen gelten nur für kindergeldberechtigte Kinder.

Voraussetzungen für die „Riester-Rente":

• Wohnsitz in Deutschland
• Unbeschränkte Einkommensteuerpflicht
• Abschluss eines zertifizierten „Riester-Vertrages"

„Riester-Produkte" sind:

• Banksparplan (Ansparen eines Guthabens mit festgelegter Verzinsung)
• Private Rentenversicherung (Kapitalanlage und Versicherung, in der Regel mit garantierter Mindestverzinsung)
• Fondssparplan (Anlage des Kapitals in Investmentfonds, z. B. Aktien- oder Rentenfonds)
  Es gibt die Möglichkeit, die Produkte zu mischen, z. B. die Zinserträge durch Banksparpläne in Fonds anzulegen.

Nachteile

• Die Auszahlung wird nur als lebenslange Rente gewährt (eine 30 %ige Teilauszahlung bei Rentenbeginn ist aber möglich und nicht zulagenschädlich).
• Die Auszahlung ist im gesamten Umfang steuerpflichtig.
• Das eingezahlte Kapital kann nicht beliehen werden.

- Die Zulagen müssen bei vorzeitiger Beendigung zurückgezahlt werden.

Verfahren
- Zulagen (Grundzulage und Kinderzulage) beim Anbieter beantragen
- Sonderausgabenabzug über die Einkommensteuererklärung

Weitere Infos unter www.bmas.bund.de und www.zfa.deutsche-rentenversicherung-bund.de

Checkliste: Personaleinstellung

- Haben Sie die Kosten für die Gehaltszahlungen (inklusive der Lohnnebenkosten) kalkuliert?
- Sind Sie sich darüber im Klaren, für welche Positionen/Bereiche/Aufgaben die Mitarbeiter eingestellt werden sollen?
- Haben Sie darüber nachgedacht, welche Qualifikationen/Kenntnisse/Erfahrungen die Bewerber mitbringen müssen (Anforderungsprofile)?
- Haben Sie eine Stellenbeschreibung/Aufgabendefinition ausgearbeitet?
- Haben Sie sich Gedanken über die Inhalte Ihrer Arbeitsverträge gemacht (Verträge ausgearbeitet bzw. Verwendung von Einheitsverträgen)?
- Soll es zusätzliche Anreize in Ihrem Entlohnungssystem geben (z. B. Provisionen, Gewinnausschüttungen, Mitarbeiterbeteiligungen)?
- Wurde eine Betriebsnummer vom Arbeitsamt beantragt und erteilt?
- Wurden Ihre Mitarbeiter bei der Sozialversicherung (Krankenkasse) angemeldet?
- Haben Sie sich Gedanken über die Durchführung Ihrer Lohnbuchhaltung gemacht (z. B. eigene interne Lohnbuchhaltung, Vergabe an externe Lohnbuchhandlungen, Steuerberater, Aufgabenerledigung durch Sie selbst etc.)?
- Haben Sie Ihren Betrieb bei der Berufsgenossenschaft angemeldet?

14.5 Einstellungszuschuss bei Neugründungen (EZN)

Vielfach stellen Existenzgründer/innen bereits zu Beginn der selbständigen Tätigkeit oder im weiteren Verlauf Arbeitnehmer/innen ein. Die Agenturen für Arbeit und SGB II-Stellen (z. B. ARGEN) können hier, neben der Hilfe bei der Suche nach geeignetem Personal, auch finanzielle Unterstützung leisten.

Hierzu gibt es verschiedene Formen von Lohnkostenzuschüssen. Sie werden grundsätzlich im Rahmen der verfügbaren Haushaltsmittel gewährt. Ein Rechtsanspruch auf diese Leistungen besteht nicht. Der Förderantrag muss vor Abschluss des Arbeitsvertrages, bei der zuständigen Stelle, in dessen Bezirk sich der Betriebssitz befindet, gestellt werden.

Für Existenzgründer/innen kommt insbesondere der Einstellungszuschuss bei Neugründungen (§§ 225–228 SGB III) in Betracht.

Grundsatz

Sie können, wenn Sie vor nicht mehr als zwei Jahren eine selbständige Tätigkeit aufgenommen haben und höchstens 5 Mitarbeiter/innen beschäftigen, für die unbefristete Anstellung eines zuvor arbeitslosen förderungsbedürftigen Arbeitnehmers auf einem neu geschaffenen Arbeitsplatz einen Zuschuss zum Arbeitsentgelt (Einstellungszuschuss bei Neugründungen) erhalten.

Voraussetzungen

Der Einstellungszuschuss kann gewährt werden, wenn die folgenden Voraussetzungen erfüllt sind:

(1) Der Arbeitnehmer muss vor der Einstellung mindestens drei Monate entweder

- Arbeitslosengeld, Arbeitslosengeld II oder Transferkurzarbeitergeld bezogen haben, **oder**
- eine Beschäftigung ausgeübt haben, die als Arbeitsbeschaffungsmaßnahme (ABM) gefördert worden ist, **oder**
- an einer nach dem SGB III geförderten Maßnahme der beruflichen Fort- und Weiterbildung oder Umschulung teilgenommen haben, **oder**
- die Voraussetzungen erfüllen, um Entgeltersatzleistungen bei beruflicher Weiterbildung oder bei Leistungen zur Teilhabe am Arbeitsleben (Unterhaltsgeld, Übergangsgeld oder Ausbildungsgeld) zu erhalten

  und ohne die Leistung nicht oder nicht dauerhaft in den Arbeitsmarkt eingegliedert werden können.

(2) Der Arbeitgeber darf zum Zeitpunkt der Einstellung nicht mehr als fünf Arbeitnehmer beschäftigen (bei der Feststellung der Beschäftigtenzahl des Arbeitgebers werden Praktikanten und Auszubildende nicht berücksichtigt.)

Der Einstellungszuschuss kann **höchstens für zwei Arbeitnehmer/innen** gleichzeitig geleistet werden. Er kann jedoch nicht zusätzlich zu einem anderen Lohnkostenzuschuss nach dem SGB III für denselben Arbeitnehmer geleistet werden.

Dauer und Höhe des Zuschusses

Der Einstellungszuschuss kann für höchstens zwölf Monate in Höhe von höchstens 50 vom Hundert des regelmäßig bezahlten tariflichen oder ortsüblichen Arbeitsentgelts, inklusive Ihres Arbeitgeberanteils am Gesamtsozialversicherungsbeitrag gewährt werden.

Art des Beschäftigungsverhältnisses

- Es muss ein sozialversicherungspflichtiges unbefristetes neues Beschäftigungsverhältnis begründet werden (Teil- oder Vollzeit). Sofern eine Provision zusätzlich zu einem Festgehalt gewährt wird, ist eine Förderung nicht ausgeschlossen, wenn das Festgehalt mindestens dem regelmäßig gezahlten Arbeitsentgelt vergleichbarer ortsüblicher Beschäftigungen entspricht.
- Es muss mindestens das tarifliche bzw. ortsübliche Arbeitsentgelt bezahlt werden. Liegt das Arbeitsentgelt darüber, wird der Einstellungszuschuss nur nach dem tariflichen bzw. ortsüblichen Arbeitsentgelt errechnet.
- Innerhalb von drei Monaten seit Einstellung des Arbeitnehmers/der Arbeitnehmerin muss eine Bestätigung der Krankenkasse vorgelegt werden, wonach der/die Arbeitnehmer/in zur Sozialversicherung angemeldet ist.

Nicht förderbarer Personenkreis

Grundsätzlich nicht gefördert werden können Personen, bei denen das Interesse des Arbeitgebers an einer Einstellung dieser Person gegenüber den arbeitsmarktpolitischen Interessen überwiegt

(z. B. Personen, die an dem einstellenden Betrieb finanziell beteiligt sind, die als Geschäftsführer eingestellt werden sollen oder deren Gehalt über der Bemessungsgrenze der Arbeitslosenversicherung* liegt).

Antragstellung

Der Einstellungszuschuss wird auf schriftlichen Antrag **vor** Abschluss des Arbeitsvertrages gewährt. Er ist bei der Agentur für Arbeit oder SGB II-Stelle zu stellen, in dessen Bezirk der Betrieb seinen Sitz hat.

Weitere Fördermöglichkeiten

Neben dem Einstellungszuschuss bei Neugründungen können auch Eingliederungszuschüsse für die Einstellung von Arbeitnehmern gewährt werden, die in ihrer Wettbewerbsfähigkeit am allgemeinen Arbeitsmarkt benachteiligt sind, zum Beispiel weil sie einer besonderen Einarbeitung bedürfen, längere Zeit arbeitslos waren, schwerbehindert oder älter sind. Auskünfte über Art und Höhe der verschiedenen Personalkostenzuschüsse erteilt Ihnen Ihre zuständige Agentur für Arbeit bzw. SGB II-Stelle.

14.6 Betriebliche Altersvorsorge

Im Rahmen der Rentenreform haben Arbeitnehmer seit 1. Januar 2002 gegenüber ihrem Arbeitgeber einen arbeitsrechtlichen Anspruch auf Entgeltumwandlung zu Gunsten einer betrieblichen Altersversorgung. Die betriebliche Altersvorsorge bietet Steuervorteile und bis 2008 Sozialversicherungsfreiheit. Da der Abschluss verschiedenartigster Vorsorgemodelle in vielen Betrieben zu einem nicht zu bewältigenden bürokratischen und organisatorischen Aufwand führen würde, sollte jeder Arbeitgeber möglichst frühzeitig die Weichen stellen. Im Klartext heißt das: Der Arbeitgeber bietet seinen Arbeitnehmern eines der fünf möglichen Versorgungsmodelle

---

* siehe Kapitel 14.1

an, die nach dem „Gesetz zur Verbesserung der betrieblichen Altersvorsorge" begünstigt sind. Bietet der Arbeitgeber seinen Mitarbeitern keine Anlageform an, kann der Arbeitnehmer auf den Abschluss einer Direktversicherung pochen. Bietet er hingegen die finanzielle Vorsorge für das Alter über einen Pensionsfonds oder eine Pensionskasse an, müssen die Arbeitnehmer sich danach richten. Bis zur Höhe von 4 % der Beitragsbemessungsgrenze in der Rentenversicherung bleiben Beitragszahlungen des Arbeitgebers in eine Pensionskasse oder einen Pensionsfonds lohnsteuer- (maximal 2.100 € pro Jahr) und sozialabgabefrei. Diese Regelung ist begrenzt bis zum 31. 12. 2008. Werden die Beiträge ausschließlich vom Arbeitgeber finanziert, bleibt es bei der Sozialversicherungsfreiheit auch über das Jahr 2008 hinaus.

Welcher Vertragstyp bringt Vorteile?

Betriebsinhaber haben die Qual der Wahl. Ihnen stehen folgende fünf Durchführungswege zur Verfügung, über die sie ihren Arbeitnehmer fürs Alter absichern können:

• Direktversicherung
• Pensionskasse
• Unterstützungskasse
• Direktzusage
• Pensionsfonds

Ein Patentrezept, welche dieser verschiedenen Durchführungswege der optimale für einen Betrieb ist, gibt es nicht. Es kommt vielmehr auf die individuelle betriebliche Situation an. Nicht ganz frei in ihrer Entscheidung sind Unternehmer, wenn tarifvertragliche Bestimmungen gültig sind. Um also die steuerlich beste Lösung anbieten zu können, empfiehlt es sich dringend, einen Steuerberater in die Entscheidung mit einzubeziehen.

15. Schutzrechte

Jeder Existenzgründer hat den verständlichen Wunsch, seine Idee(n) und Schöpfungen schützen zu lassen. Deshalb hier ein kurzer Überblick über die wichtigsten Regelungen, Bestimmungen und Schutzmöglichkeiten, die ein Unternehmer im Zusammenhang mit dem Urheber-, Marken-, Online- und Wettbewerbsrecht wissen sollte.

15.1 Urheberrecht

Das Urheberrecht schützt das Werk eines Menschen und gibt das Recht, darüber zu bestimmen, ob, auf welche Weise und in welchem Umfang Dritte dieses Werk nutzen und wirtschaftlich verwerten dürfen. Man unterscheidet zwischen Urheberpersönlichkeitsrechten (hierzu zählen z. b. das Veröffentlichungsrecht und das Recht auf Unversehrtheit des Werkes) und wirtschaftlichen Nutzungsrechten (Vervielfältigungs- und Verbreitungsrecht, Recht auf öffentliche Wiedergabe) Inhaber von Urheberrechten können u. a. sein:
* Der Schöpfer des Werkes selbst,
* Verlage (Buch-, Zeitschriften-, Film-, Musikverlage),
* Verwertungsgesellschaften (VG Wort, VG Bild-Kunst, GEMA).

Der Urheberrechtsschutz entsteht kraft Gesetzes. Es ist keine amtliche Eintragung notwendig. Die Eintragung in die Urheberrolle beim Deutschen Patentamt in München ist nur für die Berechnung der Schutzdauer bei anonymen Werken erforderlich.

Durch das Urheberrechtsgesetz (UrhG) geschützt sind:
* Musikwerke
* Filme
* Sprachwerke (Texte)
* Werke der Bildenden Kunst (z. B. Malerei)
* Fotografien, Grafiken (Lichtbildwerke)
* Tanzdarbietungen
* Datenbankwerke (z. B. Internet-Suchmaschinen)

- Software
- Darstellungen wissenschaftlicher und technischer Art.

Gesetzestexte, Gerichtsentscheidungen und andere amtliche Schriftstücke/Werke dürfen ohne Lizenz benutzt werden. In bestimmten Fällen ist das Urheberrecht eingeschränkt. So z. B. bei öffentlichen Reden, Zeitungsartikeln und Rundfunkkommentaren. Auch das öffentliche zitieren, nach dem Erscheinen eines Werkes, ist zulässig, sofern die Quelle angegeben wird. Nicht geschützt sind z. B. „bloße Ideen" oder die Konzeption einer Website. Musikstücke dürfen zum **privaten eigenen** Gebrauch in eingeschränkter Zahl kopiert werden. Auf welches Medium kopiert wird (Kassette, CD-Rohling) ist unerheblich.

Das Urheberrecht erlischt 70 Jahre nach dem Tod des Schöpfers.

Durch die Verwertungsgesellschaften, ein Zusammenschluss von Autoren und Verlagen (VG Wort), von Fotografen, Filmeurhebern und Künstlern (VG Bild-Kunst), von Komponisten, Textdichtern und Musikverlegern (GEMA), soll die Wahrnehmung von Urheberrechten gegenüber Dritten sichergestellt werden.

15.2 Markenrecht

Marken und andere Schutzrechte (Gebrauchsmuster, Geschmacksmuster, Patente) werden beim Deutschen Patent- und Markenamt (DPMA) in München angemeldet. Als Marken (Wort- und Bildmarken) können u. a.. Logos, Worte, Buchstabengruppen, Zahlen, Farbkombinationen geschützt werden. Durch die Eintragung in das Markenregister entsteht ein 10-jähriges Schutzrecht (Verlängerung alle zehn Jahre möglich). Das Patent- und Markenamt prüft dabei nur, ob gegen die Eintragung „absolute Schutzhindernisse" bestehen. Nicht eingetragen werden z. B. Bezeichnungen/ Namen die zum „sprachlichen Allgemeingut" gehören, die keine Unterscheidungskraft besitzen sowie beschreibende oder irreführende Angaben. Die Prüfung ob eine Marke bereits eingetragen ist, muss der Antragsteller selbst durchführen. Die Formulare für die Anmeldung können auch über die Homepage www.dpma.de heruntergeladen werden. Der Markenschutz erstreckt sich auf das

Hoheitsgebiet der Bundesrepublik Deutschland. Ein Auslands-
schutz ist durch zusätzliche Anmeldung im jeweiligen Land oder für
alle EU-Staaten beim europäischen Harmonisierungsamt für Marken, Muster und Modelle in Alicante (Spanien) möglich. Mit dem
Eintrag in das Markenregister ist kein Firmennamesschutz verbunden, dieser erfolgt nur durch eine Eintragung in das Handelsregister.

Tipps: Auf der Website des Deutschen Patent- und Markenamtes
(www.dpma.de) können Sie nach identischen, national eingetragenen
Marken und in ausländischen Datenbanken suchen, Sie können Ihre Marke zur Eintragung anmelden und finden dort auch die Kontaktadressen
der Patentinformationszentren in den Bundesländern.

15.3 Wettbewerbsrecht

Rabattgesetz

Im Juni 2000 wurde die E-Commerce-Richtlinie durch die EU ver-
abschiedet. Danach sind ausländische Internetanbieter, die ihre
Produkte in Deutschland vertreiben nicht mehr an deutsches Recht
gebunden. Um die wettbewerbsrechtliche Rahmenbedingungen für
deutsche Unternehmen zu verbessern und die Rolle der Verbraucher zu stärken wurde im Sommer 2001 das deutsche Rabattgesetz
von 1933 und die Zugabeverordnung aus dem Jahre 1932 ersatzlos
abgeschafft.

Für Verbraucher und Anbieter bedeutet dies u. a.:

- Es können nun individuelle Preisnachlässe von mehr als 3 % aus-
gehandelt werden und auch Mengenrabatte sind jetzt zulässig.
- Kunden können beim Kauf Zusatzgeschenke oder sonstige Vergünstigungen erhalten.
- Deutsche Online-Händler haben die gleichen Möglichkeiten wie
ihre ausländischen Konkurrenten.
- Die Gestaltungsmöglichkeiten für innovative Werbe- und Ver-
triebsstrategien wurden erweitert. Zufall- oder Glücksrabatte bzw.
-zugaben bleiben aber weiterhin unzulässig.

Eine vollkommene Liberalisierung des Handels ist mit dem Wegfall des Rabattgesetzes und der Zugabenverordnung jedoch nicht

verbunden. Zum Schutze des Verbrauchers blieben das Gesetz gegen unlauteren Wettbewerb (UWG) und die Preisabgabenverordnung bestehen. Vor allem der § 3 UWG (Verbot der Irreführung von Kunden) ist weiterhin unbedingt zu beachten.

15.4 Online-Recht

Mit einer eigenen Domain im Internet präsent zu sein ist heutzutage ein Muss für jedes moderne Unternehmen. Immer mehr Selbständige betreiben deshalb eine eigene Homepage um über ihre Tätigkeit bzw. ihr Unternehmen zu informieren, zu werben und ihre Produkte zu vertreiben.

Wichtige Aspekte, die Sie beim Internetauftritt wissen sollten:

- Die eingetragene Genossenschaft DENIC (Deutsches Network Information Center) vermittelt die Domains mit der Endung „de". Auf der Website von DENIC (www.denic.de) können Sie auch nach den bereits registrierten Domains mit diesen Endungen suchen.

  Achtung: Inwieweit Sie mit Ihrer Eintragung Namens- oder Markenrechte anderer verletzen wird von DENIC **nicht** geprüft.

- Fotos, Texte, Markenzeichen (Logos) usw. dürfen nicht ohne Genehmigung des Inhabers dieser Rechte auf einer fremden Homepage veröffentlicht werden.

- Links zu anderen Websits sind zulässig und bedürfen grundsätzlich keiner ausdrücklichen Erlaubnis durch den Betreiber der „verlinkten" Seiten.

  Achtung: Bei „links" zu Seiten mit gesetzeswidrigen Inhalten können Sie strafrechtlich belangt werden, wenn Ihnen der Inhalt der Seiten bekannt war.

- Zum Schutze des Verbrauchers gilt seit dem 30. Juni 2000 in Deutschland das Gesetz über Fernabsätze (FernAG). Der Online-Anbieter muss dem Kunden seine Identität und Erreichbarkeit offenbaren. Er hat außerdem die Pflicht über die
  - Preise,
  - Liefer- und Versandkosten,
  - Steuern (vor allem Umsatzsteuer),

- wesentlichen Eigenschaften der Ware(n)/Dienstleistung(en),
- Modalitäten der Zahlungs- und Lieferbedingungen,
- vertragliche Mindestlaufzeiten und Kündigungsfristen,
- Gewährleistung,
- Gültigkeitsdauer des Angebots (der Preise),
- Datenbearbeitung,
- Allgemeinen Geschäftsbedingungen (müssen einsehbar sein),
- Widerrufsrecht und seine Folgen
- aufzuklären.

Das Widerrufsrecht beträgt grundsätzlich zwei Wochen nach Vertragsabschluss. Bei Nichterfüllung der Informationspflicht durch den Online-Shop-Betreiber kann der Kunde den Vertrag innerhalb einer Frist von bis zu vier Monaten widerrufen.

- Weitere Gesetze zum Schutz privater Verbraucher bei Online-Geschäften sind das Verbraucherkreditgesetz (VerbrKrG) und die gesetzlichen Vorschriften über die Allgemeinen Geschäftsbedingungen (BGB §§ 305–310).
- Durch den „Maus-Klick" auf den Bestell-Button entsteht ein verbindliches Angebot des Kunden. Der Vertrag kommt erst mit der Annahme des Angebots durch den Anbieter zustande, z. B. durch eine ausdrückliche Kaufbestätigung per E-mail oder der Lieferung der Ware unter Beilegung der Rechnung.

Tipps: Kontrollieren Sie die Inhalte der Internetseiten auf die Sie „verlinken" wollen oder beauftragen Sie einen Mitarbeiter mit dieser Aufgabe.

Unter der Domain www.domain-recht.de erhalten Sie weiterführende Informationen was Sie bei der Registrierung von Domains beachten sollten.

16. Haftung

Bei der Wahl der geeigneten Rechtsform spielen, neben steuerlichen Aspekten, den Finanzierungsmöglichkeiten, den Gestaltungsfreiheiten bei Geschäftsführung, Kapitalbeschaffung und Mitarbeiterbeteiligung, die Haftungsfragen eine wichtige Rolle (vgl. Kapitel 9, Die Wahl der Rechtsform).

Darüber hinaus stellen sich in der täglichen Praxis immer wieder die Fragen: Haftet der Ehepartner bei meinen eventuellen unternehmerischen Misserfolgen mit und welches Haftungsrisiko verbindet sich mit der Stellung eines Geschäftsführers einer GmbH?

16.1 Ehegatten-Haftung

Jeder, auch der Ehegatte, haftet nur für die Schulden, die er selbst gemacht hat. Nur wenn der Ehepartner einen Kreditvertrag mit unterschrieben oder eine Bürgschaft (siehe unten) übernommen hat wird er zur Mithaftung herangezogen. Dies gilt unabhängig davon, ob für die Ehe Zugewinngemeinschaft oder Gütertrennung vereinbart wurde. Deshalb sollten beide Partner über getrennte Konten verfügen. So vermeiden Sie auch Schufa-Eintragungen für beide Partner, wenn ein Konto wegen fehlender Bonität von der Bank gekündigt wird. Allerdings werden Kredite von den Banken häufig nur dann vergeben, wenn die Ehegatten den Vertrag gemeinsam unterschreiben.

Tipp: Führen Sie getrennte Konten, auch wenn ein Ehegatte über kein eigenes Einkommen verfügt. Vermeiden Sie gemeinsame Kredite.

Verbindlichkeiten durch Lebenshaltungskosten

Für Anschaffungen und den daraus eventuell resultierenden Verbindlichkeiten im Zusammenhang mit der täglichen Lebensführung z. B. der Kauf von Lebensmittel, Kosmetika, Haushaltsgeräten etc.

übernimmt der (in häuslicher Gemeinschaft lebende) Ehegatte automatisch eine Mithaftung.

Steuerschulden

Verheiratete, die durch das „Ehegatten-Splitting" steuerlich gemeinsam veranlagt werden, haften gesamtschuldnerisch für ihre Steuerschulden auch wenn nur ein Partner ein Einkommen erzielt.

Bürgschaften

Nach § 765 des Bürgerlichen Gesetzbuches (BGB) steht der Bürge für die Erfüllung der Verbindlichkeiten eines Dritten gegenüber dem Gläubiger ein. D. h. bei einem Zahlungsausfall des Schuldners haftet „sein Bürge".

Dabei gibt es unterschiedliche Formen von Bürgschaften:

* **Selbstschuldnerische Bürgschaft:** Der Bürge kann zur Zahlung herangezogen werden sobald der Schuldner nicht mehr zahlt.
* **Ausfallbürgschaft:** Der Bürge haftet erst dann, wenn der Schuldner nicht mehr zahlt und alle Möglichkeiten gegen den Schuldner ausgeschöpft wurden.
* **Höchstbetragsbürgschaft:** Der Bürge springt maximal bis zu einem festgesetzten Höchstbetrag ein.

16.2 Haftung des GmbH-Geschäftsführers

Die Rechte und Pflichten des Geschäftsführers (GF) werden vor allem in der GmbH-Satzung und im Geschäftsführeranstellungsvertrag (vgl. Kapitel, 10, Wichtige Verträge für Unternehmer) geregelt.

Darüber hinaus muss er, neben den Steuergesetzen, die einschlägigen Paragraphen des GmbH-Gesetzes, des Handelsgesetzbuches (HGB) und der Insolvenzordnung beachten. Denn bei Pflichtverletzungen haftet der GmbH-Geschäftsführer mit seinem Privatvermögen. Er kann dabei sowohl gegenüber Dritten (Außenhaftung) als auch gegenüber der GmbH und ihren Gesellschaftern (Innenhaftung) zur Rechenschaft gezogen werden.

Der GmbH-Geschäftsführer vertritt die Gesellschaft stets nach außen.

Eine Beschränkung der Vertretungsmacht gegenüber Dritten ist nicht möglich. Das bedeutet, dass im Außenverhältnis die Unterschrift des GF auch dann gilt, wenn er Geschäfte außerhalb seines Kompetenzbereiches tätigt. Sollte hieraus Schaden entstehen, so haftet er gegenüber der GmbH. Weitere Schadensersatzansprüche der GmbH gegenüber dem Geschäftsführer können u. a. entstehen, bei geschäftlichen Betätigungen in Abweichung von den Weisungen der Gesellschafter, bei „spekulativen" Geschäften ohne Zustimmung der Gesellschafter oder wenn sich der Geschäftsführer vertragswidrig im Wettbewerb zur GmbH betätigt. Bei geschäftlichem Misserfolg innerhalb seiner Befugnis wird der Geschäftsführer jedoch grundsätzlich nicht schadensersatzpflichtig.

Geschäfte des GmbH-Geschäftsführers „mit sich selbst" (z. B. Verkauf von Wirtschaftsgütern aus dem Privatbesitz an die GmbH oder umgekehrt) unterliegen grundsätzlich dem sog. „Selbstkontrahierungsverbot" nach § 181 BGB und sind daher nicht zulässig. Von diesem Verbot kann der Geschäftsführer kraft GmbH-Satzung oder Gesellschafterbeschluss befreit werden.

Zu den Pflichten des Geschäftsführers gehört, die Lohnsteuer der Mitarbeiter pünktlich an das Finanzamt abzuführen, die Mitarbeiter bei der Berufsgenossenschaft und den zuständigen Krankenkassen anzumelden und die Sozialversicherungsbeiträge abzuführen. Geschieht das nicht kann der GF auch strafrechtlich verfolgt werden.

Steuerliche Pflichtverletzungen durch den GF können sowohl im Tun (z. B. falsche Angaben in Steuererklärungen, Verletzungen der Buchführungs- und Aufzeichnungsfristen) als auch im Unterlassen (z. B. Nichtabgabe von Steuererklärungen oder Umsatzsteuervoranmeldungen) auftreten. Bei Vorsatz oder grober Fahrlässigkeit haftet der Geschäftsführer gegenüber dem Fiskus mit seinem Privatvermögen.

Bei Gesellschaftern oder geschäftsführenden Gesellschaftern ist zudem darauf zu achten, dass keine „verdeckte Gewinnausschüttung" (z. B. durch „flexible Gehaltsanpassung", Darlehensausreichungen etc.) erfolgt. Zur Sicherstellung der Kapitalerhaltung der GmbH darf der Geschäftsführer keine Zahlungen an die Gesellschafter aus dem Stammkapital der Gesellschaft leisten.

Gerät die GmbH in wirtschaftliche Schwierigkeiten und ist die Hälfte des Stammkapitals verloren, muss der Geschäftsführer unverzüglich eine Gesellschafterversammlung einberufen. Bei Überschuldung oder Zahlungsunfähigkeit der GmbH muss innerhalb von drei Wochen die Eröffnung des Konkursverfahrens oder des gerichtlichen Vergleichsverfahrens durch den Geschäftsführer beantragt werden. Ansonsten macht sich der Geschäftsführer wegen sog. Insolvenzverschleppung strafbar. Zahlungen an einzelne Gläubiger dürfen nach Feststellung der Überschuldung bzw. Zahlungsunfähigkeit nicht mehr geleistet werden.

Tipp: Durch eine D&O (Directors and Officers)-Versicherung können Vermögensschaden (nicht Personen- und Sachschäden) bei Fehlern von Geschäftsführern gedeckt werden.

Achten Sie darauf, dass Ihre Rechte und Pflichten als Geschäftsführer in der Satzung, im Anstellungsvertrag und ggf. in den Gesellschafterbeschlüssen klar definiert sind.

Führen Sie in Zweifelsfällen einen Gesellschafterbeschluss zur Absicherung Ihres geplanten Handelns herbei.

16.3 Haftung des Betriebsübernehmers

Nach § 75 AO haftet der Betriebsübernehmer für im Betrieb/Teilbetrieb begründete Steuern (Umsatzsteuer, Gewerbesteuer), für Steuervergütungen u. Ä., aber insbesondere auch für Steuerabzugsbeträge wie z. B. der Lohnsteuer.

Nicht unter die Haftung fallen z. B. die Einkommen-, Körperschaft-, Grund-, Grunderwerb- sowie die Kraftfahrzeugsteuer.

„Im Betrieb begründet" bedeutet dabei, dass die Steuer aus der originären Tätigkeit (Gewerbe: Gewerbesteuer, Umsatz: Umsatzsteuer) entsteht und nicht aus Rahmenhandlungen des Unternehmens, wie z. B. das Betreiben eines Kraftfahrzeugs.

Die Haftung ist persönlich an den Unternehmer gebunden und umfasst den übernommenen Betrieb.

Zeitlich umfasst es die Steuerbeträge, die seit Beginn des Vorjahres entstanden und bis spätestens einem Jahr nach Anmeldung durch den neuen Betreiber festgesetzt/angemeldet wurden.

Diese Haftung ist lediglich ausgeschlossen für Erwerbe aus einer Insolvenzmasse sowie im Rahmen einer Zwangsversteigerung u. Ä.

16.4 Haftung für Steuern und Sozialversicherungs- beiträge

Der Arbeitgeber haftet nach § 42d EStG unabhängig vom Erwerb eines Betriebes (s. o.) grundsätzlich für die korrekte Abführung der Lohnsteuern, nach §§ 28d ff SGB IV ebenso für die Sozialversicherungsbeiträge seiner Arbeitnehmer.

Bei der Lohnbesteuerung gilt zwar eine Gesamtschuldnerschaft der Arbeitgebers und Arbeitnehmers. Der Arbeitgeber haftet jedoch allein, wenn er nicht vorschriftsmäßig ohne Wissen des Arbeitnehmers handelt.

Anders natürlich in Fällen, die eigentlich Bezug nehmen auf Angaben des Arbeitnehmers: wenn beispielsweise Angaben auf der Lohnsteuerkarte (Steuerklasse, Freibeträge) unrichtig sind, liegt kein Verschulden des Arbeitgebers vor.

16.5 Haftung nach § 613a BGB

Diese Haftung betrifft wieder den (Teil)Betriebsübergang.

Jedoch stehen hier v. a. die arbeitsrechtlichen Verpflichtungen im Vordergrund. Arbeitsverträge sowie deren tarifvertragliche Bindung werden grundsätzlich übernommen. Die eigentliche Haftung ergibt sich für den bisherigen Arbeitgeber: er ist hier für alle bis zum Übergang entstandenen Ansprüche aus den Arbeitsverträgen gesamtschuldnerisch mit im Boot. Zeitanteilig ebenso für die Ansprüche, die bis ein Jahr nach Übergang fällig werden.

17. Zahlungsfristen und Gewährleistungen

17.1 Gesetz zur Beschleunigung fälliger Zahlungen

Dieses Gesetz ist am 1. Mai 2000 in Kraft getreten und bringt den Schuldner automatisch 30 Tage nach Fälligkeit der Rechnung/Zugang der Rechnung in Verzug. Ohne Mahnung kann der Gläubiger danach, neben seiner Forderung, zusätzlich Verzugszinsen verlangen, die 5 % über dem Basissatz der Deutschen Bundesbank liegen dürfen.

Eine Zahlungsfrist in der Rechnung ist nicht erforderlich.

Zudem kann eine Leistungsabnahme nicht mehr wegen geringer Mängel verweigert werden. Allerdings kann der Kunde einen Betrag zurückhalten, in einer Höhe bis zum Dreifachen der Kosten, die voraussichtlich durch die Mängelbeseitigung entstehen. Handwerker dürfen Abschlagszahlungen für Materialkosten und fertige Teilleistungen verlangen, auch wenn die nicht ausdrücklich vertraglich vereinbart wurde.

17.2 Schuldrechtsreform

Anlässlich der Umsetzung einer EG-Richtlinie über den Verbrauchsgüterkauf wurde zum 1. 1. 2002 das Schuldrecht im Bürgerlichen Gesetzbuch (BGB) reformiert. Dabei wurden bisher isolierte Verbraucherschutzgesetze wie das Haustürwiderrufsgesetz und das Gesetz über Allgemeine Geschäftsbedingungen in das BGB integriert.

Hier eine kurze Übersicht über die wichtigsten Neuregelungen:

Gewährleistungspflichten

Die Gewährleistungsfrist beim Kauf von Sachen beträgt zwei Jahre ab Auslieferung der Ware (bisher 6 Monate). Zudem wird beim Kauf eines Verbrauchsguts der Käufer gestärkt. Früher musste der

Käufer den Mangel beweisen. Nun wird vermutet, wenn ein Sachmangel innerhalb von sechs Monaten eintritt, dass die Ware bereits bei der Auslieferung/Aushändigung mangelhaft war. Zudem haftet der Verkäufer auch für die Herstellerangaben. Hat die Werbung die Kaufentscheidung beeinflusst und die Ware weist nicht die in der Werbung versprochenen Eigenschaften auf, kann sie zurückgegeben werden. Ist eine Ware mangelhaft kann der Käufer Nacherfüllung (Nachbesserung bzw. Nachlieferung) verlangen. Ist die Nacherfüllung nicht möglich oder nicht erfolgreich, hat der Käufer ein Recht auf Wandlung, Minderung oder Schadenersatz. Der Händler hat seinerseits, unter bestimmten Voraussetzungen, bis zu fünf Jahre ein Rückgriffsrecht auf seine Lieferanten/Hersteller. Zudem kann er, wenn der Käufer/Besteller eine Nachbesserung verlangt, vom Hersteller wahlweise eine Mängelbeseitigung oder die Neuerstellung des Werkes verlangen.

Verjährungsrecht

Sämtliche Ansprüche verjähren nunmehr grundsätzlich nach drei Jahren. Ausnahmen gibt es im Kaufrecht (siehe oben), bei Mängeln an Bauwerken (Verjährungsfrist fünf Jahre) sowie bei rechtskräftig festgestellten Ansprüchen, bei Herausgaberechten und bei familien- und erbrechtlichen Ansprüchen, die weiterhin einer dreißigjährigen Verjährungsfrist unterliegen.

Beginn der Verjährungsfrist

Bisher war der Beginn der Verjährungsfrist das Ende des Kalenderjahres in dem der Anspruch entstanden ist, nun beginnt die Frist mit der Fälligkeit des Anspruches.

Zinsen

Die gesetzliche Verzugszinsen bei Verbrauchergeschäften betragen 5 % über dem Basiszinssatz der Deutschen Bundesbank.

17.3 Kaufmannsrecht

Unabhängig von o. a. Regelungen des BGB ist zu beachten, dass auf den Unternehmer u. U. die strengeren zivilrechtlichen Vorschriften für Kaufleute (HGB) anzuwenden sind.

Allgemein geht das Handelsrecht bei einem Kaufmann von einem nicht schutzwürdigen „Profi" aus. Er will v. a. die Rechtsicherheit und die schnelle Abwicklung von Geschäften fördern. Daher ist kein so umfassender Schutz gegeben, wie er einem Verbraucher gewährt wird. So gibt es stellenweise Formvorschriften (Schriftlichkeit der Verträge), Rücktrittsrechte, aber auch längere Fristen, um sein Recht einzufordern bei Kaufmännern nicht.

Beispiele: Ein Kaufmann hat bei Wareneingang eine sog. „Rügeobliegenheit", d. h. er muss die Ware unverzüglich auf Mängel untersuchen und dies anmahnen, da er sonst Gewährleistungsansprüche verliert. Er genießt hier nicht die großzügigen Fristen und Rechte eines Konsumenten.

Ein Kaufmann kann eine Bürgschaft auch mündlich übernehmen. Hierfür ist keine Schriftform notwendig.

18. Insolvenzordnung

Nach offiziellen Schätzungen gibt es derzeit über 2 Millionen überschuldete Bundesbürger. Für viele von ihnen bestand früher kaum eine Chance den Kreislauf: Überschuldung – Zinsbelastung – Forderungen – Lohnpfändungen – Überschuldung zu durchbrechen.

Seit dem 1. Januar 1999 (reformiert im Herbst 2001) gilt in der Bundesrepublik Deutschland ein neues einheitliches Insolvenzrecht.

Ziel der Insolvenzordnung ist es:
- die Gläubiger gleichermaßen zu befriedigen,
- dem Schuldner die Möglichkeit zu geben, sich von seinen restlichen Verbindlichkeiten zu befreien.

Für natürliche Personen, die eine selbständige berufliche Tätigkeit ausgeübt haben, deren Vermögensverhältnisse aber überschaubar sind (weniger als 20 Gläubiger), sieht die Insolvenzordnung ein vereinfachtes Verfahren, das sog. Verbraucherinsolvenzverfahren (§§ 304–314 InsO) vor. Umgekehrt sind Personen, die noch aktiv eine selbständige berufliche Tätigkeit ausüben, vom Verbraucherinsolvenzverfahren ausgeschlossen. Sie unterliegen dem Regelinsolvenzverfahren.

Für viele Schuldner besteht damit die Möglichkeit, im Rahmen eines mehrstufigen Verfahrens von ihren Verbindlichkeiten befreit zu werden.

Jede Stufe sieht eine Einigungsmöglichkeit vor und steht deshalb für sich alleine. So kann erst nach einem Scheitern in der ersten Stufe eine Lösung innerhalb der zweiten Stufe angestrebt werden. Eine Restschuldbefreiung kann sowohl im Verbraucher- als auch im Regelinsolvenzverfahren erreicht werden (§§ 286–303 InsO).

Stufe 1: Außergerichtlicher Einigungsversuch

Zunächst müssen Sie als Schuldner auf außergerichtlichem Wege eine Einigung mit ihren Gläubigern versuchen. Dies muss mit Hilfe einer Schuldnerberatungsstelle bzw. eines Rechtsanwalts geschehen. Diese erstellen, zusammen mit dem Schuldner, einen Schuldenbereinigungsplan. Der Einigung müssen alle Beteiligten zustimmen. Beispiele für Einigungsmöglichkeiten könnten sein:

• Ratenzahlungen,

• kurz- oder langfristige Tilgungsaussetzungen (Stundungen),

• Befreiung oder Reduzierung der Zinsen,

• Teilerlass der Schulden etc.

Tipps: Es ist unbedingt ratsam, sich bei Rechtsstreitigkeiten und vor allem vor Gericht durch einen Rechtsanwalt vertreten zu lassen, auch wenn eine Vertretung durch Anwälte in Zivilprozessen nur vor den Landgerichten bzw. höheren Gerichten vorgeschrieben ist.

Fragen Sie nach einer Beratungs- und ggf. Prozesskostenhilfe.

• **Beratungshilfe:** Jedem Bürger mit geringem Einkommen steht kostenlos oder zumindest gegen eine geringe Gebühr eine Rechtsberatung und -vertretung außerhalb eines gerichtlichen Verfahrens zu. Beratungshilfe bekommt man entweder direkt beim zuständigen Amtsgericht oder man kann sich dort einen „Berechtigungsschein" für einen Rechtsanwalt eigener Wahl ausstellen lassen. Rechtsgrundlage ist das Beratungshilfegesetz (BerHG).

• **Prozesskostenhilfe:** Die Prozesskostenhilfe übernimmt je nach Einkommen ganz oder teilweise den eigenen Kostenaufwand zur Führung des Prozesses. Wer den Prozess verliert, zahlt aber die Anwalts- und Gerichtskosten der gegnerischen Partei in voller Höhe. Voraussetzung für die Prozesskostenhilfe ist deshalb auch die Prüfung der voraussichtlichen Erfolgsaussichten. Rechtsgrundlage ist die Zivilprozessordnung (ZPO).

Stufe 2: Antrag auf Eröffnung des Verbraucherinsolvenz- verfahrens (Gerichtliches Schuldenbereinigungs- verfahren)

Falls eine Einigung nicht zustande kommt, kann beim zuständigen Insolvenzgericht vom Schuldner ein Antrag auf Eröffnung des Insolvenzverfahrens gestellt werden. Hierzu ist der Nachweis der versuchten außergerichtlichen Einigung notwendig. Als Schuldner müssen Sie folgende Unterlagen einreichen:

- Eröffnungsantrag,
- Antrag auf Restschuldbefreiung,
- Vermögensaufstellung (beinhaltet Verzeichnis Ihrer Vermögenswerte/Guthaben, die Einkommenssituation, die Auflistung aller Gläubiger sowie die Auflistung der Verbindlichkeiten),
- Schuldenbereinigungsplan (dieser kann u. U. auch identisch mit dem Vorschlag der außergerichtlichen Einigung sein).

Vom Insolvenzgericht wird der Schuldenbereinigungsplan den Gläubigern zur Überprüfung und Stellungnahme zugesandt. Wird von der Mehrheit der Gläubiger der Schuldenbereinigungsplan angenommen, kann die Zustimmung der Minderheit vom Gericht ersetzt werden, falls das Gericht der Ansicht ist, dass sich diese Gläubiger einer sinnvollen wirtschaftlichen Lösung widersetzen. Die Nichtäußerung eines Gläubigers (innerhalb eines Monats) gilt ebenfalls als Zustimmung. Diese Einigung wirkt wie ein gerichtlicher Vergleich für alle Beteiligten.

Stufe 3: Vereinfachtes Insolvenzverfahren

Lehnt die Mehrheit der Gläubiger ab oder wird die Zustimmung der Minderheit nicht vom Gericht ersetzt, etwa weil das Insolvenzgericht den Schuldenbereinigungsplan inhaltlich nicht für angemessen hält, so wird ein vereinfachtes Insolvenzverfahren durchgeführt (Verfahrenskosten in Höhe von ca. 1.500–2.000 € müssen vom Schuldner als Vorschuss aufgebracht werden).

Dabei wird vom Gericht ein Treuhänder bestimmt, der das eventuell noch vorhandene Vermögen des Schuldners verwertet (z. B. im Wege der Zwangsversteigerung) und den Erlös an die Gläubiger verteilt.

Stufe 4: „Wohlverhaltensphase"

Danach beginnt die sog. „Wohlverhaltensphase". Hier muss in den nächsten sechs Jahren der pfändbare Teil Ihrer Arbeitseinkünfte an den Treuhänder abgeführt werden, der diese zu gleichen Teilen an die Gläubiger weiterleitet (dabei handelt es sich jedoch nicht um eine Lohnpfändung). Allerdings müssen Unterhaltszahlungen und sonstige rechtswirksame Lohnabtretungen, die über den Arbeitgeber laufen, drei Jahre lang bevorzugt bedient werden. (**Achtung**: Bei der Vergabe von Bankkrediten werden häufig solche Lohn- und Gehaltsabtretungen verlangt.)

Stufe 5: Restschuldbefreiung

Nach Ablauf der „Wohlverhaltensphase" werden Ihnen vom Insolvenzgericht die verbliebenen Schulden erlassen (**Restschuldbefreiung**). Voraussetzung: Sie haben sich während dieser Zeit „wohlverhalten", das heißt, Sie haben alle vorgegebenen Auflagen erfüllt, dies sind u. a.:

- Ein regelmäßiges Nachgehen einer angemessenen Erwerbstätigkeit (bzw. das Bemühen um eine solche),
- die Annahme jeder zumutbaren Tätigkeit (bei Arbeitslosigkeit),
- Zahlungen nur an den Treuhänder zu leisten,
- Veränderungen (Wohnungs- und Beschäftigungswechsel, Eigentumsverhältnisse etc.) sofort dem Treuhänder zu melden.

Von der Restschuldenbefreiung ausgeschlossen sind Schulden, die aus vorsätzlich begangenen unerlaubten Handlungen, aus Geldstrafen oder aus Geldbußen sowie Zwangs- und Ordnungsgeldern stammen.

Die Restschuldbefreiung will Schuldnern eine Möglichkeit zur Rückkehr in ein geordnetes Erwerbsleben bieten. Früher gab es bei Konkursen wegen der hohen Schuldenbelastung und der 30-jährigen Vollstreckungsmöglichkeit kaum eine Chance, ein zweites Mal den Schritt in die Selbständigkeit zu wagen. Der Erlass der „Restschulden" nach sechs Jahren kann dem Selbständigen nun eine zweite Möglichkeit eröffnen.

Schematische Darstellung: Insolvenzverfahren

| 1. **Außergerichtlicher Einigungsversuch** | Erfolgreich → | Einigung zwischen Schuldner und Gläubiger kommt zustande |

↓ nicht erfolgreich

| 2. **Eröffnung des vereinfachten Verbraucherinsolvenzverfahrens** **Gerichtliches Schuldenbereinigungsverfahren** | Zustimmung der Gläubiger/ggf. ersetzt das Gericht die Zustimmung → | Ende des Verfahrens, Einigung wirkt wie ein gerichtlicher Vergleich |

↓ keine Zustimmung

| 3. **Vereinfachtes Insolvenzverfahren** | Verfahren wird nicht eröffnet → | Ende des Verfahrens ggf. Zwangsvollstreckung |

↓ Verfahren durchgeführt

| 4. **„Wohlverhaltensphase"** | Versagung der Restschuldbefreiung → | Ende des Verfahrens ggf. Zwangsvollstreckung |

↓ alle Auflagen erfüllt

| 5. **Restschuldbefreiung** |

19. Besonderheiten beim „zweiten Versuch"

Statistisch gesehen sind bei den Existenzgründern die ersten drei Jahre die schwierigsten. Bereits nach einem Jahr stellt sich heraus, ob sich das Geschäft am Markt behaupten und soviel Ertrag erwirtschaften kann, um hauptberuflich davon leben zu können. Nach drei Jahren musste ca. die Hälfte endgültig aufgeben, da eine langfristige Kostendeckung nicht oder nur teilweise gegeben war.

Dennoch hält der Trend zur Selbständigkeit unvermindert an. Hierzu gehören auch viele, die mittlerweile zum „zweiten Versuch" ansetzen. Vorteilhaft wirken sich hierbei sicherlich bisher gemachte Erfahrungen aus, denn bekanntlich lernt man ja aus Fehlern.

Gerade für diesen Personenkreis gibt es einige Besonderheiten, die es zusätzlich zu beachten gilt.

19.1 Steuerliche Besonderheiten

Scheiterte die bisherige unternehmerische Tätigkeit am Finanzamt, z. B. wegen der so genannten Liebhaberei, dann werden auch künftig neu aufgenommene Betätigungen argwöhnisch und kritisch beäugt. In diesen Fällen sollte besonderes Augenmerk darauf gelegt werden, dass die vom Finanzamt vorgeschriebenen Kriterien für die Anerkennung als Unternehmer erfüllt sind.

Hierzu zählt insbesondere, dass die Tätigkeit
- auf eigenen Rechnung und auf eigene Verantwortung (Übernahme eines unternehmerischen Risikos),
- nachhaltig zu Erzielung von laufende Einnahmen,
- in der Absicht Gewinne zu erwirtschaften und
- nach außen hin ersichtlich (Werbung, Beteiligung am allgemeinen wirtschaftlichen Verkehr)

ausgeübt wird.

Ist der zweite Start gelungen, gilt es bereits die nächsten Hürden zu nehmen. Einige Zusatzvergünstigungen für Existenzgründer fallen nämlich beim zweiten Anlauf weg. Dies gilt insbesondere für die so genannte Ansparabschreibung nach § 7 g Absatz 7 EStG. In diesem Ansatz wird Existenzgründern ein größerer steuerlicher Förderrahmen eingeräumt, als anderen Klein- und Mittelbetrieben. Den Unterschied zeigt folgende Gegenüberstellung:

	Unternehmer	Existenzgründer
Rücklage maximal	154.000 €	307.000 €
Investitionsfrist	3 Jahre	5 Jahre
Strafzinsen	6 % p. a.	keine

Dieser erhöhte steuerliche Vorteil darf nur in Anspruch genommen werden, wenn in den letzten fünf Jahren vor Betriebseröffnung keine Gewinneinkünfte bezogen wurden. Gemeint sind hiermit Einkünfte aus Gewerbebetrieb und aus freiberuflicher Tätigkeit, wobei es völlig unerheblich ist, ob die Vergünstigung früher schon einmal in Anspruch genommen wurde oder nicht. Gleichfalls spielt es keine Rolle, ob die damalige Tätigkeit haupt- oder nebenberuflich ausgeübt wurde.

Ebenso schädlich ist die unmittelbare oder mittelbare Beteiligung an einer Kapitalgesellschaft (z. B. GmbH) von mindestens 10 % innerhalb der letzten fünf Jahre.

Bei Personengesellschaften (GbR, OHG und KG) müssen alle Beteiligten die Voraussetzungen erfüllen, damit die Ansparrücklage gebildet werden kann. Wer diese Anforderung nicht erfüllt, gilt nicht als Existenzgründer und kann nur von der niedrigeren Rücklage profitieren.

In der Praxis wird dies dazu führen, dass verstärkt die (Unternehmer-) Ehegatten, die bisher noch nie selbständig gewesen sind, als Existenzgründer „vorgeschoben" werden.

> **Aufgepasst:** Wird ein Betrieb im Rahmen der vorweggenommenen Erbfolge oder infolge einer Auseinandersetzung einer Erbengemeinschaft unmittelbar nach dem Erbfall übernommen, gilt dies nicht als Existenzgründung.

Mehr Details zur Rücklage nach § 7 g EStG, auch im Rahmen von Beispielen, finden Sie im Kapitel Steuertipps.

19.2 Sonstige Besonderheiten

Die Geldbeschaffung

Ein weiteres Hindernis wird in aller Regel die Kapitalbeschaffung darstellen. Nachdem es ohnehin schwierig ist, Kreditinstitute von seiner Geschäftsidee zu überzeugen, werden sich die Verhandlungen bei der wiederholten Existenzgründung noch komplizierter gestalten.

Oftmals besteht zudem das Problem, dass noch alte Verbindlichkeiten und Darlehen bestehen, die getilgt werden müssen. Diese unvorteilhafte Bonität führt dazu, dass andere Geldquellen eröffnet werden müssen. Dem Einfallsreichtum der Gründer sind in diesem Punkt keine Grenzen gesetzt. Meist handelt es sich dann um Familienangehörige, die sich zu einer Unterstützung bereit erklären.

Bei der Art der Unterstützung stehen umfangreiche Möglichkeiten zur Verfügung. Denkbar sind neben der klassischen Darlehensgewährung auch Sonderformen, wie z. B. die typisch oder atypisch stille Beteiligung.

Bei der typisch stillen Beteiligung liegt dem Grunde nach ein Darlehensverhältnis vor, bei dem als Entgelt jedoch keine Zinsen, sondern ein bestimmter Prozentsatz am Gewinn vereinbart wird. Das Entgelt hieraus stellt bei dem Unternehmer eine Betriebsausgabe dar, beim Empfänger sind die Zahlungen als Einkünfte aus Kapitalvermögen zu versteuern. Demnach bleiben wegen dem Sparerfreibetrag und der Werbungskostenpauschale pro Jahr 801/1.602 € (bis 2006: 1.421/2.842 €) für Ledige/Verheiratete steuerfrei, obwohl sich die Zahlung beim Unternehmer voll gewinnmindernd ausgewirkt hat.

Bei der Beteiligung in Form der atypisch stillen Gesellschaft hat der Geldgeber den Status eines Mitunternehmers, weil er nicht nur am Gewinn, sondern auch an den stillen Reserven des Unternehmens beteiligt ist. In der Praxis haben atypisch still beteiligte Personen meist umfangreichere Mitspracherechte bzw. größere Einflussmöglichkeiten auf die Geschäftsführung. Voraussetzung hierfür ist aber eine entsprechende Regelung im Gesellschaftsvertrag. Der Beteiligte erzielt daher Einkünfte aus Gewerbebetrieb.

Zu Bedenken bleibt auch hier, dass alle Vereinbarungen schriftlich getroffen werden sollten. Außerdem müssen die Geldflüsse auch für fremde Dritte, insbesondere dem Finanzamt, nachvollziehbar sein.

Aufgepasst: Dies ist unbedingt erforderlich, damit die Finanzierungskosten auch steuerlich geltend gemacht werden können, da die Finanzbehörden bei Vertragsgestaltungen unter nahen Angehörigen besonders strenge Anforderungen stellen.

Nahe Angehörige im Sinne des Steuerrechts sind insbesondere der Verlobte, der Ehegatte, Verwandte und Verschwägerte gerader Linie, die Geschwister und deren Kinder sowie die Geschwister der Eltern

---

Vertragsgestaltung und Haftung

Insbesondere im familiären Bereich darf bei den o. g. Überlegungen zur Geldbeschaffung und bei allgemeinen Vertragsgestaltungen nicht vergessen werden, dass finanzielle Risiken auf mehrere Personen im nahen persönlichen Umfeld verteilt werden. Im Falle einer Pleite wäre entweder das gesamte Kapital endgültig weg oder es müsste mit einer Haftungsinanspruchnahme gerechnet werden (vgl. Kapitel Haftung). Ein hohes Risiko bergen im Übrigen auch Bürgschaften in sich. Zwar hat der Bundesgerichtshof in vielen Fällen insbesondere Bürgschaften gegenüber Banken, die Angehörige geleistet haben, verworfen, jedoch haben sich die Banken nunmehr entsprechend darauf eingestellt.

Wenn es sich um größere Geldbeträge und Investitionen handelt, sollte unbedingt fachlicher Rat von einem Steuerberater bzw. Rechtsanwalt zur individuellen Situation eingeholt werden. Sonst drohen neben finanziellen Schwierigkeiten auch massive Unstimmigkeiten im privaten zwischenmenschlichen Bereich.

Ausländische Rechtsformen

Vorsicht ist geboten, wenn aus der finanziellen Not heraus ausländische Rechtsformen gegründet werden. Die Haftungsrisiken sind meist genauso hoch, wie die der inländischen Rechtsformen. Zivilrechtlich sind in diesem Zusammenhang noch nicht alle Fragen endgültig geklärt, was zusätzlich zu einem weiteren rechtlichen Unsicherheitsfaktor führt.

Befindet sich der Sitz der Gesellschaft im Ausland, fallen meist zusätzliche Gebühren für Treuhänder (in der Regel ortsansässige Anwälte) an. Dies sind unter anderem:

- Beratungskosten
- Betreuungsgebühren
- Büropauschalen
- Porto und Telefon

Diese zusätzliche finanzielle Belastung darf nicht unterschätzt werden.

Diese kann sich auch erhöhen, wenn im Bezug auf diese Gesellschaften weiterer Rechtsrat eingeholt werden muss. Die betreuenden Personen im Ausland kümmern sich oft nicht um Ihre individuellen persönlichen Konsequenzen in rechtlicher oder steuerlicher Hinsicht. Beratung im Feld von ausländischen Sachverhalten ist gemeinhin anspruchsvoll und damit tendenziell teuer.

Beispiel: Im Gegensatz zu einer deutschen GmbH, die unbefristet ins Handelsregister eingetragen wird, ist dies bei einer britischen „Limited" jedes Jahr zu erledigen. Der kostenpflichtige Eintrag in das „companies house" ist Voraussetzung für das Fortbestehen der Kapitalgesellschaft. Bei ausstehender Zahlung wird die Limited gelöscht. Die Folgen können vielfältig sein, jedoch meist zu Ungunsten des Unternehmens.

Außerdem sind diese Vermittler/Makler und Treuhänder nicht immer uneingeschränkt vertrauenswürdig.

Ist der ausländische Anwalt den Finanzbehörden bereits als Verwalter vieler solcher Firmen bekannt (lt. Bundesregister), wird unterstellt, dass es sich bei der im Ausland befindlichen Firma um eine Domizilgesellschaft (Briefkastenfirma) handelt. Es kann dann mit umfangreichen Ermittlungen und Rückfragen des zuständigen Finanzamts gerechnet werden, die unter Umständen erst nach Monaten oder Jahren nach Gründung erfolgen. Daneben werden in der Regel alle vertraglichen Vereinbarungen mit dieser Firma steuerlich nicht anerkannt. Siehe hierzu auch Kapitel 9.9.

20. Verhalten gegenüber Behörden

Als Existenzgründer im Besonderen, aber auch als Unternehmer im Allgemeinen, ist es unumgänglich, regen Kontakt zu Behörden und anderen öffentlichen Einrichtungen zu pflegen.

Meist gilt es, unternehmerische Interessen möglichst schnell und einfach zu verwirklichen oder grundlegende Voraussetzungen zu erfüllen. In der Praxis wird dies allerdings oft durch die vorherrschende Bürokratie ausgebremst. Aus diesem Grund ist eine gute Vorbereitung für die erfolgreiche Durchsetzung von Anträgen unerlässlich.

Ungeachtet dessen, sollten bestimmte Verhaltensregeln sowohl im Sprachgebrauch als auch bei der Schriftform beachtet werden. Denn auch hier gilt das Sprichwort: „Wie man in den Wald hineinruft, so schallt's auch heraus!"

20.1 Verhaltens-Knigge

Zur Umsetzung der nachfolgend genannten Hinweise und zum besseren Verständnis einige Worte vorab:
- Beamte sind auch nur Menschen.
- Die geltenden Gesetze, Regeln und Verfahrensgrundsätze müssen eingehalten werden, auch wenn dies auf den ersten Blick unlogisch erscheint. „Abkürzungen" dauern meist länger und bergen ferner schwer kalkulierbare Risiken oder sogar Bußgelder in sich (z. B. keine oder verspätete Gewerbeanmeldung).
- Allgemein gültige Höflichkeitsfloskeln sind sowohl im Geschäftsverkehr als auch beim Kontakt mit bei öffentlichen Einrichtungen anzuwenden.

Wege zum schnellen Erfolg

Bevor ein Antrag gestellt wird, sollten in jedem Fall Erkundigungen über den Verfahrensablauf eingeholt werden. Ferner schadet ein detailliertes Hintergrundwissen über die jeweiligen rechtlichen Besonderheiten in keinem Fall.

Beispiel: Im Rahmen der Unternehmensgründung sind hohe Investitionen notwendig. Umsätze konnten in dieser Anlaufphase nur in geringer Höhe erzielt werden. In Ihrer Umsatzsteuervoranmeldung weisen Sie daher eine hohe Vorsteuererstattung aus.

Tipp: Um zeitraubende Rückfragen oder gar eine Umsatzsteuersonderprüfung bereits im Vorfeld zu vermeiden, sollten Sie der Voranmeldung Rechnungskopien über die größten Anschaffungen als Anlage beifügen. Hierdurch kann das Finanzamt sofort schlüssig prüfen, worauf sich die Erstattung begründet. Sie kommen dadurch schneller zu Ihrem Geld und können außerdem Liquiditätsengpässe vermeiden.

Falls amtliche Vordrucke etc. vorgeschrieben sind, halten Sie sich an diese formalen Richtlinien. Unter Umständen könnte sonst Ihr Anliegen zurückgewiesen werden, was z. B. bei bestimmten Antragsfristen zu erheblichen Nachteilen führen könnte.

Briefe, Faxe und Telefonate

Für schriftliche oder telefonische Mitteilungen gilt folgende Regel: kurz, informativ und sachlich.

- Stellen Sie sich mit Namen **und** Aktenzeichen vor. Oftmals sind Bearbeiter für einen ganzen Bezirk mit entsprechenden Anfangsbuchstaben zuständig (z. B. Sch). In einem solchen Fall ist es wenig hilfreich, sich nur mit dem Familiennamen Schmidt zu melden.
- Schildern Sie Ihr Anliegen mit kurzen klaren Worten. Dies gilt insbesondere bei telefonischen Anfragen. Sachbearbeiter prüfen immer zuerst, ob sie auch tatsächlich sachlich zuständig sind. Wer gleich zu Beginn „ganze Romane" erzählt, muss sich unnötigerweise so oft wiederholen, bis er zum Richtigen durchgestellt wird.
- Verwenden Sie nach Möglichkeit entsprechende Fachbegriffe. In einem Gespräch von „kleineren Gegenständen" zu reden, lässt einem Finanzbeamten zunächst nur wenig Chance, das von Ihnen gemeinte geringwertige Wirtschaftsgut (GWG) als Thema zu erkennen.
- Immer sachlich bleiben. Bedenken Sie, dass eventuelle schriftliche Unhöflichkeiten in Ihrer Akte bleiben. Hierdurch kann auch

ein nachfolgender Sachbearbeiter erkennen, dass hinter diesem Aktenzeichen ein „kleiner Choleriker" steckt. Dies kann unter Umständen für künftige Verhandlungen (je nach Ermessensspielraum) nachteilig sein.

- Sollten Sie sich ungerecht behandelt fühlen, so suchen Sie das sachliche Gespräch mit den entsprechenden Sachbearbeitern. Seine Wut in Schriftsätzen zum Ausdruck zu bringen, lässt einen – wie allgemein im Leben – nicht sehr professionell erscheinen. Sie diskreditieren damit auch Ihr inhaltliches Anliegen und dessen Erfolgschancen! Räumen Sie im Gespräch beispielsweise Missverständnisse aus.

- Sollte nach mehrfacher (auch professioneller) Prüfung das Verhalten der Gegenseite nicht den Vorschriften entsprechen, suchen Sie das Gespräch im Beisein von Vorgesetzten. Reine Beschwerden direkt beim Vorgesetzten über die Person des Bearbeiters helfen in der Sache nicht. Daher sollte im Extremfall bei Verhandlungen in der Sache u. U. der direkte Vorgesetzte dabei sein. Diesen Wunsch können Sie äußern. Er sollte jedoch dem Extremfall vorbehalten sein.

- Briefe/Faxe sollten immer den Absender erkennen lassen und handschriftlich unterschrieben werden. Der Empfänger sollte eindeutig benannt werden. Ein Aktenzeichen oder der Name des zuständigen Bearbeiters beschleunigen die Weiterleitung innerhalb der Behörde. Geben Sie im Betreff kurz an, um welchen Sachverhalt es sich handelt.

- Die Amtssprache ist deutsch. Gegebenenfalls müssen Anträge und Stellungnahmen zuerst übersetzt werden. Beachten Sie dies vorher, um lange Bearbeitungszeiten zu vermeiden.

20.2 Was Behörden alles wissen

Grundsätzlich wird für jeden Vorgang eine Akte angelegt, d. h. der Schriftverkehr und die jeweiligen Aktenvermerke durch den Bearbeiter sind jederzeit griffbereit. Zusätzlich sind die wichtigsten Informationen im Computer abgespeichert. Neben den Selbstauskünften in Anträge und Stellungnahmen, besteht in begründeten

Fällen die Möglichkeit, bei anderen Behörden weitergehende Informationen anzufordern. Ferner besteht je nach Amt Zugriff auf bestimmte weiterführende Datenbanken. Diese werden für manche Probleme im Besteuerungsverfahren europaweit geführt und zwischen den Mitgliedsstaaten abgestimmt.

Das Finanzamt kann also unter anderem prüfen, ob der in der Steuererklärung angegebene Pkw auch tatsächlich auf Sie zugelassen ist oder nicht. Falls Sie Provisionen oder Fremdleistungen an Subunternehmer bezahlt haben, kann ferner festgestellt werden, ob der/die Zahlungsempfänger auch tatsächlich als Unternehmer steuerlich erfasst sind. Letzteres spielt insbesondere bei Ihrem Vorsteuerabzug eine Rolle.

Des Weiteren sind Anfragen beim Einwohnermeldeamt bezüglich der An- und Abmeldung, z. B. bei Umzugskosten oder betrieblich veranlasster doppelter Haushaltsführung, möglich. Auch Anfragen an die Rentenversicherungsträger wegen der Abführung von Sozialabgaben für Arbeitnehmer sind üblich, wenn z. B. die betrieblichen Unterlagen hierfür nicht mehr vorhanden oder auffindbar sind.

Die legalen Möglichkeiten von Behörden, entsprechende Daten direkt oder indirekt zu recherchieren, sollten niemals unterschätzt werden.

Ein weiteres, in der Praxis wirksames Instrument sind Kontrollmitteilungen, die bei Firmen im Rahmen von Außenprüfungen (z. B. Betriebsprüfungen oder Umsatzsteuersonderprüfungen) erstellt werden. Hierin erteilt der Prüfer Auskünfte über bestimmte Geschäftsvorfälle und bittet das zuständige Finanzamt des Geschäftspartners zu prüfen, ob dieser die festgestellten Beträge umsatz- und ertragversteuert hat. Bei den jeweils betroffenen Zahlungsempfängern hat „flunkern" in einem solchen Fall wenig Sinn, da die Belege (z. B. Überweisungsträger, Quittungen oder Rechnungen mit Unterschrift) eindeutig sind.

Dieses System aus Kontrollmitteilungen besteht auch z. T. mit dem Ausland: So ist eine EU-weiter Austausch im Rahmen von Amtshilferegelungen heute keine Besonderheit mehr. Manche Staaten, wie z. B. die USA, schicken sogar Kontrollmitteilungen über Kleinbeträge über den Atlantik.

Darüber hinaus besteht bei bestimmten Sachverhalten ohnehin

ein Informationsaustausch zwischen den einzelnen Behörden: Eine Kopie der Gewerbeanmeldung wird durch das Gewerbeamt der Stadtverwaltung an die Finanzbehörden zur weiteren Bearbeitung weitergeleitet.

Im Rahmen des Steuerentlastungsgesetzes 1999/2000/2002 wurden ferner weitergehende Regelungen betroffen. Demnach haben Banken die Höhe der Zinsen dem Bundesamt für Finanzen mitzuteilen, für die auf Grund der Freistellungsbeträge für Einkünfte aus Kapitalvermögen kein Steuerabzug vorgenommen wurde.

Mit dem Gesetz zur Förderung der Steuerehrlichkeit wurden diese Informationsmöglichkeiten der Finanzbehörden noch weiter gefasst: Nach den neuen §§ 93 Abs. 7 und 8 sowie 93 b AO können nunmehr alle Bankverbindungen und bestehenden Depots einer Person oder eines Unternehmens im Inland vom Finanzamt abgefragt werden. Selbst wenn damit noch kein Zugriff auf einzelne Transaktionen gegeben ist, so werden die Finanzbehörden Konten oder Depots, die sich nicht aus den Steuererklärungen und Gewinnermittlungen ergeben, zum Anlass weiterer Ermittlungen machen.

Darüber hinaus nutzen die Sachbearbeiter des Finanzamtes Verprobungsmethoden und Plausibilitätskontrollen, die z. T. ohne konkrete Hinweise auf einzelne Geschäftsvorfälle vor den Finanzgerichten Beweiswert haben. Diese werden zunehmend durch verstärkten Ausbau der EDV auch effizienter in ihrem Einsatz.

Die regulären Kontrollfunktionen des Staates funktionieren nach wie vor effizient. Bei begründetem Verdacht greifen zudem noch weitere umfangreichere Rechte, die dann sogar die Durchsuchung der Wohn- und Geschäftsräume rechtfertigen (z. B. durch die Steuerfahndung bei Steuerstraftaten).

20.3 Mögliche Strafen

Dieses Sprichwort bewahrheitet sich auch bei der Zusammenarbeit mit Behörden. Die Möglichkeiten der Informationsbeschaffung sollten nie unterschätzt werden. Dies zeigt eine weitere Volksweisheit: „Die Mühlen des Staates mahlen langsam, aber sie mahlen".

Die durch Unehrlichkeit – manches Mal auch nur durch Schlampigkeit – entstehenden hohen Risiken sind auf den ersten Blick oft schwer abzuschätzen. In keinem Fall sind sie zu gering zu bewerten. Es handelt sich hierbei gegebenenfalls um folgende Sanktionen:

- Haftung für Verbindlichkeiten des Unternehmens (auch für GmbH-Geschäftsführer möglich!)
- Berufsverbot (die Bestellung zum Geschäftsführer ist nicht mehr möglich)
- Vorstrafen und Haft
- Bußgelder
- Aberkennung von staatlichen Zulassungen (z. B. als Rechtsanwalt, Arzt)
- Ausschluss aus den Berufsverbänden

Davon abgesehen können aufgedeckte Steuerverkürzungen zu Liquiditätsproblemen führen, die existenzbedrohend sein können: Die Finanzverwaltung kann bei Steuerhinterziehung in einem Zeitraum von bis zu 10 Jahren in der Vergangenheit Bescheide berichtigen und die Steuern nachfordern, hinzu kommt die hohe Belastung mit Zinsen, die ebenfalls nachgefordert werden (6 % p. a.).

21. Anhang

21.1 Anschriften und Internet-Links

BfE München Consult GmbH
Büro für Existenzgründungen (BfE) München
Implerstraße 24, 81377 München
Tel.: 0 89/30 90 50 9-16/17, Fax: 0 89/30 90 50 9-11
http://www.bfe-muenchen.de
E-Mail:info@bfe-muenchen.de

GUM Gesellschaft für Unternehmensberatung und Mikrofinanzierung
Implerstraße 24, 81377 München
Tel.: 0 89/30 90 50 9-18, Fax: 0 89/30 90 50 9-19
www.gum-deutschland.de
info@gum-deutschland.de

Internet-Links

Bundeszentralamt für Steuern
http://www.bzst.bund.de
Wertvolle Tipps für Unternehmer mit Auslandsbeziehungen und den Besonderheiten bei der Umsatzsteuer. Vordrucke können online ausgefüllt und downgeloaded werden. Ausländische Umsatzsteuer-Identifikationsnummern von Geschäftspartnern können überprüft werden.

Bundesagentur für Arbeit
http://www.arbeitsagentur.de
Allgemeine Infos rund um das Thema Arbeit. Unternehmer können unter anderem Stellen- und Ausbildungsangebote an die Agentur für Arbeit abgeben und online die Bewerberdatenbank durchsuchen.

Bundesministerium der Finanzen
http://www.bundesfinanzministerium.de
Interessante und aktuelle Pressemitteilungen sowie ausführlicher Informationsservice. Ferner können Broschüren angefordert werden und die aktuellen Schreiben des Bundesfinanzministeriums (BMF-Schreiben) heruntergeladen werden. Links zu weiteren nationalen und inter-

nationalen Einrichtungen und Institutionen (z. B. Server der Europäischen Union).

Bundesministerium für Arbeit und Soziales
http://www.existenzgruender.de
www.bmas.bund.de
Aktuelle Hinweise auf Messen und Veranstaltungen. Ferner Förderdatenbank und weiterführende Links.
Informationen zum Arbeitsrecht und zur Sozialversicherung. Broschüren können angefordert werden.

Bundesregierung
http://www.bundesregierung.de
Allgemeine Informationen. Links und Adressen von allen Ministerien. Informationen zum Euro.

Bundestag
http://www.bundestag.de
Großes Informationsangebot mit Datenbanken und Infotheken sowie aktuellen Pressemitteilungen.

Mittelstandsbank des Bundes
http://www.kfw.de
Förderbank des Bundes mit wertvollen Infos rund um öffentliche Fördermittel

Deutscher Steuerberaterverband e. V.
http://www.dstv.de
Bundesweite Suchfunktion nach Fachbereichen, Branchen und Fremdsprachen. Hierdurch wird die Suche nach einem Steuerberater deutlich erleichtert.

C. H. Beck Verlag
http://www.beck.de
Großes Angebot an Fachliteratur und Seminaren für interessierte Unternehmer bzw. Mitarbeiter

Finanzverwaltung (bundesweit)
http://www.finanzamt.de
Umfangreiche Informationen über die Finanzverwaltung, z. B. insbesondere Vordrucke etc.

21.2 Betriebseröffnungsfragebogen

Einzelunternehmer und Personengesellschaften

Nachdem eine gewerbliche Tätigkeit bei der Stadt/Gemeinde angemeldet bzw. eine freiberufliche Beschäftigung direkt beim Finanzamt angezeigt wurde, erhalten Sie den sog. Betriebseröffnungsbogen zugesendet.

Dieser Fragebogen sollte besonders gewissenhaft ausgefüllt werden, da hierdurch die Weichen für die zukünftige Zusammenarbeit mit dem Finanzamt gestellt werden. Je nachdem, welche Rechtsform vorliegt, werden unterschiedliche Fragebögen versendet:
• Einzelunternehmer (gewerblich/freiberuflich)
• Personengesellschaften (GbR, OHG und KG)

Besonderes Augenmerk wird auf die voraussichtlichen Umsätze, den zu erwartenden Gewinn und auf Angaben zu beschäftigten Arbeitnehmern gelegt. Hiervon hängt es ab, ob und wie hoch Einkommensteuervorauszahlungen festgesetzt werden, welche Betriebsgröße für Sie gespeichert wird und ob Voranmeldungen für die Lohnsteuer abgegeben werden müssen.

Seit 1.1. 2002 müssen Unternehmensgründer immer monatliche Voranmeldungen für die Umsatzsteuer abzugeben. Dies gilt unabhängig von der Höhe der Steuerschuld (vgl. Kapitel Umsatzsteuer).

> **Tipp:** Sie sollten bei Ihren Schätzungen und Hochrechnungen über künftige Gewinne und Umsätze realistisch sein. Falls sich die geschäftliche Entwicklung in naher Zukunft positiver als erwartet entwickelt, kann das Finanzamt hierüber immer noch rechtzeitig informiert werden.

Kapitalgesellschaften

Für die Anmeldung von Kapitalgesellschaften, in der Regel in Form einer GmbH, gibt es einen gesonderten Vordruck. Der Notar übersetzt eine Kopie der Gründungsurkunde an das Finanzamt, das Ihnen daraufhin den entsprechenden Fragebogen zusendet. Zusätzlich erhält das Finanzamt auch durch die Gewerbeanmeldung Kenntnis von der GmbH-Gründung, da automatisch durch die Stadt/Gemeinde eine Kopie gefertigt wird.

Neben dem Fragebogen sind die Eröffnungsbilanz, der Geschäftsführer-Anstellungsvertrag und der Handelsregisterauszug einzureichen.

Auch hier gilt: Bei der Einschätzung von künftigen Gewinnen und Umsätzen sollte man in jedem Fall realistisch bleiben. Wer seine Angaben allzu euphorisch macht, muss einen Liquiditätsverlust durch die Festsetzung von zu hohen Körperschaftsteuervorauszahlungen hinnehmen.

Fragebögen

Damit Sie sich bereits im Vorfeld einen Überblick über den zu erwartenden „Papierkram" machen können, sind die Fragebögen für Sie nachfolgend abgedruckt. Hierdurch haben Sie ausreichend Zeit, sich im Rahmen der Vorbereitungshandlungen auf die Gründung vorzubereiten und schlau zu machen.

Außerdem sollte mit der Beantwortung nicht allzu lange gewartet werden, da die Zuteilung einer (neuen) Steuernummer hiervon abhängt. Gerade in der Anlaufphase, wenn die Investitionen die Umsätze übersteigen, ergeben sich Vorsteuererstattungen. Diese werden allerdings nur ausbezahlt, wenn bereits eine „Steuernummer für Unternehmer" vergeben ist. Darüber hinaus kann die Erstattung ab 2002 jedoch auch von einer Sicherheitsleistung abhängig gemacht werden. Ferner ist die Steuernummer eine Voraussetzung dafür, dass eine Umsatzsteuer-Identifikationsnummer (USt-IdNr.) beim Bundeszentralamt für Steuern beantragt werden kann.

21.3 Merkblatt Anmeldung

Dieses Merkblatt soll Sie über Ihre steuerlichen Pflichten informieren. Zu den Mitwirkungspflichten (§ 90 AO) gehört u. a. die Pflicht zur Abgabe von Steuererklärungen (§ 149 AO), die für die Besteuerung notwendigen Tatsachen offen zu legen, die Buchführungs- und Aufzeichnungspflichten.

Es kann natürlich nicht alle Fragen im Zusammenhang mit einer Betriebsaufnahme bzw. der Aufnahme einer freiberuflichen Tätigkeit beantworten. Weitere Informationen erhalten Sie bei Ihrem Finanzamt oder Ihrem steuerlichen Berater (z. B. die Informationsbroschüre „Steuertipps für Existenzgründer").

I. Anzeige der Betriebsaufnahme (§ 138 AO)

Die Eröffnung eines gewerblichen Betriebs ist bei Ihrer zuständigen Gemeinde auf amtlich vorgeschriebenem Vordruck anzuzeigen. Unter Eröffnung ist auch die Fortführung eines Betriebs durch den Rechtsnachfolger oder Erwerber zu verstehen. Zuständiges Finanzamt ist in den meisten Fällen jenes, in dessen Bezirk Ihr Betrieb liegt bzw. die freiberufliche Tätigkeit ausgeübt wird.

Bei der Aufnahme einer freiberuflichen Tätigkeit (die selbständig ausgeübte wissenschaftliche, künstlerische, schriftstellerische, unterrichtende oder erzieherische Tätigkeit, z. B. als Arzt oder Rechtsanwalt) ist die Anmeldung innerhalb eines Monats nur beim zuständigen Finanzamt anzuzeigen.

Die Verlegung oder die Betriebsaufgabe bzw. die Aufgabe einer freiberuflichen Tätigkeit muss auch dem Finanzamt mitgeteilt werden.

Schriftverkehr mit dem Finanzamt

Um Verwechslungen und Fehlleitungen zu vermeiden, bezeichnen Sie bitte alle Schriftstücke, die Sie an das Finanzamt richten und alle **Einzahlungsbelege mit der vollständigen Steuernummer** sowie Namen und Anschrift (ggfs. Firmenbezeichnung)

Ohne Angabe der Steuernummer ist eine Zuordnung nur durch eine zeit- und personenintensive Suche möglich. Insbesondere können sich die Ihnen zustehende Erstattungen (z. B. aus Umsatzsteuer-Vorauszahlungen) verzögern.

II. Buchführungs- und Aufzeichnungspflichten

1. Nach § 140 AO hat derjenige, der nach anderen Gesetzen als den Steuergesetzen (z. B. Handelsgesetzbuch, Genossenschaftsgesetz usw.) Bücher und Aufzeichnungen zu führen hat, die für die Besteuerung von Bedeutung sind, die Verpflichtungen, die ihm nach den anderen Gesetzen obliegen, auch für die Besteuerung zu erfüllen.

2. Auch wenn sich nach dieser Vorschrift eine Buchführungspflicht nicht ergibt, haben gewerbliche Unternehmer sowie Land- und Forstwirte für einen Betrieb Bücher zu führen und auf Grund jährlicher Bestandsaufnah-

men Abschlüsse zu machen, wenn sie nach den Feststellungen der Finanzbehörde für den einzelnen Betrieb

- Umsätze einschließlich der steuerfreien Umsätze, ausgenommen die Umsätze nach § 4 Nr. 8 bis 10 UStG, von mehr als 260.000 € im Kalenderjahr oder
- selbstbewirtschaftete land- und forstwirtschaftliche Flächen mit einem Wirtschaftswert (§ 46 des Bewertungsgesetzes) von mehr als 20.500 € oder
- einen Gewinn aus Gewerbebetrieb von mehr als 25.000 € im Wirtschaftsjahr oder
- einen Gewinn aus Land- und Forstwirtschaft von mehr als 25.000 € im Kalenderjahr gehabt haben.

Die §§ 238, 240 bis 242 Abs. 1 und die §§ 243 bis 256 des Handelsgesetzbuches gelten entsprechend.

3. Einnahme-Überschussrechnung

Soweit Sie nach den genannten Bestimmungen zur Führung von Büchern nicht verpflichtet sind und nicht freiwillig Bücher führen, können Sie als Gewinn den Überschuss der Betriebseinnahmen über die Betriebsausgaben ansetzen (§ 4 Abs. 3 EStG).

4. Aufzeichnungspflicht für gewerbliche Unternehmer

Gewerbliche Unternehmer müssen den **Wareneingang gesondert aufzeichnen.**

Aufzuzeichnen sind alle Waren einschließlich der Rohstoffe, unfertigen Erzeugnisse, Hilfsstoffe und Zutaten, die der Unternehmer im Rahmen seines Gewerbebetriebes zur Weiterveräußerung oder zum Verbrauch entgeltlich oder unentgeltlich, für eigene oder für fremde Rechnung, erwirbt; dies gilt auch dann, wenn die Waren vor der Weiterveräußerung oder dem Verbrauch be- oder verarbeitet werden sollen. Waren, die nach Art des Betriebes üblicherweise für den Betrieb zur Weiterveräußerung oder zum Verbrauch erworben werden, sind auch dann aufzuzeichnen, wenn sie für betriebsfremde Zwecke verwendet werden.

Die Aufzeichnungen müssen die folgenden Angaben enthalten:

- den Tag des Wareneingangs oder das Datum der Rechnung,
- den Namen oder die Firma und die Anschrift des Lieferers,
- die handelsübliche Bezeichnung der Ware,
- den Preis der Ware,
- einen Hinweis auf den Beleg.

5. Gewerbliche Unternehmer, die nach der Art ihres Geschäftsbetriebes Waren regelmäßig an andere gewerbliche Unternehmer zur Weiterveräußerung oder zum Verbrauch als Hilfsstoffe liefern, müssen den erkenn-

bar für diese Zwecke bestimmten Warenausgang gesondert aufzeichnen.

Aufzuzeichnen sind auch alle Waren, die der Unternehmer
– auf Rechnung (auf Ziel, Kredit, Abrechnung oder Gegenrechnung), durch Tausch oder unentgeltlich liefert, oder
– gegen Barzahlung liefert, wenn die Ware wegen der abgenommenen Menge zu einem Preis veräußert wird, der niedriger ist als der übliche Preis für Verbraucher.

Dies gilt nicht, wenn die Ware erkennbar nicht zur gewerblichen Wiederverwendung bestimmt ist.

Die Aufzeichnungen müssen die folgenden Angaben enthalten:
a) den Tag des Warenausgangs oder das Datum der Rechnung,
b) den Namen oder die Firma und die Anschrift des Abnehmers,
c) die handelsübliche Bezeichnung der Ware,
d) den Preis der Ware,
e) einen Hinweis auf den Beleg.

6. Grundsätze ordnungsmäßiger Buchführung

   Die Buchführung muss so beschaffen sein, dass sie einem sachverständigen Dritten innerhalb angemessener Zeit einen Überblick über die Geschäftsvorfälle und über die Vermögenslage des Unternehmens vermitteln kann. Die Geschäftsvorfälle müssen sich in ihrer Entstehung und Abwicklung verfolgen lassen.

   Aufzeichnungen sind so vorzunehmen, dass der Zweck, den sie für die Besteuerung erfüllen sollen, erreicht wird.

7. Die **Buchungen** und die sonst erforderlichen **Aufzeichnungen sind vollständig, richtig, zeitgerecht und geordnet vorzunehmen. Kasseneinnahmen und Kassenausgaben sollen täglich festgehalten werden.**

8. Aufbewahrungspflicht

   Die folgenden Unterlagen sind geordnet **aufzubewahren:**
   • Bücher und Aufzeichnungen, Inventare, Jahresabschlüsse, Lageberichte, die Eröffnungsbilanz sowie die zu ihrem Verständnis erforderlichen Arbeitsanweisungen und sonstigen Organisationsunterlagen,
   • die empfangenen Handels- und Geschäftsbriefe,
   • Wiedergaben der abgesandten Handels- und Geschäftsbriefe,
   • Buchungsbelege,
   • sonstige Unterlagen, soweit sie für die Besteuerung von Bedeutung sind.

9. **Folgen bei Verstößen gegen Buchführungs- und Aufzeichnungspflichten**

   Besteuerungsgrundlagen sind zu schätzen, wenn der Steuerpflichtige

Bücher oder Aufzeichnungen, die er nach den Steuergesetzen zu führen hat, nicht vorlegen kann oder wenn die Buchführung oder die Aufzeichnungen der Besteuerung nicht nach § 158 AO zugrunde gelegt werden. Das Gleiche gilt, wenn der Steuerpflichtige über seine Angaben keine ausreichenden Aufklärungen zu geben vermag oder weitere Auskunft oder eine Versicherung an Eides statt verweigert oder seine Mitwirkungspflicht nach § 90 Abs. 2 AO verletzt.

III. Umsatzsteuer

1. Allgemeines zur Umsatzsteuerpflicht und zum Vorsteuerabzug

Der Umsatzsteuer unterliegen die folgenden Umsätze:

a) **Die Lieferungen** und **sonstigen Leistungen,** die ein Unternehmer im Inland gegen Entgelt im Rahmen seines Unternehmens ausführt. Die Steuerbarkeit entfällt nicht, wenn der Umsatz auf Grund gesetzlicher oder behördlicher Anordnung ausgeführt wird oder nach gesetzlicher Vorschrift als ausgeführt gilt.

   Einer **Lieferung** gegen Entgelt werden gleichgestellt
   - die Entnahme eines Gegenstandes durch einen Unternehmer aus seinem Unternehmen für Zwecke, die außerhalb des Unternehmens liegen;
   - die unentgeltliche Zuwendung eines Gegenstandes durch einen Unternehmer an sein Personal für dessen privaten Bedarf, sofern keine Aufmerksamkeiten vorliegen;
   - jede andere unentgeltliche Zuwendung eines Gegenstandes, ausgenommen Geschenke von geringerem Wert und Warenmuster für Zwecke des Unternehmens.

   Voraussetzung ist, dass der Gegenstand oder seine Bestandteile zum vollen oder teilweisen Vorsteuerabzug berechtigt haben.

   Einer **sonstigen Leistung** gegen Entgelt werden gleichgestellt
   - die Verwendung eines dem Unternehmen zugeordneten Gegenstandes, der zum vollen oder teilweisen Vorsteuerabzug berechtigt hat, durch einen Unternehmer für Zwecke, die außerhalb des Unternehmens liegen, oder für den privaten Bedarf seines Personals, sofern keine Aufmerksamkeiten vorliegen;
   - die unentgeltliche Erbringung einer anderen sonstigen Leistung durch den Unternehmer für Zwecke, die außerhalb des Unternehmens liegen, oder für den privaten Bedarf seines Personals, sofern keine Aufmerksamkeiten vorliegen.

b) **Der innergemeinschaftliche Erwerb** im Inland gegen Entgelt (§ 1a UStG)

Innergemeinschaftlicher Erwerb liegt vor, wenn ein Gegenstand aus dem Gebiet eines Mitgliedstaats der EG in das Gebiet eines anderen Mitgliedstaats gelangt und

- sowohl die Lieferung als auch der Erwerb im Rahmen des Unternehmens erfolgt,
- die Lieferung nicht auf Grund der Sonderregelung für Kleinunternehmer steuerfrei ist und
- bei bestimmten Unternehmergruppen die sog. Erwerbsschwelle von 12.500 € überschritten wird.

Unter bestimmten Voraussetzungen besteht Steuerfreiheit (z. B. für Ausfuhrlieferungen). Nähere Auskunft hierüber erteilt das Finanzamt.

Bemessungsgrundlage für die Steuerberechnung ist das Entgelt bzw. in den Fällen des Eigenverbrauchs der Wert des Umsatzes. Der allgemeine Steuersatz beträgt ab 1. 4. 1998 16 v. H.; in Ausnahmefällen gelangt auch ein niedrigerer Steuersatz zur Anwendung.

Von der sich ergebenden Steuer können unter bestimmten Voraussetzungen die entrichtete Einfuhrumsatzsteuer, die Steuer für den innergemeinschaftlichen Erwerb und die von anderen, Unternehmen gesondert in Rechnung gestellten Umsatzsteuerbeträge („Vorsteuern") abgezogen werden, soweit Lieferungen oder sonstige Leistungen für das Unternehmen zugrunde liegen. Wegen der Einzelheiten bei der Steuerberechnung bzw. beim Abzug von Vorsteuerbeträgen erteilt ggf. das Finanzamt weitere Auskünfte.

Der Unternehmer hat für das Kalenderjahr (Besteuerungszeitraum) **eine Steuererklärung nach amtlich vorgeschriebenem Vordruck** abzugeben, in der er die zu entrichtende Steuer oder den Überschuss, der sich zu seinen Gunsten ergibt, selbst zu berechnen hat (Steueranmeldung). Bei der Berechnung der Steuer ist von der Summe der Umsätze nach ß 1 Abs. 1 Nrn. 1 und 5 UStG auszugehen, soweit für sie die Steuer in dem Besteuerungszeitraum entstanden ist. Wurde die gewerbliche oder berufliche Tätigkeit nur in einem Teil des Kalenderjahres ausgeübt, so tritt dieser Teil an die Stelle des Kalenderjahres.

Der Unternehmer hat bis zum 10. **Tag nach Ablauf jedes Voranmeldungszeitraums eine Voranmeldung nach amtlich vorgeschriebenem Vordruck abzugeben,** in der er die Steuer für den Voranmeldungszeitraum (Vorauszahlung) selbst zu berechnen hat. Die Vorauszahlung ist am 10. Tag nach Ablauf des Voranmeldungszeitraumes fällig.

Wenn der Unternehmer seine berufliche oder gewerbliche Tätigkeit aufnimmt, ist der Voranmeldungszeitraum im laufenden und folgenden Kalenderjahr der **Kalendermonat.** Nach Ablauf dieses Zeitraums bestimmt sich der Voranmeldungszeitraum nach der Umsatzsteuerschuld des jeweiligen Vorjahres.

Beträgt die Steuer für das vorangegangene Kalenderjahr mehr als 6136 €, ist weiterhin der **Kalendermonat** Voranmeldungszeitraum. Beträgt die Steuer für das vorangegangene Kalenderjahr nicht mehr als 6136 € ist das **Kalendervierteljahr** Voranmeldungszeitraum.

Beträgt die Steuer für das vorangegangene Kalenderjahr nicht mehr als 512 €, kann das Finanzamt den Unternehmer von der Verpflichtung zur Abgabe der Voranmeldungen und Entrichtung der Vorauszahlungen befreien.

Der Unternehmer kann den **Kalendermonat** als Voranmeldungszeitraum wählen, wenn sich im vorangegangenen Kalenderjahr ein Überschuss zu seinen Gunsten von mehr als 6136 € ergeben hat. Das Wahlrecht kann nur durch Abgabe einer Voranmeldung für Januar des laufenden Kalenderjahres bis zum 10. Februar des laufenden Kalenderjahres (bei Dauerfristverlängerung: 10. März) ausgeübt werden. Das Wahlrecht bindet den Unternehmer für dieses Kalenderjahr.

Gibt der Unternehmer bis zum Ablauf der Voranmeldungsfrist eine Voranmeldung nicht ab oder hat er in einer Voranmeldung die Vorauszahlung nicht richtig berechnet, **kann das Finanzamt die Umsatzsteuer-Vorauszahlung festsetzen.**

Der Unternehmer ist verpflichtet, zur Feststellung der Steuer und der Grundlagen ihrer Berechnung **Aufzeichnungen** zu machen.

Aus den Aufzeichnungen müssen zu ersehen sein:

a) Die vereinbarten Entgelte für die vom Unternehmer ausgeführten Lieferungen und sonstigen Leistungen. Dabei ist ersichtlich zu machen, wie sich die Entgelte auf die steuerpflichtigen Umsätze, ggf. getrennt nach Steuersätzen, und auf die steuerfreien Umsätze verteilen. Bei der Berechnung der Steuer nach vereinnahmten Entgelten (§ 20 UStG) treten an die Stelle der vereinbarten Entgelte die vereinnahmten Entgelte.

b) Die vereinnahmten Entgelte und Teilentgelte für noch nicht ausgeführte Lieferungen und sonstige Leistungen (Anzahlungen, Vorauszahlungen). Auch hierbei ist ersichtlich zu machen, wie sich die Entgelte bzw. Teilentgelte verteilen

   – auf steuerpflichtige Umsätze, ggf. getrennt nach Steuersätzen, und

   – auf steuerfreie Umsätze.

c) Die Bemessungsgrundlagen für Umsätze, die einer Lieferung oder einer sonstigen Leistung gegen Entgelt gleichgestellt werden. Nummer 1 Satz 2 gilt entsprechend.

d) – Die Entgelte für steuerpflichtige Lieferungen und sonstige Leistungen, die an den Unternehmer für sein Unternehmen ausgeführt worden sind,
  – die vor Ausführung dieser Umsätze gezahlten Entgelte und Teilentgelte (Anzahlungen, Vorauszahlungen),
  – die auf die Entgelte und Teilentgelte entfallenden Steuerbeträge.
e) Die Bemessungsgrundlagen für die Einfuhr von Gegenständen, die für das Unternehmen des Unternehmers eingeführt worden sind, sowie die dafür entrichtete oder zu entrichtende Einfuhrumsatzsteuer.
f) Die Bemessungsgrundlagen für den innergemeinschaftlichen Erwerb von Gegenständen sowie die hierauf entfallenden Steuerbeträge.

IV. Lohnsteuer

1. Aufzeichnungspflichten beim Lohnsteuerabzug

Der Arbeitgeber hat am Ort der lohnsteuerlichen Betriebsstätte (§ 41 Abs. 2 EStG) **für jeden Arbeitnehmer und jedes Kalenderjahr ein Lohnkonto zu führen.** In das Lohnkonto sind die für den Lohnsteuerabzug erforderlichen Merkmale aus der Lohnsteuerkarte oder aus einer entsprechenden Bescheinigung zu übernehmen. Bei jeder Lohnzahlung für das Kalenderjahr, für das das Lohnkonto gilt, sind im Lohnkonto die Art und Höhe des gezahlten Arbeitslohnes einschließlich der steuerfreien Bezüge sowie die einbehaltene oder übernommene Lohnsteuer einzutragen; an die Stelle der Lohnzahlung tritt in den Fällen des § 39 b Abs. 5 Satz 1 EStG die Lohnabrechnung. Ist die einbehaltene oder übernommene Lohnsteuer unter Berücksichtigung der Vorsorgepauschale nach § 10 c Abs. 3 EStG (Besondere Lohnsteuertabelle) ermittelt worden, so ist dies durch Eintragung des Großbuchstabens „B" zu vermerken. Im Lohnkonto sind auch das Kurzarbeitergeld, das Winterausfallgeld, der Zuschuss des Arbeitgebers zum Mutterschaftsgeld nach dem Mutterschaftsgesetz, der Zuschuss nach § 4 a Mutterschutzverordnung oder einer entsprechenden Landesregelung, Entschädigungen für Verdienstausfall nach dem Infektionsschutzgesetz sowie Aufstockungsbeträge nach dem Altersteilzeitgesetz einzutragen. Der Großbuchstabe „U" ist zu vermerken, wenn während der Dauer des Dienstverhältnisses für mindestens 5 aufeinanderfolgende Arbeitstage der Anspruch auf Arbeitslohn im Wesentlichen weggefallen ist, ohne dass eine der vorgenannten Lohnersatzleistungen bezahlt wird. Außerdem sind die Bezüge, die nach einem Doppelbesteuerungsabkommen oder nach dem Auslandtätigkeitserlass von der Lohnsteuer freigestellt sind, einzutragen. Weiche Einzelangaben im Lohnkonto aufzuzeichnen sind, ist in § 4 LStDV geregelt. Für die Fälle der Lohnsteuerpauschalierung nach §§ 40 bis 40 b EStG werden Aufzeichnungserleichterungen zugelassen. Die Lohnkonten sind bis zum Ablauf des sechsten Kalenderjahres, das auf die zuletzt eingetragene Lohnzahlung folgt, aufzubewahren.

Lohnsteuerliche Betriebsstätte ist der Betrieb oder Teil des Betriebs des Arbeitgebers, in dem der für die Durchführung des Lohnsteuerabzugs maßgebende Arbeitslohn ermittelt wird, d. h. wo die für den Lohnsteuerabzug maßgebenden Lohnteile zusammengestellt oder bei maschineller Lohnabrechnung die für den Lohnsteuerabzug maßgebenden Eingabewerte festgestellt werden. Es kommt nicht darauf an, wo die Berechnung der Lohnsteuer erfolgt und wo die Lohnsteuerkarten usw. aufbewahrt werden. Wird der maßgebende Arbeitslohn nicht in dem Betrieb oder einem Teil des Betriebes des Arbeitgebers oder nicht im Inland ermittelt, so gilt als Betriebsstätte der Mittelpunkt der geschäftlichen Leitung des Arbeitgebers im Inland.

2. **Anmeldung und Abführung der Lohnsteuer**

Zu den Pflichten des Arbeitgebers gehört die **termingerechte** Anmeldung und Abführung der Lohnsteuer.

Abführungszeitpunkt ist

a) spätestens der zehnte Tag nach Ablauf eines jeden Kalendermonats, wenn die abzuführende Lohnsteuer für das vorangegangene Kalenderjahr mehr als 3000 € betragen hat,

b) spätestens der zehnte Tag nach Ablauf eines jeden Kalendervierteljahrs, wenn die abzuführende Lohnsteuer für das vorangegangene Kalenderjahr mehr als 800 €, aber nicht mehr als 3000 € betragen hat,

c) spätestens der zehnte Tag nach Ablauf eines jeden Kalenderjahrs, wenn die abzuführende Lohnsteuer für das vorangegangene Kalenderjahr nicht mehr als 800 € betragen hat.

Hat der Betrieb nicht während des ganzen vorangegangenen Kalenderjahrs bestanden, so ist die für das vorangegangene Kalenderjahr abzuführende Lohnsteuer für die Feststellung des Lohnsteuer-Anmeldungszeitraums auf einen Jahresbetrag umzurechnen.

Hat der Betrieb im vorangegangenen Kalenderjahr noch nicht bestanden, so ist die auf einen Jahresbetrag umgerechnete, für den ersten vollen Kalendermonat nach der Eröffnung des Betriebs abzuführende Lohnsteuer maßgebend.

Anmeldungszeitpunkt

Dem Finanzamt der Betriebsstätte ist spätestens bis zum Abführungszeitpunkt (s. o.) eine Lohnsteuer-Anmeldung nach amtlich vorgeschriebenen

Vordruck abzugeben, in der die Summe der im Lohnteuer-Anmeldungs-zeitraum einzubehaltenden und zu übernehmenden Lohnsteuer anzugeben ist.

Der Arbeitgeber wird von der Verpflichtung zur Abgabe von Lohnsteuer-Anmeldungen befreit, wenn er Arbeitnehmer, für die er Lohnsteuer einzubehalten oder zu übernehmen hat, nicht beschäftigt und dies dem Finanzamt mitteilt.

Weitere Hinweise finden Sie auf der Rückseite der amtlichen Vordrucke der Lohnsteuer-Anmeldung.

V. Pflichten der gesetzlichen Vertreter

Die gesetzlichen Vertreter natürlicher und juristischer Personen und die Geschäftsführer von nichtrechtsfähigen Personenvereinigungen und Vermögensmassen haben deren steuerliche Pflichten zu erfüllen. Sie haben insbesondere dafür zu sorgen, dass die Steuern aus den Mitteln entrichtet werden, die sie verwalten. Eine Verletzung dieser Pflichten kann zu einer Inanspruchnahme als Haftungsschuldner führen (§ 69 i. V. m. § 191 AO).

Soweit nichtrechtsfähige Personenvereinigungen ohne Geschäftsführer sind, haben die Mitglieder oder Gesellschafter die Pflichten im Sinne des Absatzes 1 zu erfüllen. **Die Finanzbehörde kann sich an jedes Mitglied oder jeden Gesellschafter halten.**

VI. Gemeinsamer Empfangsbevollmächtigter

Bei einer Personengesellschaft sollen die Gesellschafter dem Finanzamt einen gemeinsamen Empfangsbevollmächtigten bestellen, der ermächtigt ist, für alle Gesellschafter die einheitlichen Feststellungsbescheide, die dazu ergehenden Rechtsbehelfsentscheidungen sowie die mit dem Feststellungs- oder Rechtsbehelfsverfahren zusammenhängenden Verwaltungsakte und Mitteilungen der Finanzbehörde in Empfang zu nehmen (§ 183 Abs. 1 S. 1 AO). Wird ein gemeinsamer Empfangsbevollmächtigter nicht von allen Gesellschaftern bestellt, gilt ein zur Vertretung der Gesellschaft Berechtigter als Empfangsbevollmächtigter (§ 183 Abs. 1 S. 2 AO).

Falls ein vertretungsberechtigter Geschäftsführer nicht vorhanden ist, steht im Feststellungsverfahren nur dem gemeinsam bestellten Empfangsbevollmächtigten die Befugnis zu, für die Gesellschaft oder die Beteiligten Einspruch oder Klage einzulegen (§ 352 AO, § 48 FGO).

VII. Folgen verspäteter Abgabe/Nichtabgabe von Steuererklärungen

Wenn Sie keine Steuererklärungen abgeben, kann das Finanzamt die Besteuerungsgrundlagen schätzen (§ 162 AO). Bei verspäteter Abgabe kann das Finanzamt einen Verspätungszuschlag, bis zu 10 % der festgesetzten Steuer höchstens 25.000 €, festsetzen (§ 152 AO).

Abkürzungen:

EU	= Europäische Union	HGB	= Handelsgesetzbuch
EStG	= Einkommensteuergesetz	LStDV	= Lohnsteuer-Durchführungsverordnung
UStG	= Umsatzsteuergesetz	UStDV	= Umsatzsteuer-Durchführungsverordnung
AO	= Abgabenordnung	FGO	= Finanzgerichtsordnung

21.4 Fragebogen für Gewerbetreibende/Freiberufler

Zutreffendes bitte ankreuzen ☒ oder ausfüllen

An das Finanzamt

Eingangsstempel oder -datum

Aktenzeichen/Steuernummer

**Fragebogen zur
steuerlichen Erfassung**

☐ **Aufnahme einer gewerblichen, selbständigen (freiberuflichen) oder
land- und forstwirtschaftlichen Tätigkeit**

☐ **Beteiligung an einer Personengesellschaft/-gemeinschaft**
- Bitte beantworten Sie nur die Fragen zu Abschnitt 1, Abschnitt 2 - nur Textziffer 2.8, Abschnitt 3 und Abschnitt 8 -

1	**Allgemeine Angaben**
1.1	**Steuerpflichtige(r)/Beteiligte(r)**

1   Vor- und Zuname (ggf. Geburtsname)

2	Geburtsdatum	Religion		Ausgeübter Beruf

3	Straße, Hausnummer	PLZ (Straßenadresse)	Wohnort

4	Postfach	PLZ (Postfachadresse)	Ort

5   Persönliches Identifikationsmerkmal (Personalausweis-/Reisepassnummer)

6   Kommunikationsverbindungen

Telefon (Festnetz, ggf. Mobiltelefon)	Telefax	E-Mail

7   Familienstand

verheiratet seit	verwitwet seit	geschieden seit	dauernd getrennt lebend seit

1.2	**Ehegatte**

8   Vor- und Zuname (ggf. Geburtsname)

9	Geburtsdatum	Religion		Ausgeübter Beruf

10   Straße, Hausnummer, PLZ, Wohnort (falls abweichend)

11   Persönliches Identifikationsmerkmal (Personalausweis-/Reisepassnummer)

1.3	**Kinder** mit Wohnsitz im Inland

	Vorname (ggf. abweichender Familienname)	Geburtsdatum
12		
13		
14		

1.4	**Bankverbindung(en)** für Steuererstattungen/**Lastschrifteinzugsverfahren** (LEV)

15   ☐ **Alle Steuererstattungen** sollen an folgende Bankverbindung erfolgen:

Kontonummer	BLZ	Geldinstitut (Name, Ort)	Kontoinhaber(in)

16   ☐ **Personensteuererstattungen** (z.B. Einkommensteuer) sollen an folgende Bankverbindung erfolgen:

Kontonummer	BLZ	Geldinstitut (Name, Ort)	Kontoinhaber(in)

17   ☐ **Betriebsteuererstattungen** (z.B. Umsatz-, Lohnsteuer) sollen an folgende Bankverbindung erfolgen:

Kontonummer	BLZ	Geldinstitut (Name, Ort)	Kontoinhaber(in)

18   Möchten Sie am **Lastschrifteinzugsverfahren**, dem für beide Seiten einfachsten Zahlungsweg, teilnehmen?

☐ Ja, die ausgefüllte Teilnahmeerklärung ist beigefügt.

Hinweis: Die mit diesem Fragebogen angeforderten Daten werden aufgrund der §§ 88, 90, 93, 97 und 138 der Abgabenordnung erhoben.

ASt 015   Fragebogen Einzelunternehmen und Beteiligung an einer Personengesellschaft/-gemeinschaft
(Bayern)

BayLfSt – 50.000 M / 35.000 N – 11.06 – 15 / 3237

21. Anhang

1.5 Steuerliche Beratung

19 ☐ nein ☐ ja Name und Anschrift

Kommunikationsverbindungen

20 Telefon (Festnetz, ggf. Mobiltelefon) | Telefax | E-Mail (ggf. Internetadresse)

1.6 Empfangsbevollmächtigte(r) für alle Steuerarten (kann nur mit beigefügter gesonderter Vollmacht berücksichtigt werden)

21 Name und Anschrift

Zuständigkeit der/des Empfangsbevollmächtigten

22 ☐ Feststellungs-/Festsetzungs- und Erhebungsverfahren ☐ nur Feststellungs-/Festsetzungsverfahren ☐ nur Erhebungsverfahren

1.7 Bisherige persönliche Verhältnisse

Falls Sie innerhalb der letzten 12 Monate zugezogen sind:

23 Zugezogen am | Frühere Anschrift (Straße, Hausnummer/Postfach, PLZ, Ort)

Waren Sie (oder ggf. Ihr Ehegatte) in den letzten drei Jahren für Zwecke der Einkommensteuer steuerlich erfasst?

24 ☐ nein ☐ ja Finanzamt, Steuernummer

2 Angaben zur gewerblichen, selbständigen (freiberuflichen) oder land- und forstwirtschaftlichen Tätigkeit

2.1 Art des ausgeübten Gewerbes/der Tätigkeit – ggf. den Schwerpunkt angeben! -

25

2.2 Anschrift des Unternehmens

26 Bezeichnung

27 Straße, Hausnummer | PLZ (Straßenadresse) | Ort

28 Postfach | PLZ (Postfachadresse) | Ort

Kommunikationsverbindungen

29 Telefon (Festnetz, ggf. Mobiltelefon) | Telefax | E-Mail (ggf. Internetadresse)

2.3 Betriebstätten

Werden in mehreren Gemeinden Betriebstätten unterhalten?

30 ☐ nein ☐ ja Anschriften (PLZ, Ort, Straße, Hausnummer) | Telefon

31 1.

32 2.

Bei mehr als zwei Betriebstätten: ☐ Gesonderte Aufstellung ist beigefügt.

33 **2.4 Kammerzugehörigkeit (Handwerks-/Industrie- und Handelskammer)** ☐ ja ☐ nein

34 **2.5 Handelsregistereintragung** ☐ ja Bitte Handelsregisterauszug beifügen! ☐ nein

2.6 Ort der Geschäftsleitung (Bitte nur angeben, wenn diese von der Anschrift des Unternehmens abweicht!)

35 Straße, Hausnummer | PLZ (Straßenadresse) | Ort

36 Postfach | PLZ (Postfachadresse) | Ort

2.7 Gründungsform (Bitte ggf. die entsprechenden Verträge beifügen!)

37 ☐ Neugründung zum .... ☐ Verlegung zum ....

38 ☐ Übernahme (z.B. Kauf, Pacht, Vererbung, Schenkung) zum .... ☐ Umwandlung zum ....

39 (Name und Anschrift des vorherigen Unternehmens bzw. der Vorinhaberin/des Vorinhabers, Finanzamt, Steuernummer)

21.4 Fragebogen für Gewerbetreibende/Freiberufler

- 3 -

2.8 Bisherige betriebliche Verhältnisse

Ist in den letzten fünf Jahren schon ein Gewerbe, eine selbständige (freiberufliche) oder eine land- und forstwirtschaftliche Tätigkeit ausgeübt worden oder waren Sie an einer Personengesellschaft oder zu mehr als 10 % an einer Kapitalgesellschaft beteiligt?

40 ☐ nein ☐ ja   Art, Ort und Dauer der Tätigkeit/Beteiligung

41   Finanzamt, Steuernummer, ggf. Umsatzsteuer-Identifikationsnummer

---

3 Angaben zur Festsetzung der Vorauszahlungen (Einkommensteuer, Gewerbesteuer)

3.1 Voraussichtliche Einkünfte aus	im Jahr der Betriebseröffnung (EUR)		im Folgejahr (EUR)	
	Steuerpflichtiger	Ehegatte	Steuerpflichtiger	Ehegatte
42 Land- und Forstwirtschaft				
43 Gewerbebetrieb				
44 Selbständiger Arbeit				
45 Nichtselbständiger Arbeit				
46 Kapitalvermögen				
47 Vermietung und Verpachtung				
48 Sonstigen Einkünften (z.B. Renten)				

3.2 Voraussichtliche Höhe der

49 Sonderausgaben und außergewöhnlichen Belastungen				
50 Steuerabzugsbeträge				

---

4 Angaben zur Gewinnermittlung

51 Gewinnermittlungsart
  ☐ Einnahmenüberschussrechnung
  ☐ Vermögensvergleich (Bilanz)   Eröffnungsbilanz ☐ liegt bei. ☐ wird nachgereicht.
  ☐ Gewinnermittlung nach Durchschnittssätzen (nur für Land- und Forstwirtschaft)

52 Liegt ein vom Kalenderjahr abweichendes Wirtschaftsjahr vor?   ☐ nein   ☐ ja, vom _____ bis _____

---

5 Freistellungsbescheinigung gemäß § 48b Einkommensteuergesetz – EStG – („Bauabzugsteuer")

Zu Ihrer Information steht Ihnen das Merkblatt zum Steuerabzug bei Bauleistungen im Internet unter www.steuer.bayern.de/vordrucke oder www.bzst.de zum Download zur Verfügung. Sie können es aber auch bei Ihrem Finanzamt erhalten.

53 ☐ Ich beantrage die Erteilung einer Bescheinigung zur Freistellung vom Steuerabzug bei Bauleistungen gemäß § 48b EStG.

---

6 Angaben zur Anmeldung und Abführung der Lohnsteuer

54 Zahl der Arbeitnehmer (einschließlich Aushilfskräfte)   Insgesamt: _____
  a) davon Familienangehörige: _____   b) davon geringfügig Beschäftigte _____

55 Anmeldungszeitraum (voraussichtliche Lohnsteuer im Kalenderjahr)
  ☐ **monatlich** (mehr als 3.000 EUR)   ☐ **vierteljährlich** (mehr als 800 EUR)   ☐ **jährlich** (nicht mehr als 800 EUR)

56 Die für die Lohnberechnung maßgebenden Lohnbestandteile werden zusammengefasst im Betrieb/Betriebsteil: Name, Straße, Hausnummer, PLZ, Ort

---

7 Angaben zur Anmeldung und Abführung der Umsatzsteuer

57 7.1 Gesamtumsatz (geschätzt)	im Jahr der Betriebseröffnung (EUR)	im Folgejahr (EUR)

7.2 Kleinunternehmer-Regelung

58 ☐ Der Gesamtumsatz für das Gründungsjahr wird die Grenze von 17.500 EUR voraussichtlich nicht überschreiten.

59 ☐ Ich nehme die Kleinunternehmer-Regelung (§ 19 Abs. 1 Umsatzsteuergesetz – UStG –) in Anspruch. Ich weise in Rechnungen keine Umsatzsteuer gesondert aus und kann keinen Vorsteuerabzug geltend machen.
  Hinweis:
  Angaben zu Tz. 7.3 und 7.4 sind nicht erforderlich; Umsatzsteuer-Voranmeldungen sind nicht abzugeben.

60 ☐ Ich verzichte auf die Anwendung der Kleinunternehmer-Regelung. Die Besteuerung erfolgt nach den allgemeinen Vorschriften des Umsatzsteuergesetzes **für mindestens fünf Kalenderjahre** (§ 19 Abs. 2 UStG); Umsatzsteuer-Voranmeldungen sind monatlich in elektronischer Form abzugeben.

21. Anhang

7.3 Soll-/Istversteuerung der Entgelte

Ich berechne die Umsatzsteuer nach

61 ☐ vereinbarten Entgelten (**Sollversteuerung**). ☐ vereinnahmten Entgelten. Ich beantrage hiermit die **Istversteuerung**.

7.4 Dauerfristverlängerung

62 ☐ Ich möchte die **Dauerfristverlängerung** für die Abgabe der Umsatzsteuer-Voranmeldungen nutzen. Mir ist bekannt, dass bei **monatlicher** Abgabe der Umsatzsteuer-Voranmeldungen eine **Sondervorauszahlung** zu berechnen und zu entrichten ist.

Hinweis: Den entsprechenden Antrag (Vordruck USt 1 H) können Sie im Internet unter der Adresse www.steuer.bayern.de/vordrucke herunterladen. Sie können die Daten des Antrags auf Dauerfristverlängerung bzw. Anmeldung der Sondervoraussetzung alternativ auch elektronisch übermitteln. Informationen hier zuerhalten Sie unter der Internet-Adresse www.elster.de.

7.5 Umsatzsteuer-Identifikationsnummer

63 ☐ Ich **benötige** für die Teilnahme am innergemeinschaftlichen Handel eine Umsatzsteuer-Identifikationsnummer (USt-IdNr.).

64 **Zusatzangaben** für Unternehmer,
- die nur steuerfreie Umsätze ausführen, die zum Ausschluss vom Vorsteuerabzug führen,
- für deren Umsätze Umsatzsteuer nach § 19 Abs. 1 UStG nicht erhoben wird,
- die ihre Umsätze nach den Durchschnittssätzen des § 24 UStG versteuern:

Ich beantrage eine USt-IdNr., weil
☐ innergemeinschaftliche Lieferungen ausgeführt werden (gilt nur für pauschalierende Land- und Forstwirte).
☐ innergemeinschaftliche Erwerbe zu versteuern sind, da die Erwerbsschwelle von 12.500 EUR jährlich
   ☐ voraussichtlich überschritten wird (§ 1a Abs. 3 UStG).
   ☐ voraussichtlich nicht überschritten wird, auf die Erwerbsschwellenregelung jedoch für die Dauer von mindestens zwei Jahren verzichtet wird (§ 1a Abs. 4 UStG).
☐ neue Fahrzeuge oder bestimmte verbrauchsteuerpflichtige Waren innergemeinschaftlich erworben werden (§ 1a Abs. 5 UStG).

65 ☐ Ich habe bereits für eine frühere Tätigkeit folgende USt-IdNr. erhalten:

USt-IdNr. _____ Vergabedatum: _____

8 Angaben zur Beteiligung an einer Personengesellschaft/-gemeinschaft

66 Bezeichnung, Anschrift der Gesellschaft/Gemeinschaft

67 Finanzamt, Steuernummer der Gesellschaft/Gemeinschaft

(Fügen Sie bitte eine Kopie des Gesellschaftsvertrags bei!)

68

Ort, Datum   Unterschrift des/der Steuerpflichtigen und ggf. des Ehegatten bzw. des/der Vertreter/s oder Bevollmächtigten

69 Anlagen: ☐ Teilnahmeerklärung für das LEV (Tz. 1.4)   ☐ Eröffnungsbilanz (Tz. 4)
          ☐ Empfangsvollmacht (Tz. 1.6)   ☐ Gesellschaftsvertrag (Tz. 8)
          ☐ Handelsregisterauszug (Tz. 2.5)   ☐ _____
          ☐ Verträge bei Übernahme bzw. Umwandlung (Tz. 2.7)

70 Finanzamt

268

21.5 Fragebogen Gründung Personengesellschaft

Zutreffendes bitte ankreuzen ☒ oder ausfüllen

An das Finanzamt

Aktenzeichen/Steuernummer

Eingangsstempel oder -datum

Fragebogen zur
steuerlichen Erfassung

Gründung einer Personengesellschaft/-gemeinschaft

1	Allgemeine Angaben

1.1 Angaben zum Unternehmen

Firma (lt. Handelsregister) bzw. Name, unter der/dem die Gesellschaft/Gemeinschaft auftritt

Sitz, ggf. abweichender Ort der Geschäftsleitung (Straße, Hausnummer)	PLZ (Straßenadresse)	Ort

Postfach	PLZ (Postfachadresse)	Ort

Kommunikationsverbindungen

Telefon (Festnetz, ggf. Mobiltelefon)	Telefax	E-Mail, ggf. Internetadresse

Beginn der Tätigkeit (Datum)	Art des Betriebes oder Tätigkeit

1.2 Betriebstätte(n)

Werden in mehreren Gemeinden Betriebstätten unterhalten?

☐ nein ☐ ja: Anschriften (PLZ, Ort, Straße, Hausnummer) | Telefon

1.

2.

Bei mehr als zwei Betriebstätten: ☐ Gesonderte Aufstellung ist beigefügt.

1.3 Gründungsform

Bitte den von allen Gesellschaftern/Beteiligten unterschriebenen **Gesellschaftsvertrag** beifügen! Falls ein schriftlicher Vertrag nicht abgeschlossen wurde, fügen Sie bitte eine von allen Gesellschaftern/Beteiligten unterschriebene Erklärung über die gesellschaftsrechtlichen Vereinbarungen bei, insbesondere zu nachfolgenden Punkten:
- Wer ist zur Vertretung und Geschäftsführung der Gesellschaft/Gemeinschaft befugt?
- In welcher Höhe sind die Gesellschafter/Beteiligten am Gewinn oder Verlust beteiligt?
- In welcher Höhe sind die Gesellschafter/Beteiligten am Vermögen beteiligt?
- Welche Regelungen gelten für die Kündigung der Gesellschaft/Gemeinschaft?
- Wie soll die Auseinandersetzung für den Fall der Auflösung der Gesellschaft/Gemeinschaft oder des Ausscheidens erfolgen?

☐ Neugründung zum .... ☐ Verlegung zum ....

☐ Übernahme (z.B. Kauf, Pacht, Vererbung, Schenkung) zum .... ☐ Einbringung / Umwandlung / Verschmelzung zum ....

(Name und Anschrift des vorherigen Unternehmens bzw. der Vorinhaberin/des Vorinhabers, Finanzamt, Steuernummer)

1.4 Rechtsform der Gesellschaft/Gemeinschaft

☐ GbR (Gesellschaft bürgerlichen Rechts) ☐ Atypische stille Gesellschaft

☐ OHG (Offene Handelsgesellschaft) ☐ Arge (z.B. Arbeitsgemeinschaft des Baugewerbes, s. Zusatzblatt)

☐ KG (Kommanditgesellschaft) ☐ GmbH & Co. KG (Gesellschaftsvertrag der GmbH beifügen!)

☐ Partnerschaftsgesellschaft ☐ ....

1.5 Kammerzugehörigkeit (Handwerks-/Industrie- und Handelskammer) ☐ ja ☐ nein

1.6 Handelsregistereintragung

☐ ja, seit .... ☐ nein ☐ Eine Eintragung ist beabsichtigt.

Bitte Handelsregisterauszug beifügen! ☐ Antrag beim Handelsregister gestellt am ....

Hinweis: Die mit diesem Fragebogen angeforderten Daten werden aufgrund der §§ 88, 90, 93, 97 und 138 der Abgabenordnung erhoben.

ASt 017 Fragebogen Gründung einer Personengesellschaft/-gemeinschaft (Bayern)

BayLfSt – 30.000 M / 15.000 N – 11.06 – 15 / 3237

21. Anhang

1.7	**Bankverbindung/Lastschrifteinzugsverfahren (LEV)**			
15	☐ **Alle Steuererstattungen** sollen an folgende Bankverbindung erfolgen:			
	Kontonummer	BLZ	Geldinstitut (Name, Ort)	Kontoinhaber(in)
	Kontoinhaber(in), sofern das Konto nicht auf den Namen der Gesellschaft/Gemeinschaft lautet:			

16	Möchten Sie am **Lastschrifteinzugsverfahren**, dem für beide Seiten einfachsten Zahlungsweg, teilnehmen?
	☐ Ja, die ausgefüllte Teilnahmeerklärung ist beigefügt.

1.8	**Vertretung der Gesellschaft/Gemeinschaft**
17	☐ Geschäftsführer(in)
	☐ Gesellschafter(in)/Beteiligte(r)
18	Name, Anschrift, Kommunikationsverbindungen (Telefon, Mobiltelefon, Telefax, E-Mail, Internetadresse), Finanzamt, Steuernummer
19	Persönliches Identifikationsmerkmal (Personalausweis- bzw. Reisepassnummer):

1.9	**Steuerliche Beratung**		
20	☐ nein ☐ ja	Name und Anschrift	
21	Kommunikations-verbindungen	Telefon (Festnetz, ggf. Mobiltelefon)	Telefax	E-Mail (ggf. Internetadresse)
22		☐ mit Empfangsvollmacht (Bitte fügen Sie in diesem Fall eine gesonderte Vollmacht bei!)	

1.10	**Gemeinsame(r) von allen Gesellschaftern/Gemeinschaftern bestellte(r) Empfangsbevollmächtigte(r) nach § 183 Abs. 1 Satz 1 AO bei der einheitlichen Feststellung**		
23	Bitte fügen Sie in diesem Fall eine gesonderte **Vollmacht** bei!		
	Name und Anschrift		
	Kommunikations-verbindungen	Telefon (Festnetz, ggf. Mobiltelefon)	Telefax	E-Mail (ggf. Internetadresse)

2	**Angaben zu den Gesellschaftern/Beteiligten**		
	(Bitte fügen Sie bei mehr als drei Gesellschaftern/Beteiligten die unten aufgeführten Angaben zu den Abschnitten 2 und 3 mit fortlaufender Nummerierung gesondert bei!)		
	lfd. Nr.	1	2	3
24	Name, Vorname/ Firma			
25	Anschrift Wohnort/Sitz (Straße, Haus-Nr., Postleitzahl, Ort)			
26	Geburtsdatum/ Gründungsdatum			
27	Persönliches Identi-fikationsmerkmal			
28	Beruf, Tätigkeit/ Art des Betriebes			
29	Art der Beteiligung			
30	Anteil am Ergebnis (in %/Bruchteil)			
31	Finanzamt/ Steuernummer			

21.5 Fragebogen bei Gründung einer Personengesellschaft

- 3 -

3	**Festsetzung von Vorauszahlungen (Gewerbesteuer, Einkommensteuer)**					
	im Jahr der Betriebseröffnung	im Folgejahr	im Jahr der Betriebseröffnung	im Folgejahr	im Jahr der Betriebseröffnung	im Folgejahr
	EUR	EUR	EUR	EUR	EUR	EUR
	zu 1.		zu 2.		zu 3.	
32 3.1 voraussichtlicher Gewinnanteil						
33 3.2 Sonderbetriebseinnahmen						
34 3.3 Sonderbetriebsausgaben						

4 Angaben zur Gewinnermittlung

35 Gewinnermittlungsart
- ☐ Einnahmenüberschussrechnung
- ☐ Vermögensvergleich (Bilanz) Eröffnungsbilanz ☐ liegt bei. ☐ wird nachgereicht.
- ☐ Gewinnermittlung nach Durchschnittssätzen (nur für Land- und Forstwirtschaft)

36 Liegt ein vom Kalenderjahr abweichendes Wirtschaftsjahr vor? ☐ nein ☐ ja, vom _____ bis _____

5 Freistellungsbescheinigung gem. § 48b Einkommensteuergesetz – EStG – („Bauabzugssteuer")

Zu Ihrer Information steht Ihnen das Merkblatt zum Steuerabzug bei Bauleistungen im Internet unter **www.steuer.bayern.de/vordrucke** oder **www.bzst.de** zum Download zur Verfügung. Sie können es aber auch bei Ihrem Finanzamt erhalten.

37 ☐ Wir beantragen die Erteilung einer Bescheinigung zur Freistellung vom Steuerabzug bei Bauleistungen gem. § 48b EStG.

6 Angaben zur Anmeldung und Abführung der Lohnsteuer

38 Anzahl der Arbeitnehmer (einschließlich Aushilfskräfte) Insgesamt: _____ a) davon Familienangehörige: _____ b) davon geringfügig Beschäftigte _____

39 Anmeldungszeitraum (voraussichtliche Lohnsteuer im Kalenderjahr) ☐ monatlich (mehr als 3.000 EUR) ☐ vierteljährlich (mehr als 800 EUR) ☐ jährlich (nicht mehr als 800 EUR)

40 Die für die Lohnberechnung maßgebenden Lohnbestandteile werden zusammengefasst im Betrieb/Betriebsteil: Name, Straße, Hausnummer, PLZ, Ort

7 Angaben zur Anmeldung und Abführung der Umsatzsteuer

7.1 Gesamtumsatz (geschätzt) im Jahr der Betriebseröffnung (**EUR**): im Folgejahr (**EUR**):

41

7.2 Kleinunternehmer-Regelung

42 ☐ Der Gesamtumsatz für das Gründungsjahr wird die Grenze von 17.500 EUR voraussichtlich nicht überschreiten.

43 ☐ Wir nehmen die Kleinunternehmer-Regelung (§ 19 Abs. 1 Umsatzsteuergesetz – UStG –) in Anspruch. Wir weisen in Rechnungen keine Umsatzsteuer gesondert aus und können keinen Vorsteuerabzug geltend machen.
Hinweis:
Angaben zu Tz. 7.3 und 7.4 sind nicht erforderlich; Umsatzsteuer-Voranmeldungen sind nicht abzugeben.

44 ☐ Wir verzichten auf die Anwendung der Kleinunternehmer-Regelung. Die Besteuerung erfolgt nach den allgemeinen Vorschriften des Umsatzsteuergesetzes **für mindestens fünf Kalenderjahre** (§ 19 Abs. 2 UStG); Umsatzsteuer-Voranmeldungen sind monatlich in elektronischer Form abzugeben.

7.3 Soll-/Istversteuerung der Entgelte

Wir berechnen die Umsatzsteuer nach

45 ☐ vereinbarten Entgelten (**Sollversteuerung**). ☐ vereinnahmten Entgelten. Wir beantragen hiermit die **Istversteuerung**.

271

- 4 -

7.4 Dauerfristverlängerung

46 ☐ Wir möchten die **Dauerfristverlängerung** für die Abgabe der Umsatzsteuer-Voranmeldungen nutzen. Uns ist bekannt, dass bei **monatlicher** Abgabe der Umsatzsteuer-Voranmeldungen eine **Sondervorauszahlung** zu berechnen und zu entrichten ist.
Hinweis: Den entsprechenden Antrag (Vordruck USt 1 H) können Sie im Internet unter der Adresse www.steuer.bayern.de/vordrucke herunterladen. Sie können die Daten des Antrag auf Dauerfristverlängerung bzw. der Anmeldung der Sondervorauszahlung alternativ auch elektronisch übermitteln. Informationen hierzu erhalten Sie unter der Internet-Adresse www.elster.de.

7.5 Umsatzsteuer-Identifikationsnummer

47 ☐ Wir **benötigen** für die Teilnahme am innergemeinschaftlichen Handel eine Umsatzsteuer-Identifikationsnummer (USt-IdNr.).

48 **Zusatzangaben** für Unternehmer,
- die nur steuerfreie Umsätze ausführen, die zum Ausschluss vom Vorsteuerabzug führen,
- für deren Umsätze Umsatzsteuer nach § 19 Abs. 1 UStG nicht erhoben wird,
- die ihre Umsätze nach den Durchschnittssätzen des § 24 UStG versteuern:

Wir beantragen eine USt-IdNr., weil
☐ innergemeinschaftliche Lieferungen ausgeführt werden (gilt nur für pauschalierende Land- und Forstwirte).
☐ innergemeinschaftliche Erwerbe zu versteuern sind, da die Erwerbsschwelle von 12.500 EUR jährlich
☐ voraussichtlich überschritten wird (§ 1a Abs. 3 UStG).
☐ voraussichtlich nicht überschritten wird, auf die Erwerbsschwellenregelung jedoch für die Dauer von mindestens zwei Jahren verzichtet wird (§ 1a Abs. 4 UStG).
☐ neue Fahrzeuge oder bestimmte verbrauchsteuerpflichtige Waren innergemeinschaftlich erworben werden (§ 1a Abs. 5 UStG).

49 ☐ Wir haben bereits für eine frühere Tätigkeit folgende USt-IdNr. erhalten:

USt-IdNr. _____   Vergabedatum: _____

50

Ort, Datum   Unterschrift(en) vertretungsberechtigte(r) Geschäftsführer(in) oder Gesellschafter(in)/Beteiligte(r) bzw. aller Gesellschafter/Beteiligten bzw. des/der Vertreter/s oder Bevollmächtigten

51 Anlagen: ☐ Verträge über die Übernahme/Einbringung/Umwandlung/Verschmelzung eines Unternehmens (Tz. 1.3)
☐ Vertrag über die Gesellschaft/Gemeinschaft (Tz. 1.3)
☐ Erklärung über die gesellschaftsrechtlichen Vereinbarungen (Tz. 1.3)
☐ Gesellschaftsvertrag der Komplementär-GmbH (Tz. 1.4)
☐ Handelsregisterauszug (Tz. 1.6)
☐ Teilnahmeerklärung zum LEV (Tz. 1.7)
☐ Empfangsvollmacht (Tz.1.10)
☐ Eröffnungsbilanz (Tz. 4)
☐ _____

52

Finanzamt

21.6 Fragebogen Gründung einer Kapitalgesellschaft

An das Finanzamt	Eingangsstempel oder -datum
Steuernummer	

Gründung einer Kapitalgesellschaft
Fragebogen zur steuerlichen Erfassung

Zutreffendes bitte ankreuzen ⊠ oder ausfüllen.

Hinweis nach den Vorschriften der Datenschutzgesetze:
Die mit dem Fragebogen angeforderten Daten werden aufgrund der §§ 137, 138 in Verbindung mit den §§ 90, 93, 97 der Abgabenordnung erhoben.

Nummer

1. Bezeichnung der Kapitalgesellschaft

Straße, Hausnummer

Postleitzahl	Ort		Postleitzahl	Postfach

telefonisch erreichbar unter Nr.	Mobil	Fax

E-Mail	Homepage

Ort der Geschäftsleitung

Sitz der Gesellschaft

2. Zweigniederlassungen oder Betriebsstätten in anderen Gemeinden

☐ nein ☐ ja   Anschrift(en)

3. **Art der Tätigkeit** (genaue Bezeichnung des Gewerbezweiges)

4. **Gesetzlicher Vertreter** (mit Anschrift)

telefonisch erreichbar unter Nr.	Mobil	Fax

E-Mail	Homepage

Geburtsdatum	Personalausweisnummer / Reisepassnummer

Steuerlich geführt beim Finanzamt / Steuernummer

5. **Empfangsbevollmächtigter** (kann nur mit beigefügter gesonderter Vollmacht berücksichtigt werden)

☐ nein ☐ ja   Name und Anschrift

telefonisch erreichbar unter Nr.	Mobil	Fax

E-Mail	Homepage

6. **Steuerlicher Berater**   Name und Anschrift (Bitte Vollmacht beifügen)

☐ nein ☐ ja

telefonisch erreichbar unter Nr.	Mobil	Fax

E-Mail	Homepage

KSt GU / 2
Feb. 05

21. Anhang

Nummer 7.	**Bankverbindung** Bitte stets angeben!	Kontonummer			Bankleitzahl	
	Geldinstitut (Zweigstelle) und Ort					
	Name eines von Nr. 1 abweichenden Kontoinhabers					

8. Gesellschaftsvertrag und Eintragung im Handelsregister
Bitte Gesellschaftsvertrag und Eröffnungsbilanz beifügen!

Errichtung der Gesellschaft durch notariellen Vertrag vom

Eintragung ist beantragt am		Eintragung ist erfolgt am	
beim Amtsgericht		unter Nummer	

☐ HR-Auszug ist beigefügt.   ☐ HR-Auszug wird nachgereicht.

durch Notar

Straße, Hausnummer

Postleitzahl	Ort		Postleitzahl	Postfach

9. Beginn der Tätigkeit

10. Wirtschaftsjahr   von   bis

11. Höhe des Grund- oder Stammkapitals   €

Darauf sind eingezahlt   €

12.	**Name und Anschrift der Anteilseigner** (bei Treuhandverhältnissen bitte Vertrag beifügen)	Höhe der Beteiligung		Steuerlich geführt beim Finanzamt / Steuernummer
		nominell in €	in %	(soweit der Gesellschaft bekannt)

13. Das Unternehmen ist entstanden durch
☐ Bargründung   ☐ Sachgründung

14. Bei Bargründung
Das Unternehmen hat Vermögenswerte übernommen durch

☐ Erwerb folgender, einzelner Wirtschaftsgüter

☐ Erwerb eines Betriebs, Teilbetriebs, Mitunternehmeranteils oder Erwerb, Schaffung oder Erhöhung einer Mehrheitsbeteiligung i.S. des § 20 Abs. 1 Satz 2 UmwStG an einer Kapitalgesellschaft
(Bezeichnung des erworbenen Unternehmens, Betriebs usw.)

(zuständiges Finanzamt, StNr.)

21.6 Fragebogen bei Gründung einer Kapitalgesellschaft

Nummer	
15.	**Bei Sachgründung**

15.1. Das Unternehmen ist im Rahmen einer Umwandlung nach den Vorschriften des Umwandlungsgesetzes entstanden durch

☐ Verschmelzung ☐ Spaltung ☐ Formwechsel ☐ sonstige Vermögensübertragung

steuerlicher Übertragungsstichtag

(Bezeichnung des Unternehmens, das verschmolzen, gespalten, formwechselnd umgewandelt bzw. von dem Vermögen übertragen worden ist)

(zuständiges Finanzamt, StNr.)

15.2. Das Unternehmen ist entstanden durch

☐ Betriebs-aufspaltung ☐ Einbringung eines Betriebs, Teilbetriebs, Mitunternehmeranteils oder Einbringung, Schaffung oder Erhöhung einer Mehrheitsbeteiligung i.S. des § 20 Abs. 1 Satz 2 UmwStG an einer Kapitalgesellschaft

steuerlicher Übertragungsstichtag

(Bezeichnung des Unternehmens, das an der Betriebsaufspaltung beteiligt ist, bzw. aus dem die eingebrachten Vermögenswerte stammen)

(zuständiges Finanzamt, StNr.)

15.3. Das Unternehmen ist entstanden unter

☐ Einbringung folgender einzelner Wirtschaftsgüter

Ein Sachgründungsbericht
☐ ist nicht erstellt worden ☐ ist beigefügt

15.4. Die Verschmelzung, Spaltung, formwechselnde Umwandlung, Übertragung bzw. Einbringung erfolgte zu
☐ Buchwerten ☐ Teilwerten ☐ Zwischenwerten ☐ Anschaffungskosten

15.5. Die Sacheinlagen stammen aus
☐ Betriebsvermögen ☐ Privatvermögen

16. ☐ Die Gesellschaft ist/wird **Komplementärin der nachstehenden KG** ☐ Die Gesellschaft ist daneben selbst gewerblich tätig.
Bezeichnung der KG | Zuständiges Finanzamt und Steuernummer der KG

17. ☐ An der Gesellschaft besteht eine **atypische stille Beteiligung**
Finanzamt und Steuernummer der atypischen stillen Gesellschaft

18. Die Gesellschaft ist **Organträger**
☐ körperschaftsteuerlich und gewerbesteuerlich ☐ umsatzsteuerlich
(Bitte Gewinnabführungsvertrag beifügen)
Die Gesellschaft ist **Organgesellschaft** | Name, Anschrift, zuständiges Finanzamt und Steuernummer des Organträgers

19.	**Angaben zur Festsetzung der Vorauszahlungen** (geschätzt)	für das Gründungsjahr €	für das Folgejahr €
	Jahresüberschuss / Steuerbilanzgewinn		
	zu versteuerndes Einkommen		
	Steueranrechnungsbeträge		
	Gewerbeertrag		

21. Anhang

Nummer				
20.	**Lohnsteuer**	Anzahl der beschäftigten Arbeitnehmer [1]		ab Zeitpunkt

davon
sind zugleich Gesellschafter oder deren Ehegatten

(Anschrift)

Lohnkonten werden geführt in

Der für die Durchführung des Lohnsteuerabzugs maßgebende Arbeitslohn bzw. die für die Lohnabrechnung maßgebenden Daten werden ermittelt in (ein selbständiges Dienstleistungsunternehmen z.B. Steuerberater, das für einen Arbeitgeber die Lohnabrechnungen durchführt, ist keine lohnsteuerliche Betriebsstätte, vgl. R 132 der Lohnsteuer-Richtlinien)

(Anschrift der Betriebsstätte)

Die jährlich zu entrichtende Lohnsteuer beträgt voraussichtlich

bis 800 € (Lohnsteueranmeldung ist jährlich abzugeben)	bis 3000 € (Lohnsteueranmeldung ist vierteljährlich abzugeben)	mehr als 3000 € (Lohnsteueranmeldung ist monatlich abzugeben)

21. Umsatzsteuer

Beginn der unternehmerischen Tätigkeit am

Voraussichtliche – ggf. umgerechnete – Höhe des Gesamtumsatzes (§ 19 Abs. 3 UStG) für das Gründungsjahr _____ €

Der Gesamtumsatz für das Gründungsjahr wird die Grenze von 17 500 € voraussichtlich nicht überschreiten.

☐ Besteuerung als Kleinunternehmer (§ 19 Abs. 1 UStG); monatliche Umsatzsteuer-Voranmeldungen sind nicht abzugeben.

☐ Verzicht auf die Anwendung des § 19 Abs. 1 UStG und Besteuerung nach den allgemeinen Vorschriften des UStG für mindestens fünf Kalenderjahre (§ 19 Abs. 2 UStG); Umsatzsteuer-Voranmeldungen sind monatlich abzugeben.

Berechnung der Steuer nach

☐ vereinbarten Entgelten (Sollversteuerung)   ☐ vereinnahmten Entgelten (Ist-Versteuerung wird hiermit beantragt)

Voranmeldungszeitraum für abzugebende Umsatzsteuer-Voranmeldungen ist im Jahr der Neugründung und im folgenden Kalenderjahr der Kalendermonat (§ 18 Abs. 2 Satz 4 UStG):

☐ Dauerfristverlängerung für die Abgabe der Umsatzsteuer-Voranmeldungen wird beantragt. Bitte senden Sie mir den hierfür erforderlichen Vordruck USt 1 H zu.

☐ Vordrucke zur Abgabe der Umsatzsteuer-Voranmeldungen werden benötigt.

Hinweis: Sie sollten zunächst prüfen, ob Sie sich die Abgabe der Steueranmeldungen auf Papier ersparen können. Sie können die Daten der Steueranmeldung auch elektronisch übermitteln. Einzelheiten erfahren Sie bei Ihrem Finanzamt, Ihrem steuerlichen Berater oder Ihrem datenverarbeitenden Unternehmen sowie unter der Internet-Adresse www.elster.de.

☐ Es wird eine Umsatzsteuer-Identifikationsnummer für die Teilnahme am innergemeinschaftlichen Handelsverkehr benötigt.

Zusatzangaben für Unternehmer,
– die nur steuerfreie Umsätze ausführen, die zum Ausschluss vom Vorsteuerabzug führen,
– für deren Umsätze Umsatzsteuer nach § 19 Abs. 1 UStG nicht erhoben wird,
– die ihre Umsätze nach den Durchschnittssätzen des § 24 UStG versteuern.

Eine Umsatzsteuer-Identifikationsnummer wird beantragt, weil

☐ innergemeinschaftliche Lieferungen ausgeführt werden (gilt nur für pauschalierende Land- und Forstwirte).

☐ innergemeinschaftliche Erwerbe zu versteuern sind und die Erwerbsschwelle von 12 500 € jährlich

☐ voraussichtlich überschritten wird (§ 1a Abs. 3 UStG).

☐ voraussichtlich nicht überschritten, auf die Erwerbsschwellenregelung jedoch für die Dauer von mindestens zwei Jahren verzichtet wird (§ 1a Abs. 4 UStG).

☐ neue Fahrzeuge oder bestimmte verbrauchsteuerpflichtige Waren innergemeinschaftlich erworben werden (§ 1a Abs. 5 UStG).

22. Freistellungsbescheinigung gemäß § 48b EStG („Bauabzugssteuer")

☐ Ich beantrage die Erteilung einer Bescheinigung zur Freistellung vom Steuerabzug bei Bauleistungen gemäß § 48b EStG

Hinweis: Zu Ihrer Information steht Ihnen auch das entsprechende Merkblatt unter www.bff-online.de zum Download zur Verfügung oder kann bei Ihrem Finanzamt angefordert werden.

Ich versichere, die vorstehenden Angaben wahrheitsgemäß nach bestem Wissen und Gewissen gemacht zu haben.

_____   _____
Datum   Unterschrift des gesetzlichen Vertreters

[1] Dazu gehören auch Geschäftsführer, Vorstandsmitglieder und ehrenamtlich tätige Personen. Geschäftsführer einer Komplementär-Kapitalgesellschaft, die gleichzeitig Kommanditisten der Kapitalgesellschaft & Co.KG sind, sind nicht Arbeitnehmer im lohnsteuerlichen Sinne.

21.7 Fragebogen zur steuerlichen Erfassung einer nach ausländischem Recht gegründeten Kapitalgesellschaft

A. Allgemeine Angaben			Zutreffendes bitte ankreuzen oder ausfüllen
Wird die Gesellschaft bereits bei einem Finanzamt geführt?			
☐ Nein			
☐ Ja →	Finanzamt	Steuernummer	Hinweis nach den Vorschriften der Datenschutzgesetze: Die mit dem Fragebogen angeforderten Daten werden aufgrund der §§ 137, 138 in Verbindung mit den §§ 90, 93, 97 der Abgabenordnung erhoben

→ **Falls die Gesellschaft hinsichtlich der <u>Körperschaftssteuer</u> bereits bei einem deutschen Finanzamt geführt wird, können Sie auf die Beantwortung der nachfolgenden Fragen verzichten und den Fragebogen nach Angabe der Steuernummer und des Finanzamts unterschreiben und zurückgeben**

Bezeichnung der Kapitalgesellschaft		
Straße, Hausnummer		
Postleitzahl	Ort	Postfach
Telefonisch erreichbar unter Nr.	Mobil	Fax
E-Mail	Homepage	
Ort der Geschäftsleitung (Mittelpunkt der geschäftlichen Oberleitung, § 10 AO; Ort an dem Tagesgeschäft geführt wird)		
Sitz der Gesellschaft		
Zweigniederlassung oder Betriebsstätten in anderen Gemeinden		
☐ ja Anschrift:		
☐ nein		
Art der Tätigkeit (genaue Bezeichnung des Gewerbezweiges)		
Gesetzliche Vertreter (mit Anschrift)		
Telefonisch erreichbar unter Nr.	Mobil	Fax
E-Mail	Homepage	
Geburtsdatum	Personalausweisnummer	
Steuerlich geführt beim Finanzamt /Steuernummer		
Ist für die Gesellschaft in der Bundesrepublik Deutschland eine von ihr abhängige Person (z.B. ein Angestellter)		

2

als Ständiger Vertreter im Inland tätig?			
☐ Ja → Name, Anschrift			
Bitte Verträge beifügen			
Ist die Person befugt, Verträge für das Unternehmen rechtsverbindlich abzuschließen? ☐ Nein ☐ Ja			
Empfangsbevollmächtigter (bitte Vollmacht beifügen) ☐ Nein ☐ Ja			
☐ Nein ☐ Ja	Name und Anschrift		
Telefonisch erreichbar unter Nr.	Mobil		Fax
E-Mail	Homepage		
Steuerlicher Berater ☐ Nein ☐ Ja	Name und Anschrift (Bitte Vollmacht beifügen)		
Telefonisch erreichbar unter Nr.	Mobil		Fax
E-Mail	Homepage		
Wurde der Betrieb bei der zuständigen Gemeinde in der Bundesrepublik Deutschland angemeldet (§ 138 Abs. 1 AO)?			
☐ Nein	☐ Ja → Bitte Kopie der Anmeldung beifügen		
Wurde die Gesellschaft in ein ausländisches amtliches Register (z.B. Handelsregister) eingetragen?			
☐ Nein	☐ Ja → Bitte entsprechenden Register-Auszug beifügen		

Gesellschaftsvertrag und Eintragung im inländischen Handelsregister (§§ 13 d, 13 e, 13 f, 13 g, 14 HGB)		Bitte übersetzten Gesellschaftsvertrag und Eröffnungsbilanz beifügen!
Errichtung der Gesellschaft durch notariellen Vertrag	vom	
Eintragung ist beantragt am	Eintragung ist erfolgt am	
beim Amtsgericht	Unter Nummer	
☐ HR-Auszug ist beigefügt.	☐ HR- Auszug wird nachgereicht.	
Durch Notar		
Straße, Hausnummer		

Postleitzahl	Ort	Postleitzahl	Postfach
Beginn der Tätigkeit			
Wirtschaftsjahr	Von	bis	
Höhe des Grund- oder Stammkapitals		€	
Darauf sind gezahlt		€	

3

Bankverbindung **Bitte stets angeben!**	Kontonummer		Bankleitzahl
Geldinstitut (Zweigstelle) und Ort			

Name eines von Nr. 1 abweichenden Kontoinhabers

Name und Anschrift der Anteilseigner/ Gesellschafter (bei Treuhandverhältnissen bitte Vertrag beifügen)	Höhe der Beteiligung		Steuerlich geführt beim Finanzamt/Steuernummer (soweit der Gesellschaft bekannt)
	Nominell in €	in %	

Die Gesellschafter sind zusätzlich nach § 138 Abs. 2 AO zur Anzeige ihrer Gesellschafterstellung gegenüber dem Finanzamt auf amtlich vorgeschriebenem Vordruck verpflichtet. Bitte fügen Sie für jeden Gesellschafter den Vordruck bff_2 in doppelter Ausfertigung bei. Der Vordruck steht zum Abruf im Internet zur Verfügung unter www.bzst.de

Voraussichtliche Dauer der Tätigkeit in der Bundesrepublik Deutschland:

Beginn	Voraussichtliches Ende

Art der in der Bundesrepublik Deutschland ausgeübten Tätigkeit(en) → **Bitte genaue Beschreibung**

Wenn die Tätigkeit Bauausführungen oder Montagen beinhaltet, bitte unter Verwendung der beigefügten **Anlage „Übersicht Bauausführungen"** eine Aufstellung über die einzelnen Projekte beifügen

Bei Überlassung von Arbeitskräften bitte **den Genehmigungsbescheid des zuständigen Landesarbeitsamtes vorlegen**

21. Anhang

4

Werden im <u>Ausland</u> feste Geschäftseinrichtungen oder Anlangen unterhalten? - z.B. Zweigniederlassungen, Büros, Fabrikationsstätten, Koordinierungsstellen, Geschäftsstellen, Verkaufsstellen, Kontore, Werkstätten -			☐ Nein
☐ Ja und zwar (genaue Beschreibung und Anschrift)		seit	

Werden in der <u>Bundesrepublik Deutschland</u> feste Geschäftseinrichtungen oder Anlagen unterhalten? - z.B. Zweigniederlassungen, Büros, Fabrikationsstätten, Koordinierungsstellen, Geschäftsstellen, Verkaufsstellen, Kontore, Werkstätten-			☐ Nein
☐ Ja und zwar (genaue Beschreibung und Anschrift)		seit	

Welche anderen (nicht feste) dem Unternehmen dienende Einrichtungen oder Anlagen sind in der Bundesrepublik Deutschland vorhanden? (Bitte genau bezeichnen und örtliche Lage angeben)

- z.B. Baubuden, Geräteschuppen, Unterkunftsbaracken -

	seit	

Welche Eigentums- und Besitzverhältnisse bestehen an den genannten Einrichtungen und Anlangen → Bitte ggf. differenziert darstellen

☐ Sie sind Eigentum der Gesellschaft → **Bitte Kaufvertrag vorlegen**

☐ Sie wurden durch die Gesellschaft gemietet, gepachtet oder geleast → **Bitte Vertrag beifügen**

Werden die genannten Einrichtungen und Anlagen ausschließlich unterhalten

- zur Lagerung, Ausstellung oder Auslieferung von Waren und Gütern?	☐ Nein	☐ Ja
- zur Bearbeitung oder Verarbeitung durch ein anderes Unternehmen?	☐ Nein	☐ Ja
- zum Einkauf von Gütern oder Waren oder zur Informationsbeschaffung für Ihr Unternehmen?	☐ Nein	☐ Ja

- zur Werbung, Erteilung von Auskünften, wissenschaftlichen Forschungen u.ä. Hilfstätigkeiten?

☐ Nein

☐ Ja → **Bitte Nutzungsart genau angeben**	

Sind andere von Ihrem Unternehmen unabhängige Personen (z.B. Makler, Handelsvertreter, Kommissionäre) in der Bundesrepublik Deutschland für das Unternehmen tätig?

☐ Nein	☐ Ja → **Bitte Verträge beifügen**

Erstreckt sich die wirtschaftliche Betätigung des Unternehmens auch auf das Ausland?

☐ Nein	☐ Ja → Bei welchem ausländischen Finanzamt wird das Unternehmen steuerlich geführt?

5

Finanzamt		Steuernummer

Verfügt die Gesellschaft über anderes, bisher nicht genanntes Vermögen in der Bundesrepublik Deutschland (z.B. Grundstücke, Beteiligungen)?

☐ Nein	☐ Ja und zwar → **Bitte ergänzend Werte angeben**	

In welcher Höhe werden in der Bundesrepublik Deutschland voraussichtlich Umsätze und Gewinne je Kalender-/Wirtschaftsjahr erzielt?

Umsatz		Gewinn	

Welche Umsätze werden in der Bundesrepublik Deutschland ausgeführt?

☐ Lieferungen	☐ Werklieferungen	☐ sonstige Leistungen	☐ innergemeinschaftliche Erwerbe

Angaben zur Festsetzung der Vorauszahlungen (geschätzt)	für das Gründungsjahr €	für das Folgejahr €
Jahresüberschuss / Steuerbilanzgewinn		
Zu versteuerndes Einkommen		
Steueranrechnungsbeträge		
Gewerbeertrag		

B. Lohnsteuer

Anzahl der beschäftigten Arbeitnehmer		Ab Zeitpunkt	
Davon sind zugleich Gesellschafter oder deren Ehegatten		**Siehe auch Anlage „Arbeitnehmerübersicht"**	
Lohnkonten werden geführt in (Anschrift)			

Der für die Durchführung des Lohnsteuerabzugs maßgebende Arbeitslohn bzw. die für die Lohnabrechnung maßgebenden Daten werden ermittelt in (ein selbstständiges Dienstleistungsunternehmen z.B. Steuerberater, das für einen Arbeitgeber die Lohnabrechnungen durchführt, ist keine lohnsteuerliche Betriebsstätte, vgl. R 132 der Lohnsteuer-Richtlinien)

(Anschrift der Betriebsstätte)

Die jährlich zu entrichtende Lohnsteuer beträgt voraussichtlich	☐ bis 800 € (Lohnsteuer-Anmeldung ist jährlich abzugeben)	☐ bis 3000 € (Lohnsteueranmeldung vierteljährlich)	☐ mehr als 3000 € (Lohnsteuer-Anmeldung monatlich)

Die Lohnsteuer-Anmeldung ist für nach dem 31.12.2004 endende Anmeldungszeiträume grundsätzlich nach amtlich vorgeschriebenem Vordruck auf elektronischem Weg nach Maßgabe der Steuerdaten-Übermittlungsverordnung zu übermitteln (§ 41 a Abs. 1 Satz 2 EStG)
Weitere Informationen finden Sie im Internet unter www.elster.de

Bitte unter Verwendung der beigefügten Anlage „Arbeitnehmerübersicht" eine Aufstellung zu den von Ihnen in der Bundesrepublik Deutschland beschäftigten Arbeitnehmern beifügen.
Bei Arbeitnehmern aus anderen EU-Mitgliedsstaaten bitte Kopien der E 101-Bescheinigung beifügen

C. Bauabzugssteuer

6

Freistellungsbescheinigung gemäß § 48 EStG („Bauabzugssteuer")

☐ Ich beantrage die Erteilung einer Bescheinigung zur Freistellung vom Steuerabzug bei Bauleitungen gemäß § 48 EStG

Hinweis: Zu Ihrer Information steht Ihnen auch das entsprechende Merkblatt unter www.bzst.bund.de zum Download zur Verfügung oder kann bei Ihrem Finanzamt angefordert werden.

D. Beteiligungen

☐ Die Gesellschaft ist/wird Komplementärin der nachstehenden KG	☐ Die Gesellschaft ist daneben selbst gewerblich tätig
Bezeichnung der KG	Zuständiges Finanzamt und Steuernummer der KG
☐ An der Gesellschaft besteht eine atypisch stille Beteiligung	Finanzamt und Steuernummer der atypisch stillen Gesellschaft

Die Gesellschaft ist Organträger

☐ körperschaftssteuerlich und gewerbesteuerlich (bitte Gewinnabführungsvertrag beifügen) ☐ umsatzsteuerlich

☐ Die Gesellschaft ist Organgesellschaft	Name, Anschrift, zuständiges Finanzamt und Steuernummer des Organträgers

E. Umsatzsteuer

Mit der umsatzsteuerlichen Erfassung bei dem Finanzamt, das auch für meine Gewerbesteuer und Körperschaftsteuer zuständig ist, bin ich einverstanden.

_____   _____
Datum   Unterschrift

Beginn der unternehmerischen Tätigkeit am _____

a. Kleinunternehmerregelung

Voraussichtliche - ggf. umgerechnete - Höhe des Gesamtumsatzes (§19 Abs. 3 UStG) für das Gründungsjahr

_____

☐ Der Gesamtumsatz für das Gründungsjahr wird die Grenze von 17.500 Euro voraussichtlich nicht überschreiten.

☐ Besteuerung als Kleinunternehmer (§ 19 Abs. 1 UStG); monatliche Umsatzsteuervoranmeldungen sind nicht abzugeben

☐ Verzicht auf die Anwendung des §19 Abs. 1 UStG und Besteuerung nach den allgemeinen Vorschriften des UStG für mindestens fünf Kalenderjahre (§19 Abs. 2 UStG); Umsatzsteuervoranmeldungen sind nicht abzugeben

b. Voranmeldungsverfahren

Berechnung der Steuer nach

☐ vereinbarten Entgelten (Sollversteuerung)

☐ vereinnahmten Entgelten (Ist-Versteuerung wird hiermit beantragt)

Voranmeldungszeitraum für abzugebende Umsatzsteuervoranmeldungen ist im Jahr der Neugründung und im folgenden Kalenderjahr der Kalendermonat (§ 18 Abs. 2 Satz 4 UStG).

Die Voranmeldungen sind für nach dem 31.12.2004 endende Voranmeldungszeiträume grundsätzlich nach amtlich vorgeschriebenem Vordruck **auf elektronischem Weg** nach Maßgabe der Steuerdaten-

7

Übermittlungsverordnung zu übermitteln (§18 Abs. 1 Satz 1 UStG). Weitere Informationen finden sie im Internet unter www.elster.de.

☐ Dauerfristverlängerung für die Abgabe der Umsatzsteuervoranmeldung wird beantragt. Bitte senden Sie mir den hierfür erforderlichen Vordruck USt 1 H zu.

c. Innergemeinschaftlicher Warenverkehr

☐ Es wird eine Umsatzsteuer-Identifikationsnummer für die Teilnahme am innergemeinschaftlichen Handelsverkehr benötigt.

Zusatzangaben für Unternehmer,
- die nur steuerfreie Umsätze ausführen, die zum Ausschluss vom Vorsteuerabzug führen,
- für deren Umsätze Umsatzsteuer nach § 19 Abs. 1 UStG nicht erhoben wird:

Eine Umsatzsteuer-Identifikationsnummer wird beantragt, weil

☐ innergemeinschaftliche Erwerbe zu versteuern sind und die Erwerbsschwelle von 12.500 Euro Jährlich
   ☐ voraussichtlich überschritten wird (§ 1a Abs. 3 UStG).
   ☐ voraussichtlich nicht überschritten, auf die Erwerbsschwellenregelung jedoch für die Dauer von mindestens zwei Jahren verzichtet wird (§1a Abs. 4 UStG).
☐ neue Fahrzeuge oder bestimmte verbrauchsteuerpflichtige Waren innergemeinschaftlich erworben werden (§ 1a Abs. 5 UStG).

Ich versichere, die vorstehenden Angaben wahrheitsgemäß nach bestem Wissen und Gewissen gemacht zu haben

| Datum | Unterschrift des gesetzlichen Vertreters |

21.8 Auszug aus dem BMF-Schreiben vom 12. 5. 1997 zum Fahrtenbuch

. . .

III. Tatsächliche Ermittlung des privaten Nutzungswerts

1. Führung eines Fahrtenbuches

Wird der Nutzungswert anhand der Fahrtenbuchmethode ermittelt, ist ein Fahrtenbuch mindestens für die Kraftfahrzeuge zu führen, für die 1 % des inländischen Listenpreises anzusetzen wäre. Werden mehrere betriebliche Fahrzeuge zu Privatfahrten genutzt und soll der Nutzungswert nicht pauschal ermittelt werden, ist für jedes privat genutzte Fahrzeug ein Fahrtenbuch zu führen. Ein Fahrtenbuch soll die Zuordnung von Fahrten zur betrieblichen und beruflichen Sphäre darstellen und ermöglichen. Es muß laufend geführt werden.

Beispiel 8:
Zum Betriebsvermögen des Unternehmers A gehören fünf Kraftfahrzeuge. Davon nutzt er drei Fahrzeuge auch für Privatfahrten. Er ermittelt den Nutzungswert nach der Fahrtenbuchmethode. Für die drei privat genutzten Kraftfahrzeuge ist jeweils ein Fahrtenbuch zu führen. Führt er kein Fahrtenbuch oder führt er nicht für jedes privat genutzte Kraftfahrzeug ein Fahrtenbuch, ist der pauschalen Nutzungswertermittlung das privat genutzte Fahrzeug mit dem höchsten Listenpreis zugrunde zu legen.

2. Elektronisches Fahrtenbuch

Ein elektronisches Fahrtenbuch ist anzuerkennen, wenn sich daraus dieselben Erkenntnisse wie aus einem manuell geführten Fahrtenbuch gewinnen lassen. Beim Ausdrucken von elektronischen Aufzeichnungen müssen nachträgliche Veränderungen der aufgezeichneten Angaben technisch ausgeschlossen, zumindest aber dokumentiert werden.

3. Anforderungen an ein Fahrtenbuch

Ein Fahrtenbuch muß mindestens folgende Angaben enthalten (vgl. Abschn. 31 Abs. 7 Nr. 2 LStR 1996): Datum und Kilometerstand zu Beginn und Ende jeder einzelnen betrieblich/beruflich veranlaßten Fahrt, Reiseziel, Reisezweck und aufgesuchte Geschäftspartner. Wird ein Umweg gefahren, ist dieser aufzuzeichnen. Auf einzelne dieser Angaben kann verzichtet werden, soweit wegen der besonderen Umstände im Einzelfall die betriebliche/berufliche Veranlassung der Fahrten und der Umfang der Privatfahrten ausreichend dargelegt sind und Überprüfungsmöglichkeiten nicht beeinträchtigt werden. So sind z. B. folgende berufsspezifisch bedingte Erleichterungen möglich:

a) Handelsvertreter, Kurierdienstfahrer, Automatenlieferanten und andere Steuerpflichtige, die regelmäßig aus betrieblichen/beruflichen Gründen große Strecken mit mehreren unterschiedlichen Reisezielen zurücklegen

Zu Reisezweck, Reiseziel und aufgesuchtem Geschäftspartner ist anzugeben, welche Kunden an welchem Ort besucht wurden. Angaben zu den Entfernungen zwischen den verschiedenen Orten sind nur bei größerer Differenz zwischen direkter Entfernung und tatsächlich gefahrenen Kilometern erforderlich.

b) Taxifahrer, Fahrlehrer

Bei Fahrten eines Taxifahrers im sog. Pflichtfahrgebiet ist es in bezug auf Reisezweck, Reiseziel und aufgesuchtem Geschäftspartner ausreichend, täglich zu Beginn und Ende der Gesamtheit dieser Fahrten den Kilometerstand anzugeben mit der Angabe „Taxifahrten im Pflichtfahrgebiet" o. ä. Wurden Fahrten durchgeführt, die über dieses Gebiet hinausgehen, kann auf die genaue Angabe des Reiseziels nicht verzichtet werden.

Für Fahrlehrer ist es ausreichend, in bezug auf Reisezweck, Reiseziel und aufgesuchtem Geschäftspartner „Lehrfahrten", „Fahrschulfahrten" o. ä. anzugeben.

Werden regelmäßig dieselben Kunden aufgesucht, wie z. B. bei Lieferverkehr, und werden die Kunden mit Name und (Liefer-)Adresse in einem Kundenverzeichnis unter einer Nummer geführt, unter der sie später identifiziert werden können, bestehen keine Bedenken, als Erleichterung für die Führung eines Fahrtenbuches zu Reiseziel, Reisezweck und aufgesuchtem Geschäftspartner jeweils zu Beginn und Ende der Lieferfahrten Datum und Kilometerstand sowie die Nummern der aufgesuchten Geschäftspartner aufzuzeichnen. Das Kundenverzeichnis ist dem Fahrtenbuch beizufügen.

Für Privatfahrten genügen jeweils Kilometerangaben; für Fahrten zwischen Wohnung und Betriebsstätte genügt jeweils ein kurzer Vermerk im Fahrtenbuch.

21.9 Durchschnittssätze für die Berechnung sämtlicher Vorsteuerbeträge

I. Handwerk

1. Bäckerei **5,4** v. H. des Umsatzes
   Handwerksbetriebe, die Frischbrot, Pumpernickel, Knäckebrot, Brötchen, sonstige Frischbackwaren, Semmelbrösel, Paniermehl und Feingebäck, darunter Kuchen, Torten, Tortenböden, herstellen und die Erzeugnisse überwiegend an Endverbraucher absetzen. Die Caféumsätze dürfen 10 vom Hundert des Umsatzes nicht übersteigen.

2. Bau und Möbeltischlerei **9,0** v. H. des Umsatzes
   Handwerksbetriebe, die Bauelemente und Bauten aus Holz, Parkett, Holzmöbel und sonstige Tischlereierzeugnisse herstellen und reparieren, ohne dass bestimmte Erzeugnisse klar überwiegen.

3. Beschlag-, Kunst- und Reparaturschmiede **7,5** v. H. des Umsatzes
   Handwerksbetriebe, die Beschlag- und Kunstschmiedearbeiten einschließlich der Reparaturarbeiten ausführen.

4. Buchbinderei: **5,2** v. H. des Umsatzes
   Handwerksbetriebe, die Buchbindearbeiten aller Art ausführen.

5. Druckerei: **6,4** v. H. des Umsatzes
   Handwerksbetriebe, die folgende Arbeiten ausführen:
   1. Hoch-, Flach-, Licht-, Sieb- und Tiefdruck;
   2. Herstellung von Weichpackungen, Bild-, Abreiß- und Monatskalendern, Spielen und Spielkarten, nicht aber von kompletten Gesellschafts- und Unterhaltungsspielen;
   3. Zeichnerische Herstellung von Landkarten, Bauskizzen, Kleidermodellen u. ä. für Druckzwecke.

6. Elektroinstallation: **9,1** v. H. des Umsatzes
   Handwerksbetriebe, die die Installation von elektrischen Leitungen sowie damit verbundener Geräte einschließlich der Reparatur- und Unterhaltungsarbeiten ausführen.

7. Fliesen- und Plattenlegerei, sonstige Fußbodenlegerei und -kleberei: **8,3** v. H. des Umsatzes
   Handwerksbetriebe, die Fliesen, Platten, Mosaik und Fußböden aus Steinholz, Kunststoffen, Terazzo und ähnlichen Stoffen verlegen, Estricharbeiten ausführen sowie Fußböden mit Linoleum und ähnlichen Stoffen bekleben, einschließlich der Reparatur- und Instandhaltungsarbeiten.

8. Friseure: **4,5** v. H. des Umsatzes

Damenfriseure, Herrenfriseure sowie Damen- und Herrenfriseure.

9. Gewerbliche Gärtnerei: **5,8** v. H. des Umsatzes
   Ausführung gärtnerischer Arbeiten im Auftrage anderer, wie Veredeln, Landschaftsgestaltung, Pflege von Gärten und Friedhöfen, Binden von Kränzen und Blumen, wobei diese Tätigkeiten nicht überwiegend auf der Nutzung von Bodenflächen beruhen.

10. Glasergewerbe: **9,2** v. H. des Umsatzes
    Handwerksbetriebe, die Glaserarbeiten ausführen, darunter Bau-, Auto-, Bilder- und Möbelarbeiten.

11. Hoch- und Ingenieurhochbau: **6,3** v. H. des Umsatzes
    Handwerksbetriebe, die Hoch- und Ingenieurhochbauten, aber nicht Brücken- und Spezialbauten, ausführen, einschließlich der Reparatur- und Unterhaltungsarbeiten.

12. Klempnerei, Gas- und Wasserinstallation: **8,4** v. H. des Umsatzes
    Handwerksbetriebe, die Bauklempnerarbeiten und die Installation von Gas- und Flüssigkeitsleitungen sowie damit verbundener Geräte einschließlich der Reparatur- und Unterhaltungsarbeiten ausführen.

13. Maler- und Lackierergewerbe, Tapezierer: **3,7** v. H. des Umsatzes
    Handwerksbetriebe, die folgende Arbeiten ausführen:
    1. Maler- und Lackiererarbeiten, einschließlich Schiffsmalerei und Entrostungsarbeiten. Nicht dazu gehört das Lackieren von Straßenfahrzeugen;
    2. Aufkleben von Tapeten, Kunststofffolien und ähnlichem.

14. Polsterei- und Dekorateurgewerbe: **9,5** v. H. des Umsatzes
    Handwerksbetriebe, die Polsterer- und Dekorateurarbeiten einschließlich Reparaturarbeiten ausführen. Darunter fallen auch die Herstellung von Möbelpolstern und Matratzen mit fremdbezogenen Vollpolstereinlagen, Federkernen oder Schaumstoff- bzw. Schaumgummikörpern, die Polsterung fremdbezogener Möbelgestelle sowie das Anbringen von Dekorationen, ohne Schaufensterdekorationen.

15. Putzmacherei: **12,2** v. H. des Umsatzes
    Handwerksbetriebe, die Hüte aus Filz, Stoff und Stroh für Damen, Mädchen und Kinder herstellen und umarbeiten. Nicht dazu gehört die Herstellung und Umarbeitung von Huthalbfabrikaten aus Filz.

16. Reparatur von Kraftfahrzeugen: **9,1** v. H. des Umsatzes
    Handwerksbetriebe, die Kraftfahrzeuge, ausgenommen Ackerschlepper, reparieren.

17. Schlosserei und Schweißerei: **7,9** v. H. des Umsatzes
    Handwerksbetriebe, die Schlosser- und Schweißarbeiten einschließlich der Reparaturarbeiten ausführen.

18. Schneiderei: **6,0** v. H. des Umsatzes
Handwerksbetriebe, die folgende Arbeiten ausführen:
1. Maßfertigung von Herren- und Knabenoberbekleidung, von Uniformen und Damen-, Mädchen- und Kinderoberbekleidung, aber nicht Maßkonfektion;
2. Reparatur- und Hilfsarbeiten an Erzeugnissen des Bekleidungsgewerbes.

19. Schuhmacherei: **6,5** v. H. des Umsatzes
Handwerksbetriebe, die Maßschuhe, darunter orthopädisches Schuhwerk, herstellen und Schuhe reparieren.

20. Steinbildhauerei und Steinmetzerei: **8,4** v. H. des Umsatzes
Handwerksbetriebe, die Steinbildhauer- und Steinmetzerzeugnisse herstellen, darunter Grabsteine, Denkmäler und Skulpturen, einschließlich der Reparaturarbeiten.

21. Stuckateurgewerbe: **4,4** v. H. des Umsatzes
Handwerksbetriebe, die Stuckateur-, Gipserei- und Putzarbeiten, darunter Herstellung von Rabitzwänden, ausführen.

22. Winder und Scherer: **2,0** v. H. des Umsatzes
In Heimarbeit Beschäftigte, die in eigener Arbeitsstätte mit nicht mehr als zwei Hilfskräften im Auftrag von Gewerbetreibenden Garne in Lohnarbeit umspulen.

23. Zimmerei: **8,1** v. H. des Umsatzes
Handwerksbetriebe, die Bauholz zurichten, Dachstühle und Treppen aus Holz herstellen sowie Holzbauten errichten und entsprechende Reparatur- und Unterhaltungsarbeiten ausführen.

II. Einzelhandel

1. Blumen und Pflanzen: **5,7** v. H. des Umsatzes
Einzelhandelsbetriebe, die überwiegend Blumen, Pflanzen, Blattwerk, Wurzelstücke und Zweige vertreiben.

2. Brennstoffe: **12,5** v. H. des Umsatzes
Einzelhandelsbetriebe, die überwiegend Brennstoffe vertreiben.

3. Drogerien: **10,9** v. H. des Umsatzes
Einzelhandelsbetriebe, die überwiegend vertreiben:
Heilkräuter, pharmazeutische Spezialitäten und Chemikalien, hygienische Artikel, Desinfektionsmittel, Körperpflegemittel, kosmetische Artikel, diätetische Nahrungsmittel, Säuglings- und Krankenpflegebedarf, Reformwaren, Schädlingsbekämpfungsmittel, Fotogeräte und Fotozubehör.

4. Elektrotechnische Erzeugnisse, Leuchten, Rundfunk-, Fernseh- und Phonogeräte: **11,7** v. H. des Umsatzes

Einzelhandelsbetriebe, die überwiegend vertreiben:
Elektrotechnische Erzeugnisse, darunter elektrotechnisches Material, Glühbirnen und elektrische Haushalts- und Verbrauchergeräte. Leuchten, Rundfunk-, Fernseh-, Phono-, Tonaufnahme- und -wiedergabegeräte, deren Teile und Zubehör, Schallplatten und Tonbänder.

5. Fahrräder und Mopeds: **12,2** v. H. des Umsatzes
   Einzelhandelsbetriebe, die überwiegend Fahrräder, deren Teile und Zubehör, Mopeds und Fahrradanhänger vertreiben.

6. Fische und Fischerzeugnisse: **6,6** v. H. des Umsatzes
   Einzelhandelsbetriebe, die überwiegend Fische, Fischerzeugnisse, Krebse, Muscheln und ähnliche Waren vertreiben.

7. Kartoffeln, Gemüse, Obst und Südfrüchte: **6,4** v. H. des Umsatzes
   Einzelhandelsbetriebe, die überwiegend Speisekartoffeln, Gemüse, Obst, Früchte (auch Konserven) sowie Obst- und Gemüsesäfte vertreiben.

8. Lacke, Farben und sonstiger Anstrichbedarf: **11,2** v. H. des Umsatzes
   Einzelhandelsbetriebe, die überwiegend Lacke, Farben, sonstigen Anstrichbedarf, darunter Malerwerkzeuge, Tapeten, Linoleum, sonstigen Fußbodenbelag, aber nicht Teppiche, vertreiben.

9. Milch, Milcherzeugnisse, Fettwaren und Eier: **6,4** v. H. des Umsatzes
   Einzelhandelsbetriebe, die überwiegend Milch, Milcherzeugnisse, Fettwaren und Eier vertreiben.

10. Nahrungs- und Genussmittel: **8,3** v. H. des Umsatzes
    Einzelhandelsbetriebe, die überwiegend Nahrungs- und Genussmittel aller Art vertreiben, ohne dass bestimmte Warenarten klar überwiegen.

11. Oberbekleidung: **12,3** v. H. des Umsatzes
    Einzelhandelsbetriebe, die überwiegend vertreiben:
    Oberbekleidung für Herren, Knaben, Damen, Mädchen und Kinder, auch in sportlichem Zuschnitt, darunter Berufs- und Lederbekleidung, aber nicht gewirkte und gestrickte Oberbekleidung, Sportbekleidung, Blusen, Hausjacken, Morgenröcke und Schürzen.

12. Reformwaren: **8,5** v. H. des Umsatzes
    Einzelhandelsbetriebe, die überwiegend vertreiben:
    Reformwaren, darunter Reformnahrungsmittel, diätetische Lebensmittel, Kurmittel, Heilkräuter, pharmazeutische Extrakte und Spezialitäten.

13. Schuhe und Schuhwaren: **11,8** v. H. des Umsatzes
    Einzelhandelsbetriebe, die überwiegend Schuhe aus verschiedenen Werkstoffen sowie Schuhwaren vertreiben.

14. Süßwaren: **6,6** v. H. des Umsatzes
    Einzelhandelsbetriebe, die überwiegend Süßwaren vertreiben.

15. Textilwaren verschiedener Art: **12,3** v. H. des Umsatzes
    Einzelhandelsbetriebe, die überwiegend Textilwaren vertreiben, ohne dass bestimmte Warenarten klar überwiegen.
16. Tiere und zoologischer Bedarf: **8,8** v. H. des Umsatzes
    Einzelhandelsbetriebe, die überwiegend lebende Haus- und Nutztiere, zoologischen Bedarf, Bedarf für Hunde- und Katzenhaltung und dergleichen vertreiben.
17. Unterhaltungszeitschriften und Zeitungen: **6,3** v. H. des Umsatzes
    Einzelhandelsbetriebe, die überwiegend Unterhaltungszeitschriften, Zeitungen und Romanhefte vertreiben.
18. Wild und Geflügel: **6,4** v. H. des Umsatzes
    Einzelhandelsbetriebe, die überwiegend Wild, Geflügel und Wildgeflügel vertreiben.

III. Sonstige Gewerbebetriebe

1. Eisdielen: **5,8** v. H. des Umsatzes
   Betriebe, die überwiegend erworbenes oder selbsthergestelltes Speiseeis zum Verzehr auf dem Grundstück des Verkäufers abgeben.
2. Fremdenheime und Pensionen: **6,7** v. H. des Umsatzes
   Unterkunftsstätten, in denen jedermann beherbergt und häufig auch verpflegt wird.
3. Gast- und Speisewirtschaften: **8,7** v. H. des Umsatzes
   Gast- und Speisewirtschaften mit Ausschank alkoholischer Getränke (ohne Bahnhofswirtschaften).
4. Gebäude- und Fensterreinigung: **1,6** v. H. des Umsatzes
   Betriebe für die Reinigung von Gebäuden, Räumen und Inventar, einschließlich Teppichreinigung, Fensterputzen, Schädlingsbekämpfung und Schiffsreinigung. Nicht dazu gehören die Betriebe für Hausfassadenreinigung.
5. Personenbeförderung mit Personenkraftwagen: **6,0** v. H. des Umsatzes
   Betriebe zur Beförderung von Personen mit Taxis oder Mietwagen.
6. Wäschereien: **6,5** v. H. des Umsatzes
   Hierzu gehören auch Mietwaschküchen, Wäschedienst, aber nicht Wäscheverleih.

IV. Freie Berufe

1. a) Bildhauer: **7,0** v. H. des Umsatzes
   b) Grafiker (nicht Gebrauchsgrafiker): **5,2** v. H. des Umsatzes
   c) Kunstmaler: **5,2** v. H. des Umsatzes

2. Selbständige Mitarbeiter bei Bühne, Film, Funk, Fernsehen und Schallplattenproduzenten: **3,6** v. H. des Umsatzes
Natürliche Personen, die auf den Gebieten der Bühne, des Films, des Hörfunks, des Fernsehens, der Schallplatten-, Bild- und Tonträgerproduktion selbständig Leistungen in Form von eigenen Darbietungen oder Beiträge zu Leistungen Dritter erbringen.
3. Hochschullehrer: **2,9** v. H. des Umsatzes
Umsätze aus freiberuflicher Tätigkeit zur unselbständig ausgeübten wissenschaftlichen Tätigkeit.
4. Journalisten: **4,8** v. H. des Umsatzes
Freiberuflich tätige Unternehmer, die in Wort und Bild überwiegend aktuelle politische, kulturelle und wirtschaftliche Ereignisse darstellen.
5. Schriftsteller: **2,6** v. H. des Umsatzes
Freiberuflich tätige Unternehmer, die geschriebene Werke mit überwiegend wissenschaftlichem, unterhaltendem oder künstlerischem Inhalt schaffen.

Durchschnittssätze für die Berechnung eines Teils der Vorsteuerbeträge

1. Architekten: **1,9** v. H. des Umsatzes
Architektur-, Bauingenieur- und Vermessungsbüros, darunter Baubüros, statische Büros und Bausachverständige, aber nicht Film- und Bühnenarchitekten.
2) Hausbandweber: **3,2** v. H. des Umsatzes
In Heimarbeit Beschäftigte, die in eigener Arbeitsstätte mit nicht mehr als zwei Hilfskräften im Auftrag von Gewerbetreibenden Schmalbänder in Lohnarbeit weben oder wirken.
3. Patentanwälte: **1,7** v. H. des Umsatzes
Patentanwaltspraxis, aber nicht die Lizenz- und Patentverwertung.
4. Rechtsanwälte und Notare: **1,5** v. H. des Umsatzes
Rechtsanwaltspraxis mit und ohne Notariat sowie das Notariat, nicht aber die Patentanwaltspraxis.
5. Schornsteinfeger: **1,6** v. H. des Umsatzes
6. Wirtschaftliche Unternehmensberatung, Wirtschaftsprüfung: **1,7** v. H. des Umsatzes
Wirtschaftsprüfer, vereidigte Buchprüfer, Steuerberater und Steuerbevollmächtigte. Nicht dazu gehören Treuhandgesellschaften für Vermögensverwaltung.

21.10 Übersicht: Unternehmensübergabe

Verkauf Betrieb oder Teilbetrieb

Verkäufer: Der Gewinn aus einer (Teil-) Betriebsveräußerung ist einkommensteuerpflichtig:
- Gewerbebetriebe (§ 16 Abs. 1 EStG)
- freiberufliche Praxen (§ 18 Abs. 3 EStG)

Personen über 55 Jahre bzw. dauernd berufsunfähige i. S. d. Sozialversicherungsrechts erhalten auf Antrag einen Freibetrag von ca. 45.000 € (§ 16 Abs. 4 EStG). Dieser Freibetrag wird reduziert, wenn der Gewinn mehr als 136.000 € beträgt.

In diesem Fall wird der Gewinn nicht regulär wie andere Einkünfte besteuert, sondern mit 56 % des durchschnittlichen Steuersatz, mindestens jedoch 15 % (§ 34 Abs. 3 EStG).

Berechnungsbeispiel:

Verkaufspreis	200.000 €
Verkaufskosten	− 5.000 €
Anschaffungskosten	−100.000 €
Gewinn	95.000 €
Freibetrag, da älter als 55 Jahre	− 45.000 €
Gewinn steuerpflichtig	50.000 €

Der Veräußerungsgewinn unterliegt bei gewerblich tätigen Unternehmern nicht der Gewerbesteuer (A 38 Abs. 3 GewStR).

Sonderfälle: Der Kaufpreis ist nicht sofort fällig, sondern in Form einer
- (a) Kaufpreisrente bzw.
- (b) Leibrente bezahlt.

Es besteht ein Wahlrecht:
1. Sofortversteuerung in Höhe des Barwerts: der Gewinn ist begünstigt, laufende Zahlungen sind wie normale Renten mit dem Ertragsanteil zu versteuern **oder**
2. Versteuerung erst in dem Zeitpunkt, in dem die zugeflossenen Zahlungen das Kapitalkonto übersteigen: der Gewinn ist nicht begünstigt, es liegen so genannte nachträgliche Einkünfte aus Gewerbebetrieb/freiberuflicher Tätigkeit vor.

Aufgepasst: Der Veräußerungsgewinn muss vom laufenden Gewinn abgegrenzt werden. Hierzu ist eine gesonderte Berechnung notwendig. Der laufende Gewinn (aus normalen Geschäftsvorfällen) unterliegt bei Gewerbetreibenden der Gewerbesteuer.

Wurde der Gewinn bisher nach der Einnahme-Überschussrechnung ermittelt, muss für den Verkauf zwingend eine Bilanz erstellt werden.

Anteile an Kapitalgesellschaften gelten als Teilbetrieb. Auf den Veräußerungsgewinn ist das Halbeinkünfteverfahren anzuwenden (§ 3 Nr. 40 b EStG).

Käufer: Anschaffungskosten in Höhe der Zahlung

Aufteilung auf die einzelnen Wirtschaftsgüter und Abschreibung auf die betriebsgewöhnliche Nutzungsdauer (§ 6 Abs. 1 Nr. 1 EStG)

Abschreibung eines Firmen- bzw. Praxiswerts:

• bei Gewerbebetrieben linear auf 15 Jahre (§ 7 Abs. 1 S. 3 EStG)

• bei Freiberufler-Praxen linear auf 8 Jahre.

Ausnahme: grds. keine Abschreibung von Grund und Boden, Beteiligungen und Umlaufvermögen möglich (§ 6 Abs. 1 Nr. 2 EStG)

Verkauf von Anteilen an Kapitalgesellschaften

Verkäufer: Veräußerung von nichtnotierten Anteilen an Kapitalgesellschaften, die nicht zum Betriebsvermögen gehören:

(1) Einkünfte aus Gewerbebetrieb, wenn die Beteiligung in den letzten 5 Jahren mittelbar oder unmittelbar mehr als 1 % der der Gesellschaft betragen hat – sog. wesentliche Beteiligung (§ 17 EStG).

Achtung: Wurden Ihnen die Anteile geschenkt, zählt zu der 5 Jahresfrist auch die Zeit mit, die der Schenker beteiligt war.

Der Gewinn ist einkommensteuerpflichtig und unterliegt dem Halbeinkünfteverfahren, das grundsätzlich ab 2002 anwendbar ist. Frühere Teilwertabschreibungen werden steuerlich „rückgängig" gemacht.

Gewinne werden bis zu einem Freibetrag von 9.060 € nicht besteuert; dieser Freibetrag verringert sich jedoch, wenn der Gewinn mehr als 36.100 € beträgt (jew. bezogen auf 100 %ige Beteiligung; bei einem geringeren Beteiligungsverhältnis mussen die Werte anteilig gekürzt werden).

Halbeinkünfteverfahren (100 %-Beteiligung):

Verkaufspreis 50 %	60.000 €
Verkaufskosten 50 %	− 2.000 €
Anschaffungskosten 50 %	−25.000 €
Gewinn	33.000 €
Freibetrag	− 9.060 €
Gewinn steuerpflichtig	23.940 €

(2) Einkünfte aus privaten Veräußerungsgeschäften, sofern keine wesentliche Beteiligung i.S.d. § 17 EStG vorliegt und die Anteile nicht mehr als ein Jahr gehalten wurden; der Gewinn ist einkommensteuerpflichtig (§ 23 EStG) und unterliegt ebenfalls dem Halbeinkünfteverfahren.

(3) Wenn weder die Voraussetzungen für die Annahme von Einkünften aus Gewerbebetrieb vorliegen noch für Einkünfte aus privaten Veräußerungsgeschäften, dann unterliegen die Gewinne nicht der Einkommensteuer (§ 2 Abs. 1 EStG).

Käufer: Anschaffungskosten in Höhe der Zahlung; Notargebühren etc. zählen als Anschaffungsnebenkosten mit.

Sofern bereits ein Unternehmen vorhanden ist und Anteile an einer anderen Firma zusätzlich gekauft wurden, kann die Beteiligung notwendiges oder gewillkürtes Betriebsvermögen sein bzw. werden (R 13 EStR).

Die Beteiligung ist dann entweder zu aktivieren (bei Bilanzierenden) oder in ein besonderes Verzeichnis aufzunehmen (falls der Gewinn nach der Einnahme-Überschußrechnung ermittelt wird, § 4 Abs. 3 S. 5 EStG).

Eine Abschreibung auf die Anteile ist grundsätzlich nicht möglich.

Betriebsübergabe

Beim Generationenwechsel im Betrieb sollte in jedem Fall auf einen Steuerberater und/oder Rechtsanwalt zurückgegriffen werden, insbesondere dann, wenn Grundstücke vorhanden sind, es sich um eine werthaltige Firma handelt oder auf mehrere Personen aufgeteilt werden soll. Gerade bei Verträgen unter nahen Angehörigen prüft das Finanzamt kritisch alle Vereinbarungen und deren tatsächliche Durchführung. Die rechtlichen Gestaltungsmöglichkeiten sind auf diesem Gebiet groß, ebenso vielfältig die steuerlichen Auswirkungen hierzu. Aus diesen Gründen, werden hier nur die wichtigsten Grundzüge kurz und knapp dargestellt.

Erfolgt die Betriebsübergabe **wie unter fremden Dritten**, ergeben sich die gleichen Auswirkungen wie bereits unter der Rubrik Verkauf dargestellt. Dies gilt auch, wenn Renten und wiederkehrende Bezüge vereinbart wurden, soweit die Gegenleistung nach wie vor gleichwertig, d. h. unter kaufmännischen Gesichtspunkten ausgewogen ist.

voll unentgeltliche Übergabe des Betriebs	**teilweise unentgeltliche Übergabe des Betriebs**
Übergeber/Schenker	**Übergeber/Schenker**
Übergabe des ganzen Betriebs, mindestens der wesentlichen Betriebsgrundlagen: Es entsteht weder ein Gewinn noch ein Verlust.	Es ist zu unterscheiden, ob eine Übertragung von einzelnen Wirtschaftsgütern des Betriebsvermögens vorliegt oder eine Übertragung eines Betriebs, Teilbetriebs oder Mitunternehmeranteils.
Wird ein nicht wesentliches Wirtschaftsgut zurückbehalten (für Verkauf oder künftige Privatnutzung), liegt insoweit ein laufender nicht begünstigter Gewinn vor.	Geregelt in BMF-Schreiben vom 13. 1. 1993, vgl. Beck'sche Steuererlasse § 7/3 **1** oder BStBl 93 I S. 80, ber. 464
Kosten für die Übertragung sind nicht als Betriebsausgabe abziehbar.	

voll unentgeltliche Übergabe des Betriebs	teilweise unentgeltliche Übergabe des Betriebs
Übernehmer	**Übernehmer**
Bei der unentgeltlichen Betriebsübertragung, z. B. im Wege der vorweggenommenen Erbfolge oder Schenkung sowie beim Erbfall, muss der Erwerber die Buchwerte fortführen (§ 6 Abs. 3 EStG).	Das Teilentgelt führt zu Anschaffungskosten. Die Wirtschaftsgüter gelten teilweise als unentgeltlich und teilweise als entgeltlich erworben. Aufteilungsmaßstab ist das Verhältnis des Teilentgelts zum Verkehrswert des Betriebs.
Hinsichtlich etwaiger vorhandener Verbleibens- und Vorbesitzzeiten tritt er in die Rechtstellung des Übergebers ein (z. B. § 6 b EStG).	Soweit etwas unentgeltlich erworben wurde tritt der Übernehmer in die Rechtstellung des Übergebers ein (z. B. Verbleibensfristen und Vorbesitzzeiten).
Kosten für die Übertragen stellen keine Anschaffungskosten dar.	Für den entgeltlich erworbenen Teil laufen durch die Anschaffungskosten neue Fristen.
	Schuldzinsen für einen Kredit, der zur Finanzierung von Abstandszahlungen und Gleichstellungsgeldern aufgenommen wird, sind als Betriebsausgaben abziehbar, wenn und soweit sie in Zusammenhang mit der Übertragung von Betriebsvermögen stehen. Dies gilt auch, wenn die Zinsen auf einer vom Rechtsvorgänger übernommenen privat veranlassten Verbindlichkeit beruhen.
Sonderfälle	**Sonderfälle**
Versorgungsleistungen (Leibrente) führen i. d. R. zu einer voll unentgeltlichen Übertragung, da die	Ausgleichszahlungen an Dritte sowie einmalige Zahlungen an den Übergeber führen zu einer

voll unentgeltliche Übergabe des Betriebs	teilweise unentgeltliche Übergabe des Betriebs
Leistungen sich nicht entsprechen und nicht gleichwertig sind (Rente <-> Wert des Betriebs).	Teilentgeltlichkeit und somit zu Anschaffungskosten. Übernahme von Verbindlichkeiten, soweit diese betrieblich veranlaßt sind ist unproblematisch (sind ohnehin in der Bilanz enthalten).

Werden jedoch zusätzliche private Schulden des Übergebers übernommen (z. B. für das private EFH), liegt insoweit ebenfalls eine Teilentgeltlichkeit vor. Werden am übertragenen Vermögen Nutzungsrechte vorbehalten, liegen insoweit weder Anschaffungskosten noch Veräußerungsentgelt vor. |

21.11 Muster einer Bilanz und Gewinn- und Verlustrechnung

Schlußbilanz zum 31. 12. 2007 der Muster GmbH

Grundstücke	175.000,00 €	Gezeichnetes Kapital	25.000,00 €
Technische Anlagen	76.000,00 €	Gewinnvortrag	2.467,50 €
Vorräte	21.500,00 €	Jahresüberschuß	28.956,30 €
Forderungen	23.150,00 €	Rückstellungen	32.500,00 €
Kasse, Guthaben			
Banken	1.238,24 €	Verbindlichkeiten	200.000,00 €
Rechnungsab-		Rechnungsab-	
grenzung	1.200,56 €	grenzung	9.165,00 €
	298.088,80 €		298.088,80 €

Gewinn- und Verlustrechnung vom 1.1. bis 31. 12. 2007 der Muster GmbH

Umsatzerlöse	387.590,00 €
sonstige betriebliche Erträge	24.700,00 €
Materialaufwand	27.890,20 €
Personalaufwand	156.700,25 €
Abschreibungen	35.600,00 €
sonstige betriebliche Aufwendungen	128.900,45 €
Zinsen und sonstige Erträge	25,80 €
Zinsen und sonstige Aufwendungen	19.045,00 €
Ergebnis der gewöhnlichen Geschäftstätigkeit	44.128,30 €
Steuern vom Einkommen und Ertrag	14.912,00 €
sonstige Steuern	260,00 €
Jahresüberschuß	28.956,30 €

21.12 Vordruck Einnahme-Überschussrechnung

Einnahmen

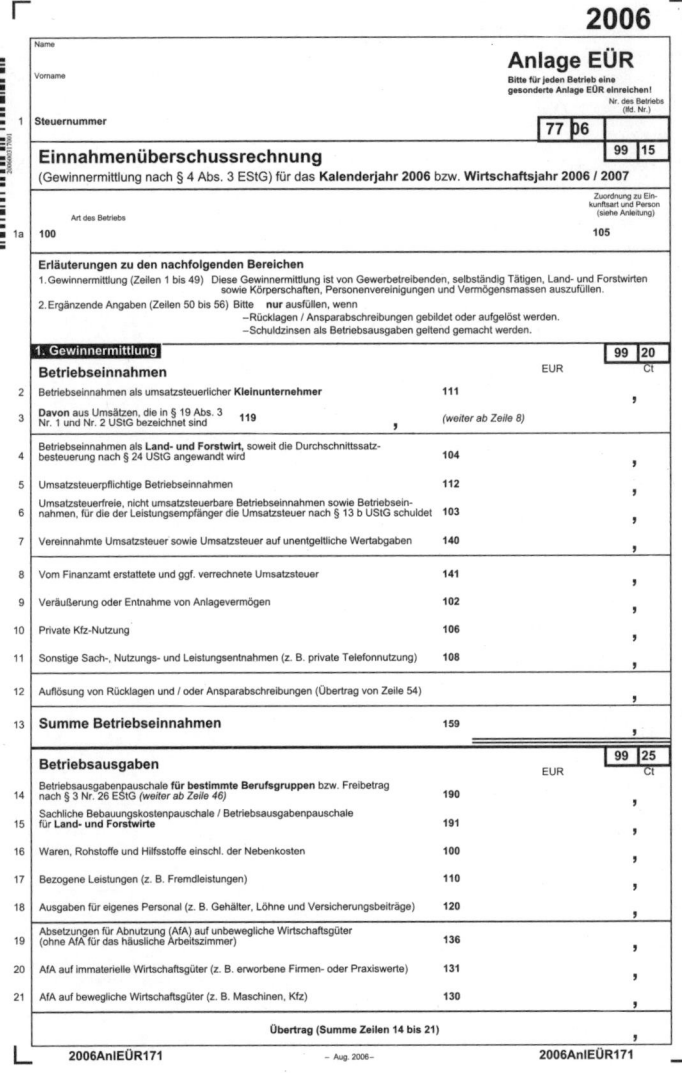

2006

			Anlage EÜR
Name			Bitte für jeden Betrieb eine gesonderte Anlage EÜR einreichen!
Vorname			Nr. des Betriebs (lfd. Nr.)
1	Steuernummer		77 06

Einnahmenüberschussrechnung   99 15
(Gewinnermittlung nach § 4 Abs. 3 EStG) für das **Kalenderjahr 2006** bzw. **Wirtschaftsjahr 2006 / 2007**

		Zuordnung zu den Einkunftsart und Person (siehe Anleitung)
1a	Art des Betriebs **100**	**105**

Erläuterungen zu den nachfolgenden Bereichen

1. Gewinnermittlung (Zeilen 1 bis 49)   Diese Gewinnermittlung ist von Gewerbetreibenden, selbständig Tätigen, Land- und Forstwirten sowie Körperschaften, Personenvereinigungen und Vermögensmassen auszufüllen.
2. Ergänzende Angaben (Zeilen 50 bis 56) Bitte **nur** ausfüllen, wenn
   – Rücklagen / Ansparabschreibungen gebildet oder aufgelöst werden.
   – Schuldzinsen als Betriebsausgaben geltend gemacht werden.

1. Gewinnermittlung   99 20

Betriebseinnahmen   EUR | Ct

			EUR	Ct
2	Betriebseinnahmen als umsatzsteuerlicher **Kleinunternehmer**	111		,
3	**Davon** aus Umsätzen, die in § 19 Abs. 3 Nr. 1 und Nr. 2 UStG bezeichnet sind 119 ,	*(weiter ab Zeile 8)*		
4	Betriebseinnahmen als **Land- und Forstwirt**, soweit die Durchschnittssatzbesteuerung nach § 24 UStG angewandt wird	104		,
5	Umsatzsteuerpflichtige Betriebseinnahmen	112		,
6	Umsatzsteuerfreie, nicht umsatzsteuerbare Betriebseinnahmen sowie Betriebseinnahmen, für die der Leistungsempfänger die Umsatzsteuer nach § 13 b UStG schuldet	103		,
7	Vereinnahmte Umsatzsteuer sowie Umsatzsteuer auf unentgeltliche Wertabgaben	140		,
8	Vom Finanzamt erstattete und ggf. verrechnete Umsatzsteuer	141		,
9	Veräußerung oder Entnahme von Anlagevermögen	102		,
10	Private Kfz-Nutzung	106		,
11	Sonstige Sach-, Nutzungs- und Leistungsentnahmen (z. B. private Telefonnutzung)	108		,
12	Auflösung von Rücklagen und / oder Ansparabschreibungen (Übertrag von Zeile 54)			,
13	**Summe Betriebseinnahmen**	159		,

Betriebsausgaben   99 25   EUR | Ct

			EUR	Ct
14	Betriebsausgabenpauschale **für bestimmte Berufsgruppen** bzw. Freibetrag nach § 3 Nr. 26 EStG *(weiter ab Zeile 46)*	190		,
15	Sachliche Bebauungskostenpauschale / Betriebsausgabenpauschale **für Land- und Forstwirte**	191		,
16	Waren, Rohstoffe und Hilfsstoffe einschl. der Nebenkosten	100		,
17	Bezogene Leistungen (z. B. Fremdleistungen)	110		,
18	Ausgaben für eigenes Personal (z. B. Gehälter, Löhne und Versicherungsbeiträge)	120		,
19	Absetzungen für Abnutzung (AfA) auf unbewegliche Wirtschaftsgüter (ohne AfA für das häusliche Arbeitszimmer)	136		,
20	AfA auf immaterielle Wirtschaftsgüter (z. B. erworbene Firmen- oder Praxiswerte)	131		,
21	AfA auf bewegliche Wirtschaftsgüter (z. B. Maschinen, Kfz)	130		,
	Übertrag (Summe Zeilen 14 bis 21)			,

2006AnlEÜR171   – Aug. 2006–   2006AnlEÜR171

21. Anhang

			EUR	Ct
	Steuernummer			
	Übertrag (Summe Zeilen 14 bis 21)		**,**	
22	Sonderabschreibungen nach § 7 g Abs. 1 und 2 EStG	134	**,**	
23	Aufwendungen für geringwertige Wirtschaftsgüter	132	**,**	
24	Restbuchwert der im Kalenderjahr / Wirtschaftsjahr ausgeschiedenen Anlagegüter	135	**,**	

	Kraftfahrzeugkosten und andere Fahrtkosten		EUR	Ct		
25	Laufende und feste Kosten (ohne AfA und Zinsen)	140				
26	Enthaltene Kosten aus Zeilen 21, 25 und 32 für Wege zwischen Wohnung und Betriebsstätte	142 —	**,**			
27	**Verbleibender Betrag**		**,**	▶143	**,**	
28	Abziehbare Aufwendungen für Wege zwischen Wohnung und Betriebsstätte	176			**,**	

	Raumkosten und sonstige Grundstücksaufwendungen			
29	Abziehbare Aufwendungen für ein häusliches Arbeitszimmer (einschl. AfA und Schuldzinsen)	172	**,**	
30	Miete / Pacht für Geschäftsräume und betrieblich genutzte Grundstücke	150	**,**	
31	Aufwendungen für betrieblich genutzte Grundstücke (ohne Schuldzinsen und AfA)	151	**,**	

		nicht abziehbar EUR	Ct	abziehbar EUR	Ct
	Schuldzinsen (§ 4 Abs. 4 a EStG)				
32	Finanzierung von Anschaffungs- / Herstellungskosten von Wirtschaftsgütern des Anlagevermögens	178		**,**	
33	Übrige Schuldzinsen 167	179	**,**	**,**	
	Übrige beschränkt abziehbare Betriebsausgaben (§ 4 Abs. 5 EStG)				
34	Geschenke 164	174	**,**	**,**	
35	Bewirtung 165	175	**,**	**,**	
36	Reisekosten, Aufwendungen für doppelte Haushaltsführung 173			**,**	
37	Sonstige (z. B. Geldbußen, Repräsentationskosten) 168	177	**,**	**,**	
38	**Summe Zeilen 32 bis 37 (abziehbar)**			▶ **,**	

	Sonstige unbeschränkt abziehbare Betriebsausgaben für		EUR	Ct
39	Porto, Telefon, Büromaterial	192	**,**	
40	Fortbildung und Fachliteratur	193	**,**	
41	Rechts- und Steuerberatung, Buchführung	194	**,**	
42	Übrige Betriebsausgaben	183	**,**	
43	Gezahlte Vorsteuerbeträge	185	**,**	
44	An das Finanzamt gezahlte und ggf. verrechnete Umsatzsteuer	186	**,**	
45	Bildung von Rücklagen und / oder Ansparabschreibungen (Übertrag von Zeile 54)		**,**	
46	**Summe Betriebsausgaben**	199	**,**	

2006AnlEÜR172   2006AnlEÜR172

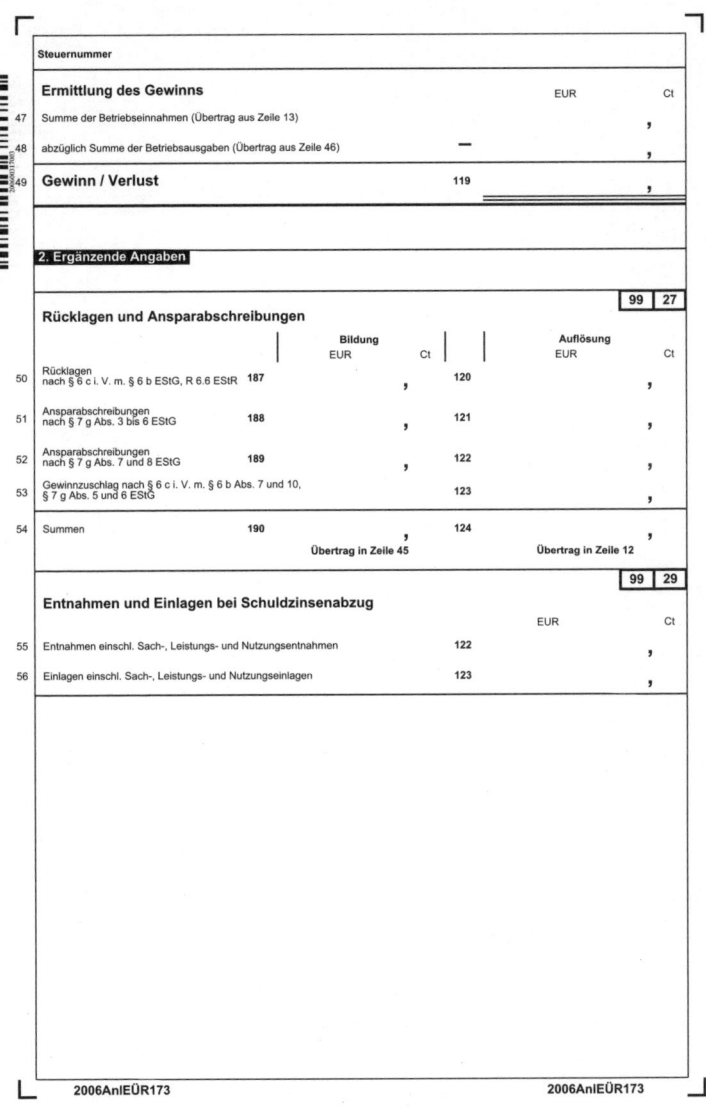

Steuernummer

Ermittlung des Gewinns   EUR   Ct

47 Summe der Betriebseinnahmen (Übertrag aus Zeile 13)   ,

48 abzüglich Summe der Betriebsausgaben (Übertrag aus Zeile 46)   —   ,

49 **Gewinn / Verlust**   119   ,

2. Ergänzende Angaben

| | | 99 | 27 |

Rücklagen und Ansparabschreibungen

		Bildung			Auflösung	
		EUR	Ct		EUR	Ct
50	Rücklagen nach § 6 c i. V. m. § 6 b EStG, R 6.6 EStR	187	,	120		,
51	Ansparabschreibungen nach § 7 g Abs. 3 bis 6 EStG	188	,	121		,
52	Ansparabschreibungen nach § 7 g Abs. 7 und 8 EStG	189	,	122		,
53	Gewinnzuschlag nach § 6 c i. V. m. § 6 b Abs. 7 und 10, § 7 g Abs. 5 und 6 EStG			123		,
54	Summen	190	,	124		,
		Übertrag in Zeile 45			Übertrag in Zeile 12	

| | | 99 | 29 |

Entnahmen und Einlagen bei Schuldzinsenabzug

			EUR	Ct
			EUR	Ct
55	Entnahmen einschl. Sach-, Leistungs- und Nutzungsentnahmen	122		,
56	Einlagen einschl. Sach-, Leistungs- und Nutzungseinlagen	123		,

2006AnlEÜR173   2006AnlEÜR173

301

2006

Name

Vorname

	Nr. des Betriebs (lfd. Nr.)
77 06	
	99 41

Steuernummer

Ermittlung der nicht abziehbaren Schuldzinsen zur Anlage EÜR

1 **I. Laufendes Wirtschaftsjahr 2006**

						EUR	Ct

2 Entnahmen lt. Zeile 55 der Anlage EÜR — **100** ,

		EUR	Ct
3 Gewinn [1] — **200** ,

4 Einlagen lt. Zeile 56 der Anlage EÜR — **210** + ,

5 Zwischensumme — **220** , ▶ **120** – ,

6 Über- / Unterentnahmen des lfd. Wirtschaftsjahres (§ 4 Abs. 4 a Satz 2 EStG, ohne Berücksichtigung von Verlusten) — **130** ,

(positiv in Zeile 8 eintragen; negativ in Zeile 10 a eintragen)

7 **II. Ermittlung des Hinzurechnungsbetrages (§ 4 Abs. 4 a Sätze 3 und 4 EStG)**

	EUR	Ct

8 Überentnahme des laufenden Wirtschaftsjahres (= positiver Betrag aus Zeile 6) — **300** ,

9 Überentnahmen der vorangegangenen Wirtschaftsjahre (= Betrag aus Zeile 11 des vorangegangenen Wirtschaftsjahres, soweit positiv) — **310** + ,

10a Unterentnahme des laufenden und der vorangegangenen Wirtschaftsjahre (= negativer Betrag aus Zeile 6 und negativer Betrag aus Zeile 11 des Vorjahres) — EUR Ct **320** ,

10b Verlust des laufenden und des vorangegangenen Wirtschaftsjahres (= Zeile 10 des Vorjahres, dort Betrag zu Buchstabe c) — **330** – ,

10c Verbleibender Betrag — **340** , ▶ **350** – ,
(positiver Betrag ist in die nächste Spalte einzutragen, negativer Betrag verbleibt zur Verrechnung in den Folgejahren)

11 Kumulierte Über- / Unterentnahme [2] — **360** , EUR Ct

12 Nicht abziehbare Schuldzinsen 6 v. H. von Zeile 11 — **370** , ▶ **140** ,

13 **Höchstbetragsberechnung**

	EUR	Ct

14 tatsächlich angefallene Schuldzinsen des laufenden Wirtschaftsjahres — **400** ,

15 Schuldzinsen lt. Zeile 32 der Anlage EÜR (§ 4 Abs. 4 a Satz 5 EStG) — **410** – ,

16 Kürzungsbetrag gem. § 4 Abs. 4 a Satz 4 EStG — **420** – 2 050 00

17 Höchstbetrag der nicht abziehbaren Schuldzinsen — **430** ,

	EUR	Ct
18 Der niedrigere Betrag aus Zeile 12 oder 17 ist zu übertragen nach Zeile 33, Kz 167 der Anlage EÜR — **150** ,

1) Nicht Verlust, dieser ist mit einem Einlagenüberschuss des laufenden sowie mit Unterentnahmen vergangener und zukünftiger Wirtschaftsjahre zu verrechnen, siehe Zeile 10 b.
2) Ergibt sich ein negativer Betrag, sind im laufenden Wirtschaftsjahr keine Überentnahmen zu berücksichtigen.

2006AnlEÜR-Zinsen

– Aug. 06 –

Anlageverzeichnis /
Ausweis des Umlaufvermögens¹⁾ zur Anlage EÜR   **2006**

Name

Vorname

Steuernummer

Nr. des Betriebs (lfd. Nr.)   77 06 99 40

Die Summe der AfA-Beträge ist in die Zeilen 19 bis 22 der Anlage EÜR zu übertragen.

Zeile Nr.	Gruppe / Bezeichnung des Wirtschaftsguts	Anschaffungs- / Herstellungskosten / Teilwert EUR	Buchwert zu Beginn des Gewinnermittlungszeitraums EUR	Zugänge EUR	Sonder-AfA nach § 7g EStG EUR	AfA EUR	Abgänge (zu erfassen in Zeile 24) EUR	Buchwert am Ende des Gewinnermittlungszeitraums EUR
	Grundstücke und grundstücksgleiche Rechte							
1	Grund und Boden	100	101	102		104	105	106
2	Gebäude	110	111	112		114	115	116
3	Andere (z. B. grundstücksgleiche Rechte)	120	121	122		124	125	126
4	Summe (Übertrag in Zeile 19)					190		
	Häusliches Arbeitszimmer							
5	Anteil Grund und Boden	200	201	202		204	205	206
6	Gebäudeteil	210	211	212		214	215	216
7	Summe (Übertrag in Zeile 29)					290		
	Immaterielle Wirtschaftsgüter							
8	Firmen- / Geschäftswert	300	301	302		304	305	306
9	Andere	310	311	312		314	315	316
10	Summe (Übertrag in Zeile 20)					390		
	Bewegliche Wirtschaftsgüter							
11	Pkw	400	401	402	403	404	405	406
12	Büroeinrichtung	410	411	412	413	414	415	416
13	Andere	420	421	422	423	424	425	426
14	Summe				480 (Übertrag in Zeile 22)	490 (Übertrag in Zeile 21)		
	Finanzanlagen							
15	Anteile an Unternehmen ²⁾	500	501	502	steuerlich zu berücksichtigen ³⁾		505	506
16							508	
17	Andere	510	511	512			515	516
18	**Umlaufvermögen (zusammengefasst) ³⁾**	600		602			605 (zu erfassen in Zeile 16 (Abgänge des Umlaufvermögens sind nicht in Zeile 24 zu erfassen))	606

1) Nur Umlaufvermögen i. S. d. § 4 Abs. 3 Satz 4 EStG (z. B. Wertpapiere, Grund und Boden sowie Gebäude).   2) Für deren Erträge das Halbeinkünfteverfahren gilt.   3) Siehe § 3 c EStG i. V. m. § 3 Nr. 40 EStG oder § 8 b KStG.

21.13 Anleitung Vordruck EÜR

Anleitung zum Vordruck
„Einnahmenüberschussrechnung – Anlage EÜR"
(Gewinnermittlung nach § 4 Abs. 3 EStG)

2006

Wenn Ihre Betriebseinnahmen für diesen Betrieb unter der Grenze von 17.500 Euro liegen, wird es nicht beanstandet, wenn Sie an Stelle des Vordrucks der Steuererklärung eine formlose Gewinnermittlung beifügen.

Die Anleitung soll Ihnen das Ausfüllen des Vordrucks erleichtern.

Weitere Hinweise entnehmen Sie bitte der Anleitung zur Einkommensteuer- bzw. Körperschaftsteuererklärung. Der Vordruck steht mit einer Berechnungsfunktion auch unter der Internetadresse www.elster.de für eine elektronische Übermittlung Ihrer Steuererklärung zur Verfügung. Alle in dieser Anleitung zitierten BMF-Schreiben können Sie auf der Internetseite des Bundesministeriums der Finanzen (www.bundesfinanzministerium.de) abrufen.

Abkürzungsverzeichnis

Abs.	Absatz	GWG	Geringwertige Wirtschaftsgüter
AfA	Absetzungen für Abnutzung	H	Hinweise (im Amtlichen Einkommensteuer-Handbuch)
AO	Abgabenordnung	Kj.	Kalenderjahr
BFH	Bundesfinanzhof	KStG	Körperschaftsteuergesetz
BMF	Bundesministerium der Finanzen	LStR	Lohnsteuer-Richtlinien
BStBl	Bundessteuerblatt	R	Richtlinien (im Amtlichen Einkommensteuer-Handbuch)
EStDV	Einkommensteuer-Durchführungsverordnung	UStDV	Umsatzsteuer-Durchführungsverordnung
EStG	Einkommensteuergesetz	UStG	Umsatzsteuergesetz
EStH	Amtliches Einkommensteuer-Handbuch	v.H.	vom Hundert
EStR	Einkommensteuer-Richtlinien	Wj.	Wirtschaftsjahr

Nach § 60 Abs. 4 EStDV ist der Steuererklärung eine Gewinnermittlung nach amtlich vorgeschriebenem Vordruck beizufügen, wenn der Gewinn nach § 4 Abs. 3 EStG durch den Überschuss der Betriebseinnahmen über die Betriebsausgaben ermittelt wird. Für jeden Betrieb ist eine separate Einnahmenüberschussrechnung abzugeben. Diese Vorschrift ist erstmals für das Wirtschaftsjahr (Wj.) anzuwenden, das nach dem 31.12.2004 beginnt (§ 84 Abs. 3c EStDV).

Körperschaften, Personenvereinigungen und Vermögensmassen

Die Abgabepflicht gilt auch für Körperschaften (§ 31 KStG), die nicht zur Buchführung verpflichtet sind. Steuerbegünstigte Körperschaften brauchen den Vordruck nur dann abzugeben, wenn die Einnahmen einschließlich der Umsatzsteuer aus steuerpflichtigen wirtschaftlichen Geschäftsbetrieben die Besteuerungsgrenze von insgesamt 30.678 Euro im Jahr übersteigen. Einzutragen sind die Daten des einheitlichen steuerpflichtigen wirtschaftlichen Geschäftsbetriebs (§ 64 Abs. 2 AO). Die Wahlmöglichkeiten des § 64 Abs. 5 AO (Ansatz des Gewinns mit dem branchenüblichen Reingewinn bei der Verwertung unentgeltlich erworbenen Altmaterials) und des § 64 Abs. 6 AO (Gewinnpauschalierung bei bestimmten wirtschaftlichen Geschäftsbetrieben, die eng mit der steuerbegünstigten Tätigkeit oder einem Zweckbetrieb verbunden sind) bleiben unberührt. Der mit dem Vordruck EÜR ermittelte Gewinn braucht deshalb nicht mit dem bei der Besteuerung anzusetzenden Gewinn übereinzustimmen.

Allgemeine Angaben (Zeile 1 und 1a)

Bitte tragen Sie die **Art des Betriebs** bzw. der Tätigkeit (Schwerpunkt) und die laufende **Nummer des Betriebs** (1. Betrieb = 1, 2. Betrieb = 2 etc.) in die entsprechenden Felder ein. Diese Festlegung ist in den Folgejahren beizubehalten.

Für die Zuordnung zur Einkunftsart und steuerpflichtigen Person auch eine Gesellschaft / Gemeinschaft sein) verwenden Sie bitte folgende Ziffern:

	Stpfl./Ehemann	Ehefrau
Einkünfte aus Land- und Forstwirtschaft	1	2
Einkünfte aus Gewerbebetrieb	3	4
Einkünfte aus selbständiger Tätigkeit	5	6

Betriebseinnahmen (Zeilen 2 bis 13)

Betriebseinnahmen sind grundsätzlich im Zeitpunkt des Zuflusses zu erfassen. Ausnahmen ergeben sich aus § 11 EStG.

Zeile 2

Hier tragen **umsatzsteuerliche Kleinunternehmer** ihre Betriebseinnahmen (ohne Beträge zu Zeile 9 bis 11) mit dem Bruttobetrag ein.

Zeile 3

Die in § 19 Abs. 3 Nr. 1 und Nr. 2 UStG bezeichneten Umsätze sind nachrichtlich in erfassen. Eintragungen in die Zeilen 4 bis 8 entfallen.

Sie sind Kleinunternehmer, wenn Ihr Gesamtumsatz (§ 19 UStG) im vorangegangenen Kj. 17.500 Euro nicht überstiegen hat und im laufenden Kj. voraussichtlich 50.000 Euro nicht übersteigen wird und Sie nicht zur Umsatzsteuerpflicht optiert haben. Kleinunternehmer dürfen für ihre Umsätze z.B. beim Verkauf von Waren oder der Erbringung von Dienstleistungen keine Umsatzsteuer gesondert in Rechnung stellen.

Zeile 4

Diese Zeile ist **nur von Land- und Forstwirten** auszufüllen, deren Umsätze nicht nach den allgemeinen Vorschriften des Umsatzsteuergesetzes zu versteuern sind. Einzutragen sind die Bruttowerte (ohne

Anleitung zu Anlage EÜR Aug. 2006

Beträge aus Zeile 9 bis 11). Umsätze, die nach den allgemeinen Vorschriften des UStG zu versteuern sind, sind in den Zeilen 5 bis 12 einzutragen.

Zeile 5

Tragen Sie hier sämtliche umsatzsteuerpflichtige Betriebseinnahmen (ohne Beträge aus Zeile 9 bis 11) jeweils ohne Umsatzsteuer (netto) ein. Die auf diese Betriebseinnahmen entfallende Umsatzsteuer ist in Zeile 7 zu erfassen.

Zeile 6

In dieser Zeile sind die nach § 4 UStG umsatzsteuerfreien (z.B. Zinsen) und die nicht umsatzsteuerbaren Betriebseinnahmen (z.B. Entschädigungen, öffentliche Zuschüsse wie Forstbeihilfen, Zuschüsse zur Flurbereinigung, Zinszuschüsse oder sonstige Subventionen) – ohne Beträge aus Zeile 10 bis 12 – anzugeben. Außerdem sind in diese Zeile die Betriebseinnahmen einzutragen, für die der Leistungsempfänger die Umsatzsteuer nach § 13b UStG schuldet.

Zeile 7

Die vereinnahmten Umsatzsteuerbeträge auf die Betriebseinnahmen der Zeilen 5 und 9 gehören im Zeitpunkt ihrer Vereinnahmung sowie die Umsatzsteuer auf unentgeltliche Wertabgaben der Zeilen 10 und 11 im Zeitpunkt ihrer Entstehung zu den Betriebseinnahmen und sind in dieser Zeile einzutragen.

Zeile 9

Tragen Sie hier bei Veräußerung von Wirtschaftsgütern des Anlagevermögens (z.B. Maschinen, Kraftfahrzeuge) den Erlös jeweils ohne Umsatzsteuer ein. Pauschalierende **Land- und Forstwirte** (§ 24 UStG) tragen hier die Bruttowerte ein. Bei Entnahmen ist in der Regel der Teilwert anzusetzen. Teilwert ist der Betrag, den ein Erwerber des ganzen Betriebs im Rahmen des Gesamtkaufpreises für das einzelne Wirtschaftsgut ansetzen würde; dabei ist davon auszugehen, dass der Erwerber den Betrieb fortführt.

Zeile 10

Nutzen Sie ein zum Betriebsvermögen gehörendes Fahrzeug auch zu privaten Zwecken, ist der private Nutzungswert als Betriebseinnahme zu erfassen.

Für Fahrzeuge des **notwendigen** Betriebsvermögens, das heißt, die zu mehr als 50 % betrieblich genutzt werden (weitere Erläuterungen finden Sie auch im BMF-Schreiben vom 07.07.2006, BStBl I S. 446), können Sie den Wert pauschal nach dem folgenden Beispiel (sog. 1-%-Regelung) ermitteln:

Bruttolistenpreis	x	Kalendermonate	x	1%	=	Nutzungswert
20.000 Euro	x	12	x	1%	=	2.400 Euro

Begrenzt wird dieser Betrag durch die sogenannte Kostendeckelung.

Für Umsatzsteuerzwecke kann aus Vereinfachungsgründen von dem Nutzungswert für die nicht mit Vorsteuern belasteten Kosten ein Abschlag von 20 v.H. vorgenommen werden. Die auf den restlichen Betrag entfallende Umsatzsteuer ist in Zeile 7 mit zu berücksichtigen.

Alternativ hierzu können Sie den tatsächlichen privaten Nutzungsanteil an den Gesamtkosten des/der jeweiligen Kfz (Hinweis auf Zeilen 21, 25 und 36) durch Führen eines Fahrtenbuches ermitteln. Der private Nutzungsanteil eines zum **gewillkürten** Betriebsvermögen gehörenden Fahrzeugs ist stets durch sachgerechte Schätzung des privaten Nutzungsanteils (durch Führen eines Fahrtenbuches oder anhand anderer Aufzeichnungen) zu ermitteln.

Weitere Erläuterungen finden Sie im BMF-Schreiben vom 21.01. 2002, BStBl I S. 148.

Pauschalierende **Land- und Forstwirte** (§ 24 UStG) tragen hier die Bruttowerte ein.

Bei **steuerbegünstigten Körperschaften** ist die Nutzung außerhalb des steuerpflichtigen wirtschaftlichen Geschäftsbetriebs anzugeben.

Zeile 11

In diese Zeilen sind die Privatanteile (jeweils ohne Umsatzsteuer) einzutragen, die für Sach-, Nutzungs- oder Leistungsentnahmen anzusetzen sind (z.B. Warenentnahmen, private Telefonnutzung, private Nutzung von betrieblichen Maschinen oder die Ausführung von Arbeiten am Privatgrundstück durch Arbeitnehmer des Betriebs). Bei Aufwandsentnahmen sind die entstandenen Selbstkosten (Gesamtaufwendungen) anzusetzen.

Pauschalierende **Land- und Forstwirte** (§ 24 UStG) tragen hier die Bruttowerte ein.

Bei **Körperschaften** sind die Entnahmen für außerbetriebliche Zwecke bzw. verdeckte Gewinnausschüttungen einzutragen.

Betriebsausgaben (Zeilen 14 bis 45)

Betriebsausgaben sind grundsätzlich im Zeitpunkt des Abflusses zu erfassen. Ausnahmen regelt § 11 EStG.

Die nachstehend aufgeführten Betriebsausgaben sind grundsätzlich mit dem Nettobetrag anzusetzen. Die abziehbaren Vorsteuerbeträge sind in Zeile 43 auszuweisen. Kleinunternehmer geben die Bruttobeträge an. Gleiches gilt für Steuerpflichtige, die den Vorsteuerabzug nach den §§ 23, 23a und 24 Abs. 1 UStG pauschal vornehmen. Damit entfällt insoweit eine Eintragung in Zeile 43.

Unterhält eine steuerbegünstigte **Körperschaft** ausschließlich steuerpflichtige wirtschaftliche Geschäftsbetriebe, bei denen der Gewinn mit dem branchenüblichen Reingewinn oder pauschal mit 15 v.H. der Einnahmen angesetzt wird, sind keine Angaben zu Betriebsausgaben erforderlich.

Zeile 14

Nach Hinweis 18.2 EStH können bei hauptberuflicher selbständiger schriftstellerischer oder journalistischer Tätigkeit 30 v.H. der Betriebseinnahmen maximal 2.455 Euro jährlich, aus wissenschaftlicher, künstlerischer und schriftstellerischer Nebentätigkeit auch wie benamtlicher Lehr- und Prüfungstätigkeit 25 v.H. der angefallenen Betriebseinnahmen, maximal 614 Euro, jährlich pauschal statt der tatsächlich angefallenen Betriebsausgaben geltend gemacht werden. Weitere Betriebsausgaben können bei Inanspruchnahme nicht mehr geltend gemacht werden (weiter mit Zeile 46).

Der Freibetrag nach § 3 Nr. 26 EStG für bestimmte nebenberufliche Tätigkeiten in Höhe von 1.848 Euro (Übungsleiterfreibetrag) ist hier ebenfalls einzutragen, wenn Sie keine höheren tatsächlichen Betriebsausgaben geltend machen.

Zeile 15

Die **sachlichen Bebauungskosten** umfassen im Falle der Pauschalierung die mit der Erzeugung landwirtschaftlicher Produkte in Zusammenhang stehenden Kosten wie zum Beispiel Düngung, Pflanzenschutz, Versicherungen, Beiträge, die Umsatzsteuer auf angeschaffte Anlagegüter und die Kosten im Unterhalt/Betrieb von Wirtschaftsgebäuden, Maschinen und Geräten.

Hierzu gehören auch weitere sachliche Kosten wie z.B. Ausbaukosten bei selbst ausbauenden Weinbaubetrieben oder die Kosten für Flaschenweinausbau.

Die AfA für angeschaffte oder hergestellte Wirtschaftsgüter können nicht pauschaliert werden und sind in den Zeilen 19 bis 23 einzutragen.

Soweit Betriebsausgaben **nicht** zu den sachlichen Bebauungskosten gehören und in Zeile 15 ff. nicht aufgeführt sind, können sie in Zeile 42 eingetragen werden. Hierunter fallen z.B. Aufwendungen für Flurbereinigung und Wegebau, sonstige Grundbesitzabgaben, Aufwendungen für den Vertrieb der Erzeugnisse, Hagelversicherungsbeiträge u. ä.

Bei forstwirtschaftlichen Betrieben kann in Zeile 15 eine **Betriebsausgabenpauschale** von 65 v.H. der Einnahmen aus der Holznutzung abgezogen werden. Die Pauschale beträgt 40 v.H., soweit das Holz auf dem Stamm verkauft wird. Durch die Anwendung der jeweiligen Pauschale sind die Betriebsausgaben einschließlich der Wiederaufforstungskosten unabhängig vom Wj. ihrer Entstehung abgegolten.

Zeile 17

Zu erfassen sind die von Dritten erbrachten Dienstleistungen, die in unmittelbarem Zusammenhang mit dem Betriebszweck stehen (z.B. Fremdleistungen für Erzeugnisse und andere Umsatzleistungen).

Zeile 18

Tragen Sie hier Betriebsausgaben für Gehälter, Löhne und Versicherungsbeiträge für Ihre Arbeitnehmer ein. Hierzu rechnen sämtliche Bruttolohn- und Gehaltsaufwendungen einschließlich der gezahlten Lohnsteuer und anderer Nebenkosten.

Absetzungen für Abnutzung (Zeilen 19 bis 24)

Die nach dem 05.05.2006 angeschafften, hergestellten oder in das Betriebsvermögen eingelegten Wirtschaftsgüter des Anlage- sowie des Umlaufvermögens sind mit dem Anschaffungsoder Herstellungsdatum und den Anschaffungs- oder Herstellungskosten in besondere, laufend zu führende Verzeichnisse aufzunehmen (§ 4 Abs. 3 Satz 5 EStG). Bei Umlaufvermögen gilt diese Verpflichtung lediglich für Wertpapiere, Grund und Boden sowie Gebäude.

Für zuvor angeschaffte, hergestellte oder in das Betriebsvermögen eingelegte Wirtschaftsgüter gilt dies nur für nicht abnutzbare Wirtschaftsgüter des Anlagevermögens.

Zeilen 19 bis 21

Die Anschaffungs- oder Herstellungskosten von selbständigen, abnutzbaren Wirtschaftsgütern sind grundsätzlich im Wege der AfA über die betriebsgewöhnliche Nutzungsdauer zu verteilen. Wirtschaftsgüter sind abnutzbar, wenn sich deren Nutzbarkeit infolge wirtschaftlichen oder technischen Wertverzehrs erfahrungsgemäß auf einen beschränkten Zeitraum erstreckt. Grund und Boden gehören z.B. zu den nicht abnutzbaren Wirtschaftsgütern.

Immaterielle Wirtschaftsgüter sind z.B. erworbene Firmen- oder Praxiswerte.

Falls neben der normalen AfA weitere Abschreibungen (z.B. Teilwertabschreibungen, außergewöhnliche Abschreibungen) erforderlich werden, sind diese ebenfalls hier einzutragen.

Um Rückfragen zu vermeiden wird empfohlen, das beigefügte **Anlagenverzeichnis zur Anlage EÜR** einzureichen.

Zeile 22

Zu den neuen beweglichen Wirtschaftsgütern können neben den normalen Abschreibungen nach § 7 EStG im Jahr der Anschaffung/Herstellung und den vier folgenden Jahren Sonderabschreibungen bis zu 20 v.H. der Anschaffungs-/ Herstellungskosten in Anspruch genommen werden.

Die Sonderabschreibungen können aber nur in Anspruch genommen werden, wenn

1. der Betrieb eines Betriebs der Land- und Forstwirtschaft, zu dessen Anlagevermögen das Wirtschaftsgut gehört, im Zeitpunkt der Anschaffung oder Herstellung des Wirtschaftsguts nicht mehr als 122.710 Euro beträgt;

2. das Wirtschaftsgut
   a) mindestens ein Jahr nach seiner Anschaffung oder Herstellung in einer inländischen Betriebsstätte dieses Betriebs verbleibt **und**
   b) im Jahr der Inanspruchnahme von Sonderabschreibungen im Betrieb des Steuerpflichtigen ausschließlich oder fast ausschließlich betrieblich (mindestens zu 90 v.H.) genutzt wird **und**
   c) für die Anschaffung oder Herstellung eine Rücklage (in einem vorangegangenen Wj.) gebildet wurde; dies gilt nicht bei **Existenzgründern** nach § 7g Abs. 7 EStG für das Wj. in dem mit der Betriebseröffnung begonnen wird. (vgl. auch Erläuterungen zu Zeile 52).

Zeile 23

Geringwertige Wirtschaftsgüter (GWG) können im Jahr der Anschaffung, Herstellung oder Einlage in voller Höhe als Betriebsausgaben abgesetzt werden.

GWG sind selbständig nutzungsfähige, abnutzbare bewegliche Wirtschaftsgüter des Anlagevermögens, deren Anschaffungs- oder Herstellungskosten, vermindert um die darin enthaltene Umsatzsteuer bzw. deren Einlagewert, 410 Euro nicht übersteigen.

Die GWG sind in ein besonderes, laufend zu führendes Verzeichnis aufzunehmen.

Zeile 24

Scheiden Wirtschaftsgüter z.B. aufgrund Verkauf, Entnahme oder Verschrottung bei Zerstörung aus dem Betriebsvermögen aus, so ist hier der Restbuchwert als Betriebsausgabe zu berücksichtigen. Der Restbuchwert ergibt sich regelmäßig aus den Anschaffungs-/ Herstellungskosten bzw. dem Einlagewert, ggf. vermindert um die bis zum Zeitpunkt des Ausscheidens berücksichtigten AfA und ggf. Sonderabschreibungen.

Kraftfahrzeugkosten und andere Fahrtkosten
(Zeilen 25 bis 28)

Zeile 25

Hierzu gehören alle festen und laufenden Kosten (z.B. Versicherungsbeiträge, Kraftstoffkosten, Reparaturkosten etc.) für zum Betriebsvermögen gehörende Kfz ohne AfA und Zinsen. Ebenso sind hier die Aufwendungen für alle weiteren **betrieblich veranlassten** Fahrten (z.B. Fahrten mit dem privaten Kfz und mit öffentlichen Verkehrsmitteln) einzutragen.

Zeile 26

Bei Aufwendungen für Wege zwischen Wohnung und Betriebsstätte sieht das EStG Einschränkungen vor.

Grundsätzlich darf nur die Entfernungspauschale als Betriebsausgabe abgezogen werden. Bei der Benutzung von öffentlichen Verkehrsmitteln können stattdessen die höheren tatsächlichen Kosten angesetzt werden.

Deshalb werden hier zunächst die tatsächlichen Aufwendungen, die auf Wege zwischen Wohnung und Betriebsstätte entfallen, eingetragen. Sie mindern damit Ihre tatsächlich ermittelten Aufwendungen (Betrag aus Zeile 25, zuzüglich AfA und Zinsen). Die für Wege zwischen Wohnung und Betriebsstätte abziehbaren Pauschbeträge (Entfernungspauschale) werden in Zeile 28 erfasst.

Nutzen Sie ein zum **notwendigen** Betriebsvermögen gehörendes Fahrzeug für Fahrten zwischen Wohnung und Betriebsstätte, können Sie den Kürzungsbetrag pauschal nach folgendem Muster ermitteln:

0,03 vom Hundert des Listenpreises

x Kalendermonate der Nutzung für Wege zwischen Wohnung und Betriebsstätte

x Einfache Entfernung (km) zwischen Wohnung und Betriebsstätte

zuzüglich (nur bei doppelter Haushaltsführung)

0,002 vom Hundert des Listenpreises

x Anzahl der Familienheimfahrten bei einer aus betrieblichem Anlass begründeten doppelten Haushaltsführung

x Einfache Entfernung (km) zwischen Beschäftigungsort und Ort des eigenen Hausstandes

Nutzen Sie ein zum **gewillkürten** Betriebsvermögen gehörendes Fahrzeug für Fahrten zwischen Wohnung und Betriebsstätte ist der Kürzungsbetrag durch sachgerechte Schätzung (durch Führen eines Fahrtenbuches oder anderer Aufzeichnungen) nach folgendem Schema zu ermitteln:

$$\text{Tatsächliche Aufwendungen} \times \frac{\text{Zwischen Wohnung und Betriebsstätte insgesamt zurückgelegte Kilometer}}{\text{Insgesamt gefahrene Kilometer}}$$

Die aufwandsunabhängige Entfernungspauschale (vgl. Zeile 28) bleibt in jedem Fall als Betriebsausgabe abzugsfähig.

Zeile 28

Unabhängig von der Art des benutzten Verkehrsmittels sind die Aufwendungen für die Wege zwischen Wohnung und Betriebsstätte und für Familienheimfahrten nur in Höhe der folgenden Pauschbeträge abziehbar (Entfernungspauschale):

Arbeitstage, an denen die Betriebsstätte aufgesucht wird, x 0,30 Euro/km der einfachen Entfernung zwischen Wohnung und Betriebsstätte.

Bei Familienheimfahrten beträgt die Entfernungspauschale gleichfalls 0,30 Euro/Entfernungskilometer.

Die Entfernungspauschale gilt nicht für Flugstrecken. Die Entfernungspauschale darf höchstens 4.500 Euro im Kalenderjahr betragen. Ein höherer Betrag als 4.500 Euro ist anzusetzen, soweit Sie ein Kraftfahrzeug benutzen oder Aufwendungen für die Benutzung öffentlicher Verkehrsmittel den als Entfernungspauschale abziehbaren Betrag übersteigen.

Tragen Sie den so ermittelten Betrag in Zeile 28 ein.

Raumkosten und andere Grundstücksaufwendungen
(Zeilen 29 bis 31)

Zeile 29

Aufwendungen für ein häusliches Arbeitszimmer sowie die Kosten der Ausstattung sind dem Grundsatz nach **nicht** abziehbar.

Wenn die betriebliche/berufliche Nutzung mehr als 50 v.H. der gesamten beruflichen Tätigkeit beansprucht (Zeitgrenze) oder für die betriebliche/berufliche Tätigkeit kein anderer (Büro-) Arbeitsplatz zur Verfügung steht, sind die Aufwendungen bis zu einem Betrag von 1.250 Euro im Jahr abziehbar.

Die Beschränkung der abziehbaren Aufwendungen auf 1.250 Euro gilt nur dann nicht, wenn das Arbeitszimmer den Mittelpunkt der gesamten betrieblichen und beruflichen Betätigung bildet.

Der Tätigkeitsmittelpunkt ist dabei nach dem inhaltlichen (qualitativen) Schwerpunkt der gesamten betrieblichen und beruflichen Betätigung zu bestimmen, der Umfang der zeitlichen Nutzung hat dabei nur Indizwirkung. Weitere Erläuterungen finden Sie in den BMF-Schreiben vom 07.01.2004, BStBl I S. 143 und vom 14.09.2004, BStBl I S. 861.

Die vorgenannten Aufwendungen sind einzeln und getrennt von den sonstigen Betriebsausgaben aufzuzeichnen!

Zeile 31

Tragen Sie hier die Aufwendungen (z.B. Grundsteuer, Instandhaltungsaufwendungen) für betrieblich genutzte Grundstücke ein.

Die AfA sind in Zeile 19 zu berücksichtigen. Schuldzinsen sind in Zeilen 32 ff. einzutragen.

Sollten Aufwendungen für ein häusliches Arbeitszimmer in den Gesamtaufwendungen enthalten sein, sind diese mit ihrem abziehbaren Betrag ausschließlich in Zeile 29 zu erfassen.

Schuldzinsen (Zeilen 32 und 33)

Zeile 32

Tragen Sie hier die Schuldzinsen für gesondert aufgenommene Darlehen zur Finanzierung von Anschaffungs- oder Herstellungskosten von Wirtschaftsgütern des Anlagevermögens ein (ohne Schuldzinsen in Zusammenhang mit dem häuslichen Arbeitszimmer – diese sind in Zeile 29 einzutragen).

In diesen Fällen unterliegen die Schuldzinsen nicht der Abzugsbeschränkung.

Die übrigen Schuldzinsen sind in **Zeile 33** einzutragen. Diese sind bis zu einem Betrag von 2.050 Euro unbeschränkt abzugsfähig.

Darüber hinaus sind sie nur beschränkt abzugsfähig, wenn so genannte Überentnahmen getätigt wurden.

Eine Überentnahme ist der Betrag, um den die Entnahmen die Summe aus Gewinnen und Einlagen des Gewinnermittlungszeitraums übersteigen. Die nichtabziehbaren Schuldzinsen werden dabei mit 6 v.H. der Überentnahme ermittelt.

Bei der Ermittlung der Überentnahmen ist vom Gewinn ohne Berücksichtigung der nach § 4 Abs. 4a EStG nicht abziehbaren Schuldzinsen auszugehen.

Wie die maßgebenden Beträge ermittelt werden, ersehen Sie aus dem beigefügten Berechnungsschema. Sie vermeiden Rückfragen, wenn Sie die Berechnung dem Vordruck EÜR beifügen.

Hinweis: Werden Schuldzinsen als Betriebsausgabe geltend gemacht, sind Eintragungen in den Zeilen 55 und 56 erforderlich.

Unabhängig von der Abzugsfähigkeit sind die Entnahmen und Einlagen gesondert aufzuzeichnen.

Übrige beschränkt abziehbare Betriebsausgaben
(Zeilen 34 bis 38)

Nicht abziehbar sind z. B. Geldbußen, Aufwendungen für Jagd oder Fischerei, für Segel- oder Motoryachten sowie für ähnliche Zwecke und die hiermit zusammenhängenden Bewirtungen.

Eingeschränkt abziehbare Betriebsausgaben sind in einen nicht abziehbaren und einen abziehbaren Teil aufzuteilen.

Aufwendungen für die in § 4 Abs. 7 EStG genannten Zwecke, insbesondere Geschenke und Bewirtungen, sind einzeln und getrennt von den sonstigen Betriebsausgaben aufzuzeichnen!

Zeile 34

Aufwendungen für **Geschenke** an Personen, die nicht Arbeitnehmer sind (z.B. an Geschäftspartner), sind nur dann abzugsfähig, wenn die Anschaffungs- oder Herstellungskosten der dem Empfänger im Gewinnermittlungszeitraum zugewendeten Gegenstände 35 Euro nicht übersteigen.

Die Aufwendungen dürfen nur berücksichtigt werden, wenn aus dem Beleg oder den Aufzeichnungen der Geschenkempfänger zu ersehen ist. Wenn im Hinblick auf die Art des zugewendeten Gegenstandes (z.B. Taschenkalender, Kugelschreiber) der Vermutung begegnet werden kann, dass die Freigrenze von 35 Euro bei dem einzelnen Empfänger im Gewinnermittlungszeitraum nicht überschritten wird, ist eine Angabe der Namen der Empfänger nicht erforderlich.

Zeile 35

Aufwendungen für die **Bewirtung** von Personen aus geschäftlichem Anlass sind zu 70 v.H. abziehbar und zu 30 v.H. nicht abziehbar. Die in Zeile 43 zu berücksichtigende hierauf entfallende Vorsteuer ist allerdings voll abziehbar.

Abziehbar zu 70 v.H. sind nur Aufwendungen, die nach der allgemeinen Verkehrsauffassung als angemessen anzusehen und deren Höhe und betriebliche Veranlassung nachgewiesen sind. Zum Nachweis der Höhe und der betrieblichen Veranlassung sind schriftlich Angaben zu Ort, Tag, Teilnehmer und Anlass der Bewirtung sowie Höhe der Aufwendungen zu machen. Bei Bewirtung in einer Gaststätte genügen Angaben zu dem Anlass und den Teilnehmern der Bewirtung; die Rechnung über die Bewirtung ist beizufügen. Es werden grundsätzlich nur maschinell erstellte und maschinell registrierte Rechnungen anerkannt (BMF-Schreiben vom 21.11.1994, BStBl I S. 855).

Zeile 36

Tragen Sie hier als Aufwendungen für Geschäftsreisen nur die Verpflegungsmehraufwendungen, Übernachtungskosten und Reisenebenkosten ein. Fahrtkosten sind bereits in Zeile 25 erfasst. Aufwendungen für die Verpflegung bei Geschäftsreisen sind unabhängig vom tatsächlichen Aufwand nur in Höhe der Pauschbeträge abziehbar.

Pauschbeträge (für Reisen im Inland)

bei 24 Stunden Abwesenheit	24 Euro
bei mindestens 14 Stunden Abwesenheit	12 Euro
bei mindestens 8 Stunden Abwesenheit	6 Euro

Zeile 37

Aufwendungen, die die Lebensführung des Steuerpflichtigen oder anderer Personen berühren, sind nicht abzugsfähig. Repräsentationsaufwendungen, die betrieblich veranlasst sind, sind abzugsfähig, soweit sie nach allgemeiner Verkehrsauffassung nicht als unangemessen anzusehen sind.

Von Gerichten oder Behörden im Inland oder von Organen der Europäischen Gemeinschaften festgesetzte Geldbußen, Ordnungsgelder oder Verwarnungsgelder sind nicht abziehbar. Von Gerichten oder Behörden anderer Staaten außerhalb der Europäischen Gemeinschaften festgesetzte Geldbußen fallen nicht unter das Abzugsverbot. In einem Strafverfahren festgesetzte Geldstrafen sind nicht abzugsfähig. Eine von einem ausländischen Gericht verhängte Geldstrafe kann bei Widerspruch zu wesentlichen Grundsätzen der deutschen Rechtsordnung Betriebsausgabe sein.

Zeile 42

Tragen Sie hier die sonstigen Betriebsausgaben ein, soweit diese nicht in den Zeilen 14 bis 41 berücksichtigt worden sind.

Soweit Sie eine Betriebsausgabenpauschale nach H 18.2 EStH (z. B. bei hauptberuflicher selbständiger schriftstellerischer oder journalistischer Tätigkeit oder aus wissenschaftlicher, künstlerischer und schriftstellerischer Nebentätigkeit sowie aus nebenamtlicher Lehr- und Prüfungstätigkeit) in Anspruch nehmen, tragen Sie diese in Zeile 14 ein. In diesem Fall sind keine Eintragungen zu den Betriebsausgaben lt. Zeilen 15 bis 45 und den ergänzenden Angaben vorzunehmen.

Zeile 43

Die in Eingangsrechnungen enthaltenen Vorsteuerbeträge auf die Betriebsausgaben gehören im Zeitpunkt ihrer Bezahlung zu den Betriebsausgaben und sind hier einzutragen. Dazu zählen nicht die nach Durchschnittssätzen ermittelten Vorsteuerbeträge.

Bei steuerbegünstigten Körperschaften sind hier nur die Vorsteuerbeträge für Leistungen an den steuerpflichtigen wirtschaftlichen Geschäftsbetrieb einzutragen.

Zeile 44

Die aufgrund der Umsatzsteuervoranmeldungen oder aufgrund der Umsatzsteuerjahreserklärung an das Finanzamt gezahlte und ggf. verrechnete Umsatzsteuer ist hier einzutragen (ohne Umsatzsteuer des Leistungsempfängers für den Leistenden (§ 13b UStG) lt. Zeile 95 der USt-Erklärung). Bei mehreren Betrieben ist eine Aufteilung entsprechend der auf den einzelnen Betrieb entfallenden Zahlungen vorzunehmen.

Von **steuerbegünstigten Körperschaften** ist hier nur der Anteil einzutragen, der auf die Umsätze des steuerpflichtigen wirtschaftlichen Geschäftsbetriebs entfällt.

Ergänzende Angaben (Zeilen 50 bis 56)
Rücklagen und Ansparabschreibungen (Zeilen 50 bis 53)
Zeile 50

Rücklage nach § 6c i.V.m. § 6b EStG
Bei der Veräußerung von Anlagevermögen ist der Erlös in Zeile 9 als Einnahme zu erfassen. Sie haben dann die Möglichkeit, bei bestimm-

ten Wirtschaftsgütern (z.B. Grund und Boden, Gebäude, Aufwuchs) den entstehenden Veräußerungsgewinn (sog. stille Reserven) von den Anschaffungs- oder Herstellungskosten angeschaffter oder hergestellter Wirtschaftsgüter abzuziehen. Soweit Sie diesen Abzug nicht im Gewinnermittlungszeitraum der Veräußerung vorgenommen haben, können Sie den Veräußerungsgewinn in eine steuerfreie Rücklage einstellen, die als Betriebsausgabe behandelt wird. Diese Rücklage ist von den Anschaffungs- oder Herstellungskosten für die entsprechenden Wirtschaftsgüter bis zur Höhe des (bei Gebäuden sechs) Jahren nach Veräußerung erfolgen. Anderenfalls ist eine Verzinsung der Rücklage vorzunehmen (siehe Zeile 53). Die Rücklage ist in diesen Fällen gewinnerhöhend aufzulösen.

Rücklage für Ersatzbeschaffung

Erhalten Sie Entschädigungszahlungen für Wirtschaftsgüter, die aufgrund höherer Gewalt (z.B. Brand, Sturm, Überschwemmung, Diebstahl, unverschuldeter Unfall) oder zur Vermeidung eines behördlichen Eingriffs (z.B. Enteignung) aus dem Betriebsvermögen ausgeschieden sind und übersteigt der Entschädigungsbetrag die Anschaffungs- oder Herstellungskosten, können Sie eine solche Rücklage für Ersatzbeschaffung nach R 6.6 EStR gewinnmindernd einstellen. Die Frist zur Übertragung auf die Anschaffungs- oder Herstellungskosten eines funktionsgleichen Wirtschaftsguts beträgt für bewegliche Wirtschaftsgüter ein Jahr und für unbewegliche Wirtschaftsgüter zwei Jahre.

Zusatz für steuerbegünstigte Körperschaften

Rücklagen, die steuerbegünstigte Körperschaften im ideellen Bereich gebildet haben (§ 58 Nr. 6 und 7 AO), mindern nicht den Gewinn und sind deshalb hier nicht einzutragen.

Zeile 51

Steuerpflichtige können nach § 7g Abs. 3 – 6 EStG für die künftige Anschaffung oder Herstellung eines neuen beweglichen Wirtschaftsgutes des Anlagevermögens eine den Gewinn mindernde Rücklage bilden (Ansparabschreibung). Für jedes Wirtschaftsgut ist eine gesonderte Rücklage zu bilden. Die Rücklage darf 40 v. H. der voraussichtlichen Anschaffungs- oder Herstellungskosten nicht überschreiten, das der Steuerpflichtige voraussichtlich bis zum Ende des zweiten auf die Bildung der Rücklage folgenden Wj. anschaffen oder herstellen wird. Die insgesamt gebildeten (bestehenden) Rücklagen dürfen je Betrieb 154.000 Euro nicht übersteigen. Eine Rücklage ist jeweils in Höhe von 40 v.H. der tatsächlichen Anschaffungs- oder Herstellungskosten gewinnerhöhend aufzulösen, sobald für das jeweils begünstigte Wirtschaftsgut Abschreibungen vorgenommen werden oder die Rücklage oder Teilrücklage am Ende des zweiten auf ihre Bildung folgenden Wj. noch vorhanden, ist sie zu diesem Zeitpunkt gewinnerhöhend aufzulösen (siehe auch BMF-Schreiben vom 25.02.2004, BStBl I S. 337 und vom 16.11.2004, BStBl I S. 1063). Tragen Sie die Summe der nach § 7g Abs. 3 – 6 EStG gebildeten/aufgelösten Rücklagen ein.

Zeile 52

Hier sind Wj. gebildete/aufgelöste **Existenzgründerrücklagen** nach § 7g Abs. 7 und 8 EStG einzutragen. Die Erläuterungen zur Zeile 51 gelten mit der Maßgabe, dass das Wirtschaftsgut voraussichtlich bis zum Ende des fünften auf die Bildung der Rücklage folgenden Wj. angeschafft oder hergestellt wird und der Höchstbetrag für die gebildeten Rücklagen 307.000 Euro beträgt. Existenzgründer ist eine natürliche Person, die innerhalb der letzten fünf Jahre vor dem Wj. der Betriebseröffnung weder an einer Kapitalgesellschaft unmittelbar oder mittelbar zu mehr als einem Zehntel beteiligt gewesen ist, noch Einkünfte aus Land- und Forstwirtschaft, Gewerbebetrieb oder selbständiger Arbeit erzielt hat. Existenzgründerrücklagen sind spätestens am Ende des fünften auf ihre Bildung folgenden Wj. aufzulösen.

Zeile 53

Soweit die Auflösung der jeweiligen Rücklagen nicht auf der
– Übertragung des Veräußerungsgewinns (§§ 6b, 6c EStG) auf ein begünstigtes Wirtschaftsgut oder
– Anschaffung oder Herstellung eines begünstigten Wirtschaftsgutes (§ 7g Abs. 3 – 6 EStG)
beruht, sind diese Beträge mit 6 v.H. pro Jahr des Bestehens zu verzinsen (Gewinnzuschlag). Dies gilt nicht für Existenzgründerrücklagen (§ 7g Abs. 7 EStG). Die Summe dieser Gewinnzuschläge tragen Sie hier ein.

Zeile 55 und 56

Hier sind die Entnahmen und Einlagen einzutragen, die nach § 4 Abs. 4a EStG gesondert aufzuzeichnen sind. Dazu zählen nicht nur die durch die private Nutzung betrieblicher Wirtschaftsgüter oder Leistungen entstandenen Entnahmen, sondern auch die Geldentnahmen und -einlagen (z. B. privat veranlasste Geldabhebung vom betrieblichen Bankkonto oder Auszahlung aus der Kasse). Entnahmen und Einlagen, die nicht in Geld bestehen, sind grundsätzlich mit dem Teilwert – ggf. zuzüglich Umsatzsteuer – anzusetzen (vgl. Erläuterungen zu Zeile 9).

21.14 Vertragsarten im Überblick

Vertragsart	Vertragsgegenstand	Pflichten der Vertragspartner	Rechtsgrundlage
Allgemeine Geschäftsbedingungen (AGB)	Branchenübergreifend Standardisierte, vorformulierte Verträge bzw. das „Kleingedruckte"	**Unternehmer:** Damit AGB's Gültigkeit erlangen, müssen sie Aussagen enthalten über: Preisgestaltung, Eigentumsvorbehalt, Gewährleistung, Haftung, Gerichtsstand, Schriftformerfordernis bei Neben abreden. Zwingend erforderlich ist auch der Hinweis auf die AGB's und die Möglichkeit für den Kunden, die AGB's einzusehen.	AGB-Gesetz Integriert im BGB §§ 305 bis 310
Darlehensvertrag	Unentgeltliche oder entgeltliche Überlassung von vertretbaren Sachen z. B. Geld	**Darlehensgeber:** Übereignung der Sachen **Darlehensnehmer:** Rückgabe der Sachen von gleicher Art, Güte und Menge	BGB §§ 607 bis 610
Dienstvertrag	Leistungen von Diensten gegen Entgelt	**Arbeitnehmer:** Verrichtung einer Arbeit **Arbeitgeber:** Bezahlung der vereinbarten Vergütung	BGB §§ 611 bis 630
Kaufvertrag	Erwerb eines Gegenstandes gegen Entgelt	**Verkäufer:** Übergabe des Gegenstandes und Verschaffung des Eigentums **Käufer:** Annahme des Gegenstandes und Bezahlung des Kaufpreises	BGB §§ 433 bis 458
Leasingvertrag als „Mietvertrag"	Überlassung von Sachen zum Gebrauch gegen Entgelt / Bis max. 40 % der „betriebsgewöhnlichen" Nutzungsdauer	**Leasinggeber:** Übergabe der Sachen im vertragsgemäßen Zustand **Leasingnehmer:** Bezahlung der Miete, Rückgabe derselben Sachen	Wird dem BGB -Mietrecht zugeordnet. Allerdings mit „leasingtypischen" Besonder-

Vertragsart			
als „Finanzierungsleasing-Vertrag"	Grundmietzeit 40–90 % der „betriebsgewöhnlichen" Nutzungsdauer (bei Fahrzeugen z. B. 2–4 Jahre), Kündigung i. d. R. nicht vor Ablauf der Grundmietzeit möglich (Ausnahme Kfz-Leasing) Nach Ablauf der Vertragslaufzeit Kaufmöglichkeit		heiten. Vgl. Kapitel „Steuertipps"
Leihvertrag	Überlassung von Sachen zum Gebrauch ohne Entgelt	**Verleiher:** Überlassung der Sachen im vertragsgemäßen Zustand **Entleiher:** Rückgabe derselben Sachen	BGB §§ 598 bis 606
Mietvertrag	Überlassung von Sachen zum Gebrauch gegen Entgelt	**Vermieter:** Übergabe der Sachen im vertragsgemäßen Zustand **Mieter:** Bezahlung der Miete, Rückgabe derselben Sachen	BGB §§ 535 bis 580
Pachtvertrag	Überlassung von Sachen und Rechten zum Gebrauch (inklusive Inventar) gegen Entgelt	**Verpächter:** Übergabe der Sachen im vertragsgemäßen Zustand **Pächter:** Bezahlung der Pacht, Rückgabe derselben Sachen	BGB §§ 581 bis 597
Werkliefe-rungsvertrag	Herstellung eines Werkes aus vom Auftragnehmer zu liefernden Material	**Auftragnehmer:** Beschaffung des Materials und Herstellung eines Werkes **Auftraggeber:** Annahme des Werkes, Bezahlung der vereinbarten Vergütung	BGB § 651
Werkvertrag	Herstellung eines Werkes gegen Entgelt	**Auftragnehmer:** Zustandebringen eines bestimmten Arbeitserfolges **Auftraggeber:** Bereitstellung des Materials, Annahme des Werkes, Bezahlung der vereinbarten Vergütung	BGB §§ 631 bis 650

21.15 Glossar

Abschreibung

Die Erfassung der Wertminderung für abnutzbare Gegenstände (z. B. Gebäude, Maschinen, PC, Büroeinrichtungen usw.), da diese durch Abnutzung, Verschleiß oder technischen Fortschritt eine Entwertung erfahren.

Bei der Abschreibung sind steuerrechtlich nur zwei Methoden von Bedeutung:
Die lineare und die degressive Abschreibung.

Lineare Abschreibung: der jährliche Abschreibungsbetrag wird rechnerisch ermittelt, indem der Basiswert durch die Zahl der Nutzungsjahre dividiert wird.

Degressive Abschreibung: bemisst sich nach einem gleichbleibenden Prozentsatz vom jeweiligen Buchwert. Der dabei anzuwendende Prozentsatz darf höchstens das Doppelte des bei der linearen Abschreibung in Betracht kommenden Prozentsatzes betragen und 20 Prozent nicht übersteigen.

Für bewegliche Wirtschaftsgüter des Anlagevermögens, die zwischen dem 1. 1. 2006 und dem 31. 12. 2007 angeschafft werden, erhöht sich der Höchstbetrag der degressiven Abschreibung auf das Dreifache der linearen Abschreibung; maximal 30 Prozent.

Änderung der Abschreibungsmethode ist von der degressiven zur linearen Abschreibung zulässig, nicht umgekehrt.

Anlagevermögen

Vermögenswerte, die sich aus so genannten Gebrauchsgütern zusammensetzen und der mehrmaligen, sukzessiven oder dauernden Nutzung (mindestens ein Jahr) dienen. Hierunter fallen z. B. Grundstücke, Maschinen und technische Anlagen sowie die Betriebs- und Geschäftsausstattung. Gleichfalls zählen Beteiligungen und sonstige Finanzanlagen zum Anlagevermögen.

Anschaffungskosten

Die Summe aller Aufwendungen, die geleistet wurden, um ein Wirtschaftsgut zu erwerben und in einen betriebsbereiten Zustand zu versetzen. Hierzu gehören auch Nebenkosten, wie z. B. Fracht und Monatage. Die Anschaffungskosten bilden grundsätzlich die Bemessungsgrundlage für die Abschreibung.

Aktiva

Einer Firma zur Verfügung stehende positiven Vermögenswerte, bestehend aus Umlaufvermögen und Anlagevermögen

Aufbewahrungspflicht

Jeder Buchführende ist verpflichtet:
Handelsbücher, Inventare, Eröffnungsbilanzen, Jahresabschlüsse sowie die zu ihrem Verständnis erforderlichen Unterlagen zehn Jahre aufzubewahren (Beginn der Aufbewahrungspflicht: Schluss eines Kalenderjahres in dem die letzte Eintragung durchgeführt wurde).
Handelsbriefe und Buchungsbelege müssen mindestens sechs Jahre aufbewahrt werden

Aufwand

Wertminderung während der Abrechnungsperiode. Dem Aufwand steht der Ertrag gegenüber.

Betriebsvermögen

Hierzu gehören alle dem Betrieb zugeordneten positiven und negativen Vermögensgegenstände.

Bilanz

Aufstellung der Vermögens- und Schuldverhältnisse (Aktiva und Passiva) eines Unternehmens an einem bestimmten Stichtag.

Buchführungspflicht

Vollkaufleute sind nach dem Handelsrecht verpflichtet, Bücher zu führen und in diesen ihre Handelsgeschäfte und die Lage ihres Vermögens nach den Grundsätzen ordnungsgemäßer Buchführung ersichtlich zu machen.

Besteht nach dem Handelsrecht keine Verpflichtung zur Buchführung, schreibt die Abgabenordnung diese jedoch für gewerbliche Unternehmer immer dann vor, wenn folgende Grenzen überschritten werden:

	Umsätze mehr als 500.000 €
oder	Gewinn mehr als 30.000 € jährlich.

Einnahme-Überschuss-Rechnung

Für Unternehmen, die nicht zur Buchführung verpflichtet sind (z. B. „freier Berufe") und keine Abschlüsse machen müssen.

Jede betrieblich veranlasste Einnahme und Ausgabe wird notiert und am Jahresende werden diese gegenübergestellt. Maßgebend ist der Zeitpunkt des Zu- bzw. Abflusses.

Ertrag

Wertezuwachs während einer Abrechnungsperiode. Dem Ertrag steht der Aufwand gegenüber.

Existenzgründer/in

Ist nach dem Steuerrecht eine natürliche Person, die innerhalb der letzten fünf Jahre vor dem Wirtschaftsjahr der Betriebseröffnung weder Gewinneinkünfte erzielt hat noch mehr als 10 % an einer Kapitalgesellschaft beteiligt war.

Franchising

Ein vertikales Absatzsystem, bei dem ein Franchise-Geber einem Franchise-Nehmer ein „Paket" anbietet. Es besteht aus einem Beschaffungs-, Absatz- und Organisationskonzept, dem Nutzungsrecht an Schutzrechten und der Verpflichtung den Franchise-Nehmer aktiv und laufend zu unterstützen (z. B. Ausbildung) und das Konzept ständig weiterzuentwickeln

Geschäftsjahr

(siehe Wirtschaftsjahr)

Gewinn- und Verlustrechnung

Gegenüberstellung der Erträge und Aufwendungen des Wirtschaftsjahres.

Handelsgesetzbuch (HGB)

Regelt das Recht des Kaufmanns und wird durch das BGB (Bürgerliches Gesetzbuch) ergänzt. Das HGB ist das Sonderrecht der Kaufleute und tritt immer dann in Kraft, wenn ein Vertragspartner Kaufmann ist.

Handelsregister

Es ist ein öffentliches Verzeichnis und gibt Auskunft von einem Unternehmen über die Rechtsform, Firmenbezeichnung, Geschäftsinhaber, Geschäftsführer und Haftungskapital. Der Pflichteintrag richtet sich nach: Umsatzgröße, Betriebsvermögen, Gewerbeertrag und der Beschäftigungzahl

Jahresabschluss

Aufstellung des Vermögens und der Schulden zum Ende des Geschäftsjahres. Den Jahresabschluss bilden die Schlussbilanz und die Gewinn- und Verlustrechnung.

Liquidität

Fähigkeit eines Unternehmens, jederzeit allen Zahlungsverpflichtungen nachkommen zu können. Diese Fähigkeit wird häufig an den Beständen des Betriebsvermögens gemessen, die sich innerhalb unterschiedlicher Zeiten in flüssige Mittel umwandeln lassen. Entsprechend werden unterschiedliche Liquiditätsgrade unterschieden.

Passiva

Beschreibung der Kapitalquellen und der damit verbundenen Verbindlichkeiten eines Unternehmens.

Umlaufvermögen

Vermögenswerte, die sich im normalen Ablauf der Geschäftstätigkeit kurzfristig in flüssige Mittel umwandeln lassen und üblicherweise für die Produktion erforderlich sind bzw. für die Veräußerung vorgesehen sind. Hierunter fallen insbesondere Roh-, Hilfs- und Betriebsstoffe sowie Warenbestände. Im weiteren Sinne gehören auch Forderungen, sonstige Vermögensgegenstände, Wertpapiere, Schecks, Kassenbestände und Guthaben bei Kreditinstituten hierzu.

Umsatz

Wertmäßiger Ausdruck für die abgesetzte Ware, also das Produkt von abgesetzter Menge und Preis.

Umsatzsteuer

Die von Ihnen in Rechnungen auszuweisende Mehrwertsteuer. Lediglich in Ausnahmefällen darf keine Umsatzsteuer in Ausgangsrechnungen ausgewiesen werden.

Vorsteuer

Die von anderen Unternehmern in Rechnung gestellte Umsatzsteuer. Diese Beträge können regelmäßig auf die eigene Umsatzsteuerschuld angerechnet werden.

Wirtschaftsjahr

Bei Gewerbetreibenden ist das Wirtschaftsjahr der Zeitraum, für den sie regelmäßig Jahresabschlüsse machen (meist 1.1.–31.12.). Ein vom Kalenderjahr abweichendes Wirtschaftsjahr (z. B. 1.4.–31.3.) ist unter Umständen möglich. Das Wirtschaftsjahr ist bei den freien Berufen grundsätzlich das Kalenderjahr.

Ein Wirtschaftsjahr umfasst maximal einen Zeitraum von 12 Monaten. Bei der Neugründung eines Unternehmens oder bei der Umstellung von einem abweichenden Wirtschaftsjahr auf das Kalenderjahr kann ein Abschlusszeitraum von weniger als 12 Monaten entstehen (sog. Rumpf-Wirtschaftsjahr).

Der Wechsel vom Kalenderjahr auf ein abweichendes Wirtschaftsjahr bedarf der Zustimmung des Finanzamts.

Bei der Gewinnermittlung nach der Einnahme-Überschuss-Rechnung ist immer vom Kalenderjahr auszugehen.

Stichwortverzeichnis